RENCONTRES
543

Série *Le dix-huitième siècle*
dirigée par Jacques Berchtold et Catriona Seth
40

Les Lumières du théâtre

Ouvrage publié avec le soutien du Centre d'étude de la langue
et des littératures françaises (CELLF, UMR 8599, CNRS/Sorbonne
Université), de l'initiative théâtre de l'Alliance Sorbonne Université,
du programme de recherches interdisciplinaire sur le théâtre et les pratiques
scéniques (PRITEPS), de l'École doctorale 3 de la faculté des lettres de
Sorbonne Université, de l'UFR de littérature française et comparée
de la faculté des lettres de Sorbonne Université, de l'Institut Universitaire
de France (programme de recherches de Florence Naugrette)
ainsi que du FIR de Sorbonne Université.

Les Lumières du théâtre

Avec Pierre Frantz

Sous la direction de Renaud Bret-Vitoz,
Michel Delon et Sophie Marchand

PARIS
CLASSIQUES GARNIER
2022

Renaud Bret-Vitoz est professeur à Sorbonne Université, spécialiste de littérature française du XVIIIe siècle. Après une thèse dirigée par Pierre Frantz (*L'Espace et la Scène. Dramaturgie de la tragédie française*, Oxford, 2008), il a publié *L'Éveil du héros plébéien* (Lyon, 2019) et collabore au *Théâtre complet* de Voltaire publié sous la direction générale de Pierre Frantz.

Michel Delon est un complice de Pierre Frantz depuis leurs études à la Sorbonne dans les années 1968. Ils se sont succédé comme professeurs de littérature du XVIIIe siècle à Nanterre et retrouvés comme collègues à la Sorbonne. Il a édité Sade et Diderot dans la Bibliothèque de la Pléiade, dirigé le *Dictionnaire européen des Lumières* (Paris, 1997, 2007) et publié de nombreux essais personnels.

Sophie Marchand est maîtresse de conférences à Sorbonne Université, spécialiste de l'esthétique et de la vie théâtrale du XVIIIe siècle. Collègue de Pierre Frantz, elle a, avec lui, organisé plusieurs colloques sur le théâtre, codirigé *Le Théâtre français du XVIIIe siècle* (Paris, 2009) et publié dans la collection Phœnix, qu'il a fondée, une édition des *Victimes cloîtrées* de Monvel (Londres, 2011).

ISBN 978-2-406-12891-5 (livre broché)
ISBN 978-2-406-12892-2 (livre relié)
ISSN 2103-5636

PREMIÈRE PARTIE

SEUILS

PRÉFACE

Nous aurions pu nous rencontrer dans le brouhaha de mai 68, mais nos chemins se sont croisés plus sagement, un an plus tard, dans un local syndical. Nous étions l'un et l'autre *ipésiens*, heureux boursiers pour faire nos études à la Sorbonne, ou plutôt salariés par l'Institut de préparation à l'enseignement secondaire, nous engageant à servir l'État après les concours de recrutement. Je me souviens d'une casquette de marin posée sur des cheveux blonds. Tu commençais un mémoire de maîtrise sur *La Nouvelle Héloïse* et j'en finissais un sur les traces du roman de Rousseau dans *Aline et Valcour.* Ce n'était qu'un des éléments de convergence et de complicité. Notre amitié fut celle de Jules et Jim, avec un même contraste de silhouette et de cheveux, car nous avions tous deux beaucoup de cheveux, de convictions et d'illusions. Tu venais de Mulhouse comme Franz Werfel de Berlin. Kathe ne troublait pas nos relations qui avaient des géométries plus complexes, et nos agitations au lendemain de 68 valaient bien les folies du bal des Quat'z'Arts à la veille de la Grande Guerre. Nous avions choisi de travailler sur le siècle des Lumières, nous croyions à la mission de transmettre un savoir et des valeurs, nous nous méfiions des institutions et mettions en doute bien des traditions, nous étions passionnés de littérature. Tu fréquentais déjà beaucoup les salles de spectacle et de concert, tu avais une culture impressionnante d'opéras et d'opérettes, j'étais plus attiré par le cinéma. Nous n'étions pas forcément d'accord sur tout, pas prêts aux mêmes engagements. Je suivais avec curiosité les cours magistraux de la Sorbonne dont la plupart t'ennuyaient, mais nous nous confortions dans l'idée qu'il fallait passer l'agrégation et se lancer dans la vie active. Il fallait sinon changer la vie, du moins changer de vie sociale. Un demi-siècle plus tard, un fonds de valeurs communes demeure.

Nos chemins se sont éloignés lorsque tu enseignas dans un collège à Nesle dans la Picardie profonde, puis au lycée de Coulommiers au cœur de la Brie et acquis une expérience de la vie, faite de passions et d'épreuves. Tu pris le temps de devenir toi-même, d'affirmer ta liberté, fût-elle de déplaire à certains, c'est-à-dire de plaire à d'autres. Je travaillais à l'université de Caen, puis d'Orléans, passais ma thèse, fondais une famille. Je n'ai jamais douté que tu achèverais la thèse que tu avais déposée auprès d'Anne Ubersfeld. Son anti-conformisme répondait à tes impatiences, son goût des idées et des hypothèses à ton exigence intellectuelle. La thèse d'État autorisait ces rythmes ralentis par l'enseignement dans le secondaire, l'ampleur du sujet, la maturation des questions en jeu. L'autonomie prise par les départements d'arts du spectacle te permettait d'élargir la perspective de ton travail et de remettre les textes dramatiques dans leur contexte social, dans un écheveau de déterminations économiques et esthétiques où se rencontrent l'architecture et la peinture, le chant et la musique, le geste et la voix, où se nouent la commande et l'invention, le pouvoir et la contestation. Il se répétait depuis si longtemps que la comédie et la tragédie se fatiguaient au XVIIIe siècle, que Voltaire faisait fausse route en s'obstinant à écrire des tragédies qui n'auraient jamais la vie de ses contes et que Diderot avait échoué à créer un drame nouveau alors qu'il savait si bien faire dialoguer Orou et l'aumônier, Jacques et son maître, le Neveu et le Philosophe. La théâtralité du siècle aurait déserté ses théâtres. Seuls Marivaux et Beaumarchais émergeraient en créateurs originaux dans ce siècle passionné de spectacles. Tu n'es sans doute pas le seul à avoir rappelé que le théâtre se jouait alors sur les scènes officielles, mais aussi à la Foire et dans les sociétés privées, qu'on ne peut pas séparer l'étude de la tragédie de celle de la tragédie lyrique, que le théâtre officiel va de pair avec ses parodies ; en tout cas, la réussite de ta thèse t'a placé au cœur d'un renouvellement des études dramatiques du XVIIIe siècle et d'une redécouverte de corpus qu'il ne s'agissait plus seulement de lire, mais d'éditer et de jouer.

Nous avons souvent discuté de nos choix et décisions. Une des rares fois où je fus insistant, c'est lorsque tu as été inscrit, peu après ta soutenance, sur les quatre listes d'aptitude aux fonctions de maître de conférences et de professeur de littérature et d'arts du spectacle. Et élu tout d'un coup en plusieurs endroits, et non des moindres. Tu étais tenté d'accepter un poste de maître de conférences en arts du spectacle à Paris III, je t'ai poussé à prendre le poste de professeur de littérature que t'offrait l'université de Besançon, un peu plus éloigné géographiquement, encore qu'à côté de ton Alsace natale, mais un peu plus confortable dans la hiérarchie académique. C'était un poste de littérature. Ainsi nos carrières ont été liées, je dis *carrières* au sens de fidélité professionnelle, car je crois que personne ne pourra nous soupçonner d'avoir été jamais carriéristes, ni contester que nous fûmes et restons au service des étudiants. Tu as pris bientôt le poste que je libérais en quittant Nanterre et tu m'as rejoint quelques années plus tard à la Sorbonne. Nous avons animé un séminaire commun, le plus souvent dans la bibliothèque Georges Ascoli, dans une Sorbonne silencieuse du samedi après-midi. Nous étions au milieu des reliures, un peu poussiéreuses, mais bien réelles, qui craquaient quand on les ouvrait. Nous pouvions prendre un volume de Trévoux ou de l'*Encyclopédie* pour contrôler une citation, vérifier une définition. Nous écoutions nos thésards, devenus doctorants, présenter leurs recherches. Ils avaient des accents venus des quatre coins de l'Europe et du monde. Nous étions à l'aise dans cette diversité et réfléchissions à haute voix. Tu parlais volontiers des spectacles que tu venais de voir, des lectures qui t'avaient marqué. Tu jouais ton personnage jovial, jamais ennemi d'une allusion gaillarde, d'une référence à la polémique du moment, intransigeant quand il s'agissait de défendre la littérature contre les mécaniciens du texte, l'histoire contre les abstractions intemporelles, le théâtre vécu contre ceux qui ne connaissent que les livrets. Dans nos duos, je devais devenir parfois le clown blanc : question de silhouette encore. J'ai assisté ainsi à la formation, autour de toi, d'une école de théâtreux passionnés par ces tragédies en alexandrins et ces drames pathétiques qu'on prétendait injouables, voire illisibles. Les mots et les images trouvaient une profondeur nouvelle d'être associés à une didascalie et à un jeu de scène, à un timbre de voix et à un éclairage. Vous saviez, les uns et les autres, le nombre d'entrées payantes, telle soirée, la petite pièce qui accompagnait la tragédie, l'air du vaudeville final, les échos dans la presse, voire les rapports des *mouches* de police. Nous partagions un même refus des frontières artificielles entre les siècles et les disciplines, une même détestation des territoires réservés. La vie des théâtres comme celle des idées se nourrit d'échos et de résonances. La tradition de l'alexandrin tragique se prolonge longtemps au XIXe siècle et la réception du *Brutus* de Voltaire ne se sépare pas de la production de David. Puis cette école devint un véritable réseau international avec le vaste projet de numérisation des registres de la Comédie française.

Je ne vous accompagnais que rarement aux après-séminaires qui se prolongeaient dans les bistrots de la place de la Sorbonne. Mais mes souvenirs convoquent des décors exotiques où la vie académique s'accorde avec le tourisme. Je repense avec émotion à une discussion à Bagni di Lucca, en marge d'un des colloques révolutionnaires animés par Daniela Gallingani. Ce devait être la rencontre consacrée à la catégorie du mélodramatique. Les contreforts des Apennins offraient un arrière-plan privilégié. Tu t'intéressais forcément au tableau dramatique diderotien et moi aux scènes paroxystiques chez Baculard ou chez Sade. Tu n'avais pas encore baptisé ces deux modalités le tableau-stase et le tableau-comble et il me plaît de penser que nos discussions ont participé à la cristallisation de tes idées. Elles ont en tout cas nourri ma compréhension de Diderot. Durant ces mêmes années du bicentenaire de 89, nous avons eu de grandes rigolades à Vicence, entre les séances de l'Accademia olimpica et les visites des sublimes villas palladiennes. Nous étions quatre comme les trois mousquetaires, quatre joyeux lurons, Paul, René, toi et moi et nous avons fait connaissance avec Michèle Sajous, destinée à nous accompagner désormais dans bien des aventures. Il faudrait évoquer, avec Michèle justement, les bains improvisés à Otrante ou les ventrées de fruits de mer *al due Ghiottoni*. Il faudrait parler de Moscou et de Saint-Pétersbourg, de Florence et de Bonn. Évoquer tant de collègues devenus des amis. Plus récemment, nous nous promenions tous deux sur des plages californiennes qui venaient d'être balayées par la tempête. En dehors de la saison, la station balnéaire de Santa Barbara était endormie. Nous nous risquions à quelque bilan et récapitulation. Tu me parlais des moments de ta vie où tu avais envisagé de partir t'installer aux États-Unis, et du choix finalement de rester en France. Tu me faisais honte d'hésiter à aller dîner dans les luxueux restaurants de poissons, sur les pilotis battus par les vagues. Les vins californiens ne déméritaient pas. J'ai compris, une fois de plus, que le savoir ne se sépare jamais pour toi de la saveur. Que tu as la même exigence dans l'exactitude de la connaissance, dans l'originalité des hypothèses et dans le charme particulier du moment. Selon le mot de Casanova en tête de l'*Histoire de ma vie*, tu es homme de « haut goût ».

Michel DELON
Sorbonne Université,
CELLF, UMR 8599

HISTOIRES D'ŒIL

Premier œil (Paris, années 1750) « Plan de nouveau theatre des françois sur l'emplacement actuel ; tracé et établi sur des formes optiques et acoustiques relatives a la meilleure maniere de voir, d'entendre et de representer les fetes theatrales », signé « Damien » (?). Dessin d'architecte, au crayon, à la plume, rehaussé de couleurs distinguant les différents espaces. Le plan existant et obsolète de la Salle de la rue des Fossés-Saint-Germain-des-Prés est indiqué en pointillés et permet de mesurer la révolution proposée : en lieu et place de la forme oblongue, un évasement qui permettrait de loger dans l'étroitesse rectiligne des murs actuels la disposition en cercle des futures loges, sur le modèle des anciens amphithéâtres. La forme est doublement *optique* : en ce qu'elle permettrait de mieux voir la scène à un plus grand nombre de spectateurs ; mais aussi parce que la forme du « nouveau theatre » rappelle d'évidence celle d'un œil énucléé tel que les planches d'anatomie donnaient à le voir depuis des décennies. Un œil « tournant le dos » paradoxalement à la scène, dont les « tuniques extérieures » correspondraient aux loges les plus hautes et éloignées de la scène (« Petites loges » et « Portique »), l'arrière du globe au « parterre », et le nerf optique à la profondeur triangulaire de la scène, de « l'orchestre » vers « Le lointain ».

Deuxième œil (Bordeaux, 1780) « Vue perspective de la Salle qui fait voir la partie du Théatre ». Trois ans avant Charles de Wailly et la nouvelle salle de la Comédie-Française construite dans le quartier de l'Odéon, Victor Louis donne forme au plan parisien : une salle arrondie en amphithéâtre, composée d'un vaste parterre sans sièges, d'étroits balcons et de loges étagés sur cinq niveaux (trois simplement pour celles donnant directement sur l'avant-scène, pour spectateurs privilégiés), avec, pour y accéder, représentés « en coupe », des couloirs de brique sans décoration à l'austérité un peu carcérale. Sur la scène, un décor permanent de colonnes et arcs romains procure l'illusion, grâce à l'effet de perspective, d'un point de fuite infini. Point d'acteurs ni de décors particuliers : la gravure donne à voir la Salle à peine achevée, visitée par quelques dizaines de futurs spectateurs qui y déambulent et discutent, s'extasient des beautés de la salle – exceptions faites d'un garde en arme à la droite du parterre, et de la tête d'un homme dépassant de la fosse d'orchestre, face à ce qui semble bien être le manche d'une contrebasse. Les qualités optiques du nouveau théâtre sont cependant certifiées par la présence de plusieurs groupes de spectateurs déjà en place, bien calés dans leur siège ou le dos penché depuis leur tabouret, les yeux rivés et comme aimantés par la scène pourtant vide, déjà électrisés par l'action des spectacles à venir. Parce qu'il s'agit d'une « Vue » et non plus d'un « Plan », l'Œil du Théâtre ne se repère pas, ou plus exactement l'œil du regardeur (de la gravure) y est comme pénétré. Le plan de coupe a fait disparaître ses « tuniques extérieures », le fond de la salle, loges, balcons, couloirs d'accès et spectateurs, pour offrir le point de vue idéal d'un regard à la fois éloigné de la scène et en son centre absolu, absorbé par sa profondeur ou son « Lointain ».

Troisième œil (Besançon, 1784) C'est l'Œil théâtral le plus connu et le plus mystérieux. Ledoux a dessiné et fait construire à Besançon un théâtre entièrement neuf, radicalisant les innovations de Louis, Wailly et Peyre. Plutôt qu'un évasement des théâtres à l'italienne, une salle entièrement arrondie remplie par des gradins étagés sur cinq niveaux. Habile conciliation entre le rêve des amphithéâtres antiques et les exigences de la société d'ordre de l'Ancien Régime : l'orchestre reste réservé aux spectateurs de marque, le premier balcon reçoit l'état-major de la garnison ; sur le second, des cloisons recréent sur les gradins des formes de loges (les premières pour la noblesse, les secondes pour la bonne bourgeoisie) ; aux ouvriers et aux filles de boutique, le sommet de l'amphithéâtre, les gradins supérieurs des futurs poulaillers à la visibilité réduite, dissimulés et obstrués qu'ils sont par une enfilade de colonnades néo-classiques. Parmi les dessins qui accompagnèrent la réalisation de ce projet, celui d'un gigantesque œil droit dans lequel se reflète la salle du théâtre de Besançon, clairement reconnaissable par ses colonnades hautes – une carte postale des années 1920, d'avant l'incendie qui détruisit entièrement l'intérieur du bâtiment en 1958, reproduit presque à l'identique l'image reflétée. Comme venu de l'arrière de l'œil ou des régions cérébrales, un large faisceau lumineux traverse le reflet du plafond de la salle jusqu'au début de la scène dans le bas de l'œil, avant de déborder sur la paupière et d'aller se perdre dans le bas de l'image. La gravure a peut-être une dimension allégorique, figurant l'œil de l'architecte et sa lueur de génie, son rêve bientôt réalisé d'une salle plus démocratique. On peut y voir aussi l'œil de l'acteur face à la salle, fixant non pas les spectateurs mais la ligne d'horizon, jouant comme le recommande Diderot, « comme si la toile ne se levait pas ».

Quatrième œil (Paris, 1994) J'assiste, jeune doctorant, à la soutenance de la thèse d'État de Pierre Frantz, *Théorie et pratique du drame bourgeois 1750-1815*. Le public est très nombreux, je reconnais les visages de nombreux professeurs dont j'ai suivi les cours, je suis dans mes petits souliers. Si j'ai depuis lu et potassé livres et articles que Pierre a tirés de son travail magistral, je confesse n'avoir rien retenu des idées qui s'échangèrent ce jour-là. Rien, sauf un moment particulier du début de l'exposé de Pierre qui a effacé tout le reste. Pour illustrer l'ancienneté de son indéfectible amour de l'art dramatique, il raconta comment, jeune enfant, il fréquentait assidument le théâtre de sa ville – Mulhouse, je suppose – et avait trouvé le moyen de jeter un œil par un trou du rideau encore baissé, pour y observer en particulier les danseuses qui se préparaient sur scène. Près de trente ans ont passé, et je ne sais faire la part, dans ce récit, de la déformation, de la fabulation. Le souvenir reconstruit de Pierre est devenu mon fantasme. Je me souviens néanmoins avoir à l'époque adoré l'audace d'une anecdote qui m'assurait qu'une recherche peut, voire doit, être personnelle et pulsionnelle. Et en son centre, l'œil. L'œil voyeur d'un spectateur ici réellement ignoré, se délectant d'une vision interdite, non pas tant la nudité des chairs des danseuses qui s'offrirait bientôt aux regards de tous, que les secrets de la coulisse, l'envers de l'illusion.

Scène imaginaire : face à face, l'Œil jupitérien de Ledoux, à Besançon (où Pierre entama sa carrière universitaire) et l'œil gourmand mais apeuré du garnement de Mulhouse. Comme un raccourci burlesque du *Festin de Pierre*...

Jean-Christophe ABRAMOVICI
Sorbonne Université,
CELLF, UMR 8599

PENSER LE THÉÂTRE AVEC PIERRE FRANTZ

La grande variété des contributions réunies sous le titre *Les Lumières du théâtre. Avec Pierre Frantz*, en hommage au professeur de littérature et d'histoire du théâtre, au dix-huitièmiste, au collègue et à l'ami, dessine les contours d'une conception globale du théâtre ou plutôt de ce qu'il conviendrait d'appeler une dramaturgie globale. Pierre Frantz a en effet toujours défendu une vision totalisante de la création dramatique par ses innombrables travaux, ses conférences à travers le monde, ses articles et ses ouvrages. Sa bibliographie – établie et actualisée spécialement pour cette publication – témoigne d'une démarche personnelle qui envisage tous les arts (architecture, peinture, musique, corps et voix, texte, scène et salle, représentation et société) et qui inclut la théorie, la poétique des textes, l'interprétation du discours dramatique, mais aussi l'analyse picturale à partir d'images sur le théâtre, le décor, la scénographie et le spectacle. Pour originale et novatrice qu'elle soit dans la recherche en France de ces quarante dernières années, une telle conception des arts est pourtant loin d'être isolée au Siècle des Lumières. Elle est empreinte à l'effigie des Encyclopédistes, d'un Voltaire par exemple dont la célèbre formule trouve chez Pierre Frantz sa parfaite illustration : « Quand plusieurs beaux-arts manquent, les autres ont rarement de quoi se soutenir, parce que tous se tiennent par la main et dépendent les uns des autres[1]. » Une telle vision des choses est partagée au même moment par nombre d'écrivains et de philosophes. Elle est perceptible dans les textes les plus divers mais elle devient une esthétique puissante et active sous la plume inspirée de Pierre Frantz, c'est-à-dire une méthode, non de jugement, mais de connaissance de la création

1 Voltaire *et alii*, article « Goût (Grammaire, littérature et philosophie) », dans l'*Encyclopédie ou Dictionnaire raisonné des arts, des sciences et des métiers*, de Diderot et d'Alembert, vol. 7 (1757), p. 761.

littéraire. Son livre phare sur *L'Esthétique du tableau dans le théâtre du XVIIIe siècle*, publié en 1998 dans la collection « Perspectives littéraires » des Presses Universitaires de France, en est à ce titre le plus éloquent témoignage et la parfaite synthèse, se hissant en deux décennies au rang des références incontournables pour tous ceux avides de comprendre la teneur exacte des théories dramatiques de Diderot et leur influence ou, plus généralement, pour tous ceux désireux de connaître les spécificités du théâtre au XVIIIe siècle.

Cette esthétique critique appliquée en priorité à l'histoire du théâtre s'interroge tout d'abord sur l'art théâtral et les arts en général durant tout le siècle, en posant un rapport direct entre l'esprit et les œuvres. Au lieu de faire du jugement sur les textes un mode de domination critique qui implique une mise en crise des êtres et des œuvres au nom d'une hiérarchie des arts ou d'un ordre social par exemple, elle montre comment on peut renverser le rapport de forces ordinaire du jugement critique en considérant la création artistique, l'œuvre littéraire et le spectacle qui en est issu comme un tout donnant accès à une époque historique, à un temps et à un espace. Qui plus est, les arts ainsi envisagés ouvrent des perspectives sur une conception du monde, sur une pensée – qu'elle soit idéologie ou vision personnelle –, sur une manière d'être et de vivre. Aux yeux de Pierre Frantz, les œuvres d'art sont toujours suffisamment riches pour être représentatives d'une époque et porteuses de l'expression d'une société, mais aussi assez spécifiques et restreintes pour réclamer une initiation, c'est-à-dire pour reposer sur une interprétation et une explication exigeante. Ce qui suppose de regarder alternativement chaque œuvre artistique à travers son inscription dans une longue histoire et à travers son irréductible discontinuité.

Les choix de carrière de Pierre Frantz ont affirmé tout aussi résolument l'orientation globalisante de ses recherches. Après le concours de l'agrégation et une quinzaine d'années d'enseignement dans le secondaire en province et à Paris, il opte pour la littérature en acceptant le poste de professeur des universités à l'Université de Besançon plutôt qu'un poste de maître de conférences à Paris III en arts du spectacle cette fois-ci. Il confirme de cette façon la prédominance chez lui des grands genres, des œuvres et des auteurs essentiels dans l'étude historique du théâtre et, plus largement, dans le cheminement de la culture théâtrale en France, et l'importance des textes – du texte.

Certes, attentif à ne « donner l'exclusion à aucun genre[2] » – position de Voltaire encore –, le professeur de littérature française du XVIIIe siècle à Besançon puis à Nanterre et enfin à Paris-Sorbonne a toujours accordé une place à des œuvres mineures ou de second rang dans son enseignement et dans ses travaux, aux petites formes, aux comédies que les éditeurs à l'époque avaient eux-mêmes quelque difficulté à ranger dans les œuvres complètes de leurs auteurs. S'il approfondit ainsi sans cesse son siècle d'élection, c'est d'abord pour en élargir le cadre et pour en accueillir toute la profusion de formes et d'idées depuis les premières Lumières, et les origines du théâtre enracinées dans le Grand Siècle, jusqu'à la Révolution française et l'Empire. Il aime encore s'aventurer dans les plis sinueux du XIXe siècle et emprunter les échappées artistiques les plus inattendues, comme la tragédie tardive, la comédie poissarde, l'opéra, l'opéra-comique, le théâtre historique, le mélodrame ou le drame social, la plupart étant délaissés à l'époque par les spécialistes trans-séculaires. D'ailleurs, Pierre Frantz a toujours témoigné devant les plus larges auditoires comme dans l'intimité de ses cercles d'amis, de sa passion pour la littérature en général, pas seulement le théâtre mais tous les genres littéraires, dans tous les siècles.

Tout en dégageant par exemple le mélange des tons et des codes ou la fusion du pathétique avec le familier ou le burlesque chez les auteurs majeurs et mineurs, son insistante exploration du territoire des théâtres français et européens s'est conduite dans l'optique d'une analyse spécifique de la poétique et de la dramaturgie des grands textes. Au fur et à mesure des publications, des conférences et des cours, Pierre Frantz a en effet inventé une manière personnelle d'appliquer à ses objets d'étude l'esprit même des Lumières en matière d'esthétique, celle qu'un chevalier de Jaucourt, parmi bien d'autres, a parfaitement résumée dans les sections artistiques et littéraires des entrées de l'*Encyclopédie*. Lorsqu'il est amené à délimiter les applications du concept philosophique de « Nature » dans les beaux-arts, Jaucourt conclut à une prévalence distinctive de la poésie dramatique sur toutes les autres formes artistiques, d'une part en tant que synthèse des autres arts et, d'autre part, en tant que singularité qui échappe à tout système unique ou principe réducteur des beaux-arts : « Si la danse fournit des gestes aux acteurs sur le théâtre ; si la musique

2 Voltaire, Préface de *L'Enfant prodigue* (1738).

donne le ton de la voix dans la déclamation, si le pinceau décore le lieu de la scène, ce sont des services qu'ils se rendent mutuellement, en vertu de leur fin commune, et de leur alliance réciproque, mais c'est sans préjudice à leurs droits particuliers et naturels. Une tragédie sans gestes, sans musique, sans décoration est toujours un poème[3]. » À l'instar des Encyclopédistes, Pierre Frantz montre les applications très riches en enseignements d'une telle conviction. Défrichant un nouveau champ fertile de la critique universitaire en direction du spectacle et des arts, il prouve qu'on peut mêler, sans jamais les confondre, la littérature et la peinture, l'histoire du théâtre et l'histoire de l'art, la poésie et l'architecture, la tragédie et l'art lyrique, le tout en accordant toujours une attention particularisante à la création poétique. Très attachée à la discipline philologique et à l'étude philologique des textes, son approche des créations et des phénomènes artistiques convoque dans une pleine perspective la globalité des objets artistiques (tableaux, sculptures, estampes, décors, trouvailles visuelles, partitions…) et des théories esthétiques (Dubos, La Motte, Diderot, Batteux, Mercier…) pour mieux saisir tout le processus de fabrication des pièces du répertoire parmi les plus décisives, comme *Brutus* et *Sémiramis* de Voltaire, *La Double Inconstance* et *Les Fausses Confidences* de Marivaux, *Le Fils naturel* et *Le Père de famille* de Diderot ou encore la trilogie de Beaumarchais. Il continue aujourd'hui encore d'en proposer des éditions critiques et savantes qui se distinguent par leur manière éclairante de faire surgir l'architecture secrète des pièces (*Turcaret, Zaïre*), le sens historique de l'intrigue (*Caïus Gracchus* et *Tibère*) ou la caractérisation des personnages (*Le Barbier de Séville, Est-il bon ? est-il méchant ?).*

Ainsi a-t-il marqué d'une empreinte intellectuelle immédiatement reconnaissable les travaux de ses nombreux doctorants, de ses disciples et émules à travers la communauté universitaire, jusqu'à constituer au fil du temps une sorte d'« école de théâtreux », comme le rappelle ici même l'ami de longue main, Michel Delon, collègue et complice à la Sorbonne durant dix-huit ans. Quiconque a eu le privilège d'assister aux séminaires de recherche de Pierre Frantz se souvient qu'il lui arrivait de commencer sa séance introductive par l'exposé de sa conception personnelle de l'histoire du théâtre, établissant quelques distinctions

3 Jaucourt, article « Nature » dans l'*Encyclopédie*, *op. cit.*, vol. 11 (1765), section « La belle Nature (beaux-Arts.) », p. 42.

tranchées tout en élargissant progressivement le champ historique au champ esthétique. Il partait généralement du constat que l'histoire du théâtre peut apparaître de prime abord comme un simple pan de l'histoire de la littérature, comme une succession de formes autour des grandes articulations de l'histoire nationale ou de grands ensembles historiques afin de suivre l'évolution d'un genre dramatique en particulier, par exemple la tragédie. Mais en réalité, l'histoire du théâtre dépasse la simple chronologie des formes de l'art. Elle s'inscrit bien davantage dans une histoire littéraire née d'un changement de conception de la littérature elle-même. Car de la même façon que l'histoire littéraire propose une analyse précise en amont des synthèses, des auteurs et des mouvements, des écoles, des genres et des formes éventuellement, l'histoire du théâtre adopte pour principe que les œuvres doivent être comprises par rapport à leur contexte, dans leur situation historique. Pierre Frantz démontre qu'à toutes les époques, il y a objectivement un jugement, une capacité du public de comprendre, d'apprécier, de juger des œuvres littéraires et qu'il existe, par conséquent, une signification historique plus large de certains chefs-d'œuvre à travers l'étude de la réception et à travers la mise au jour des présupposés liés à une époque particulière. Donner une perspective historique au théâtre conduit alors à souligner ces présupposés historiques et permet de conjurer partiellement leur dimension subjective. Il s'agit donc là d'un historicisme qui s'oppose à une critique littéraire trop dogmatique érigeant les classiques uniquement, les grands auteurs officiels, les œuvres et les genres reconnus.

L'histoire du théâtre selon Pierre Frantz se présente aussi comme un prolongement de l'histoire des idées, une forme d'extension de cette dernière dans le domaine propre du théâtre, avec pour objectif l'analyse des rapports de la littérature et de la vie, analyse qui tient compte des aspirations, des regrets et des rêves des hommes. En séminaire de master ou en cours, Pierre Frantz aimait souvent partir du présupposé historique selon lequel les idées sont vivantes dans une société ; elles sont actives, peuvent mourir ou se transformer en agissant, en transformant la cité. L'étude du théâtre peut donc faire apparaître les aspirations d'une société donnée, se liant à l'histoire des mentalités. Les représentations, les idéologies, s'expriment par différents relais et se traduisent en idées quand elles sont reprises dans des textes littéraires ou non, se modifiant parfois dans ce trajet. Certes, il ne faut pas considérer l'œuvre littéraire comme un véritable document historique, mais il ne faut pas non plus négliger son épaisseur intellectuelle ni la force de son contenu. Pierre Frantz pose qu'il n'est pas nécessaire de philosopher pour avoir néanmoins des idées, des représentations. Il va plus loin lorsqu'il avance que les idées sont susceptibles de devenir un art et accèdent, par ce biais, à une temporalité différente. Elles peuvent connaître plusieurs relectures à différentes époques. Elles acquièrent une histoire et accèdent à un mode de signification différent. Il ne s'agit donc pas de donner un contenu fixe à une œuvre, il faut au contraire l'appréhender dans sa mobilité, ses développements, en-deçà ou au-delà des concepts dans lesquels elle s'incarne à différents moments historiques.

Ce rapport entre le théâtre et la société, entre la scène et le monde, prend une grande partie de sa source d'inspiration dans la relation intellectuelle fondatrice et privilégiée avec Anne Ubersfeld, sa directrice de thèse à Paris III, dont la forte personnalité impressionnait ceux qui l'ont connue et dont il aime tant à raviver le souvenir à l'occasion d'une anecdote de travail ou même d'une imitation malicieuse. Depuis les années 1970, des générations d'étudiants en études théâtrales, lui y compris, ont médité cette assertion profonde dans *Lire le théâtre* : « le lieu scénique est toujours le mime de quelque chose, [il] reproduit un lieu réel. Surtout, sont toujours reproduites les structures spatiales qui définissent non tant un monde concret que l'image que se font les hommes des rapports spatiaux dans la société où ils vivent. Symbolisation des espaces socioculturels, l'espace théâtral est la place de l'histoire[4]. » Pour autant Pierre Frantz est allé, dès sa thèse de doctorat, au-delà de la métaphore un peu convenue du miroir du monde qui se dessine ici entre les lignes pour démontrer que la scène renvoie plutôt l'image que se font les hommes des rapports sociaux, de la société en général, parce que le théâtre est une pratique sociale, un lieu de rencontres dans un bâtiment commun qui trouve précisément sa place au cœur de la cité, de son organisation urbaine et topographique. Le théâtre implique une somme de rapports sociaux, un protocole particulier au cours de la séance dramatique précisément.

L'idée d'un lieu scénique mimétique, faisant très probablement écho à son expérience personnelle de spectateur dès l'enfance, s'est confortée en lui petit à petit avant de prendre une ampleur sans égale.

---

4 Anne Ubersfeld, *Lire le théâtre* (1977), Paris, Éditions sociales, 1982, p. 140.

Une seconde rencontre féminine et capitale, avec Michèle Sajous d'Oria, en 1989, a été l'occasion pour lui d'intégrer à l'histoire du théâtre un champ nouveau, celui de l'architecture des bâtiments théâtraux, en lien avec la scénographie et avec la machinerie théâtrale, afin de faire réfléchir à la présence matérielle et sensible d'une pratique du théâtre dans la cité. L'art théâtral et l'écriture dramatique apparaissent ainsi comme la reproduction de la forme de la société prise à un moment donné et révèlent quelque chose de la réalité, comment la ville pense le théâtre, se l'accapare en le plaçant au centre du tissu urbain, sur la place publique. De surcroît, c'est à cette connexion du littéraire et du concret que l'histoire du théâtre, plus que toute autre histoire, se transforme une nouvelle fois pour s'étendre à l'histoire des techniques. Elle est en effet aussi une histoire des *realia* scéniques et des conditions matérielles de la représentation, de toutes les techniques que nécessite le théâtre pour exister, pour être joué. D'autant que l'ensemble des *realia* changent au gré des inventions scientifiques et de leur application pratique, en matière d'optique ou d'acoustique par exemple, et modifient en retour la perception et l'écriture même du texte dramatique.

La dramaturgie globale de Pierre Frantz, en définitive, constitue un élargissement essentiel de la pensée sur le théâtre grâce à un travail sur la longue durée et à une précision sans faille. Et si elle se saisit du théâtre dans son rapport aux autres arts, à la société et à l'histoire, c'est pour mieux lutter contre nombre de lieux communs qui pesaient sur le théâtre du XVIIIe siècle. Les nombreux articles et conférences de Pierre Frantz sur Diderot, Voltaire et Mercier, les ouvrages collectifs qu'il a dirigés sur les *Tragédies tardives* ou sur les *Galions engloutis* en hommage à Anne Ubersfeld, ont en particulier mis à bas un certain nombre d'idées reçues : le théâtre de Diderot serait raté et ses meilleures scènes se seraient réfugiées dans ses autres textes, ses dialogues satiriques et ses contes, *Le Neveu de Rameau* ou *Jacques le fataliste* en tête ; seules des comédies peuvent prétendre aujourd'hui au rang de chef-d'œuvre dramatique du XVIIIe siècle, aucune pièce sérieuse n'a survécu ni n'est digne d'intérêt ; la veine tragique française se serait tarie après Racine et les tragédies de Voltaire ou Marie-Joseph Chénier n'en sont qu'une survivance amoindrie, leur succès est anecdotique et ne peut être compris que dans un contexte historique de crise des genres ou de crise du vers… Or Pierre Frantz a pratiqué de multiples brèches aux remparts de ces préjugés littéraires si solidement ancrés dans le discours critique depuis le XIXe siècle par un retour aux sources historiques et aux archives, et à la lumière de la vie théâtrale dans son ensemble. Preuve en est qu'il n'a jamais refusé les projets de recherche sur la tragédie pittoresque ou à grand spectacle, sur la comédie des boulevards ou sur les suites de *Figaro* que de jeunes doctorantes et doctorants lui présentaient souvent sous des formes hésitantes ou improbables. Ces jeunes chercheurs se sont vite aperçus en venant le voir et en discutant avec lui qu'ils étaient soutenus dans leur envie de découverte, de réhabilitation plus ou moins consciente, des répertoires oubliés et méprisés qui pourtant ont donné leur sens aux chefs-d'œuvre trop uniformément offerts à la contemplation des lecteurs et des spectateurs aujourd'hui. Sous sa direction attentive, et profitant de ses lumières, ils ont été constamment incités à montrer que cela ne se passait jamais comme une histoire du théâtre un peu trop lisse ou trop bien rangée nous l'enseigne. Ils ont découvert que les innovations marquantes et les idées polémiques ont autant agité les scènes officielles que les tréteaux de la Foire ; que la Comédie-Française et l'Opéra n'ont jamais manqué d'audaces formelles malgré le poids de la tradition, le respect du répertoire ou les exigences de puissants mécènes ; que la comédie n'a pas régné en maître absolu sur le parterre et les recettes dans tout le siècle ; et qu'enfin les poètes tragiques officiels ont été au moins aussi populaires que les auteurs comiques.

Il reste un point à évoquer. Une telle redéfinition des frontières de la dramaturgie, entre les grands théâtres et les petites scènes du XVIIIe siècle, entre les genres savants et les genres populaires, entre ce qui a compté vraiment en définitive dans l'histoire du théâtre et ce qui a pris une importance disproportionnée vis-à-vis de la réalité, est attisée par sa fréquentation assidue des salles de spectacle de tous ordres, sans distinction. Pierre Frantz saisit l'essence même du théâtre, de la théâtralité, par une familiarité profonde avec tous les arts vivants jusqu'à aujourd'hui. Il lui serait de toute façon impossible de se satisfaire de l'air d'irréalité que respirent, encore aujourd'hui, certains spécialistes du théâtre qui fuient les salles de spectacle par crainte d'une décadence de la tradition sous le coup des tentatives et des initiatives de rénovateurs plus ou moins authentiques. À l'exact opposé, par exemple, de Shimamura dans le magnifique roman *Pays de neige* de Kawabata, ce fictif amateur d'art et de ballet qui « faisait ses suprêmes délices de ne pouvoir pas assister en personne aux réalisations, ni voir de ses propres yeux les danseurs[5] », Pierre Frantz ne manifeste aucun intérêt ni même désir pour que la chose inconnue demeure lointaine, pour que le plaisir reste pur. Rien de moins satisfaisant, pour lui, qu'un art idéal, qu'« un rêve d'un autre monde, le paradis de l'harmonie et de la perfection suprêmes, le triomphe de la pure esthétique[6] ». Rien de plus épuisant selon lui que les plaisirs insurpassables. Rien de comparable non plus entre l'authentique spectateur et l'amoureux platonique qui ne veut jamais rencontrer l'objet aimé. Loin de vouloir écrire sur le théâtre en ne s'appuyant que sur une érudition livresque, il souhaite toujours affronter l'épreuve de la scène et courir le risque de se heurter aux réalisations, fussent-elles décevantes.

Ce bref parallèle entre la position de Pierre Frantz et celle toute contraire de l'esthète japonais nous permet de parachever le tableau de cette dramaturgie globale en évoquant une anecdote significative de l'extraordinaire spectateur de théâtre qu'est Pierre Frantz. Il a su transformer sa passion pour le spectacle en tant que spectateur en une perception scientifique et une méthodologie sensible qu'il a transmises à ses nombreux étudiants et à ses proches. Assister à un spectacle à ses côtés demeure une expérience unique, éminemment formatrice, dès les premières et infimes réactions physiques au lever du rideau jusqu'aux commentaires énigmatiques ou aux longues discussions explicatives sitôt la séance finie, et encore tard dans la nuit sur le chemin du retour. Parmi une infinité de souvenirs marquants, évoquons une représentation de kabuki en novembre 2019, au somptueux Kabukiza de Tokyo, à laquelle nous avons eu la chance d'assister grâce à lui. Alors que notre regard, comme celui de tout spectateur occidental, se perdait dans la contemplation des dimensions gigantesques de la salle et de la scène, il délia devant nous en un instant le sens profond de l'expérience sensible que nous étions en train de vivre. Il prononça ces mots laconiques dans les premières secondes du spectacle, seulement accompagnés d'un geste large de la main : « la latéralité !… » Sous l'effet épiphanique de la formule, tout alors prit sens et devint plaisir : l'immense étendue du plateau latéralement à la salle, en effet, et que l'œil du spectateur ne peut mesurer sans peine dans sa totalité, faisait de la scène une partie

5 Kawabata Yasunari, *Pays de neige* (1955), trad. Armel Guerne, Paris, Albin Michel / Le Livre de Poche, 1993, p. 37-38.

6 *Ibid.*

du monde et non la totalité, les déplacements chorégraphiques des acteurs sur toute la largeur de l'avant-scène, si précis et à pas comptés, toisaient l'espace et dosaient le temps de la fiction, leurs mouvements suspendus formaient soudain un tableau vivant éloquent, les coups de théâtre sonores le plus souvent excitaient tous les sens en surgissant de manière imprévisible d'un des côtés de la scène, depuis la coulisse ou grâce à l'orchestre apparaissant tout à coup sur un plateau tournant dans le cadre de scène... Au comble de la sensation physique et de l'expérience concrète du grand théâtre populaire japonais, les théories dramatiques novatrices des Lumières étaient convoquées au même endroit simultanément, se condensaient efficacement et justifiaient de façon définitive l'idée même du théâtre du XVIIIe siècle, du spectacle et de la fête, aux yeux émerveillés de l'irremplaçable lecteur de Diderot, Voltaire, Mercier et Beaumarchais.

Renaud BRET-VITOZ
Sorbonne Université

TRAVAILLER AVEC PIERRE FRANTZ

Parmi les titres un temps envisagés pour cet ouvrage, *Scène comble* retint un moment les éditeurs de ces mélanges. Hommage indirect à l'un des concepts majeurs forgés par Pierre Frantz dans son *Esthétique du tableau* (le « tableau-comble » organisant « l'ensemble des personnages autour d'une pantomime centrale [...] qui manifeste un comble du pathétique ou du sublime[1] »), clin d'œil amical à l'énergie parfois explosive avec laquelle Pierre a, durant plusieurs décennies, habité l'espace institutionnel et animé le champ de la recherche, manière surtout de témoigner de l'extraordinaire talent de notre maître, collègue et ami, pour fédérer autour du théâtre du XVIIIe siècle, mais aussi, il faut bien le dire, autour de lui, une belle équipe de chercheurs, occupant la scène de ce volume par leurs contributions joyeusement savantes. Et même si le titre – trop obscur, trop peu explicite – fut abandonné, reste que scène comble il y a.

Comble par le nombre important des auteurs, qui cependant ne sauraient constituer la liste finie de tous ceux dont Pierre a croisé la route, qu'il a inspirés, avec lesquels il a travaillé à construire une pratique singulière de la recherche et de la compréhension du théâtre[2] ; comble par la diversité des voix et des méthodes, à l'image de cette conception globale, ouverte et inventive du phénomène théâtral qui a toujours été la sienne, de cette insatiable curiosité qui fait qu'aux côtés des figures attendues de Voltaire, de Marivaux, de Sade et de Chénier, se rencontrent dans ces pages Caraby le chien savant, acteur du théâtre de Nicolet, Brisse, l'artiste patriote de Nancy ou des esclaves en fuite de Saint-Domingue prénommés Figaro, que les écrans à main y côtoient la Révolution française, que Huerne de La Mothe dialogue avec Casanova, que littéraires, historiens, spécialistes des arts du spectacle, musicologues, historiens de

1 P. Frantz, *L'Esthétique du tableau*, p. 168.

2 Les pages qui suivent doivent beaucoup à des discussions, parfois anciennes, avec les élèves de Pierre, notamment Maurizio Melai et Virginie Yvernault.

l'art s'y rejoignent pour célébrer les lumières d'un art que, comme Pierre, ils servent et interrogent sans préjugé, sans canon préalable, sans grille de lecture exclusive. Dans l'idée de scène comble se trouve aussi l'idée d'un théâtre qui déborde, qui ne reste pas en place, pas à sa place. Et effectivement ce volume célèbre les lumières du théâtre, sans les restreindre aux Lumières, à l'image de la recherche de Pierre qui, tout en revendiquant son statut de dix-huitiémiste, ne s'est jamais laissé engoncer dans des délimitations institutionnelles étroites et s'est toujours octroyé le droit de franchir allègrement les bornes des divisions séculaires, génériques et culturelles dont l'université est si friande, allant là où sa curiosité et son goût le portaient, guidé par cette recherche du point précieux où l'étude du passé nous dit aussi quelque chose du présent et de nous.

Ce dont témoignent encore la multiplicité et la diversité des contributeurs, c'est de l'approche véritablement incarnée de la recherche qui est celle de Pierre Frantz : incarnée dans une présence, une voix, d'inoubliables cravates, une manière d'être indissociable d'une manière d'appréhender les œuvres et l'histoire, mais aussi incarnée dans des réseaux, des rencontres, des échanges à l'occasion desquels se construisent à la fois des savoirs et des amitiés, et qui font que la recherche, pour Pierre Frantz, relève aussi nécessairement d'une forme de sociabilité. Incarnée, enfin et surtout, parce que le théâtre n'est pas, pour Pierre Frantz comme pour ceux qui ont travaillé avec lui, un objet abstrait, mais une expérience vécue, ancrée dans un rapport au monde. Le théâtre, pour Pierre, a la saveur de l'enfance, de l'époque où, voyant les portes et les coulisses du Théâtre municipal de Mulhouse s'ouvrir par l'intervention magique de son oncle Eugène Fuchs, peintre et décorateur d'opéra, il découvrait, depuis les loges, le spectacle avec ses cousines. Le théâtre a l'odeur de la forêt vosgienne, sur laquelle s'ouvre rituellement le fond de scène du Théâtre du Peuple de Bussang ; il a le goût des tartes aux myrtilles que l'on y déguste, une fois la représentation finie. Pierre n'a jamais cessé d'être un spectateur, éclectique, assidu, amoureux parfois déçu mais jamais tiède, jamais blasé. Même pendant le confinement, il s'est nourri de captations, s'enflammant régulièrement contre des mises en scène d'opéra dont la laideur, l'arbitraire, la sottise l'indignaient et qui réactivaient en lui cette vocation contrariée de « dictateur esthétique » dont il a fait une plaisanterie récurrente. D'enthousiasmes en détestations, la chair du théâtre est ainsi faite d'émotions, de plaisir et d'engagements.

Travaillant sur un répertoire longtemps délaissé, souvent méprisé (un éminent professeur de la Sorbonne, apprenant qu'il travaillait sur le théâtre du XVIIIe siècle, lui avait ainsi dit, au début de sa carrière : « vous marchez sur des cadavres »), Pierre a su lui redonner vie, non seulement par sa manière d'en parler, mais par le souci, qu'il a notamment partagé avec ses complices de toujours, Christian Biet et Georges Forestier, de le ressusciter scéniquement, de le faire exister au présent. Les expérimentations théâtrales qui ont accompagné et accompagnent encore le développement du programme de recherche consacré aux Registres de la Comédie-Française en témoignent, de même que l'enthousiasme avec lequel Pierre évoque toutes les occasions offertes aux chercheurs de « performer l'archive » (expression qui, sans doute, le ferait grincer des dents), à Warwick, à Trondheim, à Nanterre ou ailleurs. Redonner corps au théâtre, en faire non seulement un objet de pensée partagé mais une expérience commune : ce souci est constant chez Pierre Frantz, et nombreux sont ceux qui se souviendront de spectacles vus à ses côtés, à l'Opéra royal de Versailles ou dans tel petit théâtre de Moscou.

Un autre mot caractérise le travail de Pierre Frantz, dont les études ici réunies sont le reflet : « partage ». Le savoir, la recherche, le spectacle naissent de l'élan collectif, des rencontres, des échanges, des désaccords parfois. Pierre Frantz – la liste de ses publications, qui joint à des ouvrages importants, qui ont fait penser, et à des éditions critiques précieuses un nombre remarquable d'actes de colloques, en témoigne – a toujours, avec une grande générosité, fait passer le collectif avant les entreprises solitaires. Chef de troupe plus que soliste, maestro plus que diva, il a mené une recherche avec les autres. Très tôt, il s'est engagé dans de grandes entreprises collectives qui ont fait date et ont marqué un progrès dans la compréhension d'un XVIIIe siècle plus large que ce à quoi le réduisait l'histoire littéraire, enrichi des acquis de l'histoire, des sciences sociales, de l'histoire de l'art, préférant aux chiffres ronds des partages séculaires et à leur rationalité rassurante le temps plus sinueux et plus profond des mouvements de fond observés à la lumière du présent. Pierre Frantz fut de l'aventure de *La Mort de Marat*, de celle de *La Carmagnole des muses*, et presque vingt ans plus tard de celle de *L'Empire des muses*, il fut l'un des piliers de l'édition des œuvres de Louis-Sébastien Mercier, dans laquelle il fournit une édition magistrale de *Du Théâtre.* Avec Lise Andriès, Jean-Claude Bonnet, Michel Delon,

Philippe Roger, Chantal Thomas et bien d'autres, il contribua à donner une visibilité au tournant des Lumières, à la Révolution et à l'Empire et à les réinterroger. Durant plusieurs années, à Paris-Sorbonne, avec Bernard Franco, il anima ensuite une série de rencontres autour du théâtre et de sa théorie en France et en Allemagne entre 1770 et 1830. Il prit aussi l'initiative de réunir autour de lui des chercheurs, confirmés ou doctorants, afin de mener de semblables entreprises d'exploration du théâtre des Lumières : au fil des colloques et des volumes collectifs, sur *La Scène, la Salle et la Coulisse*, *La Mise en scène avant la mise en scène*, *Les Arts du spectacle et la référence antique dans le théâtre européen*, *L'Orecchio e l'Occhio*, se sont construites et consolidées non seulement une manière d'approcher les spectacles du long XVIIIe siècle à la croisée des disciplines mais aussi une équipe soudée, qui est bien plus qu'une école. Avec Thomas Wynn, Mara Fazio, Katherine Astbury et bien d'autres, le petit noyau des collègues sorbonnards et des doctorants des quatre coins du monde devenus depuis des collègues, s'est constitué un réseau solide qui répand aujourd'hui à son tour cette conception ouverte et dynamique du théâtre du XVIIIe siècle et sait pouvoir compter sur la présence de Pierre. Autre réseau, autre bande : au début des années 2010, Pierre fut, avec Christian Biet, Georges Forestier et Jeffrey Ravel de ceux qui, voulant faire renaître de ses cendres le programme CESAR (Calendrier Électronique des Spectacles sous l'Ancien Régime), surent se saisir des ressources offertes par les humanités numériques, y voyant une chance d'enrichir et de renouveler une histoire du théâtre irréductible à l'histoire littéraire. Associés à la Comédie-Française, en la personne d'Agathe Sanjuan, accompagnés d'une équipe de jeunes chercheurs, ils lancèrent alors le programme des Registres de la Comédie Française. Dix ans plus tard, ce programme est en pleine expansion, et l'utopie d'un site permettant de consulter, de recouper et d'interpréter toutes les archives administratives de la Comédie-Française de sa création à nos jours est en train de devenir une réalité, ouvrant un champ infini de recherches nouvelles susceptibles de renouveler notre regard sur l'histoire des spectacles, le répertoire, le canon, la conception de l'acteur… Pierre, comme ses camarades professeurs qui formaient le noyau dur de ce projet, a pris sa part du travail, une part qui ne se cantonnait pas à la conception intellectuelle du programme et à l'exploitation scientifique des résultats de la recherche, mais impliquait des tâches plus ingrates et moins reconnues par l'institution : recherche de financements, participation, à travers le dialogue avec les ingénieurs informaticiens, à l'élaboration technique des interfaces, saisie et vérification des données. Mettre ainsi la main à la pâte, ce n'était pas seulement œuvrer à l'avancement du projet, c'était aussi se confronter à d'autres questions, d'autres méthodes, repenser le métier d'enseignant-chercheur, être partie prenante d'une communauté active et créative, soudée par l'effort autant que par les moments conviviaux qui, comme toujours, accompagnaient les rencontres scientifiques. De ces années d'élaboration enthousiaste reste le souvenir d'ateliers où l'on discutait ferme et riait beaucoup, d'un élan commun auquel participaient sans distinction d'âge ou de statut tous les membres de l'équipe. L'un des grands mérites de Pierre réside aussi dans ce talent et cette générosité, partagés avec le regretté Christian Biet, d'avoir su faire de la recherche avec les autres une recherche pour les autres : mettre le pied à l'étrier des doctorants, leur passer ensuite la main, accepter qu'un projet ne soit pas identifié à soi seul, c'est aussi la marque des grands professeurs et la présence, dans ces pages, d'un grand nombre d'élèves de Pierre en témoigne.

Pas plus qu'un exercice solitaire, la recherche n'est une fin en soi. Là encore, le savoir ne vaut que s'il est partagé et Pierre, qui fut longtemps un enseignant de lycée, et dut, en tant que tel, se battre quotidiennement – et, nous n'en doutons pas, victorieusement – pour convaincre les élèves qu'intelligence des textes et intelligence de la vie avaient partie liée, n'a jamais cultivé l'érudition pour elle-même ni considéré que la place naturelle de la recherche devait se confiner entre les murs de l'université ou les salons des sociétés savantes sous peine de se trahir et de se corrompre. La diffusion du savoir a occupé une part importante de sa production, sans que cette diffusion ne se réduise jamais à une « vulgarisation », bien au contraire. Vulgariser, pour lui, n'est pas simplifier ou réduire en système : dans ses écrits voués à un public élargi, nul renoncement à mettre en lumière l'équivoque, l'irrésolu, la résistance des œuvres. Parler au grand public, aux lecteurs, par exemple, du très beau, très exigeant et très utile *Théâtre en France* dirigé par Jacqueline de Jomaron ou à ceux de l'*Encyclopaedia universalis* ce n'était pas seulement être reconnu comme spécialiste d'un champ délaissé et incompris avant lui, c'était aussi saisir l'occasion de faire entendre une autre vision du théâtre, de *ce* théâtre, contribuer, lentement mais sûrement, à faire évoluer une conception figée de l'histoire littéraire, rappeler aussi que la littérature et les arts ont et ont toujours eu partie liée avec l'histoire, avec la vie, revendiquer, pour les œuvres et les auteurs qu'il évoquait autant que pour le public auquel il s'adressait, un droit à la complexité et, tout bonnement, à la reconnaissance. De tels écrits, traditionnellement, se nourrissent de ceux qui les ont précédés et institutionnalisent des savoirs qu'ils semblent essentialiser : Pierre Frantz sut jouer de ces espaces d'expression pour en faire les moyens d'une reconfiguration salutaire, d'un questionnement fécond et sans cesse relancé, impliquant le lecteur dans une interrogation sur ce que cette littérature, mieux comprise, pouvait avoir à lui dire. L'anthologie de *L'Avant-scène* consacrée au *Théâtre du XVIIIe siècle* répondait à la même ambition d'une vulgarisation exigeante et d'une érudition au présent, dans un dialogue permanent de la rigueur historique et du regard contemporain sur le théâtre vécu.

Soucieux de la manière dont la recherche s'ancre dans la société et se diffuse, Pierre, non content de prendre plus que sa part des responsabilités collectives qui incombent aux enseignants-chercheurs, s'est beaucoup investi dans la vie et parfois la survie de revues, notamment au CNL. Il fut l'un des fondateurs de la revue *Orages. Littérature et culture (1760-1830)*, et en a dirigé plusieurs numéros thématiques, sur des thèmes aussi variés que « Formes errantes et vagabondes », « Sexes en révolution » ou « Haines politique ». Il est également l'un des piliers de la Société d'histoire du théâtre. Siéger dans un comité de rédaction, un conseil d'administration n'est pas pour lui affaire de prestige, de titre honorifique. Préférant les esquifs fragiles aux monuments institutionnels, Pierre a déployé son énergie à lutter pour maintenir à flots des espaces de réflexion et d'échange. Et là encore s'est manifesté son souci de transmettre le flambeau, en impliquant les générations qui venaient après lui.

Autant qu'une œuvre critique qui s'impose d'elle-même, les études ici rassemblées saluent une manière de chercher et de transmettre, qui est aussi une manière d'être. Tous ceux qui ont ou ont eu la chance de travailler avec Pierre savent combien l'échange intellectuel est, pour lui, indissociable de pratiques de sociabilité. Les livres s'incarnent dans des rencontres, des lieux, des expériences. À Besançon, à Nanterre, à la Sorbonne, aux quatre coins du monde, du Japon aux États-Unis, en passant par la Tunisie, la Norvège et la Russie, sans oublier l'Italie et l'Angleterre, au gré des colloques, des codirections de thèses, des projets de recherche, il a su faire rimer activités scientifiques, découverte du monde, visites de musées, explorations culinaires et moments de vie. S'il est un citoyen du monde, il est aussi l'homme du séminaire, et l'homme des cafés d'après-séminaire, où bien souvent l'on ne boit pas que du café. Longtemps après avoir soutenu leur thèse, longtemps après avoir obtenu un poste, beaucoup de ses élèves ont continué à suivre son séminaire de master, à se nourrir de l'énergie et de la passion qu'il y mettait à défendre des œuvres oubliées, une conception engagée du théâtre, les échos entre textes du passé et textes contemporains ; beaucoup ont continué à venir puiser à cette curiosité insatiable, y ont, en somme, appris leur métier. Nombreux sont ceux, aussi, qui, à la Sorbonne, ont associé à sa silhouette les séminaires du CRHT (Centre de Recherche en Histoire du Théâtre), devenu ensuite PRITEPS (Programme de recherche interdisciplinaire sur le théâtre et les pratiques scéniques), lors desquels il semblait avoir toujours un mot à dire, une remarque suggestive, une objection éclairante, quels que soient le sujet et l'époque évoqués, séminaires auxquels il est resté fidèle, tout en ne cessant de grommeler contre ces acronymes inélégants auxquels nous attendons toujours qu'il propose une alternative. Comment évoquer ces séminaires sans parler *du* séminaire ? Celui que, pendant longtemps, avec Michel Delon et, depuis quelques années avec Jean-Christophe Abramovici, Christophe Martin et Renaud Bret-Vitoz, il a animé bénévolement, un samedi après-midi par mois, et lors duquel les doctorants présentent leurs travaux devant des chercheurs plus avancés. Les premiers en repartent avec des pistes fécondes, des réponses à leurs questions, la sensation réconfortante de n'être ni isolés ni quantité négligeable, les seconds avec le plaisir de penser que la recherche dix-huitiémiste peut constituer une sorte de grande famille, où une forme de continuité et d'échange entre les générations s'établit de manière sereine et conviviale, non sans une certaine gaieté. Faire penser, travailler avec et pour les autres : telle a été la manière de Pierre Frantz de faire école. Une manière rigoureuse et exigeante, mais refusant de céder à l'esprit de sérieux et privilégiant toujours un principe de plaisir, ne s'interdisant jamais une escapade hors des sentiers battus, un contournement des canons, une entorse au bon goût. Une manière franche, parfois bourrue mais toujours bienveillante, d'inciter chacun à penser par lui-même et à penser au présent.

Les articles de ce volume sont un vivant témoignage de ce que Pierre a apporté aux études dix-huitiémistes et à la réflexion sur le théâtre. Par la manière dont elles s'inscrivent dans le sillage de ses travaux et révèlent comment d'autres ont pu s'en emparer et les confronter à leurs propres pratiques, elles forment un portrait kaléidoscopique dans lequel se laissent saisir les multiples facettes d'une recherche toujours en mouvement.

La première partie regroupe, sous le titre « Dramaturgies », des articles qui illustrent la diversité des objets et des approches dont relève le fait théâtral. C'est une chose connue : un jour, Pierre a choisi d'enseigner la littérature plutôt que les arts du spectacle. Le texte, la langue comptent. Mais Pierre n'a pas, en choisissant les Lettres, renoncé aux arts, au spectacle, à l'histoire. La collection Phoenix, qu'il a fondée aux éditions MHRA avec Thomas Wynn, propose l'édition critique de pièces souvent peu connues du XVIIIe siècle, mais qui ont fait événement et sont resituées dans leur contexte de création et de réception. Cette volonté de rendre à chaque œuvre son amplitude, de faire apparaître à la fois son ancrage dans son époque et ce qu'elle a encore à nous dire est au principe des nombreuses éditions de textes que Pierre a offertes : du *Barbier de Séville* à *Zaïre*, de *Caïus Gracchus* à *Est-il bon ? Est-il méchant ?*, de *Turcaret* à l'édition en cours du *Théâtre complet* de Voltaire, il s'est attaché à donner du théâtre du XVIIIe siècle une vision diversifiée, sans hiérarchie de genres, sans souci du panthéon littéraire, creusant à chaque fois les textes pour en montrer la richesse singulière, explorant les pans méconnus de la production d'auteurs canoniques ou rendant à des jalons essentiels de l'histoire du théâtre leur place dans la mémoire collective, en tenant toujours compte de la manière dont l'incarnation scénique et l'inscription dans l'histoire enrichissent et complexifient le sens et la portée des œuvres. Tout aussi importante à ses yeux est la pensée du théâtre, pensée qui, au XVIIIe siècle, accompagne l'écriture dramatique de Voltaire, Diderot, Beaumarchais et bien d'autres. Pierre a rendu à cette pensée une visibilité, à travers son édition de *Du Théâtre* mais aussi à travers celle du *Tableau de la littérature française* de Marie-Joseph Chénier, de nombreux articles et surtout sa thèse d'état *Théorie et pratique du drame bourgeois*. La question des genres, celle de l'effet (rire, catharsis et autres) l'ont beaucoup occupé.

Mais ce qui caractérise plus nettement encore cette dramaturgie frantzienne, c'est la rencontre des arts et la convergence des disciplines, indispensables à la compréhension des œuvres. De sa thèse sur le drame, Pierre a tiré un ouvrage qui est devenu une référence et qui synthétise sa méthode : après *L'Esthétique du tableau*, il n'est plus possible d'envisager le poème dramatique sans prendre en compte l'écriture du spectacle qui l'informe et en fait jouer le sens, plus possible de penser le théâtre sans la peinture, la musique et l'acteur, plus possible de parler de la scène sans envisager l'effet que produit sur le spectateur ce qui y est représenté, sans s'interroger sur la place de ce dernier, qui détermine et, en quelque sorte, légitime un protocole spectaculaire qui, sans lui, resterait lettre morte. De la notion de tableau, invention diderotienne à laquelle cet ouvrage a rendu, ainsi qu'à cette période souvent oubliée de la théorie dramatique, sa pleine valeur, Pierre a fait un concept opérant pour d'autres époques, d'autres esthétiques, et dont on ne saurait aujourd'hui se passer.

Cette rencontre des arts est partout dans sa production et sa direction de recherche : dans son intérêt de longue date pour la scénographie, qui, grâce à la rencontre avec Michèle Sajous d'Oria, dont il dirigea le travail sur les échanges entre scènes et salles de spectacles, aboutit à la publication d'un beau livre en 1999, *Le Siècle des théâtres* ; dans la manière dont il pense le théâtre avec les historiens de l'art – Michael Fried, Thomas Crow et évidemment son amie Jacqueline Lichtenstein, avec qui, durant des années, il organisa des séminaires au château de Versailles, menant des étudiants de Lettres et de Philosophie à travers les galeries vidées de leurs visiteurs, à la recherche d'allégories ou de lieux de l'intime, observant dans les statues, l'architecture et les tableaux les traces ou les sources des faits étudiés quelques heures plus tôt dans les textes ; dans la façon encore dont il n'a jamais cessé d'envisager l'esthétique de manière englobante et comparatiste, ne se restreignant pas aux seuls arts de la scène, mais cherchant, chez La Font de Saint Yenne, dans les *Salons* de Diderot, dans les écrits sur l'art de l'âge classique qu'il a souvent enseignés en Licence, de quoi nourrir une réflexion plus large. Nombre de ses élèves se souviennent avec émotion des années de séminaire qu'il a consacrées aux *Salons* de Diderot, y ont découvert une autre manière d'envisager les œuvres. Les agrégatifs, eux aussi, ont été initiés aux liens entre théorie esthétique et écriture par l'ouvrage collectif qu'il a publié avec Élisabeth Lavezzi sur ces mêmes *Salons*.

La dimension visuelle du spectacle n'a pas monopolisé la réflexion esthétique de Pierre Frantz : ce fin mélomane a fait une place de choix dans ses recherches à la musique et à ses échanges avec le spectacle dramatique. Pierre a écrit sur les scènes de musique chez Beaumarchais, sur la voix et l'accent chez Diderot, sur l'opéra, le mélodrame, l'opéra-comique, genres qu'il n'a jamais séparés du théâtre parlé, explorant au contraire leurs échanges et leur enrichissement mutuel (l'un de ses articles s'intitule d'ailleurs « L'opéra au secours du théâtre »). Il a codirigé plusieurs thèses avec des musicologues, œuvrant à la reconnaissance d'une approche interdisciplinaire indispensable à la compréhension de la vie théâtrale du XVIIIe siècle. Il a, avec Martin Wahlberg et Marie-Cécile Schang-Norbelly, fondé le réseau Favart, encourageant les recherches sur l'opéra-comique.

Penser le théâtre, pour l'amoureux de spectacles, c'est aussi s'intéresser aux acteurs et à leur art, qui s'autonomise et se théorise au XVIIIe siècle. Composante essentielle d'un tableau dramatique qu'il anime, le comédien des Lumières est également reconnu comme un co-créateur du spectacle et un agent essentiel d'une vie théâtrale bouleversée par les soubresauts de la société. L'acteur est l'un des visages de cette incarnation du théâtre. En consacrant des articles à la pantomime, à la figure sociale de l'acteur, à la querelle du théâtre, à la théorie de Johann Jakob Engel, en éditant les *Réflexions* de Talma sur Lekain et l'art dramatique, en intitulant l'introduction générale du *Théâtre complet* de Voltaire « Pour lire et jouer Voltaire », Pierre a replacé l'acteur au cœur de la vie théâtrale, refusant, pour autant, de ne le considérer que comme un technicien, un simple professionnel du jeu, mais interrogeant son rôle dans la cité et l'imaginaire qu'il inspire. L'acteur est le prisme à travers lequel se saisit quelque chose du rapport du théâtre au temps : les manières de jouer comme les manières de lire, les corps et les voix autant que les mots révèlent la façon dont le théâtre vit, vieillit, se régénère, se transforme. Dans les analyses de Pierre Frantz sur le théâtre de Marivaux mis à la scène, dans son attention à l'évolution historique de l'incarnation des rôles de Beaumarchais, dans son étude d'une représentation du *Fils naturel* en 1992, dans ses interrogations sur la possibilité de représenter aujourd'hui les répertoires délaissés, se dévoile l'idée que le spectacle relève toujours de plusieurs strates temporelles, de mémoires et d'histoires multiples qui ne sauraient être dissociées. Affaire d'incarnation, encore.

Comment parler de dramaturgie sans évoquer les corpus ? Pierre Frantz les a, au cours de sa carrière, tous embrassés, sans exclusion ni préjugé : théoriques comme dramatiques, sans oublier les excursions romanesques ou philosophiques, et de préférence en mettant en évidence leurs croisements et leurs hybridations ; comique et tragique, « dramique » et mélodramatique ; auteurs canoniques, pépites oubliées, mais aussi pièces d'un intérêt littéraire peut-être limité mais jugées représentatives d'une époque et de l'inscription des spectacles dans l'histoire ou la société et à ce titre significatives. S'il a édité Beaumarchais et Voltaire, s'il a consacré des articles éclairants à la dramaturgie de Marivaux, il n'a jamais tenu pour acquises les leçons d'une histoire littéraire prompte à distinguer grands et petits auteurs. Plutôt que d'accepter sans broncher le canon, plutôt que de chercher à l'inverser dogmatiquement en s'engageant dans une mission de réhabilitation systématique des pièces oubliées, du théâtre « mineur » ou « non officiel », il a choisi non seulement de considérer les œuvres sans prévention, en analysant la manière dont elles s'ancraient dans une histoire esthétique et sociale des spectacles, mais aussi d'interroger ce canon, en en étudiant l'élaboration progressive, en en mettant au jour les enjeux idéologiques et les petits arrangements avec l'histoire. Pas de canon qui tienne, sinon celui de la qualité des œuvres, c'est-à-dire de leur résistance à l'évidence. Comment croire au canon quand on fait une thèse sur le drame et qu'on entend lire sérieusement la théorie diderotienne ? Quand on constate que, de cette théâtromanie foisonnante du XVIIIe siècle, ne surnagent aujourd'hui que Beaumarchais et Marivaux, électrons libres en leur temps et nullement représentants d'une légitimité validée par les institutions du goût ? Quand on publie de Voltaire ce continent englouti qu'est le théâtre ? Quand on s'intéresse à la vivacité, à l'inventivité formelle et à la pertinence politique d'une tragédie dont on a tant dit qu'elle périclitait après le XVIIe siècle ? Quand on appréhende le comique aussi bien à travers le répertoire poissard que dans les pièces de Marivaux, indifféremment à la Foire, à la Comédie-Italienne et à la Comédie-Française ? Le canon n'est jamais un préalable : il est une question. Comme preuve ultime de résistance à cette emprise des grilles de lecture et d'évaluation systématiques du répertoire, Pierre Frantz s'est toujours amusé à sortir de ce qui aurait pu être une zone de confort : après avoir saisi, dans un premier temps, Diderot à travers le prisme du drame, après s'être confronté au critique d'art et à sa pensée mouvante et complexe, il a choisi d'éditer *Est-il bon ? Est-il méchant ?*, comédie à mille lieues des pièces sérieuses et morales de 1757-1758, remettant en jeu bien des certitudes, rendant Diderot à ses ambiguïtés, à ses tentations diverses et néanmoins complémentaires, en un mot : à ce qui rend son œuvre vivante. Explorer le répertoire, tous les répertoires, avec un esprit ouvert, sans certitudes, sans autre boussole que la connaissance de l'histoire et la sensibilité aux textes : telle pourrait être la leçon frantzienne. Il n'en reste pas moins que, à sa suite et sous son impulsion, des chercheurs se sont consacrés à faire revivre des corpus oubliés ou négligés. Si les tragédies tardives, le théâtre de la Révolution sous toutes ses formes, les drames, les comédies mêlées d'ariettes ont bénéficié d'analyses renouvelées et d'une forme de redécouverte, le mérite lui en revient en grande partie.

Dans l'esprit des travaux de Pierre Frantz, certaines études de ce volume poursuivent cette exploration, mettant au jour des mouvements de fonds et des trésors parfois tombés dans l'oubli. Dans un de ses derniers textes, Christian Biet analyse une tragédie peu connue d'un notable angevin qui réfléchit, juste après les guerres de religion, à la place de la violence dans l'histoire et à la manière dont la fiction théâtrale, dans un constant va-et-vient entre passé et présent, rend compte d'enjeux toujours contemporains. La valeur du cas, selon Christian Biet comme selon Pierre Frantz, est, quelle que soit sa « qualité d'exécution », de révéler « dans [son] individualité et [sa] généralité, une manière de penser une époque et une manière d'en rendre compte de façon particulière ». Olivier Bara explore lui aussi des œuvres peu connues, quatre petites pièces écrites pour la jeune actrice Céline Montaland par Labiche, et montre l'intérêt de ces « pochades méprisées » par leur auteur-même, pour une pensée du théâtre soucieuse à la fois des acteurs et de l'histoire sociale et culturelle. Maria Grazia Porcelli et Michèle Sajous d'Oria envisagent, sur une longue durée, entre France et Italie, la circulation et la plasticité de thèmes et de motifs théâtraux : Maria Grazia Porcelli analyse les tribulations de la Fée Urgèle au théâtre tandis que Michèle Sajous d'Oria retrace l'existence scénique de la Tarentule. Dans les deux cas, les considérations dramaturgiques s'articulent à une réflexion relevant de l'histoire des mentalités.

Dans ce volume, la réflexion théorique ne se réduit pas à une grille de lecture *a priori* ou dogmatique, mais accueille des objets et des méthodes variés. Gianni Iotti, analysant le plaisir de la reconnaissance dans *Mérope*, montre que Voltaire, tout en tenant compte de la doctrine aristotélicienne concernant l'agnition tragique, en infléchit les modalités scéniques et, partant, la signification. Dans l'évolution d'une conception rhétorique de la reconnaissance vers une conception plastique se devine une mutation qui, plus encore que générique, est philosophique : la convergence d'une reconnaissance tragique, c'est-à-dire héroïque, et d'une reconnaissance sentimentale, de nature mélodramatique, principes dont la renégociation permanente fait la singularité de l'esthétique théâtrale de Voltaire. Thibaut Julian observe, pour sa part, les mutations du discours sur l'admiration dans la réflexion esthétique et la théorie théâtrale du XVIIIe siècle, ainsi que le redéploiement générique et la réhabilitation de ce sentiment dans les pièces à partir des années 1760. Peut-il y avoir une admiration sans distance refroidissante ? L'admiration est-elle compatible avec l'attendrissement et l'intérêt ? Ces interrogations sont riches d'enjeux à la fois esthétiques et politiques. C'est une pensée du théâtre tout aussi mouvante que fait apparaître l'article de Sophie Marchand, qui s'inscrit à la fois dans la lignée des réflexions de Pierre Frantz sur les genres dramatiques et dans son intérêt pour les questions de genre, auxquelles il consacra, en collaboration avec ses collègues un séminaire régulier : en montrant qu'au XVIIIe siècle, le discours sur les genres dramatiques convoque un imaginaire du masculin et du féminin afin de penser les mutations en cours, il s'agit de remettre en question la croyance en une identité figée et essentielle des genres quels qu'ils soient. Martial Poirson s'intéresse, lui, au spectateur et à ses interactions avec la scène, non pas depuis le point de vue des théoriciens du théâtre, mais à partir des registres d'assemblées de la Comédie-Française, qui donnent corps à deux débats essentiels des années 1780, au fondement de l'esthétique du tableau : les conditions de production de l'illusion théâtrale et les conditions de réception des spectacles. François Lecercle et Andrea Fabiano se concentrent, pour leur part, sur deux penseurs du théâtre, révélateurs de la diversité et de la richesse de la réflexion théorique au XVIIIe siècle : le premier réhabilite la stratégie et l'argumentaire politique de François-Charles Huerne de La Mothe défenseur du théâtre contre l'Église, allié de Mlle Clairon dans la lutte contre l'excommunication des comédiens et la haine du spectacle ; le second réunit les fragments d'une pensée théâtrale de Giacomo Casanova, éparse dans sa revue *Le Messager de Thalie* et dans son roman utopique l'*Icosaméron*. Se fait jour dans ces deux textes le rêve d'un théâtre délivré du poids de la langue, de la fiction et même du corps des comédiens, devenu « pure perception des sens, fascination naïve devant l'inattendu ». Penser le théâtre au XVIIIe siècle, est-ce en faire la théorie ? Oui, à condition d'admettre, avec les auteurs des articles ici réunis, et sans doute avec Pierre Frantz, que cette théorie est infiniment souple et pragmatique, qu'elle ne se développe pas en marge de la création ou de l'épreuve de la scène, qu'elle ne se cantonne pas à l'abstraction, qu'elle n'exclut ni le rêve ni l'épreuve de la réalité historique.

Prolongeant les travaux pionniers de Pierre Frantz sur la rencontre des arts, plusieurs contributeurs s'intéressent au renouvellement de la dramaturgie permis au XVIIIe siècle par la prise en compte du spectaculaire et de la sensorialité de l'expérience théâtrale. Renaud Bret-Vitoz analyse le traitement de l'espace dans *Aben-Saïd* de Le Blanc (1735), dans sa dimension à la fois scénographique et symbolique, en examinant les liens étroits entre utopie et espace théâtral. Françoise Le Borgne s'intéresse au fonctionnement de la scène plurielle dans *Le Café ou l'Écossaise* de Voltaire et met en évidence l'inventivité plastique du dramaturge et l'articulation entre architecture théâtrale et dramaturgie. Katherine Astbury part de la notion frantzienne de « tableau-comble » pour l'appliquer aux premiers mélodrames de Pixerécourt et rappelle que l'énergie du tableau ne saurait se penser en termes exclusivement picturaux. L'acteur et sa chorégraphie, de même que la musique, jouent un rôle fondamental dans l'identification de cette mutation esthétique majeure : « Le tableau devient alors une réaction émotive à un événement qui est dynamique et moral plutôt qu'un arrêt sur image. » Martin Wahlberg étudie lui aussi la convergence des arts en examinant non seulement la manière dont l'opéra-comique revendique dès ses débuts un « nouvel éclat visuel », mais aussi en analysant plusieurs cas de représentations de la peinture dans l'opéra-comique, constitutives d'un « métathéâtre par l'image ». Nathalie Rizzoni, enfin, envisage l'œuvre d'art comme témoignage de réception et création seconde : étudiant deux séries d'esquisses de Desrais représentant des scènes de comédies révolutionnaires, qui constituent la seule iconographie connue à ce jour pour ces pièces, elle montre comment, par la pratique des écrans à main, le théâtre devient partie prenante d'une culture visuelle qui excède la pratique de l'illustration éditoriale.

Une dernière série d'articles s'intéresse aux acteurs. Là encore, les approches sont multiples. Retraçant le compagnonnage mouvementé de

Voltaire et de Mlle Clairon, Mara Fazio démontre que, sous l'anecdote biographique ou le roman d'une correspondance passionnante, se nouent des débats essentiels dont l'enjeu n'est autre que la définition du théâtre et une revendication d'auctorialité autant que d'autorité : qui, de l'acteur ou de l'auteur, est maître de l'œuvre ? Pour une fois, c'est bien l'actrice qui semble avoir le dessus. Tel est également le cas dans l'article de Jean-Christophe Igalens qui, examinant la manière dont Casanova rend compte de ses rencontres à Paris avec l'actrice Silvia Balletti et le dramaturge Crébillon, remarque que la comédienne italienne bénéficie d'un portrait plus flatteur que l'académicien, signe d'une subversion de l'ordre hiérarchique et du principe d'autorité qui entérine une nouvelle approche du théâtre. Cette reconnaissance des acteurs tient aussi à l'importance que le XVIIIe siècle accorde au jeu et à sa théorisation, dont les acteurs sont parfois les premiers agents. Il en va ainsi de François Riccoboni, évoqué par Emanuele de Luca, qui rappelle le rôle que celui-ci joua dans le débat sur la sensibilité du comédien et compare, à travers le traitement contrasté d'une même anecdote, sa conception de l'art de l'acteur avec celle de Diderot. Gautier Ambrus revient, à partir d'une archive inédite, sur la composition par Talma, du rôle de Charles IX qui fut à l'origine de sa célébrité. Philippe Bourdin retrace le parcours biographique et professionnel de Brisse, chanteur, acteur, meneur d'une société de comédiens, mais surtout artiste patriote qui mit, des années 1780 à 1831, son métier au service de sa cause à Rouen, Paris, Nancy, Angers ou Nantes. Ignacio Ramos-Gay convoque, pour clore ce défilé, les figures plus atypiques de Caraby, chien savant et du singe Turco, vedettes du théâtre de Nicolet, à la Foire.

Parallèlement aux études qu'il a consacrées à la dramaturgie du XVIIIe siècle, Pierre Frantz a toujours eu à cœur de penser ce qui, dans le théâtre d'autrefois, parlait de la société et du présent. L'esthète ne se distingue pas, chez lui, de l'étudiant de 1968, l'érudition et la finesse de l'analyse dramaturgique tirent leur énergie et leur pertinence d'une manière d'appréhender les œuvres qui conserve l'empreinte du marxisme des années d'apprentissage. Le drame, pour lui, ne se réduit pas au tableau : dès ses premières publications, se dessinent les lignes d'une pensée soucieuse de la sociologie du public, de la dimension idéologique des œuvres, de l'articulation entre formes artistiques et pensée politique. Peut-on faire autrement quand on s'intéresse au théâtre de la Révolution ? Le choix d'un corpus ou d'un sujet d'étude n'est jamais anodin : dans ces théâtres méprisés se jouait, se nouait quelque chose qui justifiait l'entrée dans la recherche, quelque chose d'assez important, d'assez impérieux pour engager à la fois une vision de la littérature et une manière d'être au monde par l'enseignement et la transmission. Tout est politique, disait-on autrefois, et le plus étrange est peut-être qu'on ait, un jour, pu cesser de le penser. Il n'y a pas de théâtre sans idées, et ces idées ne sont pas seulement des idées de théâtre, des formules creuses, des figures obligées, des *topoi*. Nombreux sont ceux qui ont, un jour, eu l'occasion d'entendre Pierre marmonner contre cette dialectique khâgneuse qui croit enfermer dans l'élégante symétrie d'un chiasme autoréférentiel la puissance et la portée de la littérature. Il n'y a pas de théâtre sans histoire : et cette histoire n'est pas seulement une histoire du théâtre. Si le théâtre forme à lui-même un monde, forge ses propres idées, ce monde, ces idées ne valent que par le contact avec le public, avec l'histoire, que celle-ci renvoie au contexte de création des pièces, à la manière dont elles s'inscrivent dans une société qui les accueille ou les rejette, ou au devenir de ces mêmes pièces, à la manière dont, remises en scènes, vues par de nouveaux spectateurs, colorées par d'autres circonstances, elles s'éclairent de sens et d'enjeux différents mais non moins légitimes, non moins dignes d'intérêt. C'est toujours au présent que le théâtre pense et qu'il est politique.

Cette conviction, qui est celle d'un véritable spectateur et amateur de théâtre, et qu'il partageait avec Christian Biet, Pierre n'a cessé de la défendre, non seulement contre ceux qui ne voyaient dans la politique de tragédie qu'un passage obligé, une convention rhétorique vidée de toute substance, mais aussi contre ceux pour qui la dimension politique d'une œuvre ne pouvait s'envisager que sur le mode, littérairement dégradé et dégradant, d'un théâtre à thèse ou de propagande. Pierre n'a jamais eu peur du mauvais goût. Si la politique est en littérature, comme le dit Stendhal, « un coup de pistolet au milieu d'un concert », il ne peut s'agir que d'une commotion salutaire, qui, rompant la monotonie ronronnante du rituel, suscite un moment sublime où quelque chose se crée et se révèle, où la littérature nous ramène au monde et nous le fait entrevoir. Le théâtre de la Révolution nous parle du peuple, de la Nation, les tragédies de Voltaire mûrissent une réflexion sur la monarchie ou le despotisme oriental. Mais on aurait tort, nous rappelle sans cesse Pierre Frantz, de concevoir l'inscription politique du théâtre comme simple illustration d'une pensée préexistante. Le théâtre ne parle pas seulement de politique, il produit du politique, dans la rencontre, souvent houleuse, de la scène et de la salle, de la fiction et de l'actualité, mais aussi dans la réflexion et les émotions qu'il suscite, en chaque spectateur. « La tragédie en quête de politique », tel est le sous-titre d'un article consacré à Marie-Joseph Chénier. « Quête » parce que l'efficacité politique du théâtre n'est pas seulement de l'ordre des discours, n'appartient pas seulement au texte, mais suppose de penser l'expérience théâtrale en termes de séance, « quête » parce que l'œuvre n'est jamais achevée, parce que, sans cesse, dans la représentation, se rejoue une légitimité qui tient à sa capacité à rencontrer le moment et à changer, si ce n'est le monde, du moins les représentations que s'en font certains spectateurs.

Nombre d'articles de ce volume partagent cette conviction d'un lien indissoluble entre fiction théâtrale et société. Olivier Ferret s'intéresse à la question fondamentale des applications au théâtre sous l'Ancien Régime, et rappelle que le spectacle est un des lieux où se fabrique, au XVIIIe siècle, l'opinion publique et que les processus d'actualisation participent de l'essence du théâtre. D'autres contributions se penchent sur la manière dont la scène des Lumières reflète les débats de l'époque, s'empare de l'actualité pour lui donner forme et sens. Thomas Wynn analyse le cas d'une tragédie qui, retraçant un fait-divers contemporain, se trouve amenée, par la nature même de son sujet, à élaborer une formule dramatique qui annonce certaines innovations du drame. Logan Connors met à l'honneur un corpus homogène de pièces à sujet militaire consacrées au thème de la désertion et éclaire son instrumentalisation par les autorités. Stéphanie Fournier explore pour sa part les représentations du handicap dans des comédies de la période révolutionnaire et montre à quel point ce motif permet de promulguer de nouvelles valeurs et de conforter un discours moral et politique qui infléchit notablement les usages de la comédie. Laurence Marie nous transporte à Saint-Domingue et nous fait découvrir, à travers une enquête sur la présence de la figure de Figaro dans les *Affiches américaines*, l'intrication, particulièrement sensible en contexte colonial, entre théâtre et processus de domination et d'émancipation. Jacques Berchtold, enfin, met en lumière les enjeux moraux de la mise en scène du soutien à l'autre souffrant dans les *Iphigénie en Tauride* d'Euripide et de Goethe, témoignant de la manière dont chaque époque et chaque esthétique adapte les mythes et les motifs récurrents de la tradition théâtrale à sa propre philosophie.

Le théâtre de la Révolution occupe une place importante dans la réflexion de Pierre Frantz et constitue une forme de laboratoire des rapports entre spectacle et idées. Certaines études témoignent la richesse de ce répertoire et des questions qu'il soulève. Mladen Kozul revient sur la réception du théâtre de Sade au début des années 1790 et souligne les analogies qu'elle présente avec l'époque actuelle. Éric Avocat s'intéresse à Marie-Joseph Chénier et, s'appuyant sur l'idée que la tribune, au théâtre, fait passer « de la *représentation* théâtrale à la *présentation* ou au fonctionnement de la représentation politique[3] », étudie la manière dont la mise en scène de la parole publique dans *Caïus Gracchus* et *Timoléon* témoigne de ce « jeu d'anamorphoses et de mises en abyme de la représentation politique par la représentation théâtrale ». Vincenzo de Santis et Paola Perazzolo offrent, quant à eux, des prolongements à la collaboration qu'ils ont nouée avec Pierre Frantz, en compagnie de Franco Piva, à l'occasion de plusieurs numéros de la revue *Studi francesi* consacrés aux spectacles de la Révolution, du Consulat et de l'Empire. Vincenzo de Santis étudie la réception politique, sous le Directoire, d'une pièce perdue de Lemercier intitulée *Le Tartuffe révolutionnaire.* Paola Perazzolo montre comment la « fraternité héroïque », étudiée dans le théâtre républicain par Pierre Frantz, tourne, en 1799, avec l'*Étéocle* de Legouvé à la « fraternité fratricide » et décrit la manière dont le recours au sujet antique permet de métaphoriser des réflexions politiques bien actuelles.

Toutes ces études ont en commun de ne jamais considérer le théâtre comme un simple reflet des réalités du temps. Écrire sur le présent, fût-ce à travers un dispositif de transposition ou de métaphorisation, donner forme et visibilité aux questions qui agitent les esprits, revient souvent moins à transmettre une idéologie qu'à faire de la forme, par nature polyphonique et polysémique, du théâtre et de la confrontation entre le texte et son actualisation artistique, le lieu d'une mise à l'épreuve

3 P. Frantz, « L'Antiquité visible, la dramaturgie de l'espace et du décor antique pendant la Révolution et l'Empire », *Les Arts du spectacle et la référence antique dans le théâtre européen (1760-1830)*, M. Fazio, P. Frantz et V. De Santis (dir.), Paris, Classiques Garnier, 2018, p. 179.

intellectuelle, un espace de jeu pour une pensée qui s'élabore, parfois de manière ambiguë, contradictoire ou aporétique, au contact des incarnations littéraires et scéniques. La littérature n'est pas simplement illustration d'une pensée : elle pense et fait penser, précisément parce qu'elle est littérature. Ce théâtre assumé comme spectacle des idées, que Pierre Frantz ne cesse d'interroger, à propos de Voltaire notamment, dans un perpétuel dialogue entre les pièces de l'auteur tragique et ses écrits philosophiques[4], est au cœur d'une dernière série d'articles. Christophe Martin, allant à contre-courant des interprétations qui minorent la portée idéologique de *L'Île des esclaves* de Marivaux, analyse la politique du renversement à l'œuvre dans la comédie en montrant que la radicalité du questionnement marivaudien procède de la théâtralisation et du dispositif de l'épreuve qu'elle met en œuvre. Jeffrey Ravel nous fait découvrir une pièce inédite de René-Louis Voyer de Paulmy d'Argenson qui met en scène des événements politique récents en proposant des portraits incendiaires de Louis XV et de ses ministres. Cette fiction dramatique, écrite en réaction au renvoi de d'Argenson du conseil d'État, ne pouvait être ni jouée publiquement, ni imprimée en son temps. Son existence témoigne malgré tout de la manière dont le théâtre, même voué à demeurer théâtre dans un fauteuil ou théâtre de société, se saisit de l'actualité et d'enjeux politiques. Alain Sandrier se penche lui aussi sur ce qu'il nomme, après Pierre Frantz, des cas de « théâtralisations critiques » : des pièces donnant forme aux Lumières antireligieuses « grâce aux pouvoirs propres du théâtre, mais sans viser nécessairement à une représentation autre que virtuelle » et montre comment elles articulent, « de façon réflexive, la croyance imposée socialement à la crédulité consentie au spectacle ». Dans un exercice de critique contrefactuelle, Fabrice Moulin imagine enfin la tragédie que Voltaire aurait pu écrire sur l'affaire Calas, ce qui l'amène à penser les liens entre l'engagement philosophique et la création dramaturgique et la postérité contrastée de ces deux pans de l'œuvre du patriarche de Ferney.

Une dernière section de cet ouvrage regroupe des contributions qui, à l'image de la curiosité dont Pierre Frantz a toujours fait preuve, élargissent les bornes de la recherche. Pierre Frantz est de ces chercheurs

4 Voir P. Frantz, « Le Spectacle de la pensée. Note sur la dramaturgie de Voltaire », *Revue Voltaire* n° 12, 2012, p. 219-228.

pour qui toute littérature est essentiellement littérature comparée : la culture, la création ne s'arrêtent pas aux frontières, et le XVIIIe siècle comme le théâtre (mais ne pourrait-on pas en dire autant de tous les champs de spécialisation littéraires ?) supposent la prise en considération de corpus décloisonnés et l'analyse des interactions, des circulations, des échanges entre des œuvres et des discours qui ne cessent de s'entregloser, de se questionner, de se réécrire. Nourrissant sa compréhension du théâtre de la fréquentation des autres genres, interrogeant la catégorie du romanesque ou assurant, avec gourmandise, les cours d'agrégation sur le *Dictionnaire philosophique* ou *Le Neveu de Rameau*, Pierre Frantz a toujours eu à cœur de ne pas isoler le théâtre des autres formes d'écriture auxquelles se livra un siècle volontiers polygraphe. Et, loin de vouloir mettre au jour une grille de compréhension systématique et globalisante de la production des auteurs à qui il consacre son attention, il s'attache scrupuleusement à interroger les tensions à l'œuvre dans les textes, dévoilant la manière dont la forme littéraire fait jouer la pensée et le sens. L'expansion géographique des enquêtes, qui a pu mener Pierre Frantz à interroger par exemple les transferts culturels entre France, Italie, Angleterre, Russie et monde germanique au XVIIIe siècle, s'accompagne d'un élargissement chronologique, d'une ouverture sur la longue durée, qui l'ont amené à diriger des thèses sur le tournant des Lumières et sur le théâtre du XIXe siècle, à écrire sur la réception des modèles des Lumières, à penser non seulement un XVIIIe siècle élargi mais un XVIIIe siècle hors-les-murs et à en interroger la valeur pour le présent. De ses premiers articles à ses travaux récents, Pierre n'a cessé d'interroger l'héritage des Lumières, de la Révolution et de la littérature qu'elles ont produite. Non content d'analyser des mises en scène récentes de textes de cette époque et de s'interroger sur les enjeux de leur résurrection scénique (on pense à ses articles sur *Le Fils naturel* ou *Mahomet*), il s'est aussi consacré aux usages modernes et contemporains du XVIIIe siècle, à travers des réflexions sur le *Théâtre de la Révolution* de Romain Rolland, sur la manière dont le modèle rousseauiste de théâtre civique avait été réinvesti dans la théorisation d'un théâtre populaire au XXe siècle, et s'est intéressé aux recréations scéniques de cette époque proposées par Peter Weiss ou Ariane Mnouchkine. Si, en lui, le fanatique d'opéra s'insurge parfois contre les actualisations poussives des chefs-d'œuvre, s'émouvant de voir Gluck ou Wagner transposés à l'hospice ou au milieu de sanitaires, rien n'est plus éloigné de sa conception du théâtre qu'un conservatisme scrupuleusement attaché à reconstituer les conditions de création des pièces et voyant dans celles-ci une vérité indépassable. La démarche archéologique a du sens quand elle permet de mieux éclairer les œuvres, mais elle ne saurait figer celles-ci dans une essence ni en épuiser la saveur ou la portée. Penser le passé et ses créations, c'est aussi penser ce qu'ils signifient pour nous aujourd'hui, ce qu'ils nous transmettent, ce qu'ils nous apportent et ce que peut leur apporter le regard excentré que nous portons sur eux. À cet égard, on peut saluer la manière dont Pierre Frantz, sans dogmatisme critique, sans a priori méthodique, s'est emparé d'angles de recherche nouveaux, comme les études de genre ou les humanités numériques et a su les faire servir à une meilleure connaissance du passé.

Dans la continuité de cette curiosité, plusieurs articles considèrent le théâtre hors du théâtre. Marc Hersant en interroge la présence dans les *Mémoires* de Saint-Simon et constate que, si l'auteur semble accorder peu d'intérêt et de valeur à cet art, le théâtre rejaillit cependant lorsqu'il s'agit de penser le projet de Saint-Simon écrivain de faire de son œuvre un espace « quasi théâtral » de représentation de la réalité. Pierre Saint-Amand souligne, pour sa part, la théâtralité inhérente à la posture du petit-maître, « performance délurée d'une identité sexuelle trouble ».

Le volume, enfin, s'achève sur une série d'articles qui nous mènent du XVIIIe siècle à aujourd'hui. Virginie Yvernault saisit l'indétermination sexuelle du Chérubin de Beaumarchais et de Mozart à travers l'analyse de trois tendances notables dans l'interprétation du rôle proposée par les comédiennes et comédiens chargés de l'incarner, de Jeanne Olivier, créatrice du rôle, à nos jours et démontre que la réflexion sur le genre n'est pas une création de notre époque, mais permet d'éclairer les œuvres du passé. Marie-Cécile Schang-Norbelly s'intéresse à la réputation de désuétude et de mauvais goût qui touche aujourd'hui, selon elle, la comédie mêlée d'ariette et retrace l'histoire de cette réception. Kaori Oku, enfin, témoigne des nouveaux usages de Marivaux dans le Japon contemporain, en analysant les adaptations du *Jeu de l'amour et du hasard* par la compagnie Takarazuka.

Par leur diversité, par leur appétit de saisir le théâtre par tous les bouts et d'en faire un instrument de pensée partagée, toutes ces contributions témoignent de ce que les études dix-huitiémistes et théâtrales doivent à Pierre Frantz. Elles entament un dialogue qui attend avec impatience ses remarques judicieuses, ses objections stimulantes, ses suggestions éclairantes, ses plaisanteries. Alors la scène sera véritablement comble[5].

Sophie Marchand
Sorbonne Université,
CELLF, UMR 8599

5 Claire Carpentier, assistante ingénieure au CNRS, a apporté une aide précieuse à l'élaboration de ce volume. Qu'elle en soit ici remerciée.

Pierre Frantz

DEUXIÈME PARTIE

DRAMATURGIES

PENSÉES DU THÉÂTRE

MÉROPE OU LE PLAISIR DE LA RECONNAISSANCE

Dans la *Poétique*, Aristote définit la reconnaissance comme « un passage de l'ignorance à la connaissance, amenant un passage ou bien de la haine à l'amitié ou bien de l'amitié à la haine chez les personnages destinés au bonheur ou au malheur[1] ». L'*anagnorisis* est, avec la *péripéteia*, l'une des « deux parties de la fable[2] » et joue un rôle essentiel en tant que ressort dramatique à l'intérieur de la tragédie. Cependant, d'après Aristote, le plaisir « cognitif » qui lui est attaché renvoie au sens même de la *mimésis* poétique, cette opération étant en effet une prérogative de la nature humaine qui permet l'acquisition d'un savoir[3], autrement dit la superposition d'un paradigme *ordonné* au chaos de l'existant qui en fait ressortir la signification. « La *mimésis* – a-t-on observé – est [...] ce qui transforme le hasard de la vie en un schéma d'intrigue réglé par la nécessité. En comprenant par la pensée discursive comment les faits s'enchaînent les uns aux autres, le spectateur est ainsi convié à une reconquête du sens[4]. » Le moment de la reconnaissance, peut-on affirmer, est celui où les deux principes fondamentaux de la tragédie – l'*inattendu* et l'*inévitable* – se fondent parfaitement, où le hasard et la nécessité se neutralisent[5].

---

1 Aristote, *Poétique*, 11, éd. et trad. J. Hardy, Paris, Les Belles Lettres, 2019, p. 44.

2 *Ibid.*, p. 45. Aristote ajoute en fait à la péripétie et à la reconnaissance une troisième partie : l'événement pathétique.

3 « Imiter est naturel aux hommes et se manifeste dès leur enfance (l'homme diffère des autres animaux en ce qu'il est très apte à l'imitation et c'est au moyen de celle-ci qu'il acquiert ses premières connaissances) et, en second lieu, tous les hommes prennent plaisir aux imitations » (*Poétique*, 4, *ibid.*, p. 33).

4 S. Klimis, « Voir, regarder, contempler : le plaisir de la reconnaissance de l'humain », *Les Études philosophiques*, n° 67, 2003/4, p. 478.

5 À ce propos, voir Aristote, *La Poétique*, trad. et éd. R. Dupont-Roc et J. Lallot, Paris, Seuil, p. 229. À cet idéal rationaliste de la reconnaissance d'origine grecque fondée sur la *preuve*, qui superpose surprise et vraisemblance, la tradition judéo-chrétienne substituera un idéal de la reconnaissance par la *foi* qui se confond avec celui de la révélation.

Chez Voltaire, l'exploitation du potentiel pathétique de l'agnition s'avère particulièrement intense dans le cycle des tragédies « grecques » mises en scène au cours de la décennie 1740 : *Mérope* (1743), *Sémiramis* (1748), *Oreste* (1750)[6]. Ces trois pièces incluent des épisodes célèbres de reconnaissance. Il s'agit de variations sur le thème des retrouvailles mère-enfant (sœur-frère dans *Oreste*), et du matricide (virtuel dans le cas de *Mérope*, effectif dans les deux autres cas). La légende de Mérope – sujet *simple* (mais non dépourvu de la fameuse agnition que, d'après une tradition douteuse remontant en particulier à Dacier, Aristote aurait considérée comme le modèle de reconnaissance tragique le plus parfait[7]) et *vertueux* (car il met l'accent sur l'amour maternel) – avait de quoi attirer l'intérêt du dramaturge et du moraliste[8]. La dédicace de l'œuvre est adressée à Scipione Maffei, auteur d'une célèbre *Mérope* parue quelques années auparavant, que Voltaire définit comme « une tragédie sans galanterie, une tragédie digne des beaux jours d'Athènes, dans laquelle l'amour d'une mère fait toute l'intrigue, et où le plus tendre intérêt naît de la vertu la plus pure[9] ». À propos de l'agnition contenue dans cette pièce, il écrit dans une lettre au Père Porée datée du 15 janvier 1739 :

> Le marquis Maffei [...] a poussé l'art jusqu'à ne jamais produire sur la scène la mère avec le fils que quand elle le veut tuer, ou pour le reconnaître à la dernière scène du cinquième acte ; et je l'aurais imité si je n'avais trouvé la

---

6 Après le grand succès des pièces au sujet moderne (*Zaïre, Alzire, Mahomet*), Voltaire revient à l'Antiquité classique quelques années après *Ériphyle*. La rédaction de *Mérope* se situe entre 1736 et 1738 (voir *Les Œuvres complètes de Voltaire / The Complete Works of Voltaire*, Oxford, The Voltaire Foundation, 1991, vol. 17, p. 110-114. On se référera désormais à cette édition critique de *Mérope* [de J. R. Vrooman et J. Godden], par l'abréviation *OCV* suivie du numéro de la page).

7 Dans la « Lettre à Monsieur le marquis Scipion Maffei, auteur de la Mérope italienne, et de beaucoup d'autres ouvrages célèbres », qui précède le texte de la pièce dès la première édition de 1744, Voltaire écrit : « Le précepteur d'Alexandre, (et il faut de tels précepteurs aux rois) Aristote, cet esprit si étendu, si juste et si éclairé dans les choses qui étaient à la portée de l'esprit humain, Aristote, dans sa Poétique immortelle, ne balance pas à dire que la reconnaissance de Mérope et de son fils était le moment le plus intéressant de toute la scène grecque. Il donnait à ce coup de théâtre la préférence sur tous les autres. » (*OCV*, p. 217). Voir aussi la *Lettre du Père Tournemine, Jésuite, au père Brumoy sur la tragédie de Mérope*, ajoutée à partir de l'édition de 1746 (*ibid.*, p. 213).

8 Voltaire obtient avec *Mérope* l'un de ses plus grands succès, comparable seulement à celui de *Zaïre* (voir *OCV*, p. 141-145).

9 *Ibid.*, p. 217.

ressource de faire reconnaître le fils par la mère en présence du tyran même, ressource qui ne serait qu'un défaut si elle ne produisait un nouveau danger[10].

La volonté d'éviter une superfétation du discours aux dépens de l'action dramatique ressort très bien dans ce passage, du moins en tant qu'intention. Pour constater à quel point la référence au modèle grec a effectivement influencé la conception de la reconnaissance chez Voltaire, il suffit de comparer l'agnition « suspensive » dans une tragédie comme *La Mort de César* à celle, délayée dans l'action, de *Mérope*. Évidemment, l'inspiration shakespearienne avait suggéré à Voltaire des innovations dramaturgiques non négligeables sur le plan du mouvement scénique et des effets spectaculaires. On ne saurait en dire autant pour ce qui concerne la fluidité de l'action dramatique. Dans la tragédie romaine, le dévoilement de l'identité soustrait les personnages du père et du fils à l'intrigue politique, et confère au moment de la reconnaissance le caractère d'une nette solution de continuité dramatique. À l'inverse, dans *Mérope*, l'agnition est parfaitement adaptée au déroulement de l'action – et cela dans le contexte du renouvellement général de la représentation scénique que Voltaire poursuivait à l'époque.

La révélation de l'identité d'Égiste se fait entre l'acte III et l'acte IV et occupe deux scènes. À l'acte III, Mérope s'apprête à tuer Égiste qu'elle croit à tort être l'assassin de son fils. Le vieux Narbas, qui a élevé Égiste comme s'il était son père, l'arrête au dernier moment et lui révèle l'identité du jeune homme, tout en l'invitant à garder le secret afin de ne pas éveiller les soupçons du tyran Polifonte. Ainsi qu'Aristote le recommande[11], le passage de l'ignorance à la connaissance découle directement des circonstances et sert à éviter un événement irréparable. Par ailleurs, la découverte de l'identité du personnage, loin de donner lieu à un long épanchement sentimental qui aurait compromis la continuité de l'action, constitue le prélude d'un nouveau rebondissement dramatique en raison du danger qui pèse sur Égiste,

10 Best. D 1779 (Voltaire, *Correspondance*, Paris, coll. « Bibliothèque de la Pléiade » Gallimard, 1977, vol. 2, p. 34). À signaler que, malgré le respectueux hommage à Maffei, dont la tragédie avait été un succès européen, Voltaire ne cache pas ses réserves pour un goût italien qu'il juge bien inférieur au goût français. Dans un texte qui paraît en 1748 dans l'édition Walther de ses œuvres, sous le pseudonyme de M. de La Lindelle, il critique ouvertement le travail de l'Italien (voir *OCV*, p. 234-241).

11 Voir Aristote, *Poétique*, 16, éd. citée, p. 52.

véritable héritier du trône de Messène. Dans la scène complémentaire de reconnaissance de l'acte IV, la reine révèle finalement la vérité en présence de Polifonte et de sa suite, tentant d'arracher son fils à la mort. Dans les deux cas, le dévoilement de l'identité est motivé et déterminé par la situation. Le fameux cri de Mérope qui contient l'information identitaire – « Barbare ! Il est mon fils[12] » – vise à arrêter la main du tyran, et Égiste apprend qui il est uniquement parce que sa mère essaie de le sauver. Par ailleurs, une telle structure dynamique de la figure n'empêche pas sa traduction momentanée en tableau extrêmement pathétique (dans lequel les contemporains purent admirer le talent de la Dumesnil dans le rôle de Mérope). Au cinquième acte, l'agnition revêt finalement toute sa signification politique : cela donne lieu à une scène sensationnelle, avec le cadavre ensanglanté de Polifonte qui reste visible au fond du théâtre.

Pour ce qui est des modalités du jeu théâtral, on constate dans *Mérope* une primauté du corps et de la sémiotique physique. Le personnage de la reine est incapable de maîtriser un sentiment maternel qui devient évident aux yeux de Polifonte (« Quoi ! Vos regards sur lui se tournent sans courroux ? / Vous tremblez à sa vue, et vos yeux s'attendrissent ? / Vous voulez me cacher les pleurs qui les remplissent[13] ? »). Cela nous renvoie à la transformation, qui a lieu entre le XVIIe et le XVIIIe siècle, d'une conception *rhétorique* – où les personnages sont moins des sujets au sens psychologique que des *personae* dialogiques engagées dans un discours délibératif – à une conception *plastique* de la représentation scénique – où les personnages sont de plus en plus conçus comme des êtres humains pourvus d'un corps[14]. En général, *Mérope* témoigne d'une sensibilité nouvelle qui continue de s'exprimer à travers les formes classiques (tout en demeurant, de ce point de vue, plus conventionnelle qu'une pièce comme *Oreste*). La sémiotique physique que le texte prévoit rend plus que jamais secondaire le recours aux signes extérieurs révélateurs de l'identité, moyen qu'Aristote déjà jugeait le plus éloigné de l'art[15]. En fait, dans *Mérope*, la reconnaissance passe directement de

12 *Mérope*, IV, 2 (*OCV*, p. 314).

13 *Ibid.*, p. 312.

14 Voir M. Fumaroli, « Rhétorique et dramaturgie : le statut du personnage dans la tragédie classique », Paris, *Revue d'Histoire du Théâtre*, n° 95, 1972, p. 241.

15 Voir Aristote, *Poétique*, 16, éd. citée, p. 52.

l'induction factuelle à l'expérience sentimentale[16]. Par cette intériorisation de la topique tragique, Voltaire parvient à augmenter le pathos de l'œuvre sans en compromettre l'équilibre de construction, à concilier le facteur émotionnel avec la rationalisation dramaturgique. Au-delà des signes matériels qui, d'ailleurs, ne manquent pas, la reconnaissance se réalise tout d'abord par le biais d'un *tropisme* renvoyant au paradigme des affections familiales. D'après le modèle de la confession de Phèdre à Hippolyte, Voltaire fait *ressentir* à Mérope l'identité d'Égiste, dès leur première rencontre, à cause de la ressemblance du jeune homme avec son père (« Cresfonte, ô ciel !... J'ai cru... que j'en rougis de honte ! / Oui, j'ai cru démêler quelques traits de Cresfonte[17] »).

À la différence de ce qui se passe dans la *Merope* de Maffei, ce fameux « cri du sang » qui accompagne si souvent la figure de la reconnaissance se manifeste ici de manière irrépressible, avant même que les deux personnages ne se rencontrent[18]. En effet, dès le début, la reine se montre étrangement impatiente de voir Égiste, comme si elle soupçonnait *a priori* l'identité de l'inconnu[19]. Ensuite Égiste éprouve une attraction mystérieuse vers Mérope (« Mon âme en sa présence, étonnée, attendrie[20]... »). Un attendrissement inexplicable se produit aussi bien chez la mère (« Te le dirais-je ? Hélas ! tandis qu'il m'a parlé, / Sa voix m'attendrissait, tout mon cœur s'est troublé[21] ») que chez le fils (« Hélas ! sur son visage / j'entrevois de la mort la douloureuse image : / que j'en suis attendri ! j'aurais voulu cent fois / racheter de mon sang l'état où je la vois[22] »). Cependant la voix du sang est loin de se réduire à son aboutissement sentimental. Comme il arrive toujours chez Voltaire, la conscience de soi que la reconnaissance permet suspend le héros entre deux ordres de valeurs inextricables mais que l'on peut néanmoins distinguer : celui d'une identité *affective* qui le pousse au

16 Il faut tout de même rappeler le faux soupçon que – en II, 5 – suscite l'armure qui a appartenu à Cresfonte (sur les raisons qui ont poussé Voltaire à utiliser cet objet à la place de l'anneau qu'on retrouve dans la pièce de Maffei, voir *OCV*, p. 133-134).

17 *Mérope*, II, 2, *OCV*, p. 270.

18 Sur ce *topos* voir l'étude devenue classique de C. Cherpack, *The Call of Blood in French Classical Tragedy*, Baltimore, The John Hopkins University Press, 1958, p. 88-115.

19 Cet empressement a été jugé inapproprié de la part d'une reine et critiqué par les contemporains (voir *OCV*, p. 264 n).

20 *Mérope*, II, 2, *ibid.*, p. 268.

21 *Mérope*, II, 2, *ibid.*, p. 270.

22 *Mérope*, III, 4, *ibid.*, p. 291.

transport sentimental, et celui d'une identité *ancestrale* qui le projette vers l'accomplissement d'un dessein fatal.

Dans *Mérope* – ainsi qu'on le disait – la découverte de l'identité d'Égiste ne renvoie pas tant à l'ascendance du personnage qu'à l'urgence de la Nature qui s'impose, à la force irrésistible des sentiments filial et maternel qui se révèlent (ce qui fait de *Mérope* la tragédie la plus *sentimentale* du cycle grec de Voltaire). Cependant, même dans cette pièce, de tels sentiments, avec tout leur potentiel pathétique au sens *mélodramatique*, ne sauraient trouver place sur la scène tragique sans la composante héroïque qui en rehausse l'expression. Après avoir concerné le lien maternel, la polysémie du « sang » ressort au lien paternel. Par un passage de l'*ethos* bourgeois à l'*ethos* aristocratique, pourrait-on dire, la famille se transfigure en race. Pour Égiste la découverte de son nom se confond immédiatement avec la conscience d'une parenté atavique qui lui impose une tâche inéluctable :

> D'un long étonnement à peine revenu,
> Je crois renaître ici dans un monde inconnu.
> Un nouveau sang m'anime, un nouveau jour m'éclaire.
> Qui ? Moi, né de Mérope ! et Cresfonte est mon père !
> Son assassin triomphe ; il commande, et je sers !
> Je suis le sang d'Hercule, et je suis dans les fers[23] !
>
> Hercule ! Instruis mon bras à me venger du crime :
> Éclaire mon esprit, du sein des immortels[24] !

La figure de la reconnaissance devient ainsi le moment privilégié où le triomphe de la sentimentalité peut se réaliser à l'abri des formes tragiques de la tradition, tandis que ces dernières se trouvent vivifiées par les formes d'une sensibilité sentimentale. Un tel genre de court-circuit axiologique n'est sans doute pas étranger au surplus de plaisir que procure cette situation dramatique dans *Mérope*.

Toutefois la complémentarité structurale entre motifs mélodramatiques et motifs tragiques sur laquelle nous avons insisté ne concerne pas seulement la figure de la reconnaissance. Chez Voltaire, les données textuelles demeurent toujours « dédoublées » entre deux ordres de signification qui s'alimentent mutuellement. Ainsi, pour en rester à *Mérope*,

---

23 *Mérope*, V, 1, *ibid.*, p. 324-325.
24 *Mérope*, V, 3, *ibid.*, p. 246.

le texte ne renonce pas à mettre en valeur le personnage virtuel de la reine infanticide, à en faire le revers obscur de la mère tendre, alors que toute la pièce est orientée vers l'exaltation du sentiment maternel. De cette manière, le pathétique lié à la sentimentalité, loin de constituer un obstacle à l'accroissement du tragique, en devient le garant. Dans *Mérope*, comme dans tout le théâtre tragique de Voltaire, la tension entre ces deux types différents de « logique » dramaturgique trouve une synthèse caractéristique, certes éphémère mais significative, qui marque un tournant important dans l'histoire du genre tragique au XVIIIe siècle. Et cela avant qu'un tel procédé « ambigu » ne soit complètement remplacé par les formes nouvelles du drame sérieux.

Gianni IOTTI
Université de Pise

CONTRASTES DE L'ADMIRATION DANS LE THÉÂTRE DU XVIIIe SIÈCLE

Beaucoup de tableaux, mon ami, beaucoup de mauvais tableaux. J'aime à louer. Je suis heureux quand j'admire[1].

Diderot définissait l'admiration dans le premier volume de l'*Encyclopédie* comme « ce sentiment qu'excite en nous la présence d'un objet, quel qu'il soit, intellectuel ou physique, auquel nous attachons quelques perfections[2] ». Ce sentiment varie selon la durée et la position de l'observateur et se distingue aussi bien de l'imitation, qui tend à la différenciation et au dépassement du modèle[3], que de la surprise, parfois désagréable. Classé dans le domaine de la « morale », il relève conjointement de l'éthique et de l'esthétique : « De la beauté naît l'admiration ; de l'admiration, l'estime, le désir de posséder et l'amour[4]. » Dans cette concaténation, l'admiration apparaît comme le foyer de la sympathie et Stendhal en fera le premier degré de la cristallisation[5].

Par son étymologie qui renvoie au regard, l'admiration a des affinités évidentes avec les dispositifs spectaculaires tels que les expositions et le théâtre. Au sein des Belles Lettres, c'est dans les grands genres, épopée

1 D. Diderot, *Salon de 1759*, éd. L. Versini, *Œuvres*, t. IV, Paris, Robert Laffont, coll. « Bouquins », 1996, p. 193.

2 D. Diderot, « Admiration », *Encyclopédie ou Dictionnaire raisonné des sciences, des arts et des métiers*, en ligne : http://enccre.academie-sciences.fr/encyclopedie/article/v1-606-0/ (consulté le 26/03/2021).

3 C. Coutel, « Le paradoxe de l'admiration », dans *L'Admiration*, D. Denis et F. Marcoin (dir.), Arras, Artois Presses Université, coll. « Manières de critiquer », 2003, p. 26.

4 D. Diderot, *Essais sur la peinture pour faire suite au Salon de 1765*, dans *Œuvres*, *op. cit.*, p. 489.

5 Stendhal, *De l'Amour*, éd. V. Del Litto, Paris, Gallimard, coll. « Folio classique », 1980, p. 30.

et tragédie, qu'elle trouve un terrain privilégié. Corneille[6] est considéré comme le fondateur en France du « genre héroïque » qui, selon Geoffroy, « n'a point le funeste inconvénient de désorganiser les esprits et de causer à l'imagination une espèce de fièvre ; l'admiration ne fait couler que des larmes aussi glorieuses que douces : ce sentiment élève l'âme au lieu de la troubler[7] ». Mais au siècle des Lumières, amateurs et praticiens du théâtre ne sont pas unanimes à si bon compte. Dans une époque qui privilégie l'attendrissement par la proximité, l'admiration paraît froide, sans effet, voire suspecte et vicieuse[8]. Or d'un autre côté, elle se trouve valorisée dans la seconde moitié du siècle, offrant sur la scène une vitrine d'*exempla*. C'est cette dualité que l'on propose de ressaisir au prisme du théâtre.

Pour la poétique héritée du XVIIe siècle, il n'est pas d'admiration sans distance, selon le mot de Tacite auquel Racine souscrit dans la préface de *Bajazet* et que reprend Du Bos : « *Une admiration plus grande de loin*, dit Tacite ; il est plus facile de nous inspirer de la vénération pour des hommes qui ne nous sont connus que par ce qu'on lit d'eux dans l'histoire, que pour ceux qui ont vécu dans des temps si peu éloignés du nôtre [...]. Il n'est point d'homme qui soit admirable s'il n'est vu d'une certaine distance[9]. » Le terme de « vénération », empreint de hiérarchie aristocratique et de sacré, est à lui seul éloquent. Or cet éloignement paradoxal qu'instaure la représentation (qui à la fois rapproche) nourrit la critique radicale du théâtre par Rousseau, en accentuant les extrémités du vice et de la vertu :

> La tragédie nous représentera des tyrans et des héros. Qu'en avons-nous à faire ? Sommes-nous faits pour en avoir ou le devenir ? Elle nous donnera une vaine admiration de puissance et de la grandeur. [...] La stérile admiration des vertus de théâtre nous dédommagera-t-elle des vertus simples et modestes qui font le bon citoyen[10] ?

---

6 Ch. Noille-Clauzade, « L'admiration classique, une passion critique », *L'Admiration*, *op. cit.*, p. 145-164. Voir, dans son édition du 3e tome du *Théâtre* de Corneille, Paris, GF Flammarion, 2006, l'Examen de *Nicomède*, p. 182-183.

7 J.-L. Geoffroy, *Cours de littérature dramatique*, t. I, Paris, Blanchard, 1819, p. 35 (au sujet d'*Horace*).

8 S. Marchand, *Théâtre et pathétique au XVIIIe siècle : pour une esthétique de l'effet dramatique*, Paris, Honoré Champion, 2009, p. 125-130.

9 J.-B. Dubos, *Réflexions critiques sur la poésie et sur la peinture* (1719), éd. D. Désirat, Paris, ENSBA, 1993, p. 50-51.

10 J.-J. Rousseau, *Lettre à d'Alembert*, éd. M. Buffat, Paris, Flammarion, coll. « GF », 2003, p. 171-172.

Les règles du jeu théâtral altèrent par trop la réalité et servent à « reléguer à jamais sur la scène » de belles maximes sans effet pour le public. Aussi serait-il « à désirer que nos sublimes auteurs daignassent descendre un peu de leur continuelle élévation et nous attendrir quelquefois pour la simple humanité souffrante[11] ». La même critique se retrouve sous la plume de Mercier et de Beaumarchais. Partisan de « l'intérêt » que permet le tableau dans le genre sérieux[12], ce dernier expédie sans ménagement « le sentiment stérile de l'admiration, qui est étranger à notre cœur[13] ». Dans la trilogie de Figaro, ses rares occurrences lexicales sont toutes au service de la mauvaise foi, *via* l'emploi antiphrastique de l'adjectif « admirable ! » par Figaro[14], ou le persiflage de Suzanne face à l'imposteur Bégearss : « Ma foi, Monsieur, je vous admire ! Au milieu du désordre affreux que vous entretenez ici, vous seul êtes calme et tranquille ; il me semble entendre un génie qui fait tout mouvoir à son gré[15]. » Pareil détournement de l'admiration se rencontre dans la tragédie, tel le sarcasme horrifié du roi de Navarre dans *Charles IX* de Chénier :

> Mon admiration doit enfin éclater,
> Et je vous attendais pour vous féliciter.
> Vous devenez des rois le plus parfait modèle ;
> Nul ne poussa si loin la prudence et le zèle ;
> Nul n'exerça jamais ce courage si pieux,
> Et ne sut massacrer son peuple au nom des cieux[16].

Mais de tels emplois constituent d'utiles repoussoirs. Au moment même où la « tragédie tardive » se réinvente en s'emparant de l'histoire moderne et s'ouvrant au héros plébéien[17], si le genre chérit le grossissement

---

11 *Ibid.*, p. 81.

12 Voir P. Frantz, *L'Esthétique du tableau dans le théâtre du* XVIII*e siècle*, Paris, PUF, 1998.

13 P.-A. Caron de Beaumarchais, *Essai sur le genre dramatique sérieux*, éd. P. et J. Larthomas, *Œuvres*, Paris, Gallimard, coll. « Bibliothèque de la Pléiade », 1988, p. 125.

14 *Ibid.*, *Le Barbier de Séville*, acte III, sc. 5, p. 332 ; *Le Mariage de Figaro*, acte III, sc. 5, p. 433 (tirade de « Goddam »).

15 *Ibid.*, *La Mère coupable*, acte IV, sc. 4, p. 650.

16 M.-J. Chénier, *Charles IX ou l'École des rois*, *Théâtre*, éd. G. Ambrus et F. Jacob, Paris, Flammarion, coll. « GF », 2002, p. 142 (acte V, sc. 3). Ce passage, qui détonne avec le tragique, sera supprimé par Chénier dans la réécriture de l'an VII.

17 Voir P. Frantz et F. Jacob (dir.), *Tragédies tardives*, Paris, Honoré Champion, 2002, et R. Bret-Vitoz, *L'Éveil du héros plébéien (1760-1794)*, Lyon, PUL, coll. « Théâtre et société », 2019.

épique par tradition, un alliage d'effets rend cet héroïsme accessible au cœur plutôt qu'à l'esprit. Fondateur de la tragédie nationale, De Belloy entrelace ainsi en 1765 le « sentiment » de l'admiration avec la « passion » de l'amour de la patrie, se réclamant du modèle cornélien pour légitimer « ce pathétique sublime qui pénètre l'âme sans l'amollir et qui l'élève en l'attendrissant[18] ». C'est en raison de cette réorientation sensible inégalement ressentie que des puristes comme Fréron refusent au *Siège de Calais* son étiquette de tragédie :

> Aucun des six Bourgeois ne m'inquiète sur son sort, puisque tous ne demandent pas mieux que de mourir pour leur Prince. Ils ne me touchent pas, ils ne m'attendrissent pas ; ils ne me font ni frémir ni pleurer, j'admire et c'est tout. Il n'y a ni terreur ni pitié dans la Pièce ; ce n'est donc pas une Tragédie[19].

La préface de *Gaston et Bayard*, cinq ans plus tard, réagit à ces critiques : plutôt que la pitié « trop douce et trop faible », les ressorts les plus puissamment tragiques seraient la terreur et l'admiration[20]. Cette veine irriguant en même temps le « genre troubadour » et le « genre sombre » accumule les mots d'honneur, de héros, de vertu, ouvrant la voie aux tableaux saisissants du mélodrame, à l'instar du renoncement du chevalier Bayard au duel contre son chef, après avoir sacrifié son amour, dans un tableau-comble souligné par l'injonction oxymorique : « Contemplez de Bayard l'abaissement auguste[21]. »

L'admiration profite surtout à l'expansion inédite des genres, propice au mélange des émotions à partir des années 1760 et sous la Révolution[22], dans la comédie héroïque et les genres lyriques, les « biodrames » concourant au culte des grands hommes[23], les pièces allégoriques des apothéoses[24],

---

18 P.-L. De Belloy, Préface du *Siège de Calais*, éd. L. Connors, Londres, MHRA, coll. « Phoenix », 2014, p. 63-70.

19 *L'Année littéraire*, 1765, t. VIII, p. 309-310.

20 P.-L. De Belloy, *Gaston et Baïard*, Veuve Duchesne, 1770, p. 9.

21 *Ibid.*, acte III, sc. 3, p. 68-69. Beaucoup raillée, cette scène héroïco-galante est saluée par Geoffroy dans son *Cours de littérature dramatique*, *op. cit.*, t. II, p. 487 : « la morale en est admirable ».

22 P. Frantz, « Les genres dramatiques pendant la Révolution », *Convegno di studi sul teatro e la Rivoluzione francese*, Vicenza, Accademia olimpica, 1991, p. 49-63.

23 J.-C. Bonnet, *Naissance du Panthéon. Essai sur le culte des grands hommes*, Paris, Fayard, coll. « L'esprit de la cité », 1998.

24 Voir M. Poirson, *Les Audiences de Thalie. La comédie allégorique, théâtre des idées à l'âge classique*, Paris, Classiques Garnier, coll. « Lire le XVIIe siècle », 2013.

et bientôt les « faits historiques et patriotiques » illustrant les exploits des héros du jour. L'admiration se fond alors avec l'attendrissement pour opérer un rapprochement spatio-temporel favorable à la sympathie du public. Premier héraut de la tragédie « troubadour », au temps de *Tancrède* (1760), Voltaire, chantre d'Henri IV prophétisait « Un temps [...] où quelque génie plus heureux fera retentir nos spectacles d'admiration, et les remplira de larmes en faveur de ce héros, de ce bon prince, si cher à la nation, et même à l'Europe entière[25] ». *La Partie de chasse de Henri IV*, comédie de Collé, comme *La Bataille d'Ivry*, drame lyrique de Durosoy, le confirment bientôt. Dans ce dernier, le combat suscite l'admiration de tous et la reddition de Mayenne permet la réconciliation politique, condition de la réunion familiale sous l'égide du roi-père du peuple : « Ah ! Sire, on ne sait en quel lieu vous admirer davantage, ou sur le champ de bataille, ou sous la chaumière du pauvre, ou dans le sein de nos familles[26]. » L'héroïsme se teinte de nostalgie pastorale et communautaire.

La vogue de pièces mettant à l'honneur les grands hommes en est une autre illustration, dans un temps où à la gloire succède la fièvre de la célébrité[27]. Dans la préface du *Bienfait anonyme* – première pièce de la série fondée sur une anecdote apocryphe impliquant Montesquieu à Marseille –, l'auteur justifie son sujet au motif que « les personnages antiques sont, à notre égard, comme les héros imaginaires : ils n'excitent qu'une admiration stérile ; ils sont trop loin de nous ; on nous les peint sous des couleurs trop belles », alors que « les modernes célèbres, dont la réputation est dans tout son éclat, et de qui la mémoire est chère encore parce qu'elle est récente, feraient sur les contemporains une impression plus utile[28] ». En 1799, les auteurs favoris du Vaudeville célèbrent encore les engagements victorieux de Voltaire, tels que la réhabilitation de Calas ou l'abolition de la servitude dans le Jura :

TRONCHIN

J'admire cette énergie, j'aime à trouver en vous le défenseur des opprimés [...].

25 Cité par J. S. Henderson, *Voltaire's* Tancrède *: author and publisher*, Genève, Institut et musée Voltaire, coll. « SVEC », 1968, p. 131.

26 J.-B. Durosoy, *Henri IV ou la Bataille d'Ivry*, Paris, Didot, 1777, p. 36-37.

27 A. Lilti, *Figures publiques. L'invention de la célébrité, 1750-1850*, Paris, Fayard, 2014.

28 J. Pilhes, *Le Bienfait anonyme*, Paris, Cailleau, 1784, p. VIII.

> VOLTAIRE
> Mon âme s'indigne, ma tête s'exalte, tout le sang me bout quand je songe aux injustices des hommes ! [...] je ne connais qu'une véritable gloire, celle de venger l'humanité, et d'arracher des victimes à l'oppression[29].

Avec les exploits de la Nation en armes, c'est enfin par la prolifération de formes brèves consacrées à l'histoire immédiate que le public démocratisé peut s'admirer dans le miroir de la scène. Le peuple reçoit la bénédiction d'illustres philosophes tenant « la place du mort[30] », comme Rousseau qui reconnaît depuis les Enfers : « J'ai prodigué trop tôt mon admiration ; / Qu'on ne me parle plus de Sparte ni de Rome, / [...] / Nul Peuple n'éleva les droits sacrés de l'homme / Sur l'Autel de la Liberté[31]. » Les pièces fêtant la Révolution révèlent une tension entre l'intérêt « médiatique » et une épaisseur légitimant le temps long. Or le théâtre reste un simulacre, et fait courir le risque à l'Histoire et à ses acteurs d'être ravalés au rang de figurines de pacotille. Déçu par la pantomime du *Pont de Lody*, Ducray-Duminil s'interroge : « Quand verrons-nous nos hauts faits nationaux rendus dignement ? sans doute quand ils seront plus éloignés de nous. Les héros sont ici ; où sont les Tacite[32] ? »

Ces précepteurs vivants du peuple, ces Tacite incarnés, on peut les trouver dans la collaboration fructueuse entre des auteurs tels Chénier et des vedettes comme Talma, qui conçoit son art en « professeur d'histoire[33] », unissant la création au patrimoine des œuvres devenues « une partie de l'éducation publique, et même une branche de la gloire nationale[34] » :

> Quel Théâtre que celui qui fait les délices d'un grand peuple doué d'une sensibilité exquise, que l'honneur anime dans toutes les classes, qui porte

29 A. de Piis, J.-B. Radet, P.-Y Barré, F.-G. Desfontaines, *Voltaire ou une Journée de Ferney*, éd. L.-L. Sheu, dans *Voltaire et Rousseau dans le théâtre de la Révolution française (1789-1799)*, Bruxelles, éd. de l'université de Bruxelles, 2005, p. 130.

30 P. Frantz, « Le philosophe dans le théâtre de la Révolution : la place du mort », *Le Philosophe sur les planches. L'image du philosophe dans le théâtre des Lumières : 1680-1815*, P. Hartmann (dir.), Strasbourg, PUS, 2003, p. 305-318.

31 J. Aude, *Jean-Jacques Rousseau aux Champs-Élysées*, pièce héroï-nationale, Paris, Gueffier, 1790, p. 23.

32 *Courrier des spectacles*, 18 décembre 1797, p. 3.

33 F.-J. Talma, *Réflexions sur Lekain et sur l'art théâtral*, éd. P. Frantz, Paris, Desjonquères, 2002.

34 Discours d'ouverture de la saison 1789-1790 du Théâtre-Français écrit par Chénier et récité par Talma, cité dans le *Mercure de France*, 16 mai 1789, p. 127-128.

> l'admiration jusqu'à l'enthousiasme, et qui interrompt quelquefois son plaisir même dans la noble impatience d'applaudir tout ce qui porte le caractère de l'héroïsme et de la vertu[35] !

Dans la crise du tournant des Lumières, l'admiration s'est donc sensiblement rapprochée de l'espace-temps vécu. Le théâtre a *performé* ce déplacement esthético-éthique en l'ouvrant sur la scène politique, celle de la salle et du monde extérieur, avant que Napoléon restaure un glacis de distance et capte « l'intérêt », admiratif ou critique, des contemporains.

Thibaut JULIAN
Université Lumière Lyon 2

35 *Ibid.*

TROUBLE DANS LES GENRES

La question des genres dramatiques, les travaux de Pierre Frantz sur le drame ou la tragédie et son approche du théâtre en général l'ont bien montré, n'est jamais une affaire purement poétique ou esthétique. Dans le souci de définir, classer, délimiter, se manifeste l'esprit d'une époque, son rapport au monde et aux arts, le lien qu'elle établit entre eux. Or, dans le domaine des genres dramatiques, le XVIIIe siècle représente une période de bouleversements majeurs : remise en question de la taxinomie aristotélicienne, d'une conception essentialiste et exclusive des genres, émergence de théoriciens désireux de se faire une place et de régénérer le théâtre en ouvrant le système. Et ce qui saute aux yeux, c'est que cette interrogation sur les genres dramatiques convoque presque systématiquement un imaginaire genré, la référence au masculin et au féminin fonctionnant comme une grille d'intelligibilité des mutations en cours. Ces discours témoignent de représentations idéologiques, et il convient de les examiner, non pas pour dresser le procès de théoriciens du théâtre dont on démontrerait qu'ils sont, à des degrés divers, coupables de misogynie, mais parce que de tels propos éclairent une époque où l'évolution des genres invite à penser quelque chose qui la dépasse.

Le premier lieu de cristallisation d'un discours genré sur les genres dramatiques concerne l'évolution de la comédie et les tentatives pour la régénérer à la source de la sensibilité. Si les adversaires de la comédie larmoyante dénoncent une féminisation du comique qui le prive de *vis comica*, les promoteurs de la comédie nouvelle mobilisent eux aussi l'argument d'une dégradation féminine de la comédie pratiquée avant eux pour, au contraire, légitimer leur réforme. Le féminin est partout et partout néfaste.

La Chaussée condamne la dérive précieuse de la comédie, trop occupée à « ajuste[r] la Métaphysique / à l'usage du sexe[1] ». Même constat

1 Nivelle de La Chaussée, prologue de *La Fausse Antipathie*, scène 5.

chez Mercier : « c'est l'enfantillage de nos femmes à la mode que l'on produit sur la scène ; [...] on leur érige un trône [...], on consacre ce ridicule fanatisme de la nation, et on la sèvre par-là de toute idée forte, courageuse[2]. » Englobant dans le même mépris femmes à la mode et petits marquis[3], Mercier stigmatise un goût dégradé, qui préfère « le poli, l'élégant » à « l'énergique[4] », et empêche l'émergence d'un théâtre véritablement utile, qui, en peignant la misère du peuple, risquerait de rebuter un tel public[5]. Les femmes ont « affadi, énervé » la peinture et la poésie[6]. Les gens de lettres doivent donc éviter les « maisons où l'on dîne », de crainte d'y subir leur influence[7]. Et Mercier de conclure : « J'appellerais volontiers tous ces peintres qui courent après les miniatures des *auteurs femmes*[8]. »

L'étiquette féminine désigne une dénaturation du goût liée à la mondanité aristocratique, et c'est précisément contre cette effémination d'une société dégradée par le luxe que les rénovateurs de la comédie prônent un genre fondé sur la nature, la simplicité, la sensibilité et la réactivation des effets énergiques affaiblis par le règne de l'esprit. À l'effémination mondaine, les rénovateurs opposent une nature présentée comme le propre de la véritable féminité, schématiquement assimilable à l'idéologie bourgeoise.

Si bien que c'est également en termes de soumission au féminin que les adversaires de la comédie nouvelle interprètent les innovations de La Chaussée et compères. Tous rappellent que la comédie antique accordait peu de place aux femmes. Aux origines, la scène était virile[9] ; elle est désormais sous la coupe des femmes, héroïnes des pièces et arbitres des destinées théâtrales. Pour Rousseau, l'effet des pièces modernes est « d'étendre l'emprise du sexe, de rendre des femmes et des jeunes filles les précepteurs du public[10] ». Collé est plus virulent : « Les femmes [...]

---

2 Mercier, *Du Théâtre*, éd. P. Frantz, Paris, Mercure de France, 1999, p. 1212-1213.
3 *Ibid.*
4 *Ibid.*, p. 1261.
5 *Ibid.*
6 *Ibid.*
7 *Ibid.*, p. 1314-1315.
8 *Ibid.*, p. 1212.
9 Chassiron, *Réflexions sur le comique larmoyant, par M. M. D. C*, Paris, Durand et Pissot, 1749, p. 5-6 ; Rousseau, *Lettre à M. d'Alembert sur son article « Genève »*, éd. M. Launay, Paris, Garnier-Flammarion, 1967, p. 114-115.
10 *Ibid.*, p. 113.

ont tellement pris le dessus chez les Français [...] qu'ils ne pensent plus et ne sentent plus que d'après elles. Les femmes [...] viennent au théâtre pour voir leur triomphe sur les hommes, [...] plus de salut pour une comédie sans intérêt[11]. »

L'élaboration du drame, qui repose sur les mêmes principes que la rénovation du comique (représentativité, naturel, énergie, sensibilité, morale), prend pourtant, dans le discours de ses promoteurs comme de ses détracteurs, une autre coloration. Si, pour Mercier, le théâtre ne peut « trop *amollir* l'âme de l'homme » et adoucir nos mœurs[12] en nous arrachant « ces larmes délicieuses, qui sont le plus doux attribut [...] de notre sensibilité[13] », cette affectivité se teinte de virilité. Beaumarchais reconnaît qu'il a composé *La Mère coupable* « avec la tête froide d'un homme et le cœur brûlant d'une femme » et revendique une forme d'« hermaphrodisme moral[14] ». S'il se place sous la tutelle de l'intérêt, le drame recherche en priorité les *grands* effets. Il vise à ressusciter la force tragique d'un théâtre antique revisité par le primitivisme. Il exalte l'énergie politique d'une cérémonie dont les principaux auteurs furent, selon Mercier, « hommes d'état et guerriers[15] ». Et la référence à Shakespeare inspire naturellement à Diderot, l'évocation des attributs virils du saint Christophe de Notre-Dame[16]. *De la poésie dramatique* radicalise l'appel à renoncer à la décence[17] : en proclamant que « plus un peuple est civilisé, poli, moins ses mœurs sont poétiques[18] », Diderot renouvelle l'imaginaire pathétique, en substituant à l'attendrissement « la fureur de la guerre civile[19] ». Cet imaginaire viril du drame reste en partie fantasmatique dans les pièces de Diderot, mais n'en contribue pas moins à un brouillage à la fois générique et genré. Si le drame, en effet, se nourrit d'un imaginaire « victimal » de la féminité, c'est pour mieux

11 Collé, *Journal et Mémoires*, Paris, Firmin Didot, 1868, t. III, p. 241-242.

12 Mercier, *Du Théâtre*, éd. citée, p. 1151-1152. Voir aussi p. 1154.

13 *Ibid.*

14 Beaumarchais, « Un mot sur la mère coupable », dans *Œuvres de Beaumarchais*, éd. P. Larthomas, Paris, Gallimard, coll. « Bibliothèque de la Pléiade », 1988, p. 600.

15 Mercier, *op. cit.*, p. 1160.

16 Diderot, *Paradoxe sur le comédien*, dans *Œuvres*, t. IV : *Esthétique-Théâtre*, éd. L. Versini, Paris, Robert Laffont, coll. « Bouquins », 1996, p. 1396.

17 *Id.*, *Entretiens sur* le Fils naturel, dans *Œuvres*, t. IV, éd. citée, p. 1137-1138.

18 *Id.*, *De la Poésie dramatique*, dans *Œuvres*, t. IV, éd. citée, p. 1330-1331.

19 *Ibid.*

pousser le spectateur à l'action. Quant aux personnages, ils illustrent, dans *Le Fils naturel* notamment, un renouvellement des représentations genrées, dont les *Entretiens* soulignent le caractère transgressif. Dorval incarne une sensibilité virile à mille lieues des petits maîtres ; Constance est érigée en modèle de femme « au-dessus de son sexe[20] ».

L'invention du drame met à mal les taxinomies, y compris au sein du discours genré sur les genres dramatiques. Pas plus que la nature, la sensibilité ou la morale, le drame n'a de genre. Le rejet du drame ne revêt donc pas les atours du discours misogyne mais cible la monstruosité d'une création hybride, d'un genre « bâtard », le conservatisme esthétique se teintant de préjugé social.

La question centrale des débats autour de la tragédie est bien, en revanche, celle de la féminisation du genre, d'abord célébrée par les réformateurs comme un outil de régénération, puis vilipendée comme marque d'un renoncement à l'efficacité politique.

La vogue de Racine et l'essor de l'opéra ouvrent la voie à une tragédie qui fait de la passion amoureuse son ingrédient privilégié. C'est l'âge des « pièces à mouchoirs », dont le succès est attribué au poids croissant du public féminin et au déplacement du centre de gravité de la vie théâtrale de la cour à la ville. Clément et Laporte rappellent que *Judith* de Boyer fut courue par les femmes au point que « les hommes furent obligés de leur céder le théâtre [...]. Imaginez-vous deux cents femmes [...] où l'on ne voit ordinairement que des hommes[21] ». La Motte comprend que, pour réussir sur la scène tragique, il faut compter avec elles : « comme les poètes ne sont point philosophes au point de préférer la perfection au succès, ils songeront toujours à s'appuyer de cette sorte d'intérêt qui doit toucher la plus belle partie de leurs spectateurs et sans laquelle ils savent bien qu'ils n'en auraient guère d'autres[22]. » Cette féminisation s'insinue dans les fables : Campistron devient l'emblème d'une tragédie dévirilisée, aux héros androgynes languissants, aux réécritures de l'histoire romaine passées au crible du pathétique racinien.

---

20 Diderot, *Entretiens*, éd. citée, p. 1141-1142 et, sur Constance, p. 1134 et 1159.

21 Clément et Laporte, *Anecdotes dramatiques*, Paris, Veuve Duchesne, 1775, t. I, p. 487-488.

22 La Motte, *Discours sur la tragédie*, dans *Textes critiques. Les raisons du sentiment*, éd. F. Gevrey et B. Guion, Paris, Honoré Champion, 2002, p. 549.

Voltaire, dans un premier temps, surfe sur la vague et se félicite des larmes suscitées par *Zaïre* : « Tous les raisonnements des hommes, écrit-il encore en 1761, ne valent pas un sentiment d'une femme[23]. » Mais la célébration du genre tendre se mue bientôt en critique. Il explique dès 1732 que « Le public qui fréquente les spectacles est [...] dans le goût du Corrège. » « Il faut de la tendresse et du sentiment [...]. Il a donc fallu me plier aux mœurs du temps[24]. » Et il regrette, en 1739, qu'« on joue souvent *Zaïre* parce qu'elle est tendre » mais qu'« on ne joue point *Brutus* parce que cette pièce n'est que forte[25] ». Il écrit, en 1749, à Frédéric II : « Le parterre et les loges ne sont point du tout philosophes [...]. Ils sont gens à sentiments[26]. » Son ambition, pourtant, reste de restaurer une tragédie philosophique. Il annonce au roi de Prusse : « vous aurez *Sémiramis*. Elle n'est pas à l'eau rose, c'est ce qui fait que je ne la donne pas à notre peuple de sybarites mais à un roi qui pense comme on pensait en France du temps du grand Corneille et du grand Condé[27]. » Dans cette pièce, comme dans *Ériphyle*, « On s'attendri[ra] en homme, on pleure[ra] sans faiblesse[28]. »

Voltaire n'est pas le seul à remettre en question la féminisation de la tragédie, dès lors qu'elle devient une norme contraignante et exclusive. Mercier constate que « La Melpomène française a trop souvent ressemblé à cette Circé, qui n'introduisait les héros dans son palais que pour leur imprimer [...] la métamorphose la plus humiliante[29]. » Tous incriminent Racine : pour Mercier, la veine mâle et politique de Corneille[30] a été éclipsée, auprès d'« une nation efféminée[31] » par un auteur soumettant tout à une « passion vulgaire[32] » et de « molles impressions[33] » ; pour

23 Voltaire, Lettre du 6 décembre 1761 au *Mercure de France*, 6951, dans *Correspondance*, éd. Th. Besterman, Paris, Gallimard, coll. « Bibliothèque de la Pléiade », 1977-1988, t. VI, p. 710.

24 *Id.*, Lettre du 25 août 1732, 348, dans *ibid.*, t. I, p. 358.

25 *Id.*, Lettre du 4 juin 1739, dans *ibid.*, t. II, p. 182.

26 *Id.*, Lettre du 17 novembre 1749, 2537, dans *ibid.*, t. III, p. 142.

27 *Id.*, lettre du 9 février 1747, dans *ibid.*, t. II, p. 1007-1008.

28 *Id.*, « Discours prononcé avant *Ériphyle* », dans *Œuvres complètes de Voltaire*, *Théâtre*, t. I. 2, Paris, Th. Desoer, 1817, *Théâtre*, t. I. 1, p. 459.

29 Mercier, *Du Théâtre*, éd. citée, p. 1365.

30 *Ibid.*, p. 1164.

31 *Ibid.*, p. 1165.

32 *Ibid.*, p. 1403.

33 *Ibid.*

Rousseau, Racine peint des héros livrés à « tout ce qui peut efféminer l'homme[34] ». Ce théâtre n'est plus légitime. Mercier clame qu'il « faut oublier les formes mensongères et *rétrécies*, si l'on veut avoir un théâtre digne des regards du philosophe et du peuple[35] » et annonce : « Il flotte enfin dans les airs le drapeau de la guerre littéraire qui s'élève[36]. » La tragédie prend les armes et entend désormais se modeler sur des vertus relevant d'un imaginaire de la virilité. La Révolution accentuera cette revendication en l'idéologisant. Marie-Joseph Chénier exige une tragédie mâle : « Un théâtre de femmelettes et d'esclaves n'est plus fait pour des hommes et des citoyens[37]. » La tragédie efféminée est celle qui, par un discours politique lénifiant et l'éloge de l'ordre en place, émascule les citoyens. Il faut, pour Chénier, faire du théâtre « une école de vertu et de liberté. Les hommes n'y recevront plus de ces molles impressions qui les dénaturent ; [...], ils redeviendront des hommes. Les mœurs des villes ne se modèleront plus sur les mœurs dépravées de la cour. On ne verra plus en France, hommes et femmes [...] troquer de sexe, pour ainsi dire, et se déshonorer mutuellement par cet échange monstrueux[38]. » Et dans ce monde revirilisé de la Révolution, où s'épanouit, pour citer Mme Roland, une « génération férocisée[39] », les femmes s'endurcissent au spectacle. Geoffroy constate : « Autrefois les femmes s'évanouissaient au bruit des convulsions [...] de Gabrielle [de Vergy]. Aujourd'hui, cette abominable farce n'agit plus sur leurs nerfs[40]. » En 1777, la *Correspondance littéraire* rapportait à propos de la même pièce : « On n'avait point encore vu [...] sur la scène française, une impression pareille à celle que produisit le moment où Gabrielle [...] voit le cœur sanglant de Raoul. Au même instant, la salle retentit [...] de cris d'admiration et de cris d'horreur ; plusieurs femmes s'évanouirent, quelques-unes tombèrent en convulsion. Cependant à la seconde et à la troisième représentation, il y eut encore plus de monde, et même plus

34 Rousseau, *Lettre à d'Alembert*, éd. citée, p. 220.

35 Mercier, *Nouvel Examen de la tragédie française*, dans *De la littérature et des littérateurs suivi d'un nouvel examen de la tragédie française*, Genève, Slatkine Reprints, 1970, p. 122.

36 *Ibid.*, p. 127-128.

37 Chénier, préface de *Charles IX*, dans *Théâtre*, éd. G. Ambrus et F. Jacob, Paris, Flammarion, coll. « GF », 2002, p. 65.

38 *Ibid.*, p. 67.

39 *Mémoires de Madame Roland*, éd. P. de Roux, Paris, Mercure de France, 1986, p. 341.

40 Geoffroy, *Cours de littérature dramatique*, Paris, Blanchard, 1819, t. II, p. 476.

de femmes qu'à la première[41]. » Et les contempteurs de l'évolution de la tragédie et de la Révolution de crier à l'influence délétère d'un théâtre qui, en dénaturant les femmes, a précipité le peuple dans l'inhumanité.

Le discours sur les genres dramatiques est donc traversé de préoccupations genrées. Mais ce prisme regroupe en réalité deux postures différentes. Pour les promoteurs d'une évolution du système générique, l'opposition (dont la polarité axiologique peut s'inverser) entre théâtre « féminin » et théâtre « mâle » s'appuie sur le constat d'une nécessaire régénération de formes devenues inopérantes. Prôner une féminisation de la comédie ou une revirilisation de la tragédie revient à chercher les moyens de rendre au théâtre une efficacité perdue. « Tous les genres sont bons, hors le genre ennuyeux », explique Voltaire[42]. Ces évolutions révèlent, par ailleurs, des partis pris idéologiques : le féminin est, dans les années 1730, l'étendard de la nature et d'un système de valeurs bourgeois, l'effémination de la tragédie, décriée à l'aube de la Révolution, est l'autre nom d'une mise en cause d'un usage courtisan de la tragédie monarchique. Dans tous les cas, féminisation ou virilisation des genres ne visent pas à distinguer comportements masculins et féminins mais englobent les deux sexes dans l'élaboration de normes éthiques et comportementales.

Du côté des tenants de la tradition générique, la référence genrée, presque toujours stigmatisante, traduit une angoisse face à la remise en question des taxinomies rigoureuses, des grilles d'intelligibilité stables du monde et des arts, qu'elles soient esthétiques, politiques ou sociales. Le genre est convoqué pour désigner le sentiment d'une dégénérescence. Mais ce discours s'efforce, bien souvent en vain, de battre en brèche une évolution dont le XVIIIe siècle ne cesse de démontrer qu'elle est inévitable. La conception de l'histoire littéraire qui s'élabore notamment sous la plume de Diderot est une histoire anti-classique, histoire des crises régénératrices, non des continuités ou de la fixité essentielle. Comment le système dramatique ne prendrait-il pas acte de cette réforme des représentations du monde et de l'histoire sur le modèle d'une nature

41 Grimm *et al.*, *Correspondance littéraire, philosophique et critique* [...], éd. M. Tourneux, Paris, Garnier, 1877-1882, juillet 1777, t. XI, p. 490-491.

42 Voltaire, préface de *L'Enfant prodigue*, dans *Œuvres complètes de Voltaire*, Paris, Garnier Frères, 1877, t. II, p. 445.

mouvante et souple ? Il n'y a pas plus d'essence des genres dramatiques que des identités genrées. Comme le dit Mercier : « rien de plus inconstant que la nature, que l'on dit être immuable : [...] Il faut donc suivre ces nuances mobiles, ou ne pas prendre le pinceau[43]. »

Sophie MARCHAND
Sorbonne Université,
CELLF, UMR 8599

43 Mercier, *Du Théâtre*, éd. citée, p. 1232. Voir aussi p. 1238-1239.

« LE VOILE DE L'ILLUSION EST TOMBÉ »

Le spectateur, « juge né de tous les arts et de tous les artistes » au temps du sacre du comédien

À la croisée entre paradoxe du comédien qui joue de sang-froid sans céder à l'émotion contagieuse de la salle et plateau conçu comme un « tableau dramatique » indexé sur les arts visuels, du fait de l'interdépendance entre scène et décor, la mise en perspective de l'approche diderotienne du « quatrième mur » est au cœur des écrits de Pierre Frantz. On se souvient de la prophétie de Diderot dans le *Discours sur la poésie dramatique* dès 1758, préconisant l'éviction du spectateur du champ de la représentation : « Soit donc que vous composiez, soit que vous jouiez, ne pensez non plus au spectateur que s'il n'existait pas. Imaginez sur le bord du théâtre un grand mur qui vous sépare du parterre ; jouez comme si la toile ne se levait pas ». La même année, Rousseau, dans la *Lettre à d'Alembert sur les spectacles*, prône au contraire la participation active du spectateur à un dispositif immersif qui relève de l'idéal de la « fête » en plein air, dans laquelle le public est lui-même acteur, sans solution de continuité. Conçue sur le modèle de la gaze transparente ou de la vitre sans tain, cette séparation invisible entre la scène et la salle marque l'acte de naissance d'un théâtre de l'image, d'une « esthétique du tableau ». C'est une révolution artistique qui remet en cause les conditions de réception des spectacles sur des plateaux qui ne sont pas encore débarrassés des banquettes destinées aux spectateurs de haut rang, dans des salles où règne alors le tumulte d'un parterre qui n'est pas encore assis, devant un public proactif qui n'hésite pas, le cas échéant, à envahir l'espace de jeu du comédien lors de retentissantes « émeutes » qui parfois commencent dès la porte du théâtre. Or, ce théâtre sans illusion fait l'objet d'intenses débats, non seulement, comme on le sait, parmi les théoriciens de la scène tels que Diderot, Voltaire, Rousseau, Marmontel,

Mercier ou La Harpe, mais également, ce qu'on sait moins, parmi les praticiens du plateau comme Lekain, Mlle Clairon et plus tard Talma.

Pour preuve, parmi d'autres, de cette conscience collective aiguë, et précoce, des enjeux esthétiques et idéologiques d'une exigence nouvelle de patrimonialisation de la pièce de théâtre dont les écrivains n'ont pas l'apanage, mais aussi de la porosité des échanges entre auteurs dramatiques et artistes-interprètes, on peut invoquer un compte-rendu du registre d'assemblée des Comédiens-Français daté du 30 avril 1780[1] : il fait état d'un réquisitoire sollicitant l'interdiction pure et simple de toute communication entre acteurs et spectateurs, revenant à mettre en pratique la théorie diderotienne du quatrième mur au Théâtre-Français. Aujourd'hui mieux connus grâce aux humanités numériques, en particulier au projet « Registres de la Comédie-Française[2] » qui permet de systématiser leur digitalisation, les Registres d'assemblée renouvellent l'historiographie théâtrale. Ces outils permettent de porter un éclairage neuf sur la gouvernance artistique, les pratiques créatives et les usages professionnels du plateau. Emblématique du conflit de souveraineté entre ce qu'on appelle alors la « démocratie du parterre » et les ambitions de l'artiste-interprète à l'âge du « sacre de l'acteur », soucieux de l'intégrité de son travail, ce réquisitoire de premier plan est à ma connaissance unique en son genre. Il permet de s'interroger à la fois sur la poétique de l'intérêt[3] à l'œuvre sur le plateau, sur l'économie de l'attention des spectateurs et sur le processus de domestication du public dans le dernier tiers du XVIIIe siècle. Il atteste surtout des velléités de starification de l'acteur-vedette, soucieux de s'affranchir de contraintes matérielles de production et de réception des spectacles considérées comme contingentes.

1 Réquisitoire adressé aux Gentilshommes de la Chambre par l'assemblée du 30 avril 1780, article 6, *Registre d'assemblée*, Registre R 124-f, p. 11 (Bibliothèque-Musée de la Comédie-Française). C'est la source des citations qui suivent.

2 https://www.cfregisters.org/fr/ (consulté le 9 avril 2021).

3 A. Viala, *Lettre à Rousseau sur l'intérêt littéraire*, Paris, PUF, 2005.

RENÉGOCIER LE PACTE DE CRÉANCE
De l'esprit d'adresse à l'illusion consentie

Par le *Réquisitoire adressé par les Comédiens-Français aux Gentilshommes de la Chambre contre l'habitude du public de communiquer avec les acteurs*, consigné dans le Registre d'assemblée du 30 avril 1780, les Comédiens-Français s'insurgent contre la perpétuation d'une connivence avec le public qui, selon eux, nuit gravement à l'illusion théâtrale et au jugement esthétique. Cette requête fondatrice plaide en faveur de la suppression de toute communication entre acteur et spectateur, quel qu'en soit l'initiateur : « Saisir le moment du tapage arrivé hier pour demander une ordonnance du Roy qui défend au public de parler aux acteurs sous quelque prétexte que ce soit et aux acteurs pareillement de parler ou de répondre ou d'annoncer ou de faire un compliment etc., s'appuyer [illisible] des raisons suivantes : [autre écriture] ». Le texte figure sur la colonne de gauche du registre d'assemblée, la colonne de droite étant réservée aux réponses des Gentilshommes, qui n'ont jamais daigné réagir à cette requête, bientôt balayée par la tourmente révolutionnaire. Il s'inscrit dans un contexte de réforme de la salle de théâtre : dans le sillage de la suppression des banquettes par le comte de Lauraguais en 1759, à la demande insistante de Voltaire et de Lekain, s'amorce alors un débat sur les conditions de production et de réception des spectacles qui préfigure les intenses controverses sur la position assise ou debout du parterre qui se tiendront entre 1782, moment où la nouvelle salle de la Comédie-Française prend le parti de l'asseoir, et 1797, où cette configuration devient majoritaire dans les salles de théâtre avec son adoption par l'Opéra-Comique[4] ; il fait en outre écho à la nécessité de juguler les désordres du public, influencé par la cabale, la claque et le sifflet[5]. Le réquisitoire s'inscrit de plain-pied dans cette revendication nouvelle d'autonomie de l'œuvre artistique, mais aussi d'intégrité du

4 M. Poirson, « Multitude en rumeur : des suffrages du public aux assises du spectateur », *Dix-Huitième siècle*, n° 41, 2009, p. 223-248.

5 *Id.*, « Le spectacle est dans la salle. Siffler n'est pas jouer », *Dix-huitième siècle* n° 49, 2017, p. 311-328 et « Des cliques et des claques : Spectateurs gagés et commerce des indulgences dans le théâtre du XIXe siècle », *Revue d'histoire du théâtre*, 2017-4, p. 97-118.

travail de l'artiste-interprète, qui cherche à s'affranchir des contraintes de jeu et des conventions de représentation. Il s'en prend à une vieille habitude dans laquelle de nombreux Comédiens-Français se sont illustrés : l'adresse au public, qu'elle relève de l'annonce, du compliment d'ouverture ou de clôture ou de l'excuse au public, « usage auquel l'Opéra ne s'est jamais asservi et dont le théâtre de la nation aurait dû toujours être exempt [...] » Une telle situation de jeu est pourtant l'occasion pour l'« orateur », désigné pour son talent d'éloquence, ses qualités rhétoriques et ses bonnes mœurs[6], d'un jeu d'acteur très prisé des spectateurs avertis, misant sur l'effet de connivence entretenue avec un public d'habitués, familiers du répertoire et de ses serviteurs. Ce numéro d'acteur dans lequel se sont singularisés d'illustres comédiens, au premier rang desquels Molière et plus tard Legrand, sollicite les ressources du cabotinage et du persiflage : il vise à mettre les rieurs de son côté, à rétablir l'ordre au parterre et à mobiliser l'attention flottante des spectateurs de toutes conditions, favorisant ainsi la communion au sein de la séance théâtrale.

Affirmant que « rien peut-être n'est plus déraisonnable que cet usage d'annoncer au public ce que l'affiche doit nécessairement lui indiquer », les comédiens révoquent, au motif de la redondance de sa réclame, l'« annonce » : l'usage consiste, au moment des saluts, à ce que l'orateur (souvent le doyen ou le semainier) vienne parler au public pour lui présenter les spectacles du lendemain, voire révéler le nom de l'auteur, du scénographe ou du décorateur à l'occasion d'une création nouvelle. Cette forme de communication directe et improvisée avec le public, même si elle s'appuie généralement sur des stratégies bien rodées et des techniques de bateleur ou de bonimenteur, est sans doute considérée comme indigne de l'art théâtral au sein des grandes institutions culturelles, et réservée aux échanges informels des théâtres forains ou de société. Un tel rite de fermeture de la séance théâtrale est surtout jugé redondant par rapport à l'« affiche », tout comme les « compliments » d'ouverture et de clôture, héritiers de l'allégeance courtisane en vigueur à la cour mais superflus dans les théâtres de la ville. Désireux de s'affranchir des codes de sociabilité de la galanterie

---

6 J.-F. Marmontel, *Éléments de littérature* (1787), éd. Sophie Le Ménahèze, Paris, Desjonquères, 2005, p. 829-838.

littéraire, les artistes mettent en question le pacte de créance avec le public au fondement de cet usage social : « C'est contracter avec lui une espèce d'engagement qu'on est souvent dans l'impossibilité de remplir ». C'est bien la dimension contractuelle de l'annonce qui est en cause lorsqu'il s'agit de modifier au dernier moment la programmation, interdisant de « changer la pièce que l'on a promise verbalement au Public et pour laquelle on a contracté avec lui un engagement plus authentique », dans la mesure où elle engendre des attentes susceptibles d'être trompées, à la faveur des contingences matérielles de la représentation et des aléas de la performance artistique : « Il n'est point instruit des raisons qui vous font manquer à la parole que vous lui avez donnée, il ne voit qu'une instabilité dans vos projets qui lui parait ridicule et qu'il ne cherche point à approfondir pour ne point perdre le droit de s'en moquer. » Cet accord tacite place en effet l'artiste en situation de vulnérabilité vis-à-vis des factions les plus mobilisées de l'opinion, exhortées au chahut par les cabales, « étendards sous lequel se rallient vingt partis différents qui se croisent, qui se heurtent dans le parterre » : « Cet usage d'ailleurs n'a-t-il pas de tout temps favorisé les esprits mal intentionnés qui ne se plaisent que dans le désordre ? »

Ce que revendiquent par conséquent les comédiens, c'est la souveraineté de choix artistiques dictés par les impondérables de la représentation : changement de distribution pour pallier la maladie d'un comédien, variations du texte en fonction des réactions considérées comme dysfonctionnelles de l'audience ou modification de programmation en considération des recettes, de l'affluence ou de la critique… Au-delà de la dimension pragmatique de considérations cherchant à éviter de s'exposer inutilement à la frustration et au ressentiment du public, cette déclaration atteste une vocation plus ambitieuse : elle plaide en faveur de l'établissement d'un régime d'illusion consentie, librement inspiré par la prescription de Diderot aux auteurs et aux comédiens une vingtaine d'années auparavant. Le seul moyen de juguler la cabale et de pacifier la salle afin de donner toute son ampleur à l'interprétation est en effet, selon les comédiens requérants, de matérialiser une frontière imaginaire infranchissable située au niveau des feux de la rampe : « Pour l'intérêt du Public et des acteurs, un mur impénétrable devrait séparer toujours et les acteurs et le Public ; ils ne devraient jamais avoir de communication ensemble dans cette enceinte qu'on appelle le théâtre. Ce qui n'a de mérite que par l'illusion, ce qui ne se soutient que par l'illusion, ne devrait jamais être subordonné à ce qui peut la détruire[7]. »

Tout effet disruptif de réception est par conséquent à bannir selon l'argumentaire développé par les comédiens, à la fois en vertu de la pacification de cet espace public que constitue le théâtre et d'une autonomie de la fiction théâtrale envisagée à l'aune de celle de l'univers romanesque à la même époque. C'est donc au nom de la conception d'un théâtre illusionniste, soustrait à son environnement extérieur, considéré comme « boîte noire » ou « machine à illusions », que les comédiens réclament, en vain, la renégociation du pacte de créance entre acteur et spectateur. Ils cherchent ainsi à donner toute son efficacité performative à la suspension volontaire d'incrédulité au fondement de l'illusion consentie par le public. Cette dernière ne trouve pas de meilleure illustration que par son échec, à la faveur de la reconnaissance de l'acteur, pourtant censé s'effacer derrière son rôle et disparaître sous son personnage : « La pièce commence, mais ce n'est pas Omar, Séide ou Mahomet qui entrent sur la scène ; le voile de l'illusion est tombé ; on reconnaît l'acteur qui vient d'annoncer, c'est ou Monvel, ou Delarive ou Dorival, et le public perd la moitié des plaisirs que vous pouvez lui procurer. » L'annonce est ainsi accusée de compromettre toute illusion référentielle de la fable, de consacrer la crise du personnage et de favoriser l'intrusion parasite d'éléments de réception dans le champ clos de la fiction dramatique, exacerbant la rivalité entretenue entre comédiens et écrivains :

> C'est encore à cette époque que s'élèvent avec un bruit affreux, et plus ridicule que flatteur, ces voix glapissantes qui crient sur tous les tons et avec tous les accents *l'auteur, l'auteur, l'auteur*. Un malheureux acteur penché respectueusement sur le bord des lampions dont après un grand rôle il hume la vapeur enflammée, ouvre la bouche, la referme, étend les bras, les laisse retomber, et, après un quart d'heure de cet exercice fatigant et de cette situation pénible, il est obligé de sortir. Il va chercher, bien sûr de ne pas le trouver, un auteur qui s'estime assez pour refuser un honneur prostitué, avili, et qui passerait à présent plutôt pour une injure que pour une marque de distinction.

La critique de l'usage consistant à réclamer que l'auteur vienne saluer le public à la fin de la représentation est cinglante, au motif qu'elle réduit l'écrivain à un histrion et travestit l'autorité auctoriale en la réduisant

7 Diderot, *Discours sur la poésie dramatique* (1758), chap. 11 : « De l'intérêt », dans *Œuvres complètes*, éd. J. et A.-M. Chouillet, Paris, Hermann, 1980, vol. X, p. 37.

à une brève apparition « générique ». Plus profondément, elle atteste d'une possible tension entre le paradigme du tableau auquel le plateau doit prétendre et celui du roman qu'appellent de leurs vœux, à cette époque, des critiques tels que La Harpe, auparavant des écrivains tels que Voltaire, préfigurant le « spectacle dans un fauteuil » de Musset au siècle suivant, autour de 1832.

TRANSFÉRER LA SOUVERAINETÉ ARTISTIQUE
Du spectateur-juge à l'interprète-indépendant

Présenté en simple réaction aux incidents suscités par la perpétuation d'une convention théâtrale surannée, le *Réquisitoire* est cependant porteur de revendications professionnelles catégorielles relatives à l'exercice du métier de comédien. La stratégie argumentative est habile : elle s'exprime au nom de l'intérêt supposé du public, pourtant curieusement privé de toute capacité d'interaction, précisément dans son propre intérêt. Qualifiant de routiniers les « compliments » d'ouverture et de clôture[8], les comédiens arguent en effet du discernement des spectateurs pour justifier leur requête d'interdiction, tout en mobilisant les ressorts d'une rhétorique du dévoilement :

> Le Public sait évaluer les promesses qu'on lui fait à l'ouverture du théâtre, et peut-être est-il intérieurement assez juste pour apprécier les éloges dont on l'accable à la clôture de cette même année qu'il a signalée par sa sévérité, par son effervescence et par des jugements qu'il révoquera l'année prochaine. Depuis cent ans on le remercie de son indulgence ; et souvent celui qui se charge de ce soin, est le malheureux sur lequel est tombé pendant douze grands mois tout le poids de sa colère.

Dans un paradoxe qui n'est qu'apparent, c'est donc par l'habilitation du public, dont la capacité de jugement est indirectement reconnue et saluée, que les comédiens justifient l'arraisonnement de ses réactions

8 « Des phrases de convention, des mots d'usage tournés, retournés depuis cent ans de toutes les façons, présentés sous toutes les formes et variés par tous les styles, mais qui ne consistent véritablement qu'en 15 ou 20 mots qui ne peuvent être que les mêmes ».

spontanées et sa mise hors-jeu, voire hors-champ. Ils font ainsi la démonstration de leur conscience aiguë des enjeux de la neutralisation des réactions de la salle par rapport au dispositif d'ordonnancement de la représentation :

> On lui dit qu'il a fait réussir telle ou telle pièce, comme si l'événement ne s'était point passé sous ses yeux et que raisonnablement il fût en son pouvoir d'assurer le succès d'un ouvrage médiocre, ou de proscrire sans retour un ouvrage estimable. On établit devant lui une proposition quelconque ; et le complimenteur discute sans contradicteur, du moins pour le moment, un fait dont le Public doit être instruit puisqu'on le regarde comme le juge né de tous les arts et de tous les artistes.

C'est bien la valeur de prescription des compliments qui est ici mise en cause, en vertu de l'effet d'expérience du spectateur averti, auquel est reconnue une capacité d'expertise à laquelle est supposée faire injure l'autocommentaire de leur performance auquel se prêtent avec complaisance les comédiens. Ce « juge né de tous les arts et de tous les artistes » se voit donc privé de la manifestation spontanée de son assentiment ou de son dissentiment, précisément en qualité de souverain juge, en dernier ressort, de la prestation spectaculaire :

> On lui dit qu'une pièce de théâtre doit être de telle ou telle manière, qu'un acteur doit avoir telle ou telle qualité, comme s'il n'était pas censé savoir tout ce qui constitue un bon ouvrage et un excellent comédien : enfin on ne rebat ses oreilles que de ce qu'il a entendu dans tous les temps, de ce qu'on lit partout et qui ne peut jamais cesser d'être le même.

Or c'est en raison de la mémoire d'expériences antérieures inégalables que le spectateur est convié à se taire durant le temps ritualisé de la séance théâtrale, et partant à faire preuve d'indulgence à l'égard de la routine que ne peut manquer de provoquer l'exercice ordinaire du métier :

> Les deux seules époques où l'on ait pu l'entretenir d'objets vraiment intéressants, c'est à la mort de Voltaire, c'est à celle de Le Kain. La perte du premier était assez grande pour que nos regrets éclatassent à tous les yeux ; et quant au second, on ne pourra jamais le rappeler assez au Public ; tant qu'il en conservera le souvenir, il aura devant lui l'image du plus beau talent tragique qui ait existé, et jugeant par comparaison, il nous forcera à marcher sur les traces du grand homme que nous avons perdu.

Au regard de tels moments d'anthologie, « les autres détails sur lesquels on est forcés de s'appesantir sont minutieux, indignes de lui et nécessairement fastidieux », si bien que c'est en considération de la compétence culturelle reconnue au spectateur, de sa connivence dans les références partagées avec l'acteur, qu'il est enjoint à observer le silence sur les contingences dans le déroulement du spectacle et les aléas dans les performances de ses exécutants.

Le *Réquisitoire* des Comédiens-Français constitue donc une archive majeure. Elle témoigne, à un premier niveau de lecture, de l'habilitation conjointe de l'artiste-interprète et du spectateur averti. Ce dispositif s'inscrit dans un processus séculaire d'affirmation d'un théâtre dramatique cherchant à s'affranchir des aléas et contingences de ses conditions de production et de réception, porté, non seulement par les auteurs, comme de droit, mais encore par les acteurs avec lesquels ils sont pourtant en rivalité sur le plan de l'autorité artistique. Cependant, un second niveau d'interprétation s'impose à la lecture attentive de l'argumentation déployée au sein de l'archive : comment mieux affirmer, en définitive, l'éviction du spectateur du champ de la représentation, autrement dit le sacre de l'acteur, à travers l'aveu stratégique de ses propres défaillances, qu'en appelant la salle au silence et en évitant tout effet d'adresse ou de communication directe avec le public ? Une façon de montrer que les illusions perdues[9] dont est généralement crédité le théâtre contemporain sont bien plus anciennes qu'il n'y paraît, et peut-être finalement plus structurelles que conjoncturelles. À moins qu'il ne s'agisse de prendre acte du triomphe de la sphère publique structurée par la représentation bourgeoise sur la sphère publique oppositionnelle[10] dont les réactions spontanées du public seraient, en l'espèce, les derniers avatars contrariés.

Martial Poirson
Université Paris 8

9 *Critique* n° 699-700 : « Le théâtre sans l'illusion », 2005.

10 O. Negt, *L'Espace public oppositionnel* (1973), trad. A. Neumann, Paris, Payot, 2007, réponse à la célèbre thèse de Jürgen Habermas dans *L'Espace public* (1961), trad. Marc B. de Launay, Paris, Payot, 1997.

HUERNE DE LA MOTHE ET LA POLITISATION DE LA QUERELLE DU THÉÂTRE

Le milieu du XVIIIe siècle a vu la querelle du théâtre flamber à nouveau, d'abord en Italie autour du dominicain Daniele Concina puis en France autour de Rousseau[1]. Ces polémiques sont encore vives quand, en 1762, Mlle Clairon, lasse des menaces d'excommunication que tout curé peut agiter contre les comédiens, consulte un avocat au Parlement, François-Charles Huerne de La Mothe. On connaît la suite : Huerne publie un brûlot, *Libertés de la France contre le pouvoir arbitraire de l'Excommunication*[2]. Le 22 avril 1761, l'ouvrage est condamné par le Parlement, sur un réquisitoire du bâtonnier Dains, et solennellement brûlé ; Huerne est exclu du barreau[3].

Ni les contemporains ni la postérité n'ont été tendres. Les bien-pensants se sont acharnés : pour emporter la condamnation du livre, le bâtonnier Dains fait un réquisitoire aussi venimeux que peu argumenté. Mais Grimm étale son mépris[4] et Voltaire, qui lit le livre entre

1 Pour le détail des polémiques autour de Concina (1752 *sq.*) et de D'Alembert et Rousseau (1757 *sq.*), voir les bibliographies italienne et française du site Haine du Théâtre (HdT) du Labex Obvil : https://obvil.sorbonne-universite.fr/corpus/haine-theatre/bibliographie_querelle-france_2018 (consulté le 28/05/2020).

2 Amsterdam, 1761. Une autre édition paraît à Paris la même année sous le titre *Mémoire à consulter sur la question de l'excommunication, que l'on prétend encourue par le seul fait d'acteurs de la Comédie françoise*, avec quelques modifications dont on trouvera le détail dans la bibliographie HdT.

3 Le réquisitoire est publié par le *Journal encyclopédique*, 15 mai 1761, t. 4, p. 145-148. Il est repris en appendice, avec l'arrêt du Parlement, par J. R. Joly, dans *Lettres historiques et critiques sur les Spectacles adressées à Mlle Clairon, dans lesquelles on prouve que les spectacles sont contraires à la Religion Catholique, selon les Canons et les sentiments des PP de l'Église*, Avignon, 1762.

4 Dans la livraison du 1er mai 1761 de la *Correspondance littéraire*, il traite Huerne d'« imbécile d'avocat », son mémoire « est si cruellement fait et si mal écrit qu'il n'est pas possible d'en soutenir la lecture », voir t. VIII, éd. U. Kölving, Ferney-Voltaire, Centre International d'Étude du XVIIIe siècle, 2013, p. 123-124.

le 22 et le 27 avril 1761[5], hésite entre l'irritation et une commisération condescendante. Il condamne, certes, l'arrêt du Parlement : quand Huerne lui écrit, il se dit « indigné » du « fanatisme impertinent dont [il a] été la victime[6] », mais il se garde de lui dire un mot de son livre, car, dans sa correspondance, il renvoie volontiers dos à dos Huerne et le Parlement[7]. Il déplore que Huerne commette des erreurs grossières[8] et surtout qu'il ait fait reculer la cause qu'il entendait défendre[9]. Il s'étonne même que Mlle Clairon n'ait pas fait appel à lui[10], car il aurait donné les bons arguments, comme la décision du confesseur de Clément XII, et préconisé la bonne tactique, qui est d'obtenir du roi une déclaration analogue à celle de 1641[11]. Rares sont ceux qui ont pris le parti de Huerne[12] et le jugement n'a pas été révisé par les historiens : le seul critique qui se soit occupé de l'affaire partage les réserves des philosophes[13].

On déplore la maladresse de la stratégie comme de l'expression. Pour le style, les critiques ne sont pas infondées : répétitions nombreuses,

5 Dans une lettre du 22 avril, il dit attendre le livre (D 9747, éd. Besterman, Oxford, Voltaire Foundation, 1968 *sq.*, t. XXIII, p. 171 ; toutes les références sont à cette édition des *Œuvres complètes* de Voltaire, le numéro de la lettre étant suivi du tome de la correspondance et de la page). Le 27 avril, il condamne « le détestable stile du détestable avocat qui a fait un mémoire si inlisible » (D 9755, XXIII, 185).

6 D 10032a, XLVI, 232, lettre du 20/9/61, envoyée à Mlle Clairon pour qu'elle la transmette (voir D 10034, XXIII, 462).

7 « A-t-on jamais rien vu de plus sot que le livre de cet avocat ? et de plus impertinent que l'arrest qui le condamne ? » (D 9777, XXIII, 207, à d'Alembert) et celui-ci répond de même : « Rien n'est plus ridicule que le réquisitoire qui condamne son avocat, si ce n'est le livre même de cet avocat. » (D 9781, XXIII, 212).

8 Il relève notamment une erreur sur Roscius, dans une lettre de février 1766 (D 13 157, XXX, 82, à P. Jabineau de La Voute) : cinq ans plus tard, l'affaire n'est pas close.

9 « Ce pauvre Huern [*sic*] vous a porté un coup terrible en voulant vous servir » (D 9973, XXIII, 412, à Mlle Clairon).

10 « Si on s'était adressé à moi, j'avais en main des pièces un peu plus décisives », dit-il à Mlle Clairon (D 9933, XXIII, 363).

11 Il revient plusieurs fois (voir D 9973, XXIII, 412 ; D 10034, XXIII, 462) sur la déclaration de Louis XIII du 16 avril 1641 qui interdit actions malhonnêtes et paroles lascives mais reconnaît les bienfaits du théâtre (dans F. A. Isambert, *Recueil général des anciennes lois françaises*, t. 16, Paris, 1829, p. 536-537). C'est en vain qu'il s'efforcera d'obtenir que Louis XV publie une déclaration identique.

12 Le *Journal encyclopédique*, proche des philosophes, publie un compte rendu favorable dans son numéro du 15 avril 1761 (t. 3, 2e partie, p. 116-123). Il ne déplore que les défaillances de style.

13 H. Lagrave, « Deux avocats des comédiens excommuniés : Huerne de La Mothe et Voltaire : l'affaire Clairon », *Regards de/sur l'étranger au XVIIIe siècle*, J. Mondot (dir.), Bordeaux, PUB, 1985, p. 69-88. La démonstration de Huerne est « bien pesante » (p. 72).

digressions inutiles, contradictions flagrantes et tics de juriste[14] rendent la lecture parfois pénible. Mais pour le reste, il est temps de réviser un jugement si défavorable. Ce n'est pas sans raison que Mlle Clairon a fait appel à lui. Il a déjà une œuvre multiforme, où tout ne brille pas, il est vrai : des romans assez peu mémorables[15] et une épître en vers poussifs[16]. Mais il a une œuvre politico-juridique imposante : cinq tomes d'*Essais de Jurisprudence sur toutes Sortes de Sujets* et trois pour *L'Esprit ou les Principes du Droit Canonique*[17]. Elle est de surcroît téméraire. Les *Essais* abordent des questions matrimoniales, notamment sur la séparation de biens (t. 1) et de corps (t. 2), et ils assument une position ouvertement féministe : ils entendent dire le droit en termes clairs pour être compris de tous, et d'abord des femmes, afin de leur donner des armes pour se défendre contre les abus de leurs maris. Ils n'ont pas pour autant scandalisé : les *Mémoires de Trévoux* ont publié un compte rendu favorable, en soulignant que Huerne « prend la défense des femmes » et que, malgré quelques erreurs et un style défaillant, l'ouvrage « entrepris avec zèle et conduit avec intelligence » sera « bien lu et bien médité », car il contient « beaucoup de bonnes choses » et contribuera à réduire les procès[18].

Le second traité, sur le droit canonique, est bien plus hardi. Huerne y affiche la même intention didactique et féministe : il veut rendre le droit canonique intéressant et accessible aux femmes, pour qui il écrit[19]. Mais il aborde un terrain dangereux. Il prend, certes, quelques précautions en professant un profond respect pour l'Église et ses Ministres et en affichant un « esprit de paix et de concorde[20] », mais le propos est offensif, puisqu'il s'agit de refuser à l'Église toute prétention d'ordre matériel :

14 « Dans l'ordre de » revient plusieurs fois par page et parfois comme une pure cheville. Au lieu de « dans cette dissertation », Huerne écrit « Dans l'ordre de cette dissertation, nous... » (*Libertés*, p. 75). Voltaire épingle ce tic de langage au début de sa *Conversation de M. l'intendant des menus avec Mr. l'abbé **** (voir *infra*, n. 24).

15 Ils ont un certain succès : *Les Promenades et rendez-vous du parc de Versailles* (Bruxelles et Paris, 1762) est réédité à Londres en 1784 ; *L'Enfantement de Jupiter ou la fille sans mère* (Amsterdam, 1763) est réédité sous le titre *Histoire nouvelle de Margot des Pelotons* (Genève, 1775).

16 L'*Épître sur les spectacles* (1761) distribue éloge et fiel aux acteurs. Elle a été censurée par un arrêt du Conseil d'État du 31 mai 1761 dont une édition est mentionnée par le WorldCat.org.

17 Le premier est publié en 1757-1758 (Paris, Vve Thiboust et Cheron), le second en 1760 (Avignon et Paris, Dessaint et Saillant, Durand).

18 *Journal de Trévoux*, mars 1758, p. 723-753. L'article ne porte que sur les 2 premiers tomes. Les citations sont aux p. 725 et 753.

19 *L'Esprit*, « Préface », p. XXVI.

20 *Ibid.*, « Avant-propos », p. XX-XXI.

son domaine étant purement spirituel, elle n'est jamais qu'usufruitière et ne saurait posséder en propre aucun bien. Si le premier traité a été bien reçu, le second a suscité une réfutation virulente par un dominicain[21].

Libertés de la France pousse à bout la stratégie insidieuse de *L'Esprit*. Huerne commence par proclamer une soumission à l'Église romaine pour ensuite dévoiler progressivement un objectif étonnamment téméraire : il ne s'agit pas moins que de séparer l'Église et l'État et, en marquant une frontière étanche entre le spirituel et le temporel, d'empêcher l'Église d'empiéter sur les prérogatives de la puissance temporelle. D'un traité à l'autre, on retrouve le même combat contre les abus d'autorité, qu'ils viennent de l'Église ou des maris et s'exercent contre les citoyens ou les épouses.

Libertés de la France s'efforce de brouiller les pistes en se présentant comme un recueil composite de textes dont un seul est signé[22]. Cela permet de développer divers types d'arguments. Les uns sont offensifs mais acceptables : les effets cruels de l'excommunication sur la vie des acteurs, les contradictions de l'Église (elle reçoit les aumônes des comédiens mais les traite en parias), la vénalité des prêtres (ils dévient une procession quand, traversant une passe difficile, la Comédie n'a pas fait une offrande aussi riche que d'habitude) et l'abîme qui sépare les comédiens modernes des acteurs antiques et des farceurs. L'argumentaire historico-juridique est, lui, beaucoup plus provocateur. Certes, l'Église peut infliger l'excommunication, mais à condition qu'elle soit « intérieure et privée » devant le « tribunal de la pénitence » (p. 4) ou que, par une pénitence publique, elle réintègre le coupable dans la communauté (p. 5). L'excommunication est légitime si elle n'enlève pas au citoyen son honneur, ses réputations et ses droits, si « elle n'est plus qu'une pénitence que la Charité de l'Église impose au Fidèle coupable » (p. 9). Mais si, en frappant le fidèle coupable, l'Église porte atteinte aux droits du citoyen, elle sort de ses prérogatives.

S'affiche ainsi progressivement le même objectif que dans le traité sur le droit canonique : séparer le temporel et le spirituel pour interdire à

---

21 C.-L. Richard, *L'Accord des loix divines, ecclésiastiques et civiles, relativement à l'état du Clergé, contre l'Ouvrage qui a pour titre* L'Esprit ou les Principes du Droit Canonique, Paris, Moutard, 1775. Bizarrement, le traité semble être passé inaperçu avant cette réaction tardive.

22 Sur la composition du livre, voir la bibliographie HdT. Seule une « consultation » juridique est signée. Mais le style trahit l'auteur ; le bâtonnier Dains ne s'y est pas trompé et Huerne a dû reconnaître la paternité de l'ensemble (Réquisitoire, éd. citée, p. 145).

l'Église toute action qui ait des effets dans le registre temporel. Aucun curé, dans sa paroisse, ne peut excommunier un comédien, lui refuser le mariage, la sépulture ou le baptême à ses enfants, car ce serait empiéter sur les droits du citoyen et usurper les prérogatives du souverain. L'objectif ultime est de séculariser tout ce qui relève de la morale et du comportement social. L'excommunication se borne aux matières de foi (elle ne concerne que l'hérésie et la rébellion religieuse, p. 53) et doit être sans effet sur la vie civile. Pour finir, Huerne met à l'excommunication des comédiens un double obstacle : pour qu'une telle peine puisse leur être infligée, il faudrait qu'elle ait été prescrite par les premiers conciles et qu'elle ait été confirmée par la loi civile (p. 243-244).

Le propos se développe de manière insidieuse : on découvre que c'est le prêtre qui, s'il excommunie, peut être poursuivi et condamné (p. 94) puis que l'Église peut être un danger pour la société (p. 140). Huerne met tranquillement le monde à l'envers : sous sa plume, les prêtres sont potentiellement séditieux et les fidèles ont d'abord des droits avant d'avoir des devoirs (p. 190). Le propos est tellement insidieux que, devant ce mélange de lourdeur didactique, de déférence exagérée et de virulence feutrée, le lecteur a du mal à faire la part de la maladresse et celle du persiflage.

La tentative de Huerne a été, aux yeux des philosophes, un échec cuisant. Mais il y a des raisons d'être moins pessimiste. Sa condamnation vaut au malheureux avocat un soutien très haut placé : sur les instances de Mlle Clairon, le duc de Choiseul, ministre de la guerre et des affaires étrangères, le met à la tête d'un bureau qu'il crée pour lui, avec appointements conséquents et logement gratuit à Versailles, ce qui est pris pour un camouflet au Parlement. Le roi lui-même prend implicitement parti en invitant Mlle Clairon à jouer devant lui, dans une salle nouvellement installée et, dans de telles circonstances, cette marque de soutien ne passe pas inaperçue[23]. Surtout, l'affaire relance les ardeurs théâtrophiles. C'est éclatant dans le cas de Voltaire : l'affaire Clairon réactive la blessure qu'a été, en 1730, le refus de sépulture à Adrienne Lecouvreur. Voltaire ne se borne pas à relever les erreurs de Huerne et regretter de n'avoir pas été sollicité à sa place, il rassemble des arguments qu'il utilise diversement. Dans un court écrit satirique, la *Conversation*

23 Voir E. J. F. Barbier, *Chronique de la Régence*, Paris, 1857, t. 7, p. 366-367.

*de Mr. l'Intendant des Menus avec Mr. l'Abbé****[24], il fustige le pouvoir arbitraire que l'excommunication confère à des curés vénaux. L'édition commentée de Corneille, qu'il prépare au même moment, prend, dans sa correspondance, des airs de revanche : elle devient un combat contre les dévots et son commentaire de la dédicace de *Théodore vierge et martyre développe tout un* argumentaire théâtrophile[25]. Et il reprendra cet argumentaire en 1766, alors qu'il s'efforce encore d'obtenir que le roi réactive la Déclaration de 1641[26].

Huerne a donc réenclenché une dynamique. Mais il ne faudrait pas pour autant faire de lui un simple détonateur. Son traité mérite de retenir l'attention pour lui-même. Son mérite essentiel est d'avoir placé la défense du théâtre et des comédiens sur un plan essentiellement politique. Non pas qu'avant lui, la querelle du théâtre n'ait pas été fondamentalement politique, mais les polémistes avançaient une argumentation essentiellement morale et religieuse. Avec apparemment les mêmes armes – la tradition de l'Église et les décrets des conciles – Huerne déplace la question en dégageant un enjeu bien plus clair et radical : la possibilité même d'un espace profane, libéré de l'emprise de l'Église, et, avant la lettre, la question de la séparation de l'Église et de l'État.

François LECERCLE
Sorbonne Université

---

24 Publication anonyme, s. l. n. d. (Paris, 1761). Ce n'est pas sa première contribution aux disputes sur le théâtre : dès 1745, il avait publié une « Lettre sur les spectacles » intégrée ensuite dans les *Questions sur l'Encyclopédie*. La *Conversation* a un retentissement jusqu'en Angleterre, où elle est traduite et reçue très favorablement (voir la bibliographie HdT).

25 *Commentaires sur le théâtre de Pierre Corneille et autres morceaux intéressans*, s. l. s. n. [Genève, Cramer], 1764, tome 2, p. 177-181. Dans sa correspondance, Voltaire déploie beaucoup d'énergie pour obtenir des souscriptions à cette édition qui dans son esprit fait manifestement pièce aux théâtrophobes : il fait souvent référence à l'excommunication potentielle de Corneille. Voir notamment D 9837, XXIII, 269, et D 9854, XXIII, 285.

26 Voir la lettre à P. Jabineau de La Voute du 4 février 1766 (D 13 157, XXX, 82), où il fait des remarques critiques sur le mémoire que cet avocat au Parlement a fait en faveur des comédiens. Une lettre à d'Argental (D 13 155, XXX, 80) fait comprendre que ce mémoire devait servir à convaincre le roi de faire une déclaration sur les comédiens.

UN THÉÂTRE DE L'ÉROSION

Fragments de la pensée théâtrale de Giacomo Casanova

Les hommes de lettres italiens du XVIIIe siècle font en général référence à la France dans la perspective d'une normalisation classique et d'une réglementation dramatique du paysage théâtral national. Giacomo Casanova, en revanche, comme Carlo Gozzi, explore en France la voie d'un théâtre ouvert et pluri-stylistique. Tandis que les hommes des lettres de l'Académie de l'Arcadia, tels que Ludovico Muratori, Giovan Mario Crescimbeni, Giovan Vincenzo Gravina se confrontent à la grandeur de la Comédie-Française et de l'Opéra pour proposer une réforme du théâtre italien fondée sur la dramaturgie classique, Casanova visite les caniveaux de la Foire et des Boulevards à la recherche d'un cheminement spectaculaire qui puisse sortir de la norme et de la tradition, qui puisse éroder et désagréger l'idée du théâtre en tant que maîtrise de la langue, de la rhétorique et du répertoire littéraire, et qui puisse, *in fine*, amener à la dissolution de la présence physique du corps du comédien grâce à la proposition d'un spectacle théâtral construit seulement à partir de la musique et de la lumière.

LE MESSAGER DE THALIE, L'ÉROSION DE LA LANGUE ET DE LA RHÉTORIQUE

Cette troupe [les comédiens italiens de la Comédie-Italienne] fut congédiée l'année 1779, et dans cette année 1780, il plut pour la première fois à la police souveraine de cette ville de Venise de permettre pour cinq ans la comédie française sur le théâtre situé dans la paroisse de Saint-Ange. La remarque est, ce me semble, digne d'attention. La comédie française vient à Venise lorsque l'italienne est proscrite à Paris. Est-ce un troc ? Non. Du moins il n'en a pas la nature. Est-ce une représailles [*sic*] ? Encore moins, car l'un chasse ce que l'autre accueillit. Est-ce une vengeance ? Point du tout, puisque si l'un perd, l'autre gagne. C'est, à mon avis, chacun à son tour ; c'est l'ordre des affaires, qui paraît hasard à ceux qui ne voient pas plus loin que leur nez, mais qui ne le paraît point du tout à ceux qui se plaisent de fourrer dans les replis de la panépiscopie[1].

C'est ainsi qu'en 1780, Casanova présente aux Vénitiens la troupe de comédiens français, qu'il a engagée pour donner des représentations en français au théâtre Sant'Angelo. Selon Casanova « chacun à son tour » doit avoir un regard privilégié sur le théâtre de l'autre, « chacun à son tour » doit puiser chez l'autre l'énergie du changement, car cela est inscrit dans les lois secrètes du monde. Casanova rédige en français cette théorie de l'équilibre naturel de l'alternance entre Paris et Venise, entre la France et l'Italie, entre la dramaturgie française et l'italienne dans un petit programme hebdomadaire, *Le Messager de Thalie*, qui se veut la présentation critique des pièces jouées au théâtre Sant'Angelo, afin d'en faciliter l'accueil auprès du public vénitien. Mais quel intérêt d'illustrer en français ces spectacles, lorsque le problème principal que l'imprésario Casanova doit affronter est que « peu de monde à Venise entend le français, et de ce peu de monde les trois quarts ne vont pas à la comédie, ou faute de temps, ou faute d'argent, ou faute de goût[2] » ? Il faut, alors, se « fourrer dans les replis de la panépiscopie » pour imaginer que Casanova envisage plutôt de raconter un voyage initiatique dans le monde de son propre théâtre, et que, comme pour tout mystère, il a besoin, pour cela, d'une langue secrète *speculum veritatis*. Il met ainsi en acte son habituelle stratégie du décalage :

la française n'étant point ma langue, je n'ai nulle prétention. Et à tort et à travers, je couche sur le papier tout ce que le ciel fait sortir de ma plume ; si cependant on m'attaquait, je me défendrais. J'enfante des phrases tournées à l'italienne, ou pour voir quelle figure elles font, ou pour en faire naître la mode, et souvent aussi pour attirer dans le piège quelque puriste, docte critique qui, ne connaissant pas de quelle humeur je suis, bien loin de me fâcher, m'amuserait[3].

---

1 G. Casanova, *Le Messager de Thalie*, reproduit dans *Pages casanoviennes*, Paris, Fort, vol. I, 1925, p. 49-50. Le néologisme casanovien est constitué par les préfixes « pan » et « epi » et le suffixe « scopie ». La signification semble renvoyer ainsi à une capacité de voyance au-delà des apparences.

2 *Ibid.*, p. 52.

3 *Ibid.*, p. 60.

La langue franco-italienne devient ainsi la piste cachée d'un cheminement métissé, ludique, en même temps qu'un piège pour les puristes de tous bords. Si la langue est le révélateur du discours poétique de Casanova, il me semble clair que le centre d'intérêt des articles du *Messager de Thalie* réside en réalité en ce que cette langue hybride « couche » et « enfante », tandis que les pièces représentées sur les planches du théâtre Sant'Angelo, dont la présentation se limite à quelques lignes, ne sont qu'un prétexte pour justifier la prise de parole. Ainsi, « la langue mignonne dont [il] se ser[t] pour vêtir les babioles[4] » dessine le théâtre casanovien à partir d'elle-même, comme une introjection du désir de rupture à l'égard des règles et de l'académisme. Cette langue, où le français « embellit une dissertation italienne » et l'italien donne « un beau vernis à un discours français », concrétise l'option parodique de la poétique casanovienne, car « il est juste qu['il] écrive du français italien, puisqu['il écrit] de l'italien français » avec la même spontanéité qu'une fille « qui à huit heures du matin ne s'est pas encore débarbouillée[5] ». Il faut, alors, considérer que le choix d'utiliser le français – que Casanova assumera pour écrire ses récits (*Histoire de ma fuite des prisons de Venise* et *Icosaméron*) et ses mémoires – n'est pas imposé par des exigences éditoriales ou par la recherche d'un lectorat international, mais représente la continuité de cette idée poétique d'hybridation parodique et de langue secrète.

Dans les numéros suivants du *Messager de Thalie*, Casanova expose, sous le voile de la critique des spectacles, sans ordre systématique, sa réflexion sur le théâtre, cohérente avec son histoire d'écrivain. La pensée qui gouverne ces observations « disparates » est celle de l'attention exclusive portée au plaisir du public. La jouissance complète est le but évident de la pratique et de la théorisation théâtrales de Casanova car « il faut se moquer des règles et ne penser qu'à plaire, ou les multiplier, s'il le faut, à l'infini, à seconde des réussites », c'est-à-dire en adoptant constamment de nouvelles règles à l'aune du succès obtenu et ainsi, *de facto*, annuler la notion même de canon dramatique[6]. La règle théâtrale n'est qu'un frein au plaisir surtout lorsqu'elle est anachronique car « ce n'est pas à nos goûts à se conformer aux règles, mais ce sont les règles elles-mêmes qui doivent s'établir d'après l'observation de nos

4 *Ibid.*
5 *Ibid.*, p. 60-61, *passim.*
6 *Ibid.* p. 65.

goûts, et il est ridicule de les adopter lorsqu'elles ne sont pas analogues à ce qui nous plaît[7] ». Casanova évite également le piège, courant à l'époque, de limiter la notion de goût au « bon goût » des membres de la République des lettres :

> [Les critiques] savent que dans ce qu'on appelle *le public*, la partie illuminée est la plus petite ; ils savent que les auteurs et les comédiens doivent faire plus de cas de la plus grande, et ils s'amusent à critiquer les morceaux qu'ils n'ont écrits que pour elle. Lorsque le peuple, dans un spectacle, transporté par des bouffonneries, donne dans des éclats de rire, les sots sont ceux qui critiquent. Je crois même que ceux qui ne rient pas de certaines bouffonneries, dont la plaisanterie n'est pas des plus grossières, soient à plaindre. Quand la mauvaise humeur s'empare de l'homme, il s'achemine à la mort, l'affaire est très sérieuse ; mais ceux qui s'y appliquent ne doivent pas condamner ni critiquer ceux qui aiment à rire, et ceux qui, faisant le métier de faire rire, en cherchent tous les moyens[8].

Sur cette conscience de la valeur thérapeutique et libératoire du rire se greffe la vraie fonction du théâtre selon Casanova. Le théâtre n'a pas vocation à être un exemple moral ou à faire de la pédagogie, le théâtre a une fonction de défoulement individuel dans un espace cérémonial collectif, où le plaisir de chaque individu a le même droit d'être satisfait. À ce propos, la définition que Casanova donne de la parodie comme lénitif psychique du traumatisme de la catharsis tragique et comme *smascheramento*, dévoilement de la fiction du théâtre et de la vie, est éclairante :

> Les Jansénistes du Parnasse ont dit que celui des parodies est un genre qu'on ne devrait pas souffrir, car il ne sert qu'à faire devenir bouffonesque et vil ce qui est noble et sérieux. Cela peut être, mais qu'il me soit permis de n'être pas de leur avis. Après qu'une tragédie m'a fait bien pleurer, pourquoi n'aimerais-je pas une pièce qui emploie le même sujet à me faire rire ? Si les pleurs sont les enfants de la tristesse, et les ris de la joie, pourquoi ne donnerais-je pas la préférence à la dernière ? Lorsqu'au moment que je ris je pense aux larmes que j'ai versées, je me moque de moi-même, et je fais des réflexions morales sur la vanité des affaires de ce pauvre monde. Y a-t-il rien ici-bas de réel, qui effectivement vaille la peine de s'affliger ? J'en doute. Une parodie efface les empreintes de la douleur qu'une fiction a laissée dans mon âme. S'en plaigne qui voudra[9].

7 *Ibid.*, p. 66.
8 *Ibid.*, p. 97-98.
9 *Ibid.*, p. 75-76.

Les « Jansénistes » du théâtre et de la vie – le glissement du plan théâtral à celui moral et sociétal me paraît s'imposer – établissent des codes de comportement, légitiment la censure et le refoulement, contre lesquels Casanova s'exclame qu'« il n'y a rien que le code théâtral [moral et social] ait droit d'exclure, lorsque le plaisir du public en est l'objet[10] ».

ICOSAMÉRON, L'ÉROSION DU CORPS THÉÂTRAL

L'*Icosaméron*, publié à Prague en 1788, écrit en français après avoir été rédigé en grande partie en italien, se veut le témoignage de l'encyclopédisme de Casanova et de son idée des possibilités de reconstruction des relations humaines après une *tabula rasa* providentielle. Les Mégamicres, habitants du centre de la terre, n'ont pas de différenciation sexuelle, ils sont « androgynes », mâle et femelle en même temps, réactivant ainsi la figure de l'hermaphrodite, topique de la culture baroque de l'ambiguïté et de l'hybride ainsi que de l'idée platonicienne d'une puissante humanité ancestrale sexuellement indifférenciée. Comme les sauvages de Rousseau, « leur langue était un véritable chant, malgré qu'elle ne fût sujette à aucune règle de musique », une langue pure qui précède l'Histoire et la société[11].

L'expression de la joie et de la reconnaissance des Mégamicres est une danse qui « n'a pas besoin d'être accompagnée d'un chant, objet de l'ouïe ; ses mouvements suffisent à donner à l'œil une harmonie aussi séduisante que celle qui part de la musique. Les plus fameux danseurs qui chez nous s'aviseraient de danser sans être accompagnés de musique instrumentale, ou vocale, nous paraîtraient fous, ou ivres[12] ». Ces êtres/ancêtres, qui ont une forme presque prénatale, fœtale dans leur capacité à vivre immergés dans le liquide, s'identifient avec un état de grâce

10 *Ibid.*, p. 98.

11 G. Casanova, *Icosaméron ou Histoire d'Édouard et d'Élisabeth qui passèrent quatre-vingt-un ans chez les Mégamicres, habitants aborigènes du protocosme dans l'intérieur de notre globe*, Paris, Bourin, 1988, p. 47.

12 *Ibid.*, p. 61.

désormais perdu pour l'homme, où la communication des pensées et des passions se réalise dans une maîtrise parfaite de la voix et du corps, car « la force de plusieurs significations dépend du geste, des yeux et de toute la physionomie » et non seulement du chant[13].

La pantomime, la danse dramatique et la voix passionnelle des Mégamicres sont de toute évidence caractérisées – dans l'espace hétérotopique présenté dans le roman – comme la réalisation totalement accomplie du jeu de l'acteur. En effet, Casanova, en plagiant à la lettre sans le citer *Le Discours sur le poème dramatique* de Diderot, définit le jeu parfaitement naturel comme une « ivresse » qui donne aux comédiens italiens capables d'improviser « l'air de gens en gaieté, qui cherchent à s'amuser, et qui s'abandonnent à toute la fougue de leur imagination[14] ». Pour Casanova, ce jeu libéré des postures conventionnelle est une sorte d'oubli de soi, d'identification « ivre », la négation de la fiction du jeu. Comme les Mégamicres, les comédiens devraient être vrais, « car, lorsque les chants et les danses ne sortaient pas de la vérité qu'ils sentaient en eux-mêmes, on en connaissait la fausseté[15] ». Casanova semble assumer ainsi la théorie traditionnelle de l'engagement intérieur du comédien, fondée sur la mobilisation de l'expérience vécue du sentiment à jouer et sur la capacité de transmettre à partir de l'intimité du comédien cette vérité de la passion qui suscite l'illusion et l'empathie chez les spectateurs. En réalité, il me semble que la position de Casanova est bien différente et exprime plutôt l'idée que le théâtre serait présentification de l'homme et de ses passions ; dans ce moment de vérité collective n'existent que des personnes vraies qui agissent et les comédiens disparaissent. En effet, dans cette hétérotopie, le théâtre fictionnel n'existe pas, et ce sera Édouard, l'homme venu de l'extérieur de la terre qui l'introduira, en lui donnant une valeur de fête, de cérémonial religieux, comme en témoignent le ritualisme affiché, la symphonie à la levée du rideau et la grandiose « apophonie » qui indique au public la fin de la fête[16].

13 *Ibid.*, p. 123.

14 *Id.*, *Le Messager de Thalie*, éd. citée, p. 81 ; pour le plagiat voir D. Diderot, *Discours sur le poème dramatique*, dans Écrits sur le théâtre, éd. A. Ménil, Paris, Pocket, 1995, 2 vol., t. I : « Le drame », p. 236.

15 G. Casanova, *Icosaméron*, éd. citée, p. 141.

16 Le néologisme casanovien « apophonie » est formé par le préfixe « apo » et le mot « phonie » ; Casanova utilise ce terme pour signifier une musique instrumentale qui indique le moment de séparation des spectateurs et donc la fin du spectacle.

Dans ce projet de théâtre dont la dramaturgie est humaine tandis que le contenu est pris de la vie des Mégamicres, l'opéra joue un rôle déterminant. Son sujet historique est tiré de la vie réelle des Mégamicres rouges, les rois et les nobles, mais il introduit aussi des personnages allégoriques, pris de l'« iconologie » de leur monde, tandis que la mise en scène se fonde sur la richesse des décors et des machines. Pour ces êtres du « protocosme », l'illusion est tellement forte qu'ils croient l'opéra fait « par ordre de Dieu », car tout « est trop sublime pour être fiction : le faux ne peut pas se mêler avec des vérités pareilles[17] ». Pour l'homme qu'est Édouard, l'« iconologie » sert la réalisation d'un grand spectacle, où les oreilles et les yeux sont charmés, comme c'est le cas pour les spectateurs humains, tandis que pour les Mégamicres, la fiction ne peut pas côtoyer le réel ; par conséquent le plaisir des sens ne peut pas effacer la terreur et la pitié provoquées par l'action des personnages, parce que la présentification sur scène de la fiction devient une réalité émotionnelle que l'empathie fait vivre comme vraie chez les Mégamicres.

Édouard, cependant, trouve le moyen de désamorcer la force de vérité du théâtre et permettre *in fine* la distanciation émotionnelle des spectateurs mégamicres. La farce bilingue, en anglais et mégamicre, chantée et parlée, remplie de pantomime et de grand spectacle, de chanteurs, acteurs et acrobates, de déguisements et coups de bâton, s'impose comme le seul théâtre possible chez les « aborigènes du protocosme », car cette farce est, de toute évidence, une fiction pure, sans ambiguïté, source de rire et de défoulement, de sorte que même « les plus graves des Mégamicres auraient bien voulu être un peu bernés s'ils eussent cru que leur dignité n'en souffrirait pas[18] ».

La capacité des comédiens à donner corps à des histoires et à des émotions vraies doit ainsi être mise en décalage, à distance, érodée afin de ne pas affecter des spectateurs incapables de maîtriser le processus d'identification. Dans cette perspective où le théâtre ne peut qu'être entièrement fictif et ouvertement artificiel, Édouard-Casanova arrive jusqu'au bout de son cheminement avec l'idée d'un spectacle dramatique libéré du corps des comédiens, un spectacle qui devient une exaltation immatérielle de la lumière, des sons et des odeurs. Édouard, véritable

17 *Ibid.*, p. 456.

18 *Ibid.*, p. 444. Dans la première farce d'Édouard, *Les Maîtres punis*, les personnages font sauter les coupables sur une couverture tendue.

dramaturge et *corago*, invente une machine, sorte d'énorme clavecin oculaire, qui comprend un orchestre d'instruments à vent, instruments inconnus dans le « protocosme », et tire dans le ciel fictif d'un théâtre souterrain des feux d'artifice parfumés, qui constituent une pantomime où des images de Mégamicres voltigent, dansent et s'embrassent dans un décor d'architectures magnifiques[19]. Délivré du corps des comédiens et de sa capacité à incarner les sentiments, le théâtre devient alors pure perception des sens, fascination naïve devant l'inattendu.

Cette représentation matérielle du « réel » expulsé devient ainsi l'accomplissement de l'érosion du théâtre traditionnel que Casanova a toujours désiré :

> Hier soir, vous m'avez donné l'idée d'écrire une pièce en cinq actes qui devrait durer cinq quarts d'heure. Je voudrais que la Pantomime soit composée uniquement de feux d'artifice, coordonnés avec les décorations correspondant au sujet. [...] Nous pourrions tirer, pour cela, d'excellents sujets chez Zeno, L'Arioste, Le Tasse, et même chez l'Anglais [Milton][20].

Andrea Fabiano
Sorbonne Université

---

19 *Ibid.*, p. 458-460.

20 G. Casanova, *Epistolario 1759-1798*, éd. P. Chiara, Milano, Longanesi, 1969, p. 34. Lettre au comte Pietro Ivanovic Melissino, écrite à Saint-Pétersbourg pendant l'été de 1765 : « *Ieri sera mi avete fatto nascere l'idea di comporre un pezzo teatrale in cinque atti che dovrebbe durare cinque quarti d'ora. Vorrei che la Pantomima fosse composta solo di fuochi artificiali, condotti a proposito con le decorazioni corrispondenti al soggetto.* [...] *Potremmo prendere, per questo, degli eccellenti soggetti nello Zeno, nell'Ariosto, nel Tasso, nello stesso Inglese* [Milton] ».

LA RENCONTRE DES ARTS

LE THÉÂTRE DU XVIIIe SIÈCLE ET « LA PORTÉE DU TRAVAIL SILENCIEUX SUR L'ESPACE »

> La scène ne montre pas le monde, ne montre pas un monde ; elle montre quelque chose du monde.
> Pierre FRANTZ[1]

Dans le chapitre VI de son ouvrage sur *L'Esthétique du tableau dans le théâtre du XVIIIe siècle*, Pierre Frantz a définitivement clarifié le fonctionnement complexe de l'espace au théâtre, qu'il soit à l'œuvre dans le texte dramatique ou pendant la représentation. Dès les premières lignes, en effet, il met au jour l'articulation entre deux formes spatiales, l'« espace dramatique » et l'« espace visible » :

> Sur la scène, la représentation construit un espace visible, incarné par les éléments du décor, les objets théâtraux. Espace visible aussi celui qui naît du déplacement, du geste et du jeu des comédiens. Mais cet espace concret est lui-même étroitement lié à la fiction dramatique qui, seule, lui donne sens et l'organise comme partie prenante d'un système sémiologique général, élaboré à partir de ce qui se voit mais aussi à partir de ce qui se dit. L'espace visible appartient ainsi en droit à un ou plusieurs espaces dramatiques, constitués de signes relevant de paradigmes visuels autant que linguistiques, entièrement ou partiellement invisibles, lisibles. L'espace dramatique [...] peut coïncider tout à fait, échapper, tout ou partie, à la perception du spectateur qui doit l'imaginer[2].

1 P. Frantz, *L'Esthétique du tableau dans le théâtre du XVIIIe siècle*, Paris, PUF, coll. « Perspectives littéraires », 1998, p. 199.
2 *Ibid.*, p. 197-198.

Quiconque étudie l'histoire du théâtre et la dramaturgie trouve dans ces lignes des notions définitoires indispensables[3]. La netteté de leur éclairage, sur un mécanisme si naturel à ressentir et pourtant si complexe à décrire, a jeté les bases de toute enquête sur « la portée du travail silencieux sur l'espace et le temps accompli au XVIIIe siècle[4] » et a conduit au développement de tout un pan de la recherche en histoire du théâtre et en études théâtrales. Pour mesurer l'apport de cette tension dialectique entre un espace littéraire et fictif et un espace matériel et sensible, rien ne convient mieux qu'une analyse du thème de l'utopie que le théâtre du XVIIIe siècle a traité parallèlement au roman et à l'essai. Entre 1700 et 1750, on compte presque autant de pièces de théâtre que de récits romanesques se déroulant dans des lieux utopiques. Que l'on songe à *L'Île des esclaves* (1725), *L'Île de la Raison* (1727), *La Colonie* (1729, refaite en 1750) ou encore *La Dispute* (1744) de Marivaux. La première moitié du siècle interroge aussi les liens entre utopie et espace théâtral dans la tragédie. Lors de la séance théâtrale, la coprésence de deux espaces de nature différente (celui fictif sur la scène et celui réel dans la salle) a favorisé, à l'évidence, la fabrication d'espaces chimériques et la comparaison immédiate entre rêve et réalité.

La tragédie du XVIIIe siècle prend pour point d'ancrage dans la littérature utopique la figure du souverain idéal popularisée à travers le type du « sultan généreux », monarque oriental qui accède à une grandeur morale et à une gouvernance éclairée après avoir été poli par l'amour et qui devient un modèle de parcours politique. Jean-Bernard Le Blanc[5], poète et historiographe des bâtiments du roi, le met en scène dès 1735 dans *Aben-Saïd, empereur des Mogols*, imaginant un Orient mythifié favorable à un souverain et à un système politique idéals[6].

---

3 Ce fut mon cas pour une thèse sous la direction de Pierre Frantz à Paris X entre 2000 et 2004. Voir *L'Espace et la Scène. Dramaturgie de la tragédie française (1691-1748)*, Oxford, SVEC, 2008 : 11.

4 P. Frantz, *L'Esthétique...*, *op. cit.*, p. 199.

5 J.-B. Le Blanc (1707-1781), dit l'abbé Leblanc, fréquenta la cour de Sceaux avant de partir pour l'Italie avec le marquis de Marigny. Boissy fit une parodie d'*Aben-Saïd* sous le titre du *Droit du seigneur*, jouée à l'Opéra-Comique le 28 juin 1735.

6 Si nombre de dramaturges popularisent au théâtre le sultan généreux et le despotisme asiatique, d'autres comme Voltaire suivent une démarche inverse, montrant directement sur la scène un site imaginaire négatif, sorte de « dystopie » qui déchire le monde rêvé et le monde réel de manière tragique jusqu'à une destruction définitive. Voir *Zulime* (1740).

Les poètes de la génération de Voltaire ont participé à l'essor sans précédent de sujets tragiques fantaisistes et exotiques. Loin d'être uniquement le « pays de l'histoire[7] », par opposition à l'opéra qui est le « pays des fées[8] », la tragédie prend pour lieu de l'action des sites fictifs et met en scène une intrigue politique hors des aires traditionnelles de la Grèce ou de Rome, dans des cités inconnues et idéales jouant un rôle de contre-modèle de la société réelle. « Les Orients » de tragédie, au sens large, étendent l'imaginaire du Moyen-Orient à l'Inde, de la Chine au Japon par des sujets d'invention et des thèmes empruntés à un fonds historique inexploré jusqu'alors[9]. Aucune période historique ni zone géographique n'échappe aux dramaturges qui renouvellent le genre tout entier grâce à cette variété de paysages. Voltaire qui venait de situer *Alzire* en Amérique félicite ainsi Le Blanc pour son sujet :

> J'ai lu avec beaucoup d'attention votre tragédie d'*Aben-Saïd* ; je trouve que c'est un tableau d'une ordonnance belle et hardie, et dont toutes les figures sont très animées [...]. Nous avons partagé les Indes entre nous : votre muse est au Mogol et la mienne au Pérou. Rome et la Grèce semblent épuisées. Il est temps de s'ouvrir de nouvelles routes. Je vous exhorte à marcher dans cette carrière[10].

En présentant *Aben-Saïd* au public de la Comédie-Française le 6 juin 1735[11] puis à la Cour, Le Blanc introduit en effet un changement esthétique dans l'imaginaire tragique et dans le genre classique par la présence d'un univers oriental inédit qui explique l'accueil favorable de la pièce :

> J'en attribue le succès au choix du sujet ; et c'est une erreur de croire que tous ceux qui sont propres au théâtre, nous ont été enlevés par les grands maîtres qui nous ont précédés. Quand l'histoire grecque et latine n'en serait pas encore remplie ; quand il serait, en effet, difficile de traiter des sujets tirés de l'histoire moderne, et surtout de la nôtre ; voici, j'ose le dire, un nouveau trésor où

7 Voltaire, « Remarques sur le premier discours », *Commentaires sur Corneille*, dans *Œuvres complètes*, éd. L. Moland, Paris, Garnier frères, 1877-1885, t. 32, p. 385.

8 Voltaire, « Préface » d'*Œdipe* (1729), dans *Œuvres complètes de Voltaire* [*OCV*], éd. D. Jory, Oxford, Voltaire Foundation, t. 1A (2001), « Appendix 1 », p. 272.

9 Voir *Zaïre* (1732) et *L'Orphelin de la Chine* de Voltaire (1755), *La Veuve du Malabar* de Lemierre (1770), *Les Jammabos ou les moines japonais* (1779) de Fenouillot de Falbaire.

10 Voltaire à J.-B. Le Blanc, vers le 5 février 1736 (D1001), dans *Correspondance*, éd. Th. Besterman et F. Deloffre, Paris, Gallimard, coll. « Bibliothèque de la Pléiade », 1992, 13 vol., t. I, p. 716.

11 Éditée à Paris chez Prault fils en 1736, et rééditée en 1743.

> peuvent puiser ceux qui travaillent pour le théâtre. L'histoire orientale offre à chaque page des faits dignes de la majesté du cothurne[12].

Racine avait déjà eu recours dans *Bajazet* à l'univers oriental pour un sujet situé à une époque récente, considérant que l'éloignement géographique « répare en quelque sorte la trop grande proximité des temps[13] » et rétablit la distance nécessaire à la réflexion morale. Mais ici l'Orient apparaît surtout comme un espace de liberté, un monde délivré du poids des références antiques, de la tradition érudite et de l'opinion commune. Le poète prend ainsi des libertés avec sa source historique, la *Bibliothèque Orientale* d'Herbelot[14]. Il livre une vision personnelle des systèmes de gouvernement, de la société et des mœurs en popularisant l'archétype du « sultan généreux » qui symbolise, dans le programme des Lumières, le despote éclairé et un modèle de souveraineté et de bonne législation. Il s'agit d'un souverain prêt à succomber à la tentation de la tyrannie avant d'accéder *in fine* à une forme de sagesse supérieure guidée par la raison et par la bonté dans un sursaut éminemment dramatique. Cette peinture d'un souverain magnanime et d'un monde idéal, en opposition critique avec le monde réel, constitue la composante principale des tragédies à sultan généreux dans lesquelles la générosité finit par régner parmi les peuples, allant dans le sens d'un monde raisonnable et rationnel. Pour la postérité, les bases du mythe ont été jetées avec Osman, le sultan des *Indes galantes*, opéra-ballet de Rameau et Fuzelier représenté en 1735, la même année qu'*Aben-Saïd*. La tragédie en musique s'essoufflait depuis quelques années et Rameau lui substitue, avec son opéra-ballet, une intrigue débarrassée de la mythologie et du merveilleux, tournée vers l'actualité et la nouveauté. Les actes sont autonomes sur le principe du ballet de cour, liés par un thème général assez lâche, ici l'exotisme mais « au sens dix-huitièmiste, c'est-à-dire dans le sens de lointain, d'inconnu, de voyage en des contrées éloignées, sans souci de réalité et encore moins de précision géographique[15] ». *Les Indes galantes* proposent,

12 Le Blanc, « Préface » d'*Aben-Saïd, empereur des Mogols*, Paris chez Prault fils, 1736, p. 1-2.

13 Racine, « Préface » de *Bajazet* (1676), dans *Théâtre complet*, éd. J.-P. Collinet, Paris, Gallimard, coll. « Folio classique », 1983, 2 vol., t. II, p. 60.

14 Le Blanc, « Préface » d'*Aben-Saïd*, éd. citée. B. d'Herbelot est l'auteur de la *Bibliothèque orientale ou Dictionnaire universel contenant généralement tout ce qui regarde la connaissance des peuples d'Orient*, Paris, Cie des Libraires, 1697.

15 S. Bouissou, « Préface au livret de Fuzelier », *Les Indes Galantes*, Les Arts Florissants sous la dir. de W. Christie, CD Harmonia mundi, 1991, p. 12-13.

dans un genre moins noble que la tragédie lyrique, des personnages plus humains que mythologiques et des intrigues qui critiquent la société contemporaine grâce au détour exotique. Chaque entrée montre la victoire de la générosité et de l'amour sur la tyrannie, comme lors de la première entrée quand le jeune Valère et la jeune Émilie réussissent à affaiblir l'obstination du sultan Osman.

Dans la pièce de Le Blanc, l'empereur persan Aben-Saïd suit un parcours symbolique de conversion à la générosité et une trajectoire comparable à celle du sultan turc Osman. D'abord sous l'emprise d'une passion amoureuse violente qui menace ses devoirs de souverain, il détourne les lois du pays jusqu'à mettre en péril le régime. Mais il est paradoxalement « poli » par ce même amour impérieux à mesure qu'il en découvre la nature et les causes, puis il en devient maître. Au dénouement, il abandonne généreusement l'objet de son désir à un prétendant qui, lui, est aimé en retour. Il accède à une majesté supérieure en rétablissant l'ordre au bénéfice immédiat du bon fonctionnement de l'Empire.

Pour accomplir un tel parcours symbolique, la pièce commence par la peinture d'une cour soumise aux intrigues et à une loi injuste. À « *Tauris, ville de Perse, alors sous la domination des Tartares-Mogols, dans le Palais de l'Empereur*[16] », Aben-Saïd sous l'emprise de son amour pour la princesse Sémire recourt pour la première fois à une loi barbare qui autorise le souverain à épouser la femme d'un autre après avoir imposé au mari de la répudier. Cette loi établie lors de l'invasion de la Perse par Gengis Kan ne respecte pas les lois antérieures du pays. Les tentatives de la princesse, de son époux Hassan et de l'émir Timour, son père, pour lutter contre cette loi et pour rétablir le couple légitime forment l'action de la pièce.

Aben-Saïd apparaît d'abord comme un monstre naissant manipulé par Ilcan, prince de l'Empire et courtisan avide qui favorise tantôt le camp du sultan tantôt celui de l'émir. C'est lui qui a transformé le sultan en tyran en lui présentant la princesse dans l'espoir de l'affaiblir et de le pousser à la destitution. Il incarne tout le machiavélisme au cœur de la pensée classique[17] (II, 4). C'est alors qu'au centre géométrique de la

16 Didascalie sous la liste des personnages, éd. citée.

17 Voir N. Ben Saad, *Machiavel en France, des Lumières à la Révolution*, Paris, L'Harmattan, 2007.

pièce l'évocation d'un lieu utopique infléchit l'intrigue vers la trajectoire édifiante du sultan. En effet, comme Aben-Saïd est décidé à épouser la princesse, le père part se réfugier dans un pays voisin fantaisiste, préservé du mauvais souverain comme des regards de la cour et que l'auteur situe habilement hors-scène. Il y précède sa fille et son gendre pour lever une armée, assiéger le palais et, espère-t-il, renverser le souverain :

> L'injustice, le crime habitent cette Cour.
> Avec vous je renonce à cet affreux séjour ;
> Ma garde vous suivra. Marchez vers Sultanie,
> Là je puis hautement braver la tyrannie,
> Et faire tête au sort contre nous conjuré :
> Ses remparts sont pour nous un asile assuré. [...]
> Je songe avec effroi dans quels lieux je vous laisse :
> Prince, jugez par-là de toute ma tendresse [...]. (III, 5)

Significativement, Le Blanc nomme ce territoire imaginaire « Sultanie », sorte de terre idéale et originelle de la fonction souveraine, antithèse des régimes politiques existants. L'utopie du bon gouvernement a pour fonction dramatique de contrecarrer le tyran. Pour le public, l'espace sur la scène se réduit et ne représente désormais qu'une partie du monde. Pour autant, l'émir échoue, à l'acte suivant, à porter la révolution aux portes du palais mongol et est fait prisonnier. Face au sultan, il utilise alors le modèle idéal de Sultanie pour tenter de rétablir une autorité respectueuse des lois et responsable devant elles, au nom de la paix civile et du bonheur des sujets :

> Je respecte nos lois et vos décrets augustes :
> Mais les lois ne sont lois qu'autant qu'elles sont justes.
> Il est d'un prince sage ainsi que généreux,
> D'abolir une loi qui fait des malheureux.
> Et quelles sont ces lois qui vous sont si propices !
> Des lois qui du monarque autorisant les vices,
> À des malheurs sans nombre exposent les sujets ;
> Et d'un État sans cesse altèreraient la paix. (IV, 2)

Dans une large vue rétrospective, l'émir rappelle ensuite les origines de la loi inique responsable de la tyrannie et plus propre à la nation conquérante qu'à la nation perse. Il n'en justifie l'application qu'en temps de guerre :

Gengis Kan ce héros dont la valeur guerrière,
Sous un sceptre de fer soumit l'Asie entière ;
Quand du Gange à l'Euphrate il porta ses exploits,
Le premier il dicta ces tyranniques lois :
C'était un conquérant que les droits de la guerre,
Avaient presque rendu le maître de la terre.
Ces superbes tyrans, de cent peuples domptés,
Peuvent tout, et pour lois n'ont que leurs volontés. (IV, 2)

Il rappelle que les souverains ont toujours évité de recourir à une telle loi imposée de l'extérieur, au nom de principes fondateurs supérieurs à la contingence historique et donc théoriques pour une large part. La loi étrangère est ainsi rejetée au profit des lois fondamentales du royaume, seules lois intangibles ravivées par la présence invisible mais bénéfique de la Sultanie. Le séjour de l'émir y fut une sorte de retour aux origines, un voyage initiatique et politique dans l'espace et le temps. Il conclut sa tirade par un portrait du souverain idéal, qu'il tend à Aben-Saïd :

Soyez de vos sujets le protecteur, le père,
Veillez à leur salut, soulagez leur misère.
Ce pouvoir absolu que vous avez sur eux,
Ne vous est confié que pour les rendre heureux :
Voilà vos lois, Sultan. Gardez de les enfreindre,
Ou d'un peuple opprimé vous aurez tout à craindre. [...] (IV, 2)

Revenu à la raison, le sultan se convertit à cet idéal de bon souverain et il abolit la loi tyrannique. L'espace voisin hors-scène, préservé de toute incarnation dans l'espace visible conformément à sa nature idéale, a jeté son ombre bénéfique et agi efficacement comme un personnage muet, faisant passer le sultan d'une position tyrannique légale mais illégitime à une posture de générosité originelle. Éclairé par le despotisme moderne, il se réconcilie avec sa fonction grâce à ses origines orientales mythifiées. Le choix de l'Orient s'explique ici par une conception propre au siècle lui-même. Comme l'a montré Henry Laurens, l'Orient est considéré au XVIIIe siècle par convention tantôt comme le pays de l'origine du despotisme tantôt, au contraire, comme le berceau mythique de la civilisation, des bonnes institutions sociales et de la sagesse politique. Par ce mythe-histoire *bifrons* où « l'Orient ne peut être que l'"origine[18]" », les représentations asiatiques oscillent à parts égales entre une terre archaïque immuable et l'horizon d'un monde utopique instable ou en révolution, comme l'illustre pleinement le travail sur l'espace dans la tragédie.

Renaud BRET-VITOZ
Sorbonne Université,
CELLF, UMR 8599

18 H. Laurens, *L'Expédition d'Égypte*, Paris, Seuil, coll. « Points Histoire », 1997, p. 26.

LA SCÈNE PLURIELLE DANS *LE CAFÉ OU L'ÉCOSSAISE* DE VOLTAIRE

La scène à compartiments est une curiosité qui relève de l'archéologie de la scène bourgeoise. Proposition de compromis, elle visait à rendre compatibles le respect de l'unité de lieu et la représentation de véritables tableaux dramatiques, conformes à l'esthétique sensible qui s'impose progressivement sur la scène française à partir des années 1740. Voltaire fait partie des réformateurs du théâtre qui ont défendu cette formule avant de se rallier, vers 1763, à celle des décors successifs[1]. *Le Café ou l'Écossaise*, représenté pour la première fois le 26 juillet 1760 sur la scène de la Comédie-Française récemment débarrassée de ses banquettes de spectateurs, en propose une approche différente de celle de *Sémiramis* (1748), en donnant à voir en coupe les deux espaces dramatiques contigus que sont le café londonien de Fabrice et la chambre que le cafetier loue à la jeune Lindane.

Dans de nombreux travaux, Pierre Frantz a révélé les enjeux majeurs inhérents à la configuration du lieu théâtral – la salle de spectacle – et du lieu scénique[2] et a analysé les relations complexes que l'architecture théâtrale et la dramaturgie entretiennent au XVIIIe siècle, dans un contexte de redéfinition de la fonction du théâtre et de refonte progressive des conditions de représentation dramatique. La question du traitement de l'espace se trouve ainsi au cœur de ses analyses des pièces de Voltaire, Diderot, Sedaine, Beaumarchais ou Mercier, qui montrent comment le sens de l'action est induit par le rapport que les espaces entretiennent entre

1 Voir P. Frantz, *L'Esthétique du tableau*, Paris, PUF, coll. « Perspectives littéraires », 1998, notamment p. 104-106 et *id.*, « Le spectacle de la pensée. Notes sur la dramaturgie de Voltaire », *Revue Voltaire*, n° 12, 2012, p. 220-221.

2 J'emprunte ces catégories – lieu théâtral, lieu scénique, espace scénique, espace dramatique – à Anne Ubersfeld. Voir *Lire le théâtre II : L'École du spectateur*, Paris, Belin, 1996, p. 53-55.

eux et la façon dont les personnages y évoluent. Dans le prolongement de ces études fondatrices, nous proposons de questionner le recours à la scène plurielle dans la comédie de Voltaire afin d'en souligner l'intérêt et les difficultés.

DRAMATURGIE

Il n'est pas étonnant que Voltaire se soit intéressé aux potentialités de la scène plurielle. Son expérience du théâtre européen, notamment anglais et italien, a nourri sa quête de renouveau dramaturgique et, en particulier, sa volonté d'ouvrir des voies nouvelles pour la comédie[3]. *L'Écossaise* témoigne bien de cette volonté : non seulement Voltaire s'y réclame de Goldoni et du roman anglais contre la tradition moliéresque, mais il se flatte d'y avoir insufflé « plus d'intrigue, de force, et d'intérêt[4] » que n'en comportaient ses modèles naïfs et touchants. Or ce dynamisme doit beaucoup à la partition de la scène. Séparant deux espaces que tout oppose, la cloison qui isole du café la chambre de Lindane maintient une forme de déséquilibre permanent au sein de l'espace scénique et dramatise la mise en contact des deux univers. Cette tension relève d'une différence d'intensité évidente entre l'espace du café – espace de passage masculin, ouvert sur la ville, saturé de présences, de paroles, de mouvement – et l'espace de la chambre – espace féminin et intime, voué à la déploration et au secret. Cette différence d'atmosphère – de pression, pourrait-on dire – induit une différence de registre : du côté de chez Lindane, la noblesse des sentiments, le pathétique des persécutions endurées et des amours contrariées relèvent de la haute comédie sérieuse ; du côté de chez Frélon, le vice, le ridicule, la satire alimentent la franche comédie. Les variations dans l'intitulé de la pièce d'une édition à l'autre – *Le Café ou l'Écossaise*, *L'Écossaise ou le Café* – soulignent cette ambivalence.

3 Voir P. Frantz, « Le roman anglais : *Nanine* et Pamela », *Revue Voltaire*, n° 15, 2015, p. 221-234.

4 Voltaire, « Préface », *Le Café ou l'Écossaise*, comédie, dans *Zaïre, Le Fanatisme ou Mahomet le prophète, Nanine ou l'Homme sans préjugé, Le Café ou l'Écossaise*, éd. J. Goldzink, Paris, Flammarion, coll. « GF », 2004, p. 312.

Les émotions diverses que suscite l'action se cristallisent autour de la cloison et, plus particulièrement, de la porte qui permet la mise en contact de ces deux univers. Témoin de la vertu et de la vulnérabilité de Lindane, le public ne peut qu'être sensible aux menaces qui enflent de l'autre côté de la cloison. Instrumentalisée par la fureur jalouse de Lady Alton, la cupidité du libelliste Frélon met en branle une mécanique judiciaire prête à broyer les fugitifs que sont Lindane et Monrose, son père. Voltaire nous offre ici une réécriture originale de la scène des *Euménides* d'Eschyle dans laquelle Diderot voyait l'illustration frappante des ressources dramatiques d'une scène étendue, capable de montrer au spectateur des actions simultanées propres à faire naître la terreur et la pitié :

> Telle fut ou put être autrefois la scène des *Euménides* d'Eschyle. D'un côté, c'était un espace sur lequel des Furies déchaînées cherchaient Oreste qui s'était dérobé à leur poursuite, tandis qu'elles étaient assoupies. De l'autre, on voyait le coupable le front ceint d'un bandeau, embrassant les pieds de la statue de Minerve, et implorant son assistance. Ici, Oreste adresse sa plainte à la déesse. Là, les Furies s'agitent ; elles vont, elles viennent, elles courent. Enfin une d'entre elles s'écrie : « Voici la trace du sang que le parricide a laissé sur ses pas... Je le sens... Je le sens... » Elle marche. Ses sœurs impitoyables la suivent[5].

Avatars burlesques des Euménides, le venimeux Frélon et la vindicative Lady Alton suscitent également l'effroi du spectateur lorsqu'ils prétendent – pour le premier – s'insinuer chez Lindane ou – pour la seconde – se jeter sur elle afin d'assouvir leurs horribles passions.

Mais la cloison vient aussi dramatiser les retrouvailles de Lindane et de Monrose. Elle est l'obstacle qui sépare de sa fille le vieillard d'abord indifférent, en vertu d'une ironie tragi-comique, au sort de cette jeune fille dont Fabrice ne cesse de lui parler. Elle est ensuite la mince protection qui isole les proscrits au moment où le piège ourdi par Lady Alton se referme sur eux. Dans un tout autre registre, c'est encore la cloison qui, franchie allègrement par Freeport, révèle la plaisante incongruité de ce personnage, ignorant du désarroi que son irruption suscite chez la jeune recluse.

La scène plurielle permet bel et bien de renouveler, dans *L'Écossaise*, l'écriture comique dans la mesure où elle permet de jouer sur l'hétérogénéité et la transgression. À cet égard, l'usage esthétique du cloisonnement

5 Diderot, *Entretiens sur le fils naturel* [1757], dans *Diderot et le théâtre. I. Le Drame*, Paris, Pocket, coll. « Agora », 1995, p. 92.

scénique ne peut pas être dissocié de la spécificité de l'espace dramatique que constitue le café, cadre propice aux rencontres et à la circulation de la parole où les repères sociaux traditionnels se trouvent estompés, favorisant l'émergence de questionnements typiques de la fin de l'Ancien Régime.

ENJEUX

Les contemporains n'ont pas manqué de railler la prétention de Lindane et de Monrose à se cacher dans un café. La nécessité de l'inscription de *L'Écossaise* dans cet espace est pourtant réelle mais elle se situe au-delà d'une conception superficielle de la vraisemblance.

Le lien entre le développement des cafés et l'émergence d'une opinion publique au XVIIIe siècle a été maintes fois étudié[6]. L'action de *L'Écossaise* est indissociable de l'espace du café dans la mesure où le salut de la jeune fille et de son père se joue dans cette opinion que les journalistes alimentent sans répit. Le rôle néfaste de Frélon souligne le danger de cette activité lorsqu'elle s'exerce de manière anarchique et devient le fait de pauvres diables prêts à toutes les calomnies pour gagner leur pitance : « Comme les nouvelles courent ! s'exclame Monrose, comme le mal vole[7] ! » Mais cette critique d'une opinion publique dévoyée doit être nuancée par le fait que c'est aussi du café que viendra le salut pour Lindane et son père : c'est chez l'honnête Fabrice que la jeune proscrite a trouvé refuge, rencontré lord Murray, qui n'aura de cesse d'user de son influence personnelle pour réparer les torts que son père a causés à la famille Monrose, et le négociant Freeport, qui paye sa caution quand elle est arrêtée. Le café devient ainsi l'image d'une société traversée par des intérêts et des influences contradictoires, un champ de forces politiques et idéologiques dont la régulation s'avère difficile mais non impossible. L'arrière-plan historique de la pièce, centré sur la persécution

6 Voir M. Roelens, « La description inaugurale dans le dialogue philosophique aux XVIIe et XVIIIe siècles », *Littérature*, n° 18, 1975, p. 51-62 ; Y. Jubinville, « Théâtres et cafés à Paris », *Dix-huitième siècle*, n° 28, 1996, p. 415-430 ; S. Pujol, « L'espace public du *Neveu de Rameau* », *Revue d'histoire littéraire de la France*, septembre-octobre 1993, 93e année, n° 5, p. 669-684.

7 Voltaire, *L'Écossaise*, Acte III, scène 3, éd. citée, p. 347.

des jacobites, peut, dans cette perspective, faire écho à la guerre sans merci que les antiphilosophes – parmi lesquels Fréron – menaient aux encyclopédistes, surtout depuis l'attentat de Damiens, guerre qui se prolongeait au théâtre, où *Les Philosophes* de Palissot avaient fait scandale deux mois à peine avant la première représentation de *L'Écossaise*. En faisant de la salle de la Comédie-Française une annexe du café de Fabrice, gagnée à la cause de Lindane et des victimes de Frélon, Voltaire prenait évidemment position dans ce conflit, s'efforçant à son tour de mobiliser l'opinion publique en faveur des Lumières comme il ne devait cesser de le faire, depuis Ferney, jusqu'à la fin de sa vie.

La scène cloisonnée de *L'Écossaise* apparaît ainsi comme un lieu de transaction à la fois esthétique – il s'agit de promouvoir une nouvelle approche de la comédie – et idéologique puisque le café s'avère apte à l'expérimentation de nouveaux rapports de force, médiatisés par l'opinion publique. La réception de ces propositions et la perception de leur audace demeurait néanmoins tributaire, en 1760, de la réalisation scénique des dispositifs imaginés par Voltaire.

RÉALISATION

Or dans ce domaine, l'imagination des dramaturges se heurte à l'inertie des pratiques. Pierre Frantz a ainsi montré que la réalisation du quatrième mur, théorisé par Diderot dès 1757, n'avait pas été effective avant 1793, directeurs de salle, troupes et public résistant aux propositions de réforme d'une minorité d'hommes de lettres et d'architectes[8]. La mise en œuvre effective de la scène à compartiments n'a pas été plus simple.

Voltaire a dédié *L'Écossaise* au comte de Lauraguais pour le remercier d'avoir racheté, en 1759, les banquettes de scène aux Comédiens-Français, rendant possible une nouvelle utilisation du lieu scénique. « Si les spectacles ont plus de décence, affirme-t-il, c'est à vous seul qu'on en est redevable[9]. » Par *décence*, il faut entendre, comme le précise Marmontel,

8 P. Frantz, *L'Esthétique du tableau*, *op. cit.*, p. 52.

9 Voltaire, « Épître dédicatoire du traducteur de *L'Écossaise* à M. le Comte de Lauraguais », dans *Œuvres complètes*, éd. L. Moland, Paris, Garnier frères, 1877, tome IV : *Théâtre*, p. 405.

une conformité avec la « belle nature[10] » et l'expulsion des spectateurs de la scène ouvre évidemment pour Voltaire la voie à une *mimesis* plus parfaite, conforme à l'esthétique du tableau défendue par Diderot ; elle rejoint l'ambition de composer avec *L'Écossaise* une comédie ayant à la fois de la « vérité » et de la « force ». Mais la puissance d'évocation du double espace imaginé par Voltaire se voit limitée par la configuration du lieu scénique de la Comédie-Française, où le proscénium demeure prééminent, le fond de la scène n'étant pas suffisamment éclairé et ne disposant pas d'une acoustique satisfaisante : c'est donc sur le proscénium que les acteurs continuent à jouer, le cloisonnement de la scène se limitant en réalité à un décor d'arrière-plan. Voltaire écrit ainsi au comte d'Argental avant la première représentation :

> Où est donc la difficulté de diviser en deux pièces le fond du théâtre, de pratiquer une porte dans une cloison qui avance de quatre ou cinq pieds ? L'avant-scène est alors supposée tantôt le café, tantôt la chambre de Lindane ; c'est ainsi qu'on en use dans tous les théâtres de l'Europe qui sont bien entendus[11].

La « décence » de la scène plurielle ainsi conçue apparaît donc très relative. Elle repose sur une convention qui veut que le proscénium s'inscrive tantôt dans la perspective d'une partie du décor et tantôt dans celle de l'autre, solution bâtarde nécessitant un déplacement du mobilier en plein acte[12] et dont les Comédiens-Français ont tâché de limiter l'artifice en baissant alternativement, au grand dam de Voltaire, une toile peinte sur la partie du décor ne correspondant pas au cadre du dialogue[13]. Si cette solution permettait de gommer certaines difficultés inhérentes à l'usage de la scène plurielle, comme la suspension du dialogue dans celui des deux espaces où ne se déroule pas l'action principale, elle mutile véritablement la comédie en détruisant tous les effets reposant sur la dualité de l'espace scénique.

10 Voir Marmontel, « Décoration », dans Diderot et d'Alembert, *Encyclopédie*, t. IV, 1754, p. 701 : « Les décorations de décence sont une imitation de la belle nature, comme doit l'être l'action dont elles retracent le lieu. »

11 Voltaire, *L'Écossaise*, éd. citée, note p. 421.

12 Cette pratique est raillée dans Poinsinet jeune, Anseaume *et al.*, *L'Écosseuse. Parodie de L'Écossaise*, opéra-comique en un acte, Paris, 1760, p. 6.

13 Voir Voltaire, *L'Écossaise*, éd. citée, note p. 421 et C. Duckworth, « Introduction », dans *The Complete Works of Voltaire*, Oxford, The Voltaire Foundation/Taylor Institution, 1986, t. 50, p. 259.

Voltaire, constatait Pierre Frantz, est le premier dramaturge à s'être « soucié avec autant de constance de la dimension visuelle, virtuelle puis réelle, concrète, de ses œuvres[14] ». L'exemple de *L'Écossaise* montre bien en effet comment la conception de l'espace dramatique et du lieu scénique soutient puissamment chez lui les innovations esthétiques et les enjeux politiques de ses pièces. Tout en mobilisant l'énergie du tableau, la scène plurielle lui permettait d'articuler une série de contrastes qui devaient approfondir la signification de sa comédie et susciter chez les spectateurs une gamme d'émotions particulièrement variée. Comme le sera l'escalier du *Chatterton* de Vigny, la cloison de *L'Écossaise* est donc beaucoup plus qu'un accessoire, c'est un véritable instrument qui vibre de toutes les tensions qui caractérisent ces années de combats philosophiques. Certes, les premières représentations de la pièce n'ont manifestement pas été à la hauteur de la géniale intuition de Voltaire, mais, *L'Écossaise* ayant été jouée à 112 reprises entre 1760 et 1788, peut-être aura-t-elle bénéficié des réformes qui ont permis aux acteurs, surtout à partir de 1784, d'investir l'intégralité de la scène. Quoi qu'il en soit, son succès aura sans doute contribué à pérenniser une formule qui pouvait paraître dépassée mais dont d'autres dramaturges s'inspireront avec brio, qu'il s'agisse de Beaumarchais dans sa trilogie[15] ou de Desforges dans *Le Sourd ou l'auberge pleine*, la pièce la plus jouée de la décennie révolutionnaire.

Françoise LE BORGNE
Université de Clermont-Auvergne

---

14 P. Frantz, « Le spectacle de la pensée », art. cité, p. 219.

15 P. Frantz, *Beaumarchais : Le Barbier de Séville, Le Mariage de Figaro et La Mère coupable*, Neuilly, Atlande, 2004, p. 89 *sq.*

LE TABLEAU DANS LES PREMIERS MÉLODRAMES DE PIXERÉCOURT

L'étude magistrale de Pierre Frantz sur le tableau au XVIIIe siècle nous a montré comment « l'usage du mot "tableau" est l'indice d'une mutation esthétique, à la fois théorique et pratique » dans le théâtre du XVIIIe siècle[1].

Partant de la définition célèbre de Diderot dans les *Entretiens sur le Fils naturel* :

> un incident imprévu qui se passe en action et qui change subitement l'état des personnages, est un coup de théâtre. Une disposition des personnages sur la scène, si naturelle et si vraie, que rendue fidèlement par un peintre, elle me plairait sur la toile, est un tableau[2].

P. Frantz nous rappelle que même chez Diderot, le tableau peut s'approcher du coup de théâtre, c'est-à-dire « un dispositif tout autant pictural mais intervenant à un moment où l'intensité énergétique de l'action, l'émotion par conséquent doit atteindre à son comble[3] ». Il nous offre ainsi deux tableaux distincts, ce qu'il appelle le « tableau-stase » qui correspond à des scènes de genre silencieuses comme le début de l'acte II du *Fils naturel* et le « tableau-comble » qu'il désigne aussi comme « tableau-coup-de-théâtre », utilisé régulièrement par le mélodrame du début du XIXe siècle. Ce sont les tableaux coup-de-théâtre qui se trouvent dans les premiers mélodrames de Pixerécourt qui nous intéressent ici. Dans la critique anglophone en particulier, on réduit le tableau-comble du mélodrame à l'immobilité :

1 P. Frantz, *L'Esthétique du tableau dans le théâtre du XVIIIe siècle*, Paris, PUF, 1998, p. 153.

2 D. Diderot, *Le Fils naturel, ou les Épreuves de la vertu, comédie en 5 actes et en prose. Avec l'histoire véritable de la pièce*, Amsterdam, Rey, 1757, p. 89.

3 P. Frantz, *op. cit.*, p. 155.

> *An important element of acting was the tableau, the moment when, at a point of crisis, the characters would freeze in a plastic representation of the emotional freight of the situation, each expressing through posture, gesture, and facial expression his or her particular place in the spectrum of reactions*[4].

Cette tendance de la critique à définir le tableau comme simple « *frozen moment*[5] » est sans doute en partie due à la description parodique du tableau mélodramatique dans le *Traité du mélodrame* de 1817 :

> À la fin de chaque acte, il faut avoir soin de réunir en groupe tous les personnages, et de les mettre chacun dans l'attitude qui convient à la situation de son âme, Par exemple, la douleur placera une main sur son front ; le désespoir s'arrachera les cheveux, et la joie aura une jambe en l'air. Cet aspect général est désigné sous le nom de *tableau*. On sent combien il est agréable au spectateur de ressaisir d'un coup d'œil l'état moral de chaque personnage[6].

La description offre l'image d'un groupe de personnages immobiles, caricaturés, offrant une seule émotion chacun afin de rendre visible à la salle des boulevards l'essence morale de l'action qui vient de se passer. Or, en 1817, le mélodrame est déjà résolument rejeté par l'élite littéraire et politique même si l'on est encore à six ans de *L'Auberge des Adrets* et de la transformation de Robert Macaire en personnage comique par Frédéric Lemaître. Cette description parodique exagère sans doute la façon dont on crée un tableau afin de moquer le genre du mélodrame. Ce n'est pas forcément une description exacte de la pratique scénique, même si l'on y retrouve des éléments authentiques. Dans un de ses premiers mélodrames, *Le Pèlerin blanc* (1801) par exemple, Pixerécourt avait créé une scène qui ouvre l'acte III *in medias res*, où effectivement le personnage niais avait une jambe en l'air afin d'indiquer que la fête était déjà bien entamée[7].

---

4 P. Brooks, « The melodramatic imagination », dans *A New History of French Literature*, dir. D. Hollier, Harvard, 1994, p. 606. Voir aussi P. Brooks, *The Melodramatic Imagination*, New Haven, Yale, 1976, p. 48.

5 J. Davis, « Melodrama on and off stage », *The Oxford Handbook of Victorian Literary Culture*, dir. J. John, Oxford, Oxford University Press, 2014. Voir aussi J.-M. Thomasseau, « Dialogue avec tableaux à ressorts. Mélodrames et drame romantique », *Europe*, 703-04 (1987), p. 61-70.

6 *Le Traité du mélodrame par MM. A ! A ! A !, Paris, Delaunay*, 1817, p. 47. Cité dans P. Frantz, *op. cit.*, p. 168.

7 Pixerécourt, *Mélodrames* II (1801-1803), éd. S. Arthur, dir. R. Martin, Paris, Garnier, 2014, p. 126.

Cette façon de commencer un acte *in medias res* n'a rien à voir avec la description d'un tableau final d'acte dans le *Traité du mélodrame*. On peut la considérer plutôt comme une recherche de vraisemblance héritée de Diderot. Cela ne veut pas dire, bien sûr, qu'on ne trouve pas de tableau « mélodramatique » à la fin des actes dans les pièces de Pixerécourt – le dramaturge termine régulièrement les actes par un « tableau-comble » mais il ne le signale que très rarement par une indication de régie dans ses premiers mélodrames. Il n'utilise l'étiquette « tableau » que rarement, et avant tout pour le « tableau général » à la fin d'une pièce. Parfois, on retrouve l'appellation « tableau » au milieu d'un acte pour souligner un moment de stupéfaction ou de consternation lors de la révélation d'un secret. L'exemple le plus frappant de ce genre de tableau-comble est l'interruption du combat dans *Victor ou l'enfant de la forêt* (1798), lorsque Mme Germain empêche Victor de tuer le bandit Roger parce que celui-ci est son père[8]. Or même si Pixerécourt utilise le mot « tableau » comme indication de régie avec beaucoup de modération, les regroupements de personnages qui manifestent un comble du pathétique abondent dans les mélodrames et peuvent être reconnus à la musique qui les accompagne[9].

Pour P. Frantz, l'usage de tableaux-comble au cours des pièces de Pixerécourt constitue « un traitement dramaturgique de la pause suspensive[10] », « où l'intensité énergétique de l'action, l'émotion par conséquent doit atteindre à son comble[11] ». Frantz lui-même nous rappelle que, « le tableau est un instrument qui doit permettre de passer de la stase au comble » et « c'est de l'énergie qu'il tient sa vraie unité[12] ». Louis-Sébastien Mercier le confirme dans *Du Théâtre* : on y met en mouvement des figures afin de « leur donner à toutes également la parole et la vie[13] ». Diderot, dans les *Entretiens*, nous offre un tableau d'amour maternel qui frappe par

8 *Id.*, *Victor ou l'enfant de la forêt*, II, 5, dans *Mélodrames* I (1792-1800), éd. S. Robardey-Eppstein, dir. R. Martin, Paris, Garnier, 2013, p. 646.

9 Malheureusement les trois exemples de tableau-comble dans les mélodrames de Pixerécourt, donnés par P. Frantz dans son étude (p. 156), se trouvent dans des pièces pour lesquelles la partition n'existe plus. Il n'est donc pas possible de comparer les tableaux formellement indiqués par la régie et les tableaux qui ne sont signalés que par la présence de la musique.

10 P. Frantz, *op. cit.*, p. 179.

11 *Ibid.*, p. 155.

12 *Ibid.*, p. 167.

13 Cité par P. Frantz, *ibid.*, p. 161.

son intensité émotionnelle, mais qui est loin d'être figé parce que la mère éplorée court sur la scène[14]. Pixerécourt lui-même est conscient de l'idée d'un « tableau animé », expression qu'il utilise dans *Le Grand Chasseur* (1804). L'importance de l'énergie dans le tableau-comble devient évidente lorsque l'on confronte l'acteur à la musique de scène, et nos expériences de représentations confirment les constats d'Emilo Sala qui a étudié les mélodrames plus tardifs de Pixerécourt[15]. Notre propos entend confirmer les liens entre émotion, mouvement et action qu'identifie P. Frantz dans le drame du XVIIIe siècle pour montrer comment se développe le tableau mélodramatique dans les premiers mélodrames de Pixerécourt.

Ayant monté deux mélodrames en 2017, un de Pixerécourt, leader reconnu du genre (*La Forteresse du Danube*), et un de 1810, écrit par des prisonniers de guerre français en Angleterre (*Roseliska ou amour, haine et vengeance*), inspiré des pièces de Pixerécourt[16], il nous est devenu clair que les mélodrames pixerécourtiens contiennent plus d'un tableau même si ces tableaux ne sont pas toujours explicitement désignés par cette étiquette. On a constaté aussi que l'idée d'immobilité résiste mal à notre expérience personnelle du tableau-comble mélodramatique. Pourquoi ? Avant tout parce que la théorisation du tableau appliquée au mélodrame ne prend pas suffisamment en compte la musique. Les partitions de mélodrame n'étaient généralement pas publiées et restent sous forme manuscrite. Jusqu'à récemment, il était donc difficile d'accéder à ces partitions et une grande partie de notre compréhension du mélodrame provient par conséquent du texte imprimé de la pièce[17]. Or le tableau-comble est dynamisé par l'ajout de la musique qui entre en rapport avec le corps de l'acteur.

Considérer le texte du mélodrame en regard de la partition nous permet d'élargir la liste des tableaux de chaque pièce. Prenons pour exemple, l'instant, dans *La Femme à deux maris* (1801), où Éliza aperçoit

---

14 D. Diderot, *op. cit.*, p. 91. Voir, à propos de ce tableau, T. Boon Cuillé, *Narrative Interludes. Musical Tableaux in Eighteenth-Century French Texts*, De Gruyter, 2016, p. 13. À noter que l'étude ne contient pas d'analyse de partitions.

15 Voir E. Sala, *L'opera senza canto : Il mélo romantico e l'invenzione della colonna sonora*, Venise, Marsilio, 1995, qui reste l'ouvrage de référence sur la musique dans les mélodrames.

16 Pour en savoir plus et pour voir un enregistrement de la répétition générale de *Roseliska*, voir : https://warwick.ac.uk/fac/arts/modernlanguages/research/french/currentprojects/stagingnapoleonictheatre/roseliska/ (consulté le 28/05/2020).

17 Je fais bien sûr exception de l'étude virtuose d'Emilio Sala, cité plus haut.

son premier mari qu'elle avait cru mort[18]. Ceci représente un moment d'intensité énergétique mais le texte imprimé ne suggère point qu'il puisse être considéré comme un tableau :

Éliza, qui suit tous les mouvements du comte, jette un coup d'œil vers le fond, et aperçoit Fritz.

Ô ciel ! malheureuse !

(Bas à Brown, tombant dans ses bras.)

Il est là ! Je l'ai vu !

Le mot « tableau » ne s'y trouve pas mais, dans la partition, le mot « malheureuse » est suivi par six mesures de musique qui signalent le désarroi du personnage et arrêtent ainsi le déroulement de l'intrigue. L'ajout de ces six mesures crée une pause suspensive où l'émotion atteint à son comble, autrement dit un tableau. La musique signale l'émotion extrême de l'héroïne : le fait que le brigand qui fut son premier mari est encore en vie la rend bigame et risque de détruire la vie tranquille qu'elle mène. L'agitation de son âme trouve un écho dans la musique. Deux notes distinctes jouées par les flûtes et les cors sont suivies d'une série de doubles croches rapides jouées *fortissimo* par les violons qui s'élèvent progressivement et qui se terminent sur une note aiguë non résolue. Même si le personnage est d'abord figé par la surprise, la musique pousse l'actrice incarnant Éliza à manifester sa réaction par des mouvements plutôt qu'à rester immobile. À la lecture du seul texte, ce coup de théâtre pourrait sembler provoquer une attitude figée ; si l'on considère le texte, la musique et le corps de l'acteur, on voit surgir un tableau.

Un deuxième exemple de tableau rendu dynamique par la musique se trouve à la fin du premier acte de *La Forteresse du Danube* (1805). Ce sont avant tout les fins d'actes qui sont attaquées par les auteurs du *Traité du mélodrame* cité plus haut. Des quinze mélodrames de Pixerécourt de 1798 à 1808, cinq seulement comportent une indication de régie mentionnant la présence d'un tableau à la fin de l'acte I ou II, et la partition ne nous est parvenue pour aucun d'entre eux. En étudiant la partition qui figure à côté du texte de *La Forteresse du Danube*, on retrouve le dynamisme émotionnel que T. Boon Cuillé tient pour un élément

18 Pixerécourt, *La Femme à deux maris*, I, 8, dans *Mélodrames* II (1801-1803), éd. citée, p. 390.

clé de tout tableau[19]. Le jeune Olivier a dû renoncer au projet de faire évader son père adoptif Évrard, prisonnier d'État dans la forteresse où il est lieutenant afin de sauver la vie de son major. Il s'expose pour cela au mépris d'Évrard et de sa servante Alix, qui le considèrent « le plus lâche et le plus vil des hommes[20] ». Seul sur scène, Olivier se désole de passer pour un traître :

Olivier, atterré par les derniers mots d'Alix, la regarde sortir, lève les yeux au ciel, témoigne de son innocence, se cache la figure dans ses mains, puis, sortant tout-à-coup de son accablement, il dit avec énergie et en sortant :

Je saurai les forcer à me rendre justice.

La partition manuscrite n'a pas été transcrite dans l'édition Garnier parce qu'elle porte la date 1810[21]. Or quelques-unes des répliques notées dans la partition sont des phrases du texte manuscrit qui avaient disparu de l'édition publiée en 1805 et l'on peut supposer que la musique de la reprise en 1810 est celle qui a été composée pour la première représentation en 1805. Entre l'insulte lancée par Alix et la phrase d'Olivier l'orchestre joue. Après la sortie d'Olivier, on a la musique de fin d'acte. Les mesures qui accompagnent le combat intérieur du héros unifient le visuel, l'émotionnel et l'auditif. Elles indiquent le passage du désespoir à la résolution qui se résume dans la dernière réplique de l'acte. Le tableau ici est la traduction de l'action en émotions et représente un moment où le spectateur et les personnages s'engagent dans cette émotion. Il est donc dynamique et résume l'intensité émotionnelle du premier acte où l'amour et le devoir se livrent bataille[22].

On ne peut qu'esquisser ici l'apport de la musique lorsque la partition signale l'intervention de l'orchestre soit au moment où « tableau » est indiqué dans le texte soit au moment où un seul personnage ou un regroupement des personnages en pantomime crée une pause suspensive

19 T. Boon-Cuillé, *op. cit.*, p. 14.

20 Pixerécourt, *La Forteresse du Danube*, dans *Mélodrames* III (1804-1808), éd. K. Astbury, dir. R. Martin, Paris, Classiques Garnier, 2016, p. 334.

21 BnF Musique Mat. TH (99)

22 Pour une étude plus détaillée de la musique de la *Forteresse du Danube*, voir K. Astbury et D. Tisdall, « Sonorising *La Forteresse du Danube* : Functions of music in Parisian and provincial melodrama of the early 19th century », *Studi Francesi*, 191 (2020), p. 348-360.

afin d'approfondir l'émotion du moment. Loin d'être « redondante », comme le dit Florence Naugrette[23], la musique qui accompagne les tableaux sert à unir le visuel, l'émotionnel et l'auditif dans une unité dramatique. Elle dynamise le tableau parce qu'accompagné de musique, l'acteur est poussé à ajouter du mouvement. Au lieu de réduire le tableau mélodramatique à l'immobilité des personnages, figés aux yeux d'un spectateur détaché, il serait plus juste de conceptualiser le tableau comme la traduction émotionnelle de l'action, comme un moment de la pièce où le spectateur participe à l'émotion des personnages, où a lieu un échange émotif entre les personnages et la salle, facilité par la musique qui entraîne du mouvement de la part des acteurs. Le tableau devient alors une réaction émotive à un événement qui est dynamique et moral plutôt qu'un arrêt sur image.

Katherine ASTBURY
Université de Warwick

23 F. Naugrette, « Pantomime et tableau dans le théâtre de Hugo », *Victor Hugo et la langue : actes du colloque de Cerisy, 2-12 août 2002*, dir. F. Naugrette et G. Rosa, Rosny-sous-Bois, Bréal, 2005, p. 4.

LA PEINTURE DANS L'OPÉRA-COMIQUE

Dès son apparition, le nouvel opéra-comique qui émerge dans les années 1750 et 1760 entretient des relations de proximité avec la peinture. Parmi les individus qui participent à son élan spectaculaire, le peintre Boucher figure au premier plan. Il est recruté à deux reprises par l'entrepreneur Jean Monnet, personnage capital dans l'ascension de l'opéra-comique. C'est sous sa direction que la production d'un théâtre musical au sein des foires parisiennes évolue progressivement vers un genre lyrique très en vogue qui, vers la fin des années 1750, prend la forme de pièces composées d'un livret et d'une partition conçus l'un pour l'autre en collaboration entre un librettiste et un compositeur, autrement dit ce qu'on nommait à l'époque la comédie mêlée d'ariettes, et ce qu'on entendra par la suite par la désignation d'opéra-comique. Grâce à la présence de Boucher, ainsi qu'à des maîtres à danser de premier plan comme Dupré ou Noverre, l'opéra-comique fera preuve, bien avant sa révolution dramaturgique et musicale à la fin des années 1750, d'un nouvel éclat visuel qui frappe les yeux des spectateurs et des commentateurs. Dès cette période, et précédant l'évolution dramaturgique et musicale, l'opéra-comique offre un spectacle qui séduit par l'image et par l'excellence des éléments de décor, de costume et de mouvement sur la scène[1].

L'importance du visuel pour la période qui suit, celle du vrai essor de la nouvelle formule de la comédie mêlée d'ariettes, est soulignée par Mark Ledbury, historien de l'art, dans son étude sur Greuze et Sedaine[2]. Dans une approche inédite, Ledbury mène une double-enquête, en parallèle, sur la carrière de Jean-Baptiste Greuze, maître

1 Pour Boucher, Jean Monnet et l'opéra-comique dans les années 1740 et au début des années 1750, voir par exemple R. Legrand et N. Wild, *Regards sur l'opéra-comique : Trois siècles de vie théâtrale*, Paris, CNRS Éditions, 2002.

2 M. Ledbury, *Sedaine, Greuze and the Boundaries of Genre*, Oxford, Voltaire Foundation, 2000.

de la peinture de genre, et la carrière de Michel-Jean Sedaine, un des auteurs dramatiques les plus significatifs de l'opéra-comique dans sa forme nouvelle. Dans la méthodologie très originale de Ledbury, le centre d'intérêt reste la question de la hiérarchie des genres qu'il examine par une étude détaillée des carrières. Il est donc plus question des parallèles entre Greuze et Sedaine en ce qui concerne leur rôle dans l'évolution des hiérarchies esthétiques, que des liens directs entre l'opéra-comique et les arts plastiques. Mais si Ledbury hésite à entrer dans des analyses précises de l'aspect visuel de l'opéra-comique, son projet montre néanmoins l'intérêt et l'importance de la peinture pour la compréhension de l'opéra-comique nouveau.

OPÉRA-COMIQUE ET TABLEAU

La montée du nouvel opéra-comique est effectivement contemporaine des transformations majeures de l'aspect visuel sur les scènes françaises, à la fois au niveau de la pratique dans les théâtres et dans les écrits théoriques. Pierre Frantz montre, dans son étude capitale sur le tableau dans l'esthétique théâtrale[3], comment plusieurs courants convergent dans ces années pour fonder une nouvelle poétique du théâtre : libération de l'espace dramatique, développement à la fois dans les pratiques et les théories du jeu de l'acteur, nouvelle conception de l'image scénique, etc. Les textes fondateurs de Diderot sont au centre de l'approche de Pierre Frantz. En résulte sa configuration du tableau théâtral de Diderot comme une entité à deux faces : le *tableau-stase* (« placé en général au début d'un drame, ou au début d'un acte, le tableau-stase permet la mise en place d'une atmosphère générale, d'un cadre pour l'action[4] »), et le *tableau-comble*, condensé d'effusion et d'énergie émotive[5].

Si les contributions de Pierre Frantz ont très largement changé le cours des études sur le théâtre du XVIIIe siècle, leur apport potentiel pour l'opéra-comique, domaine plutôt réservé aux musicologues jusqu'à très

3 P. Frantz, *L'esthétique du tableau dans le théâtre du XVIIIe siècle*, Paris, PUF, 1998.
4 *Ibid.*, p. 157.
5 *Ibid.*, p. 167.

récemment, reste à être pleinement exploité[6]. Pierre Frantz indique des pistes saisissantes en ce qui concerne le tableau dans la comédie-mêlée d'ariettes. Les quelques commentaires à ce sujet dans *L'esthétique du tableau dans le théâtre du XVIIIe siècle*, annoncent une réflexion passionnante. C'est notamment dans le cadre du tableau-stase que surgit l'opéra-comique, à travers des exemples[7] qui suggèrent une capacité propre au tableau dans l'opéra-comique, celui de saisir l'émotion d'un moment pour le prolonger à travers le discours musical. En effet, la naissance du nouvel opéra-comique coïncide avec la publication des textes fondateurs de Diderot sur un nouveau théâtre, autour de ces deux pièces *Le Fils naturel* et *Le Père de famille.* Ainsi trouve-t-on, notamment dans les pièces de Sedaine, mais aussi ailleurs, un grand nombre de séquences scéniques qui correspondent à l'idée de tableau mise en avant par Diderot. Comme le souligne Pierre Frantz, Corinne Pré en avait déjà donné, dans sa thèse sur le livret de l'opéra-comique, certains exemples[8].

Or, l'intérêt du tableau dans l'opéra-comique va bien au-delà du cadre défini par Diderot. C'est notamment le cas chez Sedaine. S'il a souvent recours au visuel, à des situations scéniques caractéristiques, il prend aussi des voies qui diffèrent de celles préconisées par Diderot. À côtés des didascalies, très développées chez Sedaine, des éléments d'iconographie, comme les dessins de la collection Ziesenis, un dessinateur néerlandais dont les documents préservés montrent un grand nombre d'aspects visuels dans les représentations d'opéras-comiques, permettent de mesurer la richesse et la variété des cadres visuels. Ceux-ci se rapprochent autant des courants majeurs de la peinture que des préceptes de Diderot[9]. Ainsi que le son, l'image est consubstantielle du format scénique novateur promu par le nouveau théâtre musical.

---

6 M.-C. Schang-Norbelly propose des réflexions intéressantes à ce sujet dans sa thèse, *Pour une dramaturgie de la comédie mêlée d'ariettes 1750-1810*, Paris, Université Paris-Sorbonne, 2017, p. 116-119 et p. 477-499.

7 P. Frantz, *L'esthétique du tableau…*, *op. cit.*, p. 157.

8 C. Pré, *Le Livret d'opéra-comique en France de 1741 à 1789*, thèse, Université de Paris III, 1981, p. 617.

9 I. Buland Hårstad examine ce genre de cas dans *Le Déserteur* et *Le Roi et le Fermier*, « Sedaines tablåer og sjangermaleriet », *Musikk & Historie*, n° 3, 2020, p. 30-56.

LA PEINTURE DANS L'OPÉRA-COMIQUE

Dès lors, il n'est pas sans intérêt de se tourner vers les pièces elles-mêmes pour considérer le discours qu'elles proposent sur l'art plastique. Dans ce théâtre, né d'une culture dramatique dont la création est étroitement liée à l'image, on trouve en effet une suite assez régulière de pièces où la peinture devient partie intégrante de l'intrigue dramatique et où, par conséquent, est développé un discours sur la peinture elle-même. Si l'opéra-comique se réfère à la peinture, la peinture existe donc aussi à l'intérieur des pièces. La peinture répond à plusieurs dimensions dramaturgiques dans ces œuvres qui participent, de manière variée, au discours sur l'art et où se met notamment en place, d'une pièce à l'autre, un métadiscours sur le théâtre lui-même à travers les propos sur la peinture.

La peinture est présente dès la première pièce qui inaugure la vague de la nouvelle forme de l'opéra-comique, celle de la comédie mêlée d'ariettes. Il s'agit de la pièce de Louis Anseaume avec musique d'Egidio Duni, *Le peintre amoureux de son modèle* (1757). Après plusieurs années d'une programmation d'œuvres en français utilisant une musique préexistante tirée d'opéras italiens, c'est la première pièce avec un livret et une musique nouvelle conçue spécialement pour le livret. C'est le modèle de la comédie mêlée d'ariettes que suivra désormais l'opéra-comique. Or, cette pièce inaugurale qui met en avant une conception sonore de haut vol insiste, quant à son contenu, sur le visuel. L'intrigue tourne autour d'un vieux peintre, amoureux de son modèle qui est également convoité par l'élève du maître. Mise à part l'intrigue amoureuse, c'est le travail artistique et les questions sur la peinture qui sont au centre de cette œuvre.

Mais que dit cette pièce de la peinture ? Elle propose surtout un discours sur l'art ancien et sur l'art nouveau. Le maître représente l'art classique. Ses sujets de tableaux, apprend le spectateur, sont tirés des grands moments de la mythologie – « C'est Venus que je peins, recevant le Dieu Mars[10] », explique-t-il – il peint avec exactitude et soin, respectant la tradition et le savoir-faire conventionnels. Son élève,

10 L. Anseaume et E. Duni, *Le Peintre amoureux de son modèle*, Paris, chez l'auteur, 1757, acte II, scène 6.

apprend-on, représente le contraire. Il est distrait, « joyeux, vif, et mutin[11] », et surtout, aux yeux de son maître, peu exact dans l'exécution de ses œuvres. Bref, avec le maître et son élève, c'est la tradition qui s'érige contre le nouveau, la vieille école contre la jeunesse. Or, des deux, c'est la jeunesse qui l'emporte. Comme les tempêtes qui agitent alors le théâtre musical à Paris, où l'opéra-comique s'insurge contre l'opéra ancien, la pièce d'Anseaume oppose, dans la pièce qui inaugure ce que Nougaret appellera le « théâtre nouveau », l'art classique à l'impétuosité de la jeunesse.

Quelques années plus tard, en 1769, la peinture est de nouveau, littéralement, au-devant de la scène dans une nouvelle production du même auteur. Cette pièce tourne également – clin d'œil à sa pièce fondatrice ? – autour d'un vieux prétendant et d'une peinture en cours de création. Dans cette pièce, *Le Tableau parlant*, la toile prend une valeur comme objet dramaturgique. Le tableau, cette fois un portrait du vieux prétendant, est dressé au fond de la scène. Dans la séquence capitale, le vieillard se cache derrière le tableau, dont la tête est découpée, passant « sa tête par l'ouverture qu'il a faite[12] ». La scène est des plus classiques. Caché dans le tableau, le vieillard assiste à la scène finale où il apprend qu'il est dupe. La touche particulière, dans cette fin, est le fait que les acteurs s'adressent, comme dans une des scènes précédentes, au tableau, qui, à la surprise générale, leur répond. Comprenant qu'il n'aura pas la jeune pupille, le vieillard accepte son sort et la comédie trouve son dénouement.

Cette idée du tableau parlant, ou du personnage caché derrière un tableau, reviendra dans plusieurs pièces. Elle est décisive dans le roman de Billardon de Sauvigny, *L'Histoire amoureuse de Pierre le Long* dont le sujet fait aussi l'objet d'une pièce. Elle est surtout au centre d'un des opéras-comiques les plus célèbres, *Zémire et Azor* de Marmontel et de Grétry. Ici, dans l'histoire que nous connaissons aujourd'hui plutôt sous le nom de « la Belle et la Bête », l'idée du tableau parlant est poussée beaucoup plus loin avec le célèbre « tableau magique », un cadre sur la scène, où Zémire voit apparaître sa famille, chantant un trio dont l'effet surnaturel est augmenté, cette fois par voie auditive, par une instrumentation audacieuse pour l'époque avec l'utilisation des clarinettes et un placement des musiciens derrière la scène.

11 *Ibid.*, acte II, scène 1.

12 L. Anseaume, A. Grétry, *Le Tableau parlant*, Paris, Veuve Duchesne, 1769, scène 11, p. 37.

Dans toutes ces œuvres, du *Tableau parlant* à *Zémire et Azor*, à l'intérieur de l'image scénique, l'opéra-comique des années 1760 et 1770 développe les occasions non pas du théâtre dans le théâtre, mais de l'image dans l'image. La toile apparaît dans le cadre visuel formé par l'image de la scène. Ainsi se multiplient les couches de représentation et se créent, en même temps, comme le théâtre dans le théâtre, un nouvel espace de métathéâtralité, renforcée, dans le cas de *Zémire et Azor*, par l'aspect particulièrement novateur de la partition de Grétry.

Cette forme très particulière de métathéâtre par l'image est poussée à l'extrême dans une série de pièces créées dans les années 1780. Avec *La Peinturomanie ou Cassandre au Salon* (1781), *Le Déménagement d'Arlequin, marchand de tableaux* (1783) et *Figaro au Salon de Peinture* (1785), l'opéra-comique investit le Salon. Avec ces titres des années 1780, ce sont autant de pièces qui affirment la continuation d'un goût très prononcé pour la peinture au sein de l'opéra-comique à cette époque. Ce sont aussi des pièces qui renouent avec l'ancienne tradition de la foire, à la fois par l'utilisation de vaudevilles, et par l'emploi de la charpente dramatique des Arlequinades. Avec ces ouvrages, on sort du cadre strict de la comédie mêlée d'ariettes.

Si c'est *La Peinturomanie* qui donne le ton, c'est *Le Déménagement d'Arlequin, marchand de tableaux*, écrit par Favart fils, qui est sans doute le plus intéressant. Ici la dimension métathéâtrale est inscrite dans l'intrigue même. La pièce est jouée comme complément de clôture, le mois même où le Théâtre Italien part de la rue Mauconseil pour s'installer dans leur nouvelle salle. Arlequin, qui revêt ici l'apparence du marchand de toiles, doit songer au transport des tableaux dans son déménagement. En résulte une pièce où sont passées en revue, l'une après l'autre, les peintures qui composent sa collection. Or, celle-ci n'est autre que celle du répertoire du Théâtre Italien. D'Origny résume ainsi la démarche : « C'est une charmante idée que celle de considérer certains ouvrages dramatiques comme autant de tableaux propres à orner la galerie d'un amateur, et de les apprécier aussi sainement qu'ils le seront par la postérité[13]. » Ainsi, l'auteur commente à son aise des tableaux dont le spectateur comprend, petit à petit, qu'ils renvoient à des pièces du répertoire de l'opéra-comique, *Tom Jones*, *Aucassin et*

13 D'Origny, *Annales du Théâtre Italien*, Paris, chez Duchesne, 1788, t. III, p. 67.

Nicolette, *Le Déserteur*, etc. Passant ainsi de la comparaison entre la peinture et l'opéra-comique à l'identification, l'auteur dispose d'une démarche très particulière de métathéâtralité. Le métathéâtre ne porte plus ici sur le fait théâtral en soi, mais sur le répertoire très spécifique de l'opéra-comique, un répertoire qui ne s'est jamais, au XVIIIe siècle, tout à fait séparé de la peinture.

Martin WÅHLBERG
NTNU, Trondheim

LES ÉCRANS RÉVOLUTIONNAIRES DE CLAUDE-LOUIS DESRAIS

L'exposition « Le Siècle des théâtres. Salles et scènes en France, 1748-1807 », que Pierre Frantz et Michèle Sajous D'Oria ont organisée en 1999 à la Bibliothèque historique de la Ville de Paris (BHVP, Paris), a fait date pour les amateurs de spectacles de cette période. Si cette manifestation était par nature éphémère, le catalogue richement illustré qui l'a accompagnée demeure, aujourd'hui encore, une trace précieuse de l'abondante iconographie présentée au grand public en cette occasion. Parmi ces images pour une large part inédites jusqu'alors, six petites scènes inscrites dans un médaillon ovale avaient particulièrement retenu mon attention à l'époque[1]. La bibliothèque-musée de l'Opéra à Paris[2] en conserve les dessins préparatoires, à la plume et au lavis, attribués à l'artiste Claude-Louis Desrais (fig. 1). Ces dessins se relient à une comédie d'Augustin de Piis, *La Nourrice républicaine ou les Plaisirs de l'adoption*, créée sur le Théâtre du Vaudeville le 5 Germinal an deuxième de la République (le 25 mars 1794, « vieux style »). La pièce est jouée « au milieu des plus vifs applaudissements[3] », son succès est attesté par près de quarante représentations dans l'année suivant sa création[4]. Pris ensemble, ces six dessins suivent le déroulement de l'intrigue :

> Le père et la mère Deschamps ont quatre enfants : la mère Deschamps nourrit le dernier ; mais elle a en outre un nourrisson, fils d'un ci-devant

1 P. Frantz et M. Sajous D'Oria, *Le Siècle des théâtres. Salles et scènes en France. 1748-1807*, Paris, Paris bibliothèques, 1999, p. 83.

2 Département de la Bibliothèque nationale de France, ci-après BnF.

3 *Affiches, annonces et avis divers ou Journal général de France*, Septidi 7 Germinal, II année de la République Française, n° 451, p. 6838 ; compte rendu de la pièce repris dans *L'Esprit des journaux françois et étrangers*, juin 1794, t. 6, p. 277-281 (278).

4 Information tirée des relevés du Calendrier Électronique des Spectacles sous l'Ancien Régime et sous la Révolution (CESAR), base informatique créée par † Barry Russell, † David Trott et Jeffrey Ravel, accueillie depuis 2016 par le laboratoire Litt&Arts (UMR 5316 du CNRS et de l'Université Grenoble Alpes).

> [noble] qu'elle croit bon patriote en ce qu'il est allé à la guerre. Son fils aîné, qui revient de l'armée, lui apprend que ce lâche ci-devant vient d'émigrer. Quelle douleur ! le père et la mère Deschamps prennent soudain un parti généreux ; c'est celui d'adopter l'orphelin que son père vient d'abandonner en trahissant sa Patrie[5].

Un décor unique, envisagé sous différents angles, lui sert de cadre : « le théâtre représente une place publique. D'un côté, est la maison commune ; de l'autre, la maison de Deschamps[6] ». Pris séparément, chacun des six dessins révèle que Desrais a scrupuleusement suivi les indications scénographiques livrées par le dramaturge.

5 *Affiches, annonces et avis divers ou Journal général de France*, Septidi 7 Germinal, II année de la République Française, n° 451, p. 6838.

6 Augustin de Piis, *La Nourrice républicaine ou les Plaisirs de l'adoption*, comédie en un acte mêlée de vaudevilles, Paris, chez le libraire, au Théâtre du Vaudeville, à l'Imprimerie, rue des Droits de l'Homme, n° 44, An IIe [1794].

FIG. 1.1 à 1.6 – [Claude-Louis DESRAIS],
La Nourrice républicaine ou les Plaisirs de l'adoption, six dessins préparatoires pour la comédie d'Augustin de Piis (1794), plume et lavis.
Paris, bibliothèque-musée de l'Opéra, Bibliothèque nationale de France.

Longtemps je me suis demandé quelle avait été la destinée de ces illustrations, les seules à ma connaissance référencées pour cette pièce. Avaient-elles jamais été gravées et diffusées ? Étaient-elles dévolues à « enrichir » une édition de la comédie du « citoyen Piis » ? Pourtant aucune édition de cette pièce n'est réputée comporter de figures et, si telle avait dû être leur utilisation, il me semblait qu'un format rectangulaire, et non ovale, aurait naturellement été choisi par l'artiste pour les composer. C'était donc certainement pour un circuit autre que la librairie que Desrais avait conçu cette suite ordonnée avec soin.

Cette intuition s'est avérée juste, mais il m'aura fallu patienter bien des années avant d'en avoir la confirmation. Celle-ci m'est venue non pas d'une découverte relative à la comédie de Piis – dont l'iconographie se réduirait toujours à ces six esquisses –, mais d'une autre série de six dessins préparatoires, pratiquement contemporains des précédents, réalisée par le même Desrais et également conservée à l'Opéra (BnF) (fig. 2). Ces esquisses illustrent encore une comédie, celle-là de Benoît-Joseph Marsollier des Vivetières et Nicolas Dalayrac. Jouée sur le Théâtre Italien à Paris à partir du 22 Floréal An Ve de la République, (le 11 mai 1797), elle s'intitule *La Maison isolée ou le Vieillard des Vosges*. À l'instar de *La Nourrice républicaine*, cette pièce rencontre un vif succès. Les contemporains y voient « encore un nouveau triomphe à ajouter à ceux des aimables auteurs de *Nina*, *Camille*, les *Savoyards*[7] » ; *La Décade philosophique, littéraire et politique* la considère comme « une très bonne acquisition de plus pour le répertoire [du Théâtre-Italien][8] » ; l'*Almanach des Muses* la qualifie d'« heureux mélange d'intérêt et de comique », avant d'en résumer ainsi l'intrigue :

> Le vieillard des Vosges est aimé, considéré, fêté par les habitants des hameaux voisins. Il rencontre un jeune soldat qui a des besoins, et auquel il fait accepter sa bourse. Attaqué ensuite par des brigands dans sa demeure isolée, il est sauvé par ce même soldat que le hasard a fait séjourner dans le canton[9].

Sur les six dessins, numérotés de un à six, les quatre premiers offrent le même décor, cadré légèrement différemment de l'un à l'autre et planté par une didascalie préliminaire de la pièce :

> La scène se passe en France du côté de la Savoie. Le théâtre représente un bois. Près d'une petite fontaine, on voit un tertre de gazon, des fleurs, un site agréable. Sur un côté un pont antique soutenu par des arcades de pierre, qui sont presque fermées par des arbuses, des lierres, etc. Ce pont mène au village[10].

---

7 J.-G. Peltier, « Pièces nouvelles, jouées dernièrement sur les divers théâtres de Paris. Théâtre Italien », *Paris pendant l'année 1797*, jeudi 25 mai, n° 111, 1797, vol. 3, p. 129. Les trois pièces évoquées sont, dans l'ordre de citation, *Nina ou la Folle par amour* (donnée au Théâtre-Italien à Paris à partir du mois de mai 1786) ; *Camille ou le Souterrain* (donnée sur le même théâtre à partir du mois de mars 1791) ; *Les Deux Petits Savoyards* (Théâtre-Italien toujours, à partir du mois de janvier 1789).

8 « Spectacles. Théâtre de l'Opéra-Comique [*sic*] », *La Décade philosophique, littéraire et politique* par une société de républicains, 30 Floréal An V^{e}, 19 mai 1797, V^{e} année de la République, troisième trimestre, n° 24, p. 363.

9 « Théâtre de la rue Favart, ci-devant Théâtre Italien, *Almanach des Muses* pour l'An VIe de la République française, 1798, p. 287.

10 B.-J. Marsollier des Vivetières et N. Dalayrac, *La Maison isolée ou le Vieillard des Vosges*, comédie en deux actes et en prose, mêlée d'ariettes, Paris, les Libraires marchands de Nouveautés, An V^{e}, 1797, [n. p.].

Obéissant approximativement aux consignes scénographiques, les esquisses se rapportent aux épisodes suivants de l'intrigue :

- dessin n° 1 : Zozo, valet du vieillard Évrard (le Vieillard des Vosges), livre à son insu à des voleurs se faisant passer pour des chasseurs des informations utiles pour cambrioler son maître fortuné (acte I, sc. 4) ;
- dessin n° 2 : les jeunes filles du village font cercle autour de Zozo qui veut leur prouver qu'il sait danser (acte I, sc. 6) ;
- dessin n° 3 : Évrard rencontre Charles, soldat en permission pour aller voir son vieux père, scène à laquelle assiste Zozo (acte I, sc. 9) ;
- dessin n° 4 : les jeunes filles en cortège raccompagnent Évrard chez lui, deux enfants le prennent par-dessous les bras pour l'aider à marcher ; les voleurs sont cachés sous le vieux pont. Le tonnerre gronde. (acte I, début sc. 10).

ARCHIVES
DE
L'OPERA

ARCHIVES
DE
L'OPERA

ARCHIVES DE L'OPÉRA

FIG. 2.1 à 2.6 – [Claude-Louis DESRAIS], *La Maison isolée ou le Vieillard des Vosges*, six dessins préparatoires pour la comédie de Benoît-Joseph Marsollier des Vivetières et Nicolas Dalayrac (1797), plume et lavis. Paris, bibliothèque-musée de l'Opéra, Bibliothèque nationale de France.

Le décor change sur les deux derniers dessins, ancrés dans l'acte II :

> Le théâtre représente l'intérieur d'une salle d'une maison des champs. Il y a sur un des côtés, et placée un peu obliquement, une espèce de petite galerie soutenue par des piliers. […] Il fait quart de nuit.

– dessin n° 5 : au plus fort de l'orage, en pleine nuit, Charles s'est réfugié chez Évrard, qui l'invite à dîner. Zozo, jaloux de Charles, s'est agenouillé devant Claire, sa promise et filleule d'Évard, pour se réconcilier avec elle (acte II, sc. 4).
– dessin n° 6 : sabre en main, Charles terrasse les voleurs entrés dans la maison d'Évrard ; il est secondé par Zozo, qui cloue l'un d'eux au sol avec une fourche. Claire paraît, entourée d'ouvriers de passage alentour (acte II, sc. 8 et dernière).

Si aucun indice ne nous renseignait sur la destinée des esquisses de Desrais pour *La Nourrice républicaine*, deux estampes – appartenant au fonds de l'Opéra toujours – nous apprennent que cette deuxième suite de l'artiste a effectivement été gravée : ces gravures correspondent aux dessins n° 3 et n° 4 décrits plus haut, dont les scènes sont naturellement inversées (fig. 3). Qui les a gravées ? nous l'ignorons.

Quant à l'usage de ces illustrations, le mystère en est levé grâce aux collections du département des Arts du spectacle de la BnF (par la vertu d'une belle acquisition faite en 2019) et à la collection de feu Alberto Milano, éminent spécialiste italien de l'histoire des images. Les estampes n° 4 et 6 y sont en effet collées sur l'avers de deux écrans à main du XVIIIe siècle, ces petits objets constitués d'une feuille en carton fichée dans un manche en bois, que l'on tenait à hauteur des yeux pour se protéger le visage de la chaleur du feu auprès des cheminées, dans les classes aisées (fig. 4 et 5). Remarquablement conservés compte tenu de leur fragilité matérielle et de leur exposition aux vicissitudes de l'Histoire, ces écrans ont appartenu chacun à un ensemble différent, qui comportait à l'origine six écrans, supports à l'avers des six gravures d'après Desrais. Leur silhouette identique, à huit pans coupés, est caractéristique de la production de l'objet à la fin du siècle : sa rigueur stricte rompt avec les formes chantournées des années 1740-1780. Les décorations peintes à la gouache autour de chaque estampe sont en revanche encore imprégnées de l'esthétique rococo : le riche décor de guirlandes de fleurs, d'oiseaux, d'insectes, de trophées, d'instruments de musique, de même que les coloris choisis (rose Pompadour et bleu céleste ou « bleu du roi » sur l'écran des Arts du spectacle), font ici écho à la fois aux sujets délicats et aux tonalités des services en porcelaine tendre des manufactures de Vincennes et de Sèvres sous Louis XV et Louis XVI.

FIG. 3.1 et 3.2 – *La Maison isolée ou le Vieillard des Vosges*,
deux gravures d'après Claude-Louis Desrais pour la comédie
de Benoît-Joseph Marsollier des Vivetières et Nicolas Dalayrac (1797).
Paris, bibliothèque-musée de l'Opéra, Bibliothèque nationale de France.

FIG. 4 – *La Maison isolée ou le Vieillard des Vosges*, n° 4, écran à main, carton, bois, métal, estampe, gouache, v. 1797, avers.
Paris, département des Arts du spectacle, Bibliothèque nationale de France.

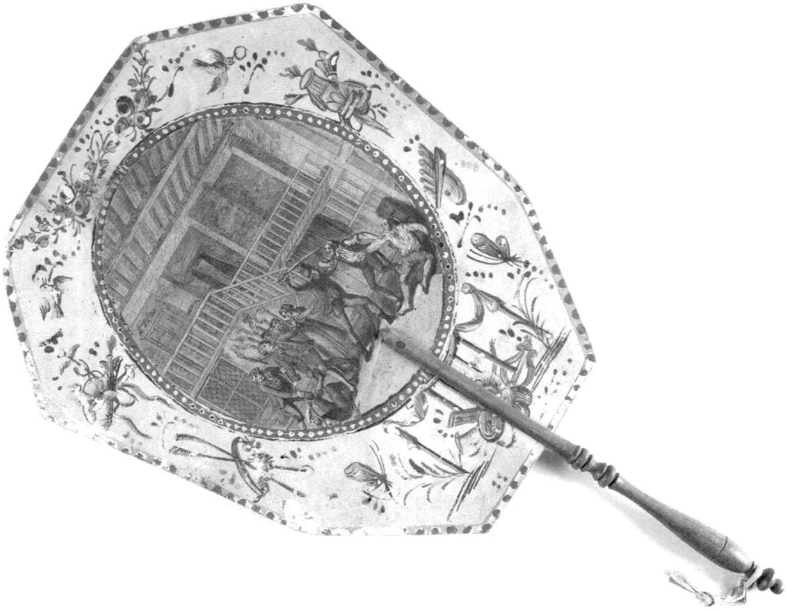

FIG. 5 – *La Maison isolée ou le Vieillard des Vosges*, n° 6, écran à main, carton, bois, métal, estampe, gouache, v. 1797, avers. Collection Alberto Milano (†).

Au revers, sont collées deux feuilles de texte imprimé, dont la mise en page épouse la silhouette du carton, elle-même soulignée par un double trait fin (fig. 6 et 7). Ces feuilles offrent dans leur partie supérieure un numéro (le rang de l'écran dans la série de six), le titre et le genre de la pièce de Marsollier et Dalayrac, « *La Maison isolée*, comédie ». Ni le nom du dramaturge ni celui du musicien ne sont précisés, ces informations étant connues des usagers de l'objet, qui auront assisté à une représentation de l'œuvre ou bien en auront lu dans la presse, ou entendu dans les conversations, le commentaire et l'éloge. Les extraits de la pièce – méthodiquement composés sur deux colonnes afin d'en faciliter la lecture et l'adjonction du manche sans dommage –, correspondent à l'action illustrée à l'avers, qu'ils débordent en amont et en aval pour mieux la situer (quelques coupes sont effectuées dans les passages non essentiels à sa compréhension).

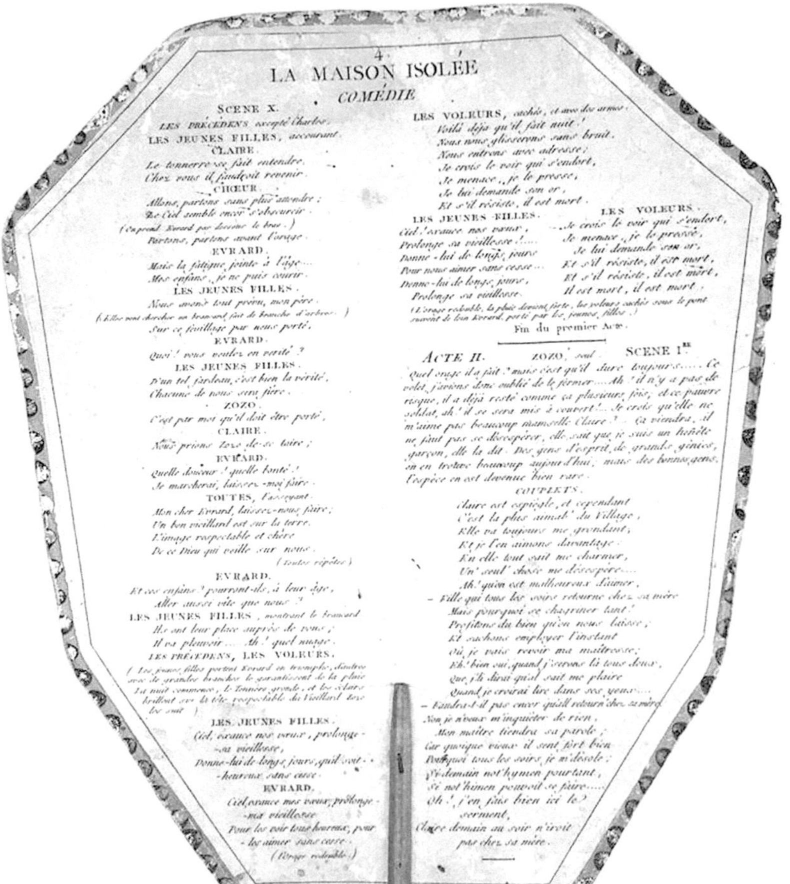

FIG. 6 – *La Maison isolée ou le Vieillard des Vosges*, n° 4, écran à main, carton, bois, métal, estampe, gouache, revers, v. 1797, détail. Paris, département des Arts du spectacle, Bibliothèque nationale de France.

FIG. 7 – *La Maison isolée ou le Vieillard des Vosges*, n° 6, écran à main, carton, bois, métal, estampe, gouache, v. 1797, revers, détail. Collection Alberto Milano (†).

Un nom, « Marcilly », et une adresse, « à Paris » « rue Julien le Pauvre n° 14 et 15 » (on note la décapitation du « saint » dans cette adresse révolutionnaire), sont imprimés sous le texte de l'écran n° 6 : ils désignent l'éditeur de ces écrans, Marcilly, marchand papetier parisien, par ailleurs éditeur d'almanachs de poche et de petits ouvrages instructifs et de morale. Lequel Marcilly serait donc également éditeur trois ans auparavant d'une suite de six écrans se rapportant à la comédie de Piis *La Nourrice républicaine* avec, à l'avers, des illustrations d'après les dessins de Desrais et, au revers, des extraits du texte. L'un de ces écrans, dont je suppose l'existence, apparaîtra peut-être un jour, ici ou là…

Marcilly fut en outre, dans les années 1790, le repreneur du fonds de Jacques-Étienne Petit, pourvoyeur quasi exclusif d'écrans à main se reliant à l'actualité dramatique du second XVIIIe siècle. Petit a ainsi édité, à partir de 1774, une suite de six écrans illustrant le drame lyrique *Henri IV ou la Bataille d'Ivry*, de Barnabé Farmian Durosoy, sur une musique de Johann Paul Aegidius Martini, dont les illustrations, ovales, ont été dessinées par… Desrais une nouvelle fois. Et l'on doit encore à Petit une autre jolie suite de six écrans illustrant la comédie déjà citée *Les Deux petits Savoyards* (1789), de Marsollier et Dalayrac.

De ce rapide survol, il ressort que les écrans à main, emblématiques de l'Ancien Régime, ont finalement traversé l'ère révolutionnaire en étant servis par les mêmes artistes, avant et pendant les événements. Il est vrai, comme l'a souligné Pierre Frantz en son temps, que « le plus grand succès de la dernière décennie du siècle [est] *Les Deux Chasseurs et la Laitière* un opéra-comique de [Louis] Anseaume composé bien avant la Révolution, en 1763, avec une musique de [Egidio Romualdo] Duni[11] ». Cette pièce, à la vogue au long cours, a aussi inspiré une élégante suite de six écrans au moment de sa création.

Nous oserons une ultime interrogation dans le sillage de Jean de Cayeux et de son exposition originale l'*Éloge de l'ovale. Peintures et pastels du XVIIIe siècle français*, présentée en 1975 dans sa galerie parisienne : pourquoi l'ovale[12] ? S'agissant des estampes collées sur nos écrans, la réponse pourrait surgir d'une… lanterne magique. C'est en effet dans un ovale parfait qu'apparaissent les images projetées depuis ces lucarnes qui fascinent tant le public, comme le montre une remarquable allégorie révolutionnaire à l'encre noire, lavis et gouache, intitulée *La Lanterne magique*, dessinée vers 1790 par… Desrais (fig. 8).

11 P. Frantz, « Entre journal et épopée : le théâtre d'actualité de la Révolution », *Studi francesi*, *La Révolution sur scène*, Pierre Frantz, Paola Perazzolo, Franco Piva (dir.), 2013, 169 (LVII/ 1), p. 18.

12 J. de Cailleux, *Éloge de l'ovale. Peintures et pastels du XVIIIe siècle français*, catalogue par M. Roland Michel, collab. A. Rambaud, Paris, galerie Cailleux, 1975.

FIG. 8 – Claude-Louis DESRAIS, [*La Lanterne magique, allégorie révolutionnaire*], plume, encre noire, lavis, gouache, crayon, papier, 34,9 x 29,3 cm.
Paris, musée Carnavalet, Histoire de Paris.

En adoptant, dans les années 1760, cette même forme ovale pour les illustrations collées à l'avers des écrans à main, l'éditeur Petit et ses concurrents n'auraient-ils pas cherché à parer l'objet de carton du halo de modernité associé à la technique de projection des lanternes magiques, plébiscitée justement par les usagers de nos… écrans ?

Nathalie RIZZONI
CELLF, UMR 8599 du CNRS
et de Sorbonne Université

FIGURES

VOLTAIRE ET MLLE CLAIRON

Suprématie du texte ou suprématie de l'acteur ?

Le 12 janvier 1750, quelques mois après la mort de Mme du Châtelet, Paris voit la représentation d'*Oreste*, que Voltaire avait écrit en quelques jours et qui entrait en compétition avec Crébillon père, l'auteur d'*Électre*, une pièce qui avait eu un grand succès. Le sujet était le même. La bataille serait gagnée par celui qui recevrait le plus d'applaudissements, mais aussi, voire surtout, par celui qui ferait verser le plus de larmes. Voltaire confie le rôle de Clytemnestre à Mlle Dumesnil et le rôle d'Électre à Mlle Clairon. Dès qu'il rentre chez lui, le soir de la première, Voltaire écrit à cette dernière :

> Vous avez été admirable, vous avez montré dans vingt morceaux ce que c'est que la perfection de l'art, et le rôle d'Électre est certainement votre triomphe ; mais je suis père, et, dans le plaisir extrême que je ressens des compliments que tout un public enchanté fait à ma fille, je lui ferai encore quelques petites observations pardonnables à l'amitié paternelle. Pressez, sans déclamer, quelques endroits [...]. Ces Euménides demandent une voix plus qu'humaine, des éclats terribles. Encore une fois, débridez, avalez des détails, afin de n'être pas uniforme dans les récits douloureux. Il ne faut se négliger sur rien, et ce que je vous dis là n'est pas un rien. [...] Bonsoir, Melpomène, portez-vous bien[1].

Quelques jours plus tard, craignant que ses critiques n'aient froissé la susceptibilité de la comédienne, Voltaire écrit à Mlle Clairon une deuxième lettre :

> Je prie la divine Électre, dont je me confesse très indigne, de ne point trouver mauvais que j'aie chargé son rôle de quelques avis. Je n'ai point prétendu noter son rôle, mais j'ai prétendu indiquer la variété des sentiments qui doivent y

1 D4095 (à Mlle Clairon. 12 janvier 1750). Pour toutes les références des lettres de Voltaire, nous renvoyons à la numérotation dans Voltaire, *Correspondance*, éd. T. Besterman et F. Deloffre, Paris, Gallimard, coll. « Bibliothèque de la Pléiade », 1992, 13 vol.

régner, et les nuances des sentiments qu'elle doit exprimer. C'est l'allegro et le piano des musiciens. J'en use ainsi depuis trente ans avec tous les acteurs, qui ne l'ont jamais trouvé mauvais ; et je n'en ai pas certainement moins de confiance dans ses grands talents, dont j'ai été toujours le partisan le plus zélé[2].

Comme d'habitude, pendant les jours suivant la première, Voltaire corrige son texte, raccourcit une scène du deuxième acte, récrit le cinquième et, quelques jours plus tard, il écrit une nouvelle fois à Mlle Clairon, en lui demandant « un changement très léger, mais qui est très important[3] » et en se donnant en exemple :

> Ce n'est que par un examen continuel et sévère de moi-même, ce n'est que par une extrême docilité pour de sages conseils, que je parviens chaque jour à rendre la pièce moins indigne des charmes que vous lui prêtez. Si vous aviez le quart de la docilité dont je fais gloire, vous ajouteriez des perfections bien singulières à celles dont vous ornez votre rôle. Vous vous diriez à vous même quel effet prodigieux font les contrastes, les inflexions de voix, les passages du débit rapide à la déclamation douloureuse, les silences après la rapidité, l'abattement morne et s'exprimant d'une voix basse, après les éclats que donne l'espérance, ou qu'a fournis l'emportement. Vous auriez l'air abattu, consterné, les bras collés, la tête un peu baissée, la parole basse, sombre, entrecoupée[4].

L'actrice a, selon Voltaire, tout à gagner à suivre ses conseils :

> En observant ces petits artifices de l'art, en parlant quelquefois sans déclamer, en nuançant ainsi les belles couleurs que vous jetez sur le personnage d'Électre, vous arriveriez à cette perfection à laquelle vous touchez, et qui doit être l'objet d'une âme noble et sensible. La mienne se sent faite pour vous admirer et pour vous conseiller ; mais, si vous voulez être parfaite, songez que personne ne l'a jamais été sans écouter des avis, et qu'on doit être docile à proportion de ses grands talents[5].

Mlle Clairon allait bientôt apprendre à étudier, préciser et varier ses rôles, comme Voltaire le lui conseillait, mais celui-ci, en juillet de la même année, part s'installer en Prusse, chez Frédéric II, où une nouvelle vie, une nouvelle ère commencera pour lui. Pendant trente ans environ, Voltaire ne sera plus présent au parterre de la Comédie-Française et son

2 D4098 (à Mlle Clairon. 15 janvier 1750).
3 D4104 (à Mlle Clairon. 20 janvier 1750).
4 D4104 (à Mlle Clairon. 20 janvier 1750).
5 D4104 (à Mlle Clairon. 20 janvier 1750).

jugement sur la représentation de ses pièces et sur le jeu des comédiens sera exclusivement fondé sur ce que lui en écriront ses amis. Il ne cessera pas pour autant d'écrire des tragédies, de donner des conseils et des jugements sur la mise en scène, mais il perdra le contact physique, la perception immédiate des changements de goût, des modes de la capitale, du public auquel il veut plaire et pour lequel il écrit. Ce ne sera qu'en 1778, peu avant sa mort, qu'il verra et écoutera de nouveau en direct les comédiens jouer ses pièces dans le théâtre parisien.

Quant à Mlle Clairon, après le départ de Voltaire, et en partie sous l'emprise de Marmontel, elle changera sa façon de jouer. Elle deviendra plus sûre d'elle, plus entreprenante, elle se permettra de plus en plus d'intervenir sur les textes, coupant des scènes pour les rendre plus rapides ; elle osera défier les goûts du public au lieu de les appuyer. Avec elle, le temps, le rythme, les lois et les raisons du théâtre gagneront en importance dans le jeu d'acteur par rapport à la beauté et à la musique des vers.

En 1752, Mlle Clairon part jouer à Bordeaux. Là, face à un public moins nombreux, plus tolérant et moins capricieux que celui du Théâtre-Français, elle expérimente, dans le rôle d'Agrippine dans *Britannicus*, une nouvelle manière de jouer la tragédie : plus « simple, posée », moins redondante et moins maniérée. Au début, le public est perplexe, n'applaudit pas. La comédienne racontera plus tard :

> un débit accéléré sur la fin de chaque couplet et des éclats gradués étaient ordinairement la réplique du parterre : il savait que c'était là qu'il devait applaudir, et, ne lui donnant pas cette réplique, je ne fus point applaudie. Maîtresse de moi-même, j'observais attentivement ses mouvemens, ses murmures ; j'entendis distinctement au milieu de ma première scène : *Mais cela est beau ! Cela est beau !* Le couplet suivant fut généralement applaudi, et je pus me flatter, dans le reste du rôle, du succès le plus complet[6].

Encouragée, Mlle Clairon applique la nouvelle manière de jouer à d'autres rôles et rentre à Paris résolue à abandonner le théâtre si elle ne voit pas ses efforts approuvés par le parterre parisien[7]. Le public, progressivement, la suit. Désormais, c'est elle qui dicte la loi et non pas

6 Mlle Clairon, *Mémoires de Mlle Clairon, écrits par elle-même* [1798] (Paris, Ponthieu, 1822-1825) Genève, Slatkine Reprints, 1968, p. 73.

7 *Ibid.*, p. 76.

le parterre. Amie des philosophes et imbue de l'esprit des Lumières, la comédienne gagne sa bataille : elle forme un nouveau public. Elle écrira dans ses *Mémoires* : « Chaque jour un spectateur se retire ; chaque jour il en vient un nouveau : on n'a presque plus rien du même auditoire au bout de dix ans. Les traditions se perdent ; et faute de bons comédiens et de bons juges, le théâtre retombe dans la médiocrité de son enfance[8]. »

En mars 1753, Voltaire quitte Frédéric II et en 1754 il s'installe à Genève. En 1759, stimulé par la réforme des banquettes qui, grâce à M. de Lauraguais, sont enfin éliminées de la scène de la Comédie-Française, il écrit rapidement *Tancrède.* Conscient de la place que Mlle Clairon avait acquise, il crée pour elle le rôle d'Aménaïde, « une femme vertueuse et passionnée, convaincue d'un crime qu'elle n'a pas commis, sauvée du supplice par son amant qui la croit criminelle, méprisée par celui qui l'a sauvée, et pour qui elle avait tout fait, plus désespérée de se voir soupçonnée par son amant, qu'elle n'a été affligée d'être conduite au supplice[9] ». Comme Diderot l'avait suggéré deux ans auparavant, dans son essai *De la poésie dramatique*, la pièce se prêtait à une revalorisation de la pantomime que Voltaire voulait surtout développer au cours de la dernière scène, lors des « fureurs d'Aménaïde », « fureurs de femme, fureurs mêlées de tendresse, rage contre les chevaliers, emportements contre son père, larmes sur le corps de son amant, évanouissement, retour à la vie, transports, désespoir, aux yeux de ceux qui ont fait ses malheurs[10] ». Le 6 août, impatient de vérifier l'efficacité de son ouvrage, Voltaire écrit à son fidèle ami d'Argental :

> Il n'y a donc pas à balancer, il n'y a donc pas de temps à perdre. Il faut donc jouer, il faut donc bazarder le sifflet sans tarder une minute. Par tous les saints la fin de *Tancrède* est une claironade terrible. Imaginez donc cette Melpomène désespérée, tendre, furieuse, mourante, se jetant sur son ami, se relevant, envoyant son père au diable, luy demandant expirante dans les convulsions de l'amour et de la fureur. Je le dis, ce sera une claironade triomphante[11].

Le 3 septembre 1760 *Tancrède* est enfin représenté à Paris. Vingt jours plus tard, Voltaire commence à réagir aux libertés que Mlle Clairon prend

---

8 *Ibid.*
9 D8471 (au couple d'Argental. Septembre 1759).
10 D8912 (à d'Argental. 16 mai 1760).
11 D9119 (à d'Argental. 6 août 1760).

avec son rôle, comme le lui rapportent bien des spectateurs et ses amis. Elle est en effet loin de se limiter à la « mise en œuvre du discours ». Au deuxième acte, elle ôte quelques vers du texte de Voltaire, les remplaçant par une pantomime. Dès qu'il l'apprend, Voltaire récrit immédiatement le monologue que l'actrice avait coupé et écrit à d'Argental :

> Voicy mes chers anges le monologue du second acte pour mlle Clairon. Le premier n'était que naturel, mais trop élégiaque. Vous êtes gens de haut goût à Paris. Au nom de la sainte vierge faites réciter ce morceau à Clairon. Il favorise tant la déclamation ! Je vous en prie, je vous en conjure[12].

Le lendemain, de plus en plus inquiet, Voltaire écrit directement à la comédienne :

> Divine Melpomène, je vous conjure par les lois immuables du goût de ne point sortir du théâtre au second acte comme une muette qu'on va pendre. Faites-moi l'amitié, je vous en supplie, de réciter le monologue ci-joint. Il est favorable à la déclamation.
>
> Il nous tire ici des larmes. Comment ne subjuguerez-vous pas tout le monde en prêtant à ce morceau la force et le pathétique qui lui manquent[13] ?

Il est difficile d'établir ce qui arriva au cours des répétitions du deuxième acte, si ce fut Voltaire ou la femme qui l'emporta. Entre temps, un nouveau différend s'ouvrait concernant le dénouement de la tragédie, la scène des « fureurs d'Aménaïde ». Là aussi, Mlle Clairon avait coupé des vers et remplacé par une pantomime le dialogue final entre Aménaïde et son père. Le 25 septembre Voltaire se plaint à d'Argental :

> Il y a un aveuglement cruel à me priver du plus beau morceau de la pièce. Je vous conjure de me le rendre. Qui empêche mademoiselle Clairon de se jeter et de mourir au pied de Tancrède quand son père éperdu et immobile est éloigné d'elle ou qu'il marche à elle, qui l'empêche de dire j'expire et de tomber près de son amant[14]...

Au cours de l'automne 1760, l'échange de lettres entre Ferney et Paris, à propos de *Tancrède*, est très intense. Voltaire est inquiet, il souffre de ne pouvoir personnellement vérifier ce qui arrive sur la scène et au

12 D9256 (à d'Argental. 23 septembre 1760).
13 D9260 (à Mlle Clairon. 24 septembre 1760).
14 D9263 (au couple d'Argental. 25 septembre 1760).

parterre de la Comédie-Française, il ne cesse de demander leurs avis aux spectateurs qu'il connaît, il se fait envoyer toutes les critiques, il les analyse, en discute par lettre avec d'Argental, s'en prend aux acteurs qui coupent, changent, raccourcissent, adaptent, « démembrent » à leur gré le scénario, sans respecter ni consulter l'auteur[15]. Puis il reprend son texte et avec une énergie extraordinaire, tout comme lorsqu'il se livre à son autocritique habituelle, il le corrige plusieurs fois, jugeant que la désinvolture des acteurs pourrait dépendre de la faiblesse, de la froideur ou des défauts de certaines parties de la pièce. Il envoie ses corrections à d'Argental et accueille ses conseils, ses propositions de modifications : il demande d'arrêter les répétitions le temps de préparer une édition définitive à publier. Le spectacle est suspendu : on attend la nouvelle version. Le 19 octobre il écrit : « *Tancrède* est toute autre chose que ce que vous avez vu au théâtre. J'espère qu'à la reprise, ils joueront ma pièce et non pas la leur. Ils me doivent cette petite condescendance puisque je leur ay donné le produit des représentations et de l'impression[16]. » Mais la discussion ne s'arrête pas là. Il ne s'agit plus de la déclamation. Un nouveau désaccord apparaît, à propos de l'espace à donner à la pantomime, qui cache une lutte enflammée pour le pouvoir entre la comédienne et l'auteur. Voltaire craque :

> Mme Clairon est une très bonne actrice, mais sa fausse délicatesse, son habitude de ne songer qu'à elle seule, et de préférer une de ses attitudes à tout ce que les autres acteurs doivent dire, seraient capables de faire tomber une pièce sans retour, si elle ne la soutenait pas par ses grands talents ; j'ose exiger de sa complaisance qu'elle m'en croie, si je ne puis l'exiger de son goût[17].

Voltaire en appelle aux d'Argental, les implorant de défendre ses intérêts :

> J'espère que mes divins anges ne souffriront pas que les comédiens, pour récompense de tout ce que j'ai fait pour eux[18], me traitent avec un mépris qu'ils n'auraient pas pour un barbouilleur de dix-huit ans. Quelque mauvais que soit mon ouvrage, il m'appartient : les comédiens doivent le réciter comme je l'ai fait, et non comme ils le veulent[19].

---

15 *Cf.* D9366 (à d'Alembert. 30 octobre 1760).

16 D9331 (à Thieriot. 19 octobre 1760).

17 D9413 (au couple d'Argental. 17 novembre 1760).

18 Voltaire avait accordé aux acteurs les profits des représentations et de l'édition imprimé de *Tancrède*.

19 D9413 (au couple d'Argental. 17 novembre 1760).

Mais Mlle Clairon a le soutien du public. Le succès de la pièce doit autant à elle qu'à sa pantomime. Forte de son pouvoir, elle ne s'arrête pas : elle réfléchit, puis propose à Voltaire d'habiller la scène en noir et d'y ériger un échafaud, au troisième acte de *Tancrède*. Voltaire répond de façon aussi cordiale que ferme :

> Je ne suis point du tout de votre avis, ma belle Melpomène, sur le petit ornement de la Grève que vous me proposez. Gardez-vous, je vous en conjure, de vouloir rendre la scène française dégoûtante et horrible, et contentez-vous du terrible. [...] Quel mérite y a-t-il, s'il vous plaît, à faire construire un échafaud par un menuisier ? En quoi cet échafaud se lie-t-il à l'intrigue ? [...] Faire paraître un échafaud pour le seul plaisir d'y mettre quelques valets de bourreau, c'est déshonorer le seul art par lequel les Français se distinguent, c'est immoler la décence à la barbarie [...] Je vous conjure de rejeter cette abominable tentation[20].

Les jours suivants, Voltaire écrit de plus en plus de lettres, cherchant de la solidarité et de l'appui : « Si notre scène devient anglaise, nous sommes bien avilis. Nous ne sommes déjà que les traducteurs de leurs romans. N'avons-nous pas déjà baissé assez pavillon devant l'Angleterre ? C'est peu d'être vaincus, faut-il encore être copistes[21] ? » Finalement, il l'emporte. Mlle Clairon, convaincue par le couple d'Argental, renonce à l'échafaud. Voltaire lui offre en échange une épître laudative, *à Daphné célèbre actrice*. Pourtant, presque dans le même temps, il écrit à d'Argental : « On se défera enfin des conversations d'amour, des petites confidences d'amour, des petites déclarations d'amour. Les passions seront tragiques et auront des effets terribles, mais tout dépend d'un acteur et d'une actrice. C'est là le grand mal ; cet art est trop avili[22]. »

Les interventions directes de Voltaire sur le jeu de Mlle Clairon cessent avec *Tancrède*. Contrairement à Diderot, qui admire l'actrice sincèrement et l'exalte avec passion, Voltaire dorénavant continue de la louer, de lui dédier poèmes, préfaces et épîtres, mais, de fait, il la subit et la craint. Ce n'est que sa présence à elle qui assure le succès de ses pièces, et il le sait ; mais le pouvoir de l'actrice et sa coutume de couper le texte pour remplacer ses monologues par des pantomimes, l'agacent.

20 D9317 (à Mlle Clairon. 16 octobre 1760).
21 D9327 (à la comtesse d'Argental. 18 octobre 1760).
22 D10052 (à d'Argental. 3 octobre 1761).

> Je crois que Mlle Clairon est la plus grande actrice que vous ayez eue, mais permettez-moi de ne m'en rapporter en aucune manière à aucun de ses jugements [...] Si on resserrait, par exemple, la catastrophe de la fin, il n'y aurait plus rien de pathétique ; j'aimerais autant entendre des chanoines dépêcher leurs complies pour gagner plus vite leur argent[23].

Quand il écrit ces lignes, Voltaire est en train de travailler à *Cassandre*. La pièce prévoit deux rôles féminins, l'une de fille (Olympie), l'autre de mère (Statira). Voltaire voudrait confier à Mlle Gaussin le rôle plus jeune et à Mlle Clairon le plus âgé au contraire de d'Argental et Thibouville qui avaient pensé donner le rôle d'Olympie à Mlle Clairon. Finalement, non seulement Voltaire doit céder, mais, pour favoriser Mlle Clairon, il change bientôt le titre de la pièce en *Olympie* (1764). C'est la dernière tragédie de Voltaire jouée par l'actrice. Un an plus tard, après avoir été à Ferney comme invitée chez Voltaire qui ne l'avait pas vue depuis dix-sept ans et qui l'a accueillie avec de grands honneurs, Mlle Clairon laisse définitivement le Théâtre-Français.

Mara Fazio
La Sapienza, Université de Rome

23 D11174 (aux d'Argental. 25 avril 1763).

LA RAISON D'ÉSOPE

Théorie du jeu entre François Riccoboni et Diderot

> Au reste, la question que j'approfondis a été autrefois entamée entre un médiocre littérateur, Rémond de Saint-Albine, et un grand comédien, Riccoboni. Le littérateur plaidait la cause de la sensibilité, le comédien plaidait la mienne. C'est une anecdote que j'ignorais et que je viens d'apprendre[1].

C'est avec ces mots que Diderot, vers la fin de son *Paradoxe sur le comédien*, après avoir exposé sa théorie, reconnaît que « sa cause », celle du jeu de l'acteur non sensible et froid, fondé sur la rationalité et sur la présence de l'acteur à lui-même afin d'atteindre la parfaite illusion théâtrale, avait été plaidée autrefois par François Riccoboni. Malgré le renversement des perspectives, il nous semble évident que le philosophe intègre l'enseignement du « grand comédien », et change définitivement le cours de sa pensée sur l'acteur et son jeu. Et ce n'est pas juste un fait de chronologie ou de primauté, Riccoboni élaborant sa théorie dans son *Art du Théâtre* en 1750, tandis que le *Paradoxe* est conçu après 1770 comme évolution et maturation des *Observations sur Garrick*. Il s'agit aussi d'un rapprochement avec le système théorique propre à l'acteur italien où la raison et le jeu d'acteur, en tant que jeu construit et réfléchi, priment d'une manière décisive et exclusive sur la sensibilité, en raison d'une approche empiriste voire matérialiste du sujet[2].

Un changement important intervient par rapport à la position de Diderot lui-même lorsqu'encore en 1757-1759, il montrait une adhésion à la *doxa* de la sensibilité. Les acteurs enthousiastes et passionnés des *Entretiens* s'éloignent de l'acteur froid du *Paradoxe* où un reversement

---

1 Diderot, *Paradoxe sur le comédien*, Paris, Sautelet et Cie, 1830, p. 80.

2 J'ai eu l'occasion de m'attarder sur ces points dans « *Una vita nell'*Arte del Teatro », dans F. Riccoboni, *L'Art du Théatre*, éd. E. De Luca, Napoli, Università degli Studi di Napoli l'Orientale, p. 1-168 : https://www.actingarchives.it/review/archivio-numeri/18-anno-v-numero-10-novembre-2015/89-l-arte-del-teatro-traduzione-introduzione-e-note-emanuele-de-luca.html (consulté le 15 mars 2021).

total s'est opéré. Si pendant les années 1760 Diderot commence en réalité à envisager un juste milieu entre sensibilité et jugement (*Lettres à Mademoiselle Jodin*, 1765-1767) ; si l'attention à l'artiste froid qu'est le peintre La Tour émerge à l'occasion du Salon 1767 ; si la rédaction du *Rêve de d'Alembert* permet d'entrevoir la thèse centrale du *Paradoxe*, celle-ci ne se précisera que dans les années 1770[3]. C'est alors que la lecture de l'*Art du Théâtre* joue son rôle : traité peut-être découvert par Diderot en 1769, mais certainement approfondi en vue du *Paradoxe*. En effet, la même anecdote ci-dessus évoquée, celle dans laquelle il prétend qu'il vient de découvrir le débat entre Rémond de Sainte-Albine et Riccoboni, achève déjà les *Observations* à quelques mots près[4]. Diderot ne découvre donc pas l'existence de l'*Art du Théâtre* à la fin du *Paradoxe*. Il le connaissait déjà au moins en 1770, et ensuite durant la composition de ce « certain pamphlet sur l'art de l'acteur » dont il parle à Madame d'Épinay en août 1773[5]. Or, il nous semble que ce rapprochement s'enracine en profondeur dans l'approche rationnelle et antimétaphysique du jeune Lélio qui, pour la première fois dans la théorie du jeu, s'oppose non seulement à toute contrainte oratoire, mais aussi à la sensibilité de l'acteur (prônée encore par Rémond de Sainte-Albine sur la base de la théorie traditionnelle et classique), et à l'enthousiasme (divin et archaïque) encore persistant dans les *Pensées sur la déclamation* de Luigi Riccoboni. Il le fait du point de vue d'un acteur qui fonde sa théorie sur sa propre expérience pratique, au profit d'une nouvelle et inédite centralité du corps et de la disposition totale de celui-ci, afin de reproduire sur scène les signes extérieurs des passions, guidés par l'intelligence et par la raison. Et c'est précisément autour du rôle de la raison dans le jeu que les lignes suivantes souhaitent s'attarder pour une première réflexion sur les rapports entre le philosophe et l'acteur-théoricien à l'horizon

3 Voir les travaux d'Y. Belaval, *L'Esthétique sans paradoxe de Diderot*, Paris, Gallimard, 1991, P. Frantz, *L'Esthétique du tableau dans le théâtre du XVIIIe siècle*, Paris, PUF, 1998, P. Alatri, « Introduzione », dans Diderot, *Paradosso sull'attore*, éd. P. Alatri, Roma, Editori riuniti, 1972, p. 7-70, *Les Salons de Diderot : théorie et écriture*, P. Frantz et E. Lavezzi (dir.), Paris, PUPS, 2008, C. Vicentini, *La teoria della recitazione. Dall'antichità al Settecento*, Venezia, Marsilio, 2012, notamment p. 251-290, L. Marie, *Inventer l'acteur*, Paris, SUP, 2019.

4 « Observations de M. Diderot sur une brochure intitulée Garrick », *Correspondance littéraire*, 15 octobre et 1er novembre 1770, éd. Maurice Tourneux, Paris, Garnier, 1877-1882, 16 vol. : IX, p. 134-141 et 149-157 (156-157).

5 Voir P. Frantz, *L'Esthétique du tableau*, *op. cit.*, p. 247.

philosophique des Lumières et à partir d'un cadre théorique auquel Pierre Frantz a consacré des pages éclairantes[6].

Dans son *Art du Théâtre*, François Riccoboni affirme que les parties qui forment le jeu « ne dépendent que de l'entendement[7] ». L'intelligence est définie comme le « premier talent du Théâtre[8] » ; c'est elle qui guide le jeu du comédien et qui lui donne la faculté de

> bien rendre toutes les variétés des rôles différents que l'on joue, mais encore pour faire sentir toutes celles qui se rencontrent dans une même pièce [...]. C'est elle qui fait seule les grands comédiens, et sans qui on ne peut jamais être tout au plus qu'un de ces médiocres sujets [...] dont le connaisseur ne peut être pleinement satisfait[9].

« Tout l'art du théâtre dépend de cette seule partie[10] » et nulle place n'est octroyée à la participation émotionnelle. L'expression n'est rien d'autre alors que l'habileté à travers laquelle l'acteur « fait sentir au spectateur tous les mouvements dont on veut paraître pénétré[11] ». « Paraître » donc et non pas *être*. Dans un passage célèbre, l'auteur dévoile les erreurs dans lesquelles le public se laisse entraîner et séduire :

> lorsqu'un acteur rend avec la force nécessaire les sentiments de son rôle, le spectateur voit en lui la plus parfaite image de la vérité. [...] Étonnés d'une si parfaite imitation du vrai, quelques-uns l'ont prise pour la vérité même, et ont cru l'acteur affecté du sentiment qu'il représentait[12].

Pour montrer le poids de la raison dans le jeu, même dans les moments où l'acteur paraît emporté par la plus grande passion, François Riccoboni réinterprète la fameuse anecdote de l'acteur romain Ésope transmise par Plutarque dans sa *Vie de Cicéron* :

---

6 Voir encore P. Frantz, « Du spectateur au comédien : le *Paradoxe* comme nouveau point de vue », *RHLF*, n° 5, 1993, p. 685-701 ; *Id.*, « Rousseau et l'acteur » dans *Rousseau et le spectacle*, J. Berchtold, C. Martin et Y. Séité (dir.), Paris, Armand Colin, 2014, p. 17-28 et *Id.*, « Le Théâtre déstabilisé. Diderot et la critique de Rousseau », *Recherches sur Diderot et sur l'Encyclopédie*, n° 48, 2013, p. 37-46.

7 F. Riccoboni, *L'Art du Théâtre à Madame****, Paris, Simon et Giffart, 1750, p. 20.

8 *Ibid.*, p. 31.

9 *Ibid.*, p. 30-31.

10 *Ibid.*, p. 35.

11 *Ibid.*, p. 36.

12 *Ibid.*, p. 36-37.

> Un fameux acteur tragique, nommé Ésope, jouait un jour les fureurs d'Oreste. Dans le moment qu'il avait l'épée à la main, un esclave destiné au service du théâtre, vint à traverser la scène, et se trouva malheureusement à sa rencontre. Ésope ne balança pas un instant à le tuer. Voilà un homme à ce qui paraît si pénétré de son rôle, qu'il ressent jusqu'à la fureur[13].

Ésope, à la merci de la fureur, en serait venu au point de tuer réellement un esclave. L'anecdote était transmise dès l'Antiquité comme l'exemple par excellence de l'emportement émotif de l'acteur, de sa capacité à éprouver les sentiments du personnage jusqu'à la perte de soi, jusqu'à l'acte homicide. Encore en 1639, Georges de Scudéry prône la cause d'un Ésope hors de soi[14]. Le raisonnement de François Riccoboni renverse la perspective. Ésope ne tue pas l'esclave parce qu'il est possédé par la fureur, mais, pour ainsi dire, afin d'obtenir un lucide coup de théâtre, profitant du passage de l'esclave à proximité de la scène. Riccoboni réfléchit au fait qu'il s'agit d'un esclave et non d'un libre citoyen pour en tirer une déduction :

> Mais pourquoi ne tua-t-il jamais aucun des comédiens qui jouaient avec lui ? C'est que la vie d'un esclave n'était rien, mais qu'il était obligé de respecter celle d'un citoyen. Sa fureur n'était donc pas si vraie, puisqu'elle *laissait à sa raison toute la liberté du choix*. Mais, en comédien habile il saisit l'occasion que le hasard lui présentait[15].

Donc la fureur d'Ésope n'était pas si réelle au point d'être pris d'un tel emportement. Or, si on cherche dans les textes de Cicéron, lui qui prône généralement la sensibilité de l'orateur en parfait accord avec les postulats anciens et même horatiens (voir notamment le *De Oratore*), on trouve dans les *Tusculanes disputationes* une référence à l'acteur Ésope qui va dans le même sens que Riccoboni. Cicéron dévoile une déclamation de sang-froid, fondée sur une technique de simulation qui, comme l'a très bien expliqué Claudio Vicentini[16], remplace la participation émotive de l'orateur :

> « Y en a-t-il un pour y mettre ordre ? Attachez-le ! »
> Penses-tu que jamais Ésope ait été en colère en jouant ce passage, qu'Accius ait été en colère lorsqu'il l'écrivait ? Ce sont là morceaux qui se prêtent bien

13 *Ibid.*, p. 40. Erreur de Riccoboni, il s'agit d'Atrée qui médite sur la façon de se venger de son frère Thyeste. Selon la tradition, Ésope tue l'esclave avec son sceptre.

14 G. de Scudéry, *Apologie du théâtre*, Paris, Courbé, 1639, p. 86.

15 F. Riccoboni, *op. cit.*, p. 40-41, je souligne.

16 C. Vicentini, *op. cit.*, p. 54-55.

> à la déclamation, et même un orateur, si c'est vraiment un orateur, y réussit mieux que n'importe quel acteur, mais on ne perd en les déclamant ni son calme ni son sang-froid [*Leniter et mente tranquilla*][17].

Si à l'époque romaine Ésope pouvait donc ne pas ressentir la colère, le point significatif chez Riccoboni se trouve comme éclairé par l'image d'une représentation de la fureur qui laisse *à sa raison toute la liberté du choix*. Il ne s'agit pas alors d'une perte de soi, mais bien d'une maîtrise lucide des actions, de la raison sur l'émotion, du jugement qui pousse jusqu'à l'acte criminel. Et c'est exactement la liberté de choix qui prouve le processus rationnel à l'œuvre dans l'interprétation. Choisir est un acte qui est rapporté à ce jugement « que l'âme porte de différents objets dont elle a comparé les qualités entre elles, ou à ce jugement, et à une action qui suit ou doit suivre ce jugement qui la détermine à être telle ou telle[18] ». C'est la raison qui guide l'action. Et ce moteur est bien différent du sentiment qui sera au contraire décrit par François Riccoboni :

> Les mouvements qui naissent dans l'âme avec le plus de promptitude, sans le secours de la réflexion, et qui dès le premier instant nous déterminent presque malgré nous, sont les seuls qui devraient porter le nom de sentiments[19].

Les sentiments sont donc des mouvements de l'âme qui excluent tout choix rationnel. Ésope n'était décidemment pas en proie à ses sentiments. Dans cette logique, l'opposition de François Riccoboni à la *doxa* est définitive, ainsi que son opposition aux théories de Rémond de Sainte-Albine. Tout dépend de l'entendement et non pas de l'emportement et cette position forte est encore plus claire si on la compare à celle de Luigi Riccoboni. Si dans *Dell'Arte rappresentativa* (1728), ce dernier nie déjà la pensée de l'acteur (« *scordare i quattro membri e forse il quinto che è la testa*[20] »), il radicalise sa position dans les *Pensées* (1738). Contrairement à son fils, en effet, pour Luigi, chaque orateur (et donc aussi chaque acteur) doit se laisser guider exclusivement par les tons de l'âme, puisque tous les tons sont présents dans l'âme et sont nécessaires pour communiquer les perfections dont Dieu, « Auteur de la nature[21] », l'a fait dépositaire.

17 Voir dans L. Marie, *op. cit.*, p. 272. Le passage est repris également par Rousseau.
18 *Encyclopédie*, Paris, Briasson, David, Le Breton, Durand : III, 1753, p. 362.
19 F. Riccoboni, *op. cit.*, p. 45.
20 L. Riccoboni, *Dell'Arte rappresentativa*, London, 1728, p. 17.
21 *Id.*, *Pensées sur la déclamation*, Paris, Briasson, Delormel, Prault, 1738, p. 12.

Pour déclamer, il doit entrer dans le même enthousiasme que celui qui guide les poètes dans l'écriture. Si l'âme qui a inspiré les pensées de l'orateur en dicte également les intonations, elles seront alors vraies et convenablement variées. Mais pour cela il est nécessaire de se débarrasser du corps physique, qui est la matière entourant l'âme :

> Dans l'art de la déclamation jusqu'à la pensée nous est interdite, et si cette opération de l'esprit, qui a un empire absolu sur notre volonté, et qui nous distrait malgré nous, vient nous surprendre dans le temps qu'on déclame, elle en est repoussée malgré elle, car la déclamation la force à sortir de notre tête ne pouvant pas agir en sa compagnie. [...] Sentir ce que l'on dit : voilà les tons de l'âme[22].

Dans cette perspective, la négation du sentiment chez François Riccoboni aboutit à la renonciation définitive à une métaphysique de l'interprétation encore sous-jacente dans *Les Pensées*, mais aussi dans l'enthousiasme comme moyen de se laisser emporter et guider par les tons de l'âme, ou encore dans le mystère de l'incarnation d'un personnage, qui relève indéniablement du religieux[23]. Le dispositif théorique du fils Riccoboni devient le point d'assise d'un nouveau paradigme du jeu qui s'oppose à un innéisme et à un néoplatonisme de matrice chrétienne, véhiculé par l'enthousiasme. Le processus interprétatif prospecté par François Riccoboni est au contraire guidé par la raison et s'accomplit dans l'observation de la nature et dans l'usage du monde, où l'expérience et l'étude participent, avec la capacité de métamorphose de l'acteur, à la production d'une parfaite imitation pour reproduire les manifestations extérieures des passions[24]. La raison devient ainsi le principe moteur, athée, de la création à travers la représentation mécanique de la nature. En cela, l'*Art du Théâtre* adhère pleinement aux idéaux illuministes selon une approche empiriste du travail (créateur) de l'acteur qui ne reconnaît aucun critère de vérité au-delà de la raison et de l'expérience, qui cherche à fonder des règles en raison et en niant tout autorité. Il se confie entièrement à l'intelligence, à l'étude et à l'analyse du monde et, enfin, à la reproduction, de cerveau et non de cœur, de ce monde, en acteur entraîné et en maître de son organe : le corps. Ce point explique bien la fracture entre Riccoboni père et fils.

---

22 *Ibid.*, p. 28-29 et p. 31.

23 Voir l'heureuse intuition de P. Frantz, *L'Esthétique du tableau*, *op. cit.*, p. 254.

24 *Cf.* E. De Luca, *Una vita*, *op. cit.*, p. 109-125.

Il explique aussi le fait que ce dispositif ne put manquer de séduire Diderot, ce Diderot qui à partir de la fin des années 1760 s'apprête à donner les résultats le plus aboutis de son matérialisme, et qui dépasse la dimension dramaturgique et poétique de son approche du théâtre pour ouvrir au spectacle et à des nouveaux principes esthétiques, voire à l'homme en général. Deux passages suffisent ici pour conclure. Dans les *Observations sur Garrick*, Diderot, en parlant de l'acteur, souligne : « tout son talent consiste, non pas à se laisser aller à sa sensibilité comme vous le supposez, mais à imiter si parfaitement tous les signes extérieurs du sentiment que vous vous y trompiez[25] ». Et ensuite dans le *Paradoxe* : « ce tremblement de la voix, ces mots suspendus, ces sons étouffés ou traînés, ce frémissement des membres, ce vacillement des genoux, ces évanouissements, ces fureurs, pure imitation, leçon recordée d'avance [...] dont il [l'acteur] avait *la conscience présente* au moment où il exécutait, *qui lui laisse* [...] *toute la liberté de son esprit*, et qui ne lui ôte, ainsi que les autres exercices, que la force du corps[26] ». Tous les gestes étudiés et déployés le moment venu ne sont que de la « pure imitation ». C'est la *conscience présente* au moment de l'exécution, ainsi que *toute la liberté de son esprit*, qui évoquent, nous semble-t-il, les fondements de la théorie riccobonienne exemplifiée dans l'interprétation inédite d'Ésope. Ce même Ésope qui, n'étant pas présent dans les *Observations sur Garrick*, apparaît à la toute fin du *Paradoxe* désacralisé de son enseignement anecdotique traditionnel, ce qui est le signe de l'accord entre le philosophe et l'acteur italien.

Emanuele De Luca
Université Côte d'Azur, CTEL
Sorbonne Université, ELCI

25 « Observations... », éd. citée, p. 139.
26 Diderot, *Paradoxe*, *op. cit.*, p. 15.

LA COMÉDIENNE ITALIENNE ET LE POÈTE TRAGIQUE

Portraits croisés de Silvia et de Crébillon dans l'*Histoire de ma vie* de Casanova

Au cours du premier séjour de Casanova à Paris (1750-1752), le monde du théâtre au sens large occupe une place centrale : le Vénitien découvre la société parisienne grâce aux comédiens italiens, à la fréquentation des salles de spectacle (la Comédie-Italienne dès le « surlendemain[1] » de son arrivée, puis l'Opéra et la Comédie-Française) et à la socialisation qu'elles autorisent à Paris ou à Fontainebleau lorsque la Cour s'y installe. Deux figures se détachent, l'actrice « Silvia » Balletti, qui triompha notamment dans les comédies de Marivaux, et Crébillon le poète tragique. Leurs portraits se répondent à quelques pages d'intervalle.

Silvia, née en 1701, est la mère d'un des meilleurs amis de Casanova. Crébillon, rencontré pour la première fois chez la comédienne, a près de quatre-vingts ans. L'une et l'autre ont un rôle d'accueil et de mise au monde social. Silvia, venue à la rencontre de son fils, accueille Casanova « une heure avant » son arrivée en ville (p. 709), et lui ouvre aussitôt sa porte avec une noble simplicité : « Cette mère qui était la célèbre, et unique Silvia, me dit pour tout accueil ces mots : *J'espère, monsieur, que l'ami de mon fils voudra bien souper avec nous ce soir* » (*ibid.*). Patu, autre grand ami de Casanova, souligne la valeur sociale de cet accueil chaleureux : « Il me fit une très ample énumération de toutes les très utiles connaissances que je pouvais faire dans la maison de cette célèbre actrice » (p. 729). La rencontre avec Crébillon associe connaissance et reconnaissance. Casanova récite au poète sa propre

1 Casanova, *Histoire de ma vie*, éd. J-C. Igalens et É. Leborgne, Paris, coll. « Bouquins », Robert Laffont, 3 tomes, 2013-2018, vol. 1, p. 709. Toutes les références à l'œuvre sont données dans cette édition. Sans autre mention, tous les extraits cités et dont les références sont données entre parenthèses se trouvent dans le vol. 1.

traduction en vers blancs d'une scène de *Rhadamiste et Zénobie*, le poète lui donne de bons conseils sur l'apprentissage du français : le jargon italianisant de Casanova, susceptible de produire un intérêt de curiosité pendant quelques mois, finira par lasser et engendrer des moqueries. Il lui faut apprendre le français. Un maître et un élève se reconnaissent mutuellement : « comment ferai-je, interroge Casanova, pour trouver un maître ? je suis écolier insoutenable, interrogateur insatiable, curieux, importun. » ; « je vous dirai, lui répond Crébillon, [...] qu'il y a cinquante ans que je cherche un écolier tel que vous vous êtes peint » (p. 735).

Silvia et Crébillon ; une femme et un homme ; une comédienne italienne et un auteur qui est aussi académicien et censeur royal ; comédie et tragédie : les deux figures d'accueil du début du troisième tome constituent des termes complémentaires et opposés, indissociables, dans l'ordre symbolique des années 1750, d'un principe de hiérarchisation. Leurs portraits dans l'*Histoire de ma vie* sont croisés parce que Casanova y travaille à subvertir l'ordre hiérarchique et le principe d'autorité : l'« oraison funèbre » de Silvia anoblit la comédienne italienne, le portrait du « grand homme » (p. 735 et 737) est affectueusement burlesque, la réécriture du séjour à Paris accentue ces traits[2].

L'« oraison funèbre » de Silvia célèbre une grande actrice universellement saluée qui suscite l'admiration du jeune Casanova. Elle s'ouvre par le portrait physique, régi par la rhétorique encomiastique et les lieux communs de l'idéalisation romanesque, d'une comédienne en femme *noble* : « sa personne paraissait faite au tour, sa taille était élégante, son air noble comme ses façons, et ses manières » (p. 715). L'éloge de sa conversation, « remplie d'esprit sans donner aucune marque de prétention » (p. 715-717), renforce l'image. L'idéalisation initiale du portrait physique est cependant nuancée par une évocation moins classique de la « figure », c'est-à-dire du visage. Le portrait de la comédienne s'enrichit de réflexions esthétiques plus contemporaines : la figure de « Silvia » est une « énigme », elle est « intéressante » sans être « belle » ; on ne peut

2 Une première version du séjour à Paris date de la première période d'écriture de l'*Histoire de ma vie*, une seconde est écrite et corrigée au cours des années 1794-1796. Le texte de référence est désormais celui de la seconde version, alors qu'avant 2013 et les deux nouvelles éditions de l'*Histoire de ma vie* (dans la « Bibliothèque de la Pléiade » et chez « Bouquins »), seul le texte de la première version avait été publié.

pourtant pas dire « qu'elle n'était ni belle ni laide », car la double négation dirait l'absence de « caractère », alors que celui du visage de Silvia « devait sauter aux yeux ». Elle est donc belle, non selon des règles, mais en vertu d'une singularité qu'il faut prendre le temps d'étudier pour « parvenir à la reconnaître pour [telle] ». Entre la perception intuitive du caractère d'un visage singulier et l'énoncé d'un jugement esthétique, il faut laisser du temps à l'apprentissage du regard. Silvia réunit la meilleure part de deux mondes : l'idéalisation classique en sa « personne », la beauté singulière sur son « visage ». Casanova propose d'aller de la première vers la seconde : après avoir célébré la noblesse de Silvia, il dit la puissance d'attraction d'un charme irrégulier. L'anoblissement par l'oraison funèbre ne doit pas dégénérer en un portrait figé et pompeux : ce serait un paradoxe à propos d'une actrice qui, aux yeux de Casanova, fit le succès de Marivaux.

L'éloge se poursuit par la célébration des talents de la comédienne. Casanova aime un jeu qui paraît « nature », se dissimule et fait oublier que le métier exige de maîtriser plusieurs « parties », entre techniques du corps et connaissance de l'homme : « action », « voix », « physionomie », « esprit, » « maintien », « connaissance du cœur humain » et, dans la seconde version seulement, « temps », terme qui paraît désigner la maîtrise du rythme.

Le portrait moral renoue ensuite avec l'anoblissement amorcé par l'ouverture du texte. Casanova chante une pureté de mœurs qui élève la comédienne « au-dessus de son état[3] ». Question de morale, semble-t-il : Silvia se serait trouvée « méprisable » si elle avait eu des amants ; en s'en passant, « elle gagna le titre de respectable ». Le lecteur de l'*Histoire de ma vie* ne peut pas être tout à fait dupe de cette soudaine cure de moralisme, qui appelle une analyse pragmatique : elle relève de la rhétorique encomiastique et vise à produire des effets précis. Une clé de lecture est ainsi fournie par une phrase ajoutée dans la seconde version : « Par cette raison plusieurs dames de haut rang l'honorèrent plus encore de leur amitié que de leur protection ». Le portrait moral de la comédienne en femme vertueuse vise à accomplir dans le récit

3 Une expression proche est employée au moment de la mort du père de Casanova, lui aussi comédien : « Il avait le bel âge de trente-six ans. Il mourut regretté du public, et de la noblesse principalement, qui le reconnaissait pour supérieur à son état tant à l'égard de sa conduite, que de ses connaissances en mécanique » (p. 29).

du mémorialiste ce que Silvia aurait réussi à faire dans l'existence : il permet d'échapper à un ordre symbolique où les clichés associés aux états et aux métiers confortent une hiérarchie sociale produisant subordination et dépendance.

Si Silvia est célèbre et appréciée du public, Crébillon possède les attributs de la reconnaissance par les institutions d'Ancien Régime, au premier rang desquels figure, dans le texte de Casanova, la charge de censeur royal. Le poète tragique auteur de *Rhadamiste et Zénobie* est, aux yeux de Casanova, un « grand homme » (l'expression revient deux fois en quelques lignes), qu'il montre cependant dans l'intimité, « sa pipe à la bouche », au milieu de nombreux chats, animal dont il avait du reste, la « physionomie », et discutant des pièces soumises à la censure avec sa gouvernante (p. 735). C'est elle qui annonce aux jeunes auteurs le sort de leur œuvre, laissant entendre qu'elle a contribué à la décision : « non contente de [lui lire les pièces], elle lui donnait souvent son avis ; et elle boudait quand il n'en faisait pas cas. Elle parlait en nombre plurier[4]. *Nous ne pouvons pas permettre que votre écrit aille à l'impression, disait-elle au jeune homme qui allait le reprendre* » (p. 735). L'anecdote contribue à subvertir l'autorité : le moment choisi et le récit itératif accentuent un trait déjà présent dans la première version du récit, qui rapportait une scène unique où la pièce n'était pas rejetée, mais en attente d'approbation (« J'ai entendu un jour cette femme renvoyer quelqu'un qui était allé pour recevoir son manuscrit revu, en lui disant : venez la semaine prochaine, car nous n'avons pas encore eu le temps d'examiner votre ouvrage » [p. 734]).

Le portrait du censeur en vieillard débonnaire et le rôle de sa gouvernante dans l'exercice d'une prérogative liée au pouvoir royal font sourire, le portrait de l'auteur tragique accorde une place inattendue au comique et au rire. Crébillon conte « plaisamment sans rire », ses « bons mots » sont célèbres (p. 735), ses réflexions dramaturgiques portent sur la façon dont une tragédie peut devenir risible : impossible, ainsi, de représenter César dans *Catilina* car « la représentation de César jeune homme aurait dû faire rire le parterre » ; de même, conformément à la leçon d'Horace (*Sit Medea ferox*), Médée ne saurait

4 Au pluriel. « Pluriel » a pourtant supplanté « Plurier » au 17e siècle : l'*Encyclopédie* le rappelle à l'article « Pluriel ».

être représentée dans une tragédie avant sa rencontre avec Jason sans « faire rire » le public. Inutile de développer ici l'analyse de ces deux cas de figure : il suffit de retenir que l'anecdote concentre le travail du poète tragique en une procédure de sélection qui vise à maintenir le risible à l'écart. Le rire, cependant, n'est jamais bien loin. Du reste, Casanova semble affectionner et favoriser, dans l'*Histoire de ma vie*, ces retours du comique et parfois du risible en terres tragiques, principe de poétique autobiographique qu'explicite la réflexion sur l'inceste : « les incestes sujets éternels des tragédies grecques au lieu de me faire pleurer me font rire, et si je pleure à *Phedra* c'est l'art de Racine qui en est la cause » (« Bouquins », vol. 2, p. 772).

L'amitié de Casanova pour Crébillon et un goût réel pour son théâtre se lisent dans l'analyse qu'il livre des critiques de Voltaire. Casanova, et il n'est pas le seul, reconnaît à Voltaire un génie bien supérieur à celui de Crébillon. Mais il relève malgré tout des dettes incontestables : « les tragédies [que Crébillon] avaient écrites avant lui l'avaient instruit, et lui avaient fourni des scènes entières » (p. 737). La « basse jalousie » de Voltaire n'affecte d'ailleurs nullement Crébillon, qui sait « ri[re] des critiques » et reconnaître le génie de son rival.

Il n'y a donc pas d'agressivité dans le traitement burlesque du portrait du grand homme, très accusé dans l'avant-dernier paragraphe, surtout dans la seconde version : une allusion sexuelle est remplacée par l'emploi du mot propre, Casanova ajoute une anecdote obscène. Crébillon veut faire comprendre à Casanova qu'un huitain qu'il a écrit en français est mauvais, quoique formellement irréprochable. Première version :

> Ce qui manque est le *je ne sais quoi.* Imaginez-vous un homme que vous voyez, et que vous trouvez beau, bien fait, aimable, rempli d'esprit, parfait à la fin selon votre jugement le plus sévère. Une femme arrive, elle considère cet homme, et après l'avoir bien considéré, elle s'en va en vous disant, que cet homme ne lui plaît pas. – Mais, madame, dites-moi quel défaut vous lui trouvez. – Je n'en sais rien.
>
> Vous retournez à cet homme, vous lui faites un examen plus exact et vous découvrez à la fin que c'est un castrato. Ah ! vous dites pour lors, je vois actuellement la raison que cette femme ne l'a pas trouvé de son goût.
>
> C'est par cette raison que Crébillon me fit apercevoir la raison que mon huitain pouvait ne pas plaire (p. 736).

La seconde version est plus rapide et plus énergique, préférant le mot propre au détour du « je ne sais quoi » et à la gaze : « Pour me faire comprendre ce qu'il leur manquait, il me dit qu'ils n'avaient pas des testicules. Il avait le talent de plaisanter sur tout ce qui paraissait sérieux » (p. 739). « Où est le cul ? », demande Diderot, par fille de joie interposée, à propos du président des Brosses et des limites de l'esquisse (*Salon de 1767*). Crébillon, dans le texte de Casanova, emploie le même registre de langue et un imaginaire proche pour dire, en sens inverse, ce qui sépare des vers bien faits et un beau poème. Le Crébillon de Casanova et le des Brosses de Diderot partagent d'ailleurs une caractéristique anatomique évoquée, dans l'*Histoire de ma vie*, par une anecdote qui n'apparaît que dans la seconde version :

> On disait qu'il était fort riche dans cette partie qui constitue le sexe masculin : un duc, et pair, qui se croyait plus riche que lui, lui proposa la gageure en présence de plusieurs courtisans : Crébillon d'un grand sang-froid lui répondit qu'il était prêt ; mais prenez garde à vous, monseigneur, ajouta-t-il, car je ne cède qu'à un âne. Le duc vit, et perdit l'envie de parier (p. 739).

Silvia, reconnue au-dessus de son état, devient l'amie de « dames de hauts rangs » grâce à ses mœurs pures, Crébillon domine un duc et pair par une autre voie. Le parallélisme est ambivalent, qui repose, en les confortant, sur des stéréotypes de genre (*gender*), mais joue d'un même mouvement sur une subversion des valeurs et des hiérarchies associés aux genres dramatiques, par l'idéalisation anoblissante de la comédienne italienne et le traitement comique du portrait du poète tragique.

Le texte se laisse interpréter en termes psychologiques : Silvia est une figure maternelle idéalisée, son oraison funèbre contraste avec le traitement plus allusif des retrouvailles avec la mère biologique, elle aussi comédienne, à Dresde ; Crébillon fournit à Casanova une figure paternelle de substitution selon son cœur – c'est un homme riche, doté d'un statut social reconnu, bienveillant et complice, prêt à dispenser quelques bons conseils, mais jamais enclin à incarner une autorité sourcilleuse. On peut préférer en proposer une lecture sociale et esthétique, sensible à ce double enjeu du théâtre : les portraits de Silvia et Crébillon font apparaître une subversion ludique de l'autorité et des hiérarchies qui est un principe organisateur du texte tout entier ; ils permettent d'affirmer la valeur de la comédie et de montrer que le rire déborde la tragédie, reconnue dans sa valeur esthétique, mais soigneusement cantonnée au temps du spectacle : indices des goûts de Casanova et révélateurs de l'écriture de soi dans l'*Histoire de ma vie.*

Jean-Christophe IGALENS
Sorbonne Université,
CELLF, UMR 8599

TALMA À L'ÉCOLE DES TRAGÉDIENS

« Tout acteur doit être son propre instituteur. [...] Le génie ne s'apprend pas », affirme Talma à la fin de sa vie, tirant le bilan d'une brillante carrière. Mais c'est pour tempérer aussitôt ce credo d'autosuffisance créatrice :

> Cette faculté de créer naît avec nous ; mais si l'acteur la possède, les avis des gens de goût pourront alors le guider ; et comme il y a dans l'art de dire les vers une partie en quelque sorte mécanique, de certaines règles qu'on peut se prescrire, les leçons d'un acteur consommé en initiant celui qui a le germe du talent aux secrets de sa propre expérience, pourront lui épargner beaucoup de tâtonnements, d'études et de temps[1].

Se souvenait-il de ses propres années de formation en écrivant ces lignes ? C'est du moins ce que suggère le document proposé ici, qui nous fait remonter à l'époque du premier grand succès dramatique de Talma, et donc à sa naissance comme acteur. Il s'agit d'une lettre sans date ni signature, qui commente le jeu du tragédien au terme d'une représentation du *Charles IX* de Marie-Joseph Chénier, vraisemblablement peu de temps après la création de la pièce, le 4 novembre 1789[2]. Le jeune Talma y tenait son premier grand rôle, en prêtant ses traits au roi responsable de la Saint-Barthélemy devant l'Histoire[3]. Le ton du texte est amical et familier, mais le critique sait aussi se montrer péremptoire lorsqu'il faut mettre en garde l'acteur en devenir contre ses faux pas. On sent le coup d'œil d'un professionnel aguerri. Et pour cause : l'auteur des conseils n'est autre que François-René Molé, trahi par son écriture, soit

1 F.-J. Talma, *Réflexions sur Lekain et sur l'art théâtral*, P. Frantz (éd.), Paris, Desjonquères, 1999, p. 28.

2 Le texte est transcrit à la suite de l'article.

3 Sur cette période, voir notamment R. Alonge, « Un attore per la Rivoluzione : François-Joseph Talma », dans *Lo spettacolo nella Rivoluzione francese*, P. Bosisio (dir.), Rome, Bulzoni, 1989, p. 63-84. Pour la carrière de Talma, on se reportera à M. et F. Ambrière, *Talma ou l'histoire au théâtre*, Paris, Éditions de Fallois, 2007 et M. Fazio, *François-Joseph Talma. Le théâtre et l'histoire de la Révolution à la Restauration*, J. Nicolas (trad.), Paris, CNRS Éditions, 2011.

l'un des comédiens les plus réputés de la génération précédente. Il avait été le professeur de Talma à l'École royale de chant et de déclamation et lui avait ouvert les portes du Théâtre-Français, bien conscient de son talent naissant. Un lien de sympathie les unissait, semble-t-il. Talma racontera comment Molé s'était offert spontanément de l'aider après une représentation du *Père de famille* où il avait vu son jeune collègue à court de souffle[4]. Manifestement, ce rôle de mentor se perpétuait encore au moment où l'élève s'apprêtait à entrer dans l'histoire du théâtre. Le patronage de Molé révèle à quel point *Charles IX* fut pour Talma le moment charnière qui lui permit de trouver sa véritable personnalité d'acteur. Sa lettre montre que celle-ci ne s'est pas acquise en un soir, mais qu'elle est le fruit d'un travail étalé dans le temps, qui fut mené au fil des représentations, et dont le rôle de Charles IX ne marque d'ailleurs pas le terme. Le document met aussi en lumière un fait resté jusqu'ici discuté, à savoir la pleine solidarité des Comédiens-Français avec ce benjamin qui prenait son essor, lui dont le succès allait finir par leur faire de l'ombre, au point d'aboutir à la scission de la troupe à peine un an plus tard, déchirée entre partisans et adversaires de la Révolution.

Il faut dire que Talma, soudain projeté sous les projecteurs, avait bien besoin de soutien. Rien ne laissait présager que les autorités permettraient finalement de jouer une tragédie que son sujet hautement sensible avait fait interdire dès sa réception au Théâtre-Français en 1788. L'avènement de la Révolution n'avait d'abord guère arrangé les choses, car l'exacerbation des passions politiques eut pour effet de rendre fort réticents les Comédiens eux-mêmes. Les pressions conjuguées de Chénier et du public finirent par obtenir gain de cause à la fin de l'été 1789. La représentation n'en resta pas moins incertaine jusqu'au dernier jour. La préparation de la pièce dut donc se faire dans un climat d'urgence et de confusion. C'est à Saint-Fal que le rôle de Charles IX fut confié initialement par l'auteur, mais il le refusa. On songea alors à Talma, pour sa plus grande satisfaction s'il faut l'en croire[5]. Ses collègues jugèrent-ils moins compromettant de se défausser sur un débutant, ou avaient-ils pressenti toutes les ressources que ce rôle exposé et difficile offrait à son talent[6] ?

4 *Mémoires de Talma*, Paris, Hippolyte Souverain, 1849-1850, t. II, p. 28-31.

5 *Ibid.*, t. II, p. 124.

6 Comme le prétendra Fleury dans ses *Mémoires* (Paris, Ambroise Dupont, 1835-1838, t. IV, p. 69-70).

Talma n'eut guère plus qu'un mois pour prendre possession du personnage. C'était enfin un quasi premier rôle, même si le tableau historique présenté dans *Charles IX* mettait à mal les catégories en usage. Le roi de France n'offrait pas un personnage gratifiant, c'est le moins qu'on puisse dire : personnalité faible et dénuée d'autorité, l'intrigue le montrait balloté d'un parti à l'autre, comme on l'est entre le bien et le mal, avant de devenir criminel presque malgré lui. Charles IX n'avait donc rien de ces grandes figures tranchées, propices à un succès théâtral. Il renvoyait une image médiocre et fragile du pouvoir politique, mais peut-être d'autant plus pertinente pour cela.

Le coup de génie fut de faire de ces défauts une ressource. Cette figure, apparemment sans caractère[7], mais riche de potentialités, allait permettre à l'acteur d'inventer son personnage et, par la même occasion, une nouvelle manière de jouer. Talma ne s'y est pas trompé : « Le rôle de Charles IX, renfermait toute la question de mon avenir[8] [...] ». En y travaillant, il met au point les principes qui guideront toute son expérience dramatique : trouver la physionomie particulière de chaque rôle, pour compléter ce que le poète n'a pu qu'esquisser, avec la même dignité créatrice que lui[9]. Cela passe aussi bien par une reconstitution attentive du costume historique que par la recherche d'un jeu capable de traduire les contradictions du personnage en sentiments dramatiques, que l'acteur incarne à la fois dans sa diction et dans son corps. Talma réussit alors le tour force de toucher le public sans réduire l'horreur qu'inspire le rôle du roi. Il transforme en humanité souffrante l'abstraction coupable que Chénier dénonce sous le personnage. Son interprétation restitue ainsi une part d'émotions tragiques – l'effroi et la pitié – au regard implacable et à certains égards glaçant que *Charles IX* jette sur l'histoire, faisant de la volonté humaine un simple jouet aux mains de forces qui la dépassent. À la quête de vérité historique et philosophique revendiquée par la pièce correspond donc une égale exigence de vérité dans le jeu de l'acteur, qui la contrebalance et l'approfondit. Sans cela, *Charles IX* n'aurait sûrement pas été entendu comme il le fut des contemporains.

Toutefois, pour atteindre à un tel résultat, Talma avait besoin de s'appuyer sur l'avis d'un acteur chevronné, susceptible de le guider dans la

7 *Mémoires de Talma*, *op. cit.*, t. II, p. 124-125.

8 *Ibid.*, t. II, p. 122.

9 F.-J. Talma, *Réflexions sur Lekain*, éd. citée, p. 44-45.

maîtrise des moindres détails de sa performance, condition indispensable au succès. C'est vers Molé qu'il se tourna donc, de préférence à ses autres mentors au sein de la troupe (Fleury et Dugazon, qui pas plus que celui-ci ne jouaient dans *Charles IX*), peut-être pour le rapport de confiance qu'il entretenait avec lui, ou plus sûrement pour la solidité de son expérience. La teneur des conseils de l'aîné porte sur ce qu'on appelle alors la déclamation, à savoir l'art de faire valoir les vers. Elle constitue encore, à cette époque, l'essentiel du jeu de l'acteur tragique, même si la récitation tend depuis quelques décennies à s'affranchir des règles du bien dire au profit d'une diction à la fois naturelle et adaptée aux exigences du rôle, qui laisse une part toujours plus grande à la personnalité de l'acteur[10]. On notera qu'il n'est guère question de gestuelle, hormis dans des observations marquées par un souci d'économie et d'efficacité. Là encore, Talma retiendra la leçon.

Molé concentre ses remarques sur les deux grands moments dramatiques que la pièce offrait à Talma et qui firent l'un et l'autre une forte impression auprès du public : la prise de décision du massacre des protestants (IV, 6), que vient sceller la bénédiction des armes par le cardinal de Lorraine, scène muette qui constitue le climax de la pièce ; la tirade finale où Charles IX sombre dans le délire devant la gravité de son crime. La façon dont Molé examine les liaisons à marquer d'un vers à l'autre et s'arrête sur les inflexions de la voix donne une idée de la complexité du travail de l'acteur, mais aussi de la grande liberté d'interprétation qui lui revient. Il sait se montrer attentif aux qualités personnelles de Talma, comme le timbre sombre de sa voix, et l'encourage à les exploiter. Sans surprise, les conseils de déclamation purement techniques sont vite éclipsés par ceux qui touchent l'interprétation dramatique, avec une sensibilité marquée aux nuances du texte et aux effets de sens à en tirer.

On en trouve une illustration particulièrement forte dans la « scène des remords ». Celle-ci fournit au talent de l'acteur une occasion exceptionnelle de se mettre en vedette, juste avant le baisser de rideau, comme si l'auteur lui abandonnait littéralement le dernier mot. Molé insiste sur le travail d'intériorisation du texte, ou plus exactement d'« intentionnalisation[11] »,

10 Voir M. de Rougemont, « La déclamation tragique en Europe au XVIIIe siècle », *Romanistische Zeitschrift für Literaturgeschichte*, 1979, n° 3/4, p. 451-469, ainsi que les travaux plus récents de Sabine Chaouche et de Laurence Marie.

11 Molé reproche à Talma de ne pas « s'intentionner » (*infra*, p. 190), c'est-à-dire de ne pas faire assez sentir les états émotifs sous-jacents aux vers qu'il récite.

auquel la récitation doit se plier. Chaque vers sera prononcé en s'efforçant de rendre le sentiment précis qui l'accompagne. Mais pour cela, il faut que l'acteur s'y soit projeté au préalable. Le passage de Chénier pose ici un défi à l'interprétation. Ce que le rythme et le ton des paroles sont chargés de traduire, c'est une expérience dérobée au public, où le personnage est poussé aux confins de la folie et de l'hallucination, croyant voir les corps de ses victimes s'avancer au-devant de lui. Le tragédien fera deviner ce spectacle invisible en produisant dans son for intérieur la vision imaginaire qui hante l'esprit du roi, matérialisée seulement par le mouvement des yeux. Spectacle cardinal, car habité de toute l'horreur réelle des massacres. La diction sensible, dont les effets sont tournés vers l'auditoire, est comme doublée d'une diction intérieure qui permet au tragédien d'éprouver sur lui-même le désarroi de son personnage. L'ordre de causalité naturelle entre parole et émotion s'en trouve inversé, détour nécessaire pour tirer toutes les ressources expressives de la situation. D'où l'insistance sur les pauses et les temps de transition, qui laissent s'installer un véritable paysage mental entre les vers. On se souvient que Molé avait créé vingt ans plus tôt le rôle d'Hamlet sur la scène française. De fait, ses conseils soulignent ce qu'il y a en germe de shakespearien dans cette tirade d'apparence racinienne, avec son rappel des fureurs d'Oreste. Hamlet et Oreste : deux rôles dans lesquels Talma s'illustrera avec un égal éclat au cours des décennies suivantes. Mme de Staël saluera cette capacité unique de réconcilier des esthétiques contraires au sein du jeu dramatique, qui montre la voie de l'avenir[12].

Les effets de sens que l'acteur dégage du texte ne sont évidemment pas neutres dans une pièce comme *Charles IX* – à plus forte raison si l'on songe au contexte explosif de sa création –, au point de voisiner avec ceux de l'art oratoire lorsque les convictions de l'auditoire sont en jeu. C'est tout particulièrement frappant dans la scène de la bénédiction des armes. En à peine douze vers, Talma a la tâche difficile de faire sentir le soudain acquiescement de Charles IX aux raisons de son entourage, puis d'énoncer l'arrêt de mort des protestants. Cela revient à enchaîner brutalement le travail intime de la persuasion et la solennité officielle de la parole royale. Les préceptes de Molé visent à rendre correctement toutes

12 G. de Staël, *De l'Allemagne*, éd. Simone Balayé, Paris, Garnier-Flammarion, 1968, coll. « GF », 2 vol., t. II, p. 39.

les gradations qui sont en jeu dans la tirade. Ils indiquent les nuances qui permettent de passer d'une difficile conversion intérieure, marquée par le martèlement des mots et un serrement de dents, au ton élevé d'un ordre terrible et sans réplique qui s'autorise de la raison d'État, aussitôt démenti par la « volubilité » avec laquelle il faut prononcer les derniers vers, dénonçant ainsi tout ce que la décision a d'arbitraire, pour finir sur la réduction du discours d'autorité à son plus simple appareil, l'ordre de tuer : « frappez ». C'est donc à ces conditions, aux yeux de Molé, que Charles IX paraîtra « plus roi » – enfin, pourrait-on ajouter. En faisant du monarque un rôle qui n'est parfaitement joué que lorsqu'il est saisi dans une posture criminelle, Molé ouvre une brèche dont il n'anticipe sans doute pas les conséquences : l'image de la fonction politique est livrée au bon plaisir de l'interprétation théâtrale. Il change ainsi Talma en une arme pointée contre la monarchie[13], et en fin de compte contre l'institution vénérable qui y est rattachée et à laquelle tous deux appartiennent, le Théâtre-Français.

Gauthier Ambrus
Sorbonne Université, CELLF 16-18
et Université Lyon 3, MARGE

13 « J'aime [...] dans *Charles IX* l'acteur qui me fait haïr les rois. », écrit Camille Desmoulins dans *Les Révolutions de France et de Brabant* (1790, n° 29, p. 218).

ANNEXE
François-René Molé,
[*Observations sur le rôle de Charles IX*[14]]

Mon cher ami, j'envoie à M. Grandmaison[15] les observations qu'il te demandait hier, ainsi que nous en convînmes.

J'ai averti déjà quelques personnes pour ce soir. En sortant pour dîner, j'espère en voir encore quelqu'autres.

Ceux qui t'ont vu plusieurs fois dans *Charles IX* n'ont pas été aussi contents de toi, dans les Remords, avant-hier, que de coutume. Cependant, quoique ce fût aussi mon opinion, tu dois encore t'applaudir d'avoir joué comme tu l'as fait, au milieu des transes où tu devais être nécessairement[16]. Je te prie, sinon de profiter, au moins de réfléchir, sur les observations que je te fis hier. En voilà d'autres qu'il faut que tu souffres encore de mon amitié.

Tu dis, la dernière fois, ta scène avec Médicis, lorsque Coligny te quitte[17], comme tu ne l'avais pas encore fait à ma connaissance. Je t'engage à bien te rappeler les inflexions, les repos, et les transitions que tu dis ce jour-là. Excepté tes vers terminant le couplet, tout était vrai, superbe.

La transition… « Soit que la vérité pour parvenir aux rois[18]
D'un ami qui leur plaît, etc. »

Très bien, mais « Soit plutôt que du ciel la bonté souveraine » et le reste, *mal*[19]. Songe à cette fin.

14 Bibliothèque-Musée de la Comédie-Française, dossier Talma, boîte 1 (mes remerciements vont à Bénédicte Rouvière pour l'aide apportée au cours de cette recherche). Je supplée la ponctuation lorsqu'elle est lacunaire.

15 Il s'agit vraisemblablement d'Aubin-Louis Millin de Grandmaison, l'un des rédacteurs de *La Chronique de Paris*, qui s'intéressait aux répercussions de la Révolution sur le monde des théâtres.

16 Allusion possible aux rumeurs de cabales et de menaces contre les acteurs qui circulaient au moment des premières représentations de *Charles IX* (M.-J. Chénier, *Charles IX, ou l'École des rois*, Paris, Bossange et Nantes, Louis, 1790, p. 198-199).

17 II, 4.

18 Le second hémistiche sera modifié dans l'édition de la pièce, où l'on trouve « pour éclairer les rois ».

19 « Son zèle [de Coligny] m'est suspect, il me pèse, il m'offense : / Soit que la vérité, pour éclairer les rois, / D'un ami qui leur plaît doive emprunter la voix ; / Soit que de vos

Dans la scène de la Bénédiction des armes[20], tu prends trop haut « Vous m'aimez, je le crois ». Cela fait qu'à ce vers : « Puisqu'il faut opposer le parjure au parjure » et surtout à ceux-ci : « Puisqu'il s'agit enfin de la commune injure, / Du salut de mon peuple et *de ma sûreté* », ta voix est grêle. Il me semble qu'il faudrait dire ce couplet dans le sombre de ta voix. Toute la scène même devrait être dans ce ton. Mais on crie à tue-tête les scènes de conjuration chez vous ! Tu dois sentir cependant qu'il est dans ta nature de dire avec mystère, bas, d'un ton ténébreux, ce qui est terrible et doit être secret. Il n'y a que la douleur et le désespoir qui arrachent des cris. Pour en revenir à toi dans le couplet en question, je voudrais que tu le débitasses beaucoup plus lentement, tu aurais l'air plus *Roi*. Je voudrais que tu ne marchasses pas tant, que tu allasses seulement au fond de la scène, comme St. Prix[21] lorsqu'il va bénir les armes. Après le vers « Puisqu'il faut opposer le parjure au parjure », que je martèlerais et dirais en serrant les dents, je voudrais qu'il y eût un léger repos et que celui-ci : « Puisqu'il s'agit enfin de la commune injure » fût dit avec beaucoup d'Élévation, surtout l'hémistiche « Puisqu'il s'agit enfin ».

« Du salut de mon peuple et de ma sûreté » sans trop de nuances. Après un léger temps : « Je ne balance plus, le sort en est jeté, / Versez le sang, frappez », tout cela d'un ton terrible ; mais dès lors que tu as dit *je ne balance plus*, il me semble qu'il faut dire tout le reste presqu'ensemble et avec une espèce de volubilité jusqu'au grand mot « frappez ».

Dans les Remords :

« J'ai commis un grand crime », lamentablement.

« Je ne suis plus un roi, je suis un assassin », dans le dernier désespoir et avec l'excès de l'horreur pour toi-même.

« En ces lieux qui vous a rassemblés » d'un air égaré, chaque mot pointé si je peux m'exprimer ainsi – tu n'intentionnes pas.

« *Tremblez.* » Après ce mot ne dis pas si vite « Pour qui ces glaives nus ? ». « Arrêtez » doit être un cri terrible, « je défends », de même, mais impératif.

---

conseils l'autorité m'entraîne ; / Soit plutôt que du ciel la bonté souveraine, / Au moment du péril me daignant avertir, / D'un perfide ennemi cherche à me garantir. » (M.-J. Chénier, *op. cit.*, p. 67).

20 IV, 6.

21 Jean-Amable Foucault, dit Saint-Prix, tenait le rôle du cardinal de Lorraine.

« Ces lieux en sont baignés » au comble du délire, lentement, et avec le dégoût que tu éprouverais si tu marchais sur un sol ensanglanté. « Sous ces portiques sombres, / des malheureux proscrits je vois errer les ombres » indique de l'étonnement à l'apparition des fantômes que tu distingues à peine. *Sous ces portiques sombres*, suis des yeux ces ombres puisqu'ils [*sic*] *errent*. Tu conviendras avec moi que ces expressions motivent très clairement du temps et des transitions.

Je n'ai rien à te dire sur le reste. J'espère qu'en voilà assez.

CARABY, CHIEN SAVANT

Notes sur l'exhibition d'animaux dressés chez Nicolet

Encadrée par le développement des *animal studies* d'origine anglo-saxonne, l'étude de la mise en scène de l'animal à des fins de divertissement public ou privé constitue l'un des principaux chantiers de recherche actuels du spectacle vivant ; elle fait office de baromètre de l'interprétation scientifique, juridique, philosophique ou culturelle de l'animal à une époque donnée, tout en questionnant la nature de l'espace théâtral lui-même. Plus précisément, au XVIIIe siècle, à Paris, l'utilisation d'animaux savants dans les spectacles populaires – qu'il s'agisse des scènes itinérantes des foires saisonnières, des lieux de passage tels que les boulevards ou le Pont-Neuf, des ménageries ou les *vauxhalls* – constitue une sorte de laboratoire pour observer et mettre à l'épreuve les théories qui, dans le cadre de la réflexion académique contemporaine, tentent de déceler la singularité de l'humain face aux autres espèces. Le singe est traditionnellement invoqué à cette fin, dans la mesure où ses ressemblances physionomiques avec l'homme invitent à exposer les doutes soulevés par les philosophes des Lumières à l'égard de la thèse cartésienne de l'animal-machine. Si la vedette quadrumane, Turco, dressée par Laurent Spinacuta pour les planches du Théâtre des Grands Danseurs du Roi, dirigé par Jean-Baptiste Nicolet, est bien connue de la critique contemporaine grâce à ses imitations de l'acteur, sociétaire, et doyen de la Comédie-Française, François-René Molé[1], d'autres espèces sont moins visibles dans l'historiographie théâtrale.

1 À propos de Turco et de son imitation de Molé, voir I. Ramos-Gay, « Le singe sur scène au XVIIIe siècle : le cas de Turco », *Le singe aux XVIIe et XVIIIe siècles. Figure de l'art, personnage littéraire et curiosité scientifique*, F. Boulerie et K. Bartha-Kovacs (dir.), Paris, Hermann, 2019, p. 225-238, et *id.*, « "Des singes, c'était le narcisse" : class, imitation and performing monkeys in eighteenth-century Paris », *Studies in Theatre & Performance* n° 38.2, 2018, p. 130-148.

Dans les pages qui suivent, nous nous intéresserons à un autre animal savant dressé pour le spectacle populaire, le chien, à partir de l'exemple que nous fournit le renommé Caraby, contemporain de Turco, et dressé également par Spinacuta dans le cadre du théâtre de Nicolet. Les tours de force du chien Caraby sont maintes fois évoqués par les chroniqueurs de l'époque, même si ceux-ci ne lui accordent pas la même valeur, scientifique et esthétique, qu'au primate. On s'interrogera, partant, sur la nature du spectacle d'animaux savants créé par Nicolet et Spinacuta. Nous analyserons ensuite le jeu de Caraby, dans son rapport avec celui des autres espèces, humaines et non-humaines, avec lesquelles il cohabite sur les planches. Enfin, nous tenterons de déceler les raisons pour lesquelles le chien suscite un intérêt mineur chez les spectateurs de l'époque, tout en mettant en évidence comment le spectacle populaire d'animaux savants dévoile une hiérarchie théâtrale interspécifique particulière.

Bien que l'historiographie théâtrale ait négligé son importance, le nom de Laurent Spinacuta est étroitement lié à celui de Jean-Baptiste Nicolet et à son théâtre, situé sur le boulevard du Temple, et transformé en Théâtre de la Gaîté en 1792. À partir de 1759, dans une modeste baraque louée sur le rempart du Marais, Nicolet développe une intense activité théâtrale à travers des spectacles qui combinent tous les types de divertissements. La devise inscrite sur le fronton du théâtre, « de plus en plus fort[2] », transcrit son originalité et son succès auprès du public parisien – Bachaumont cite dans ses *Mémoires secrets* la rumeur selon laquelle Nicolet aurait gagné « plus de cent mille écus[3] » en très peu de temps – qui furent tels qu'ils attirèrent l'attention de la Comédie-Française et de la Comédie Italienne, qui intriguèrent pour qu'il ne soit plus autorisé désormais à représenter que « des parades informes[4] ». C'est dans ce cadre que Nicolet développe son activité para-théâtrale, allant des exercices de danse de corde de « la petite Malaga » à la comédie grivoise, en passant par les tours de force et d'adresse, voltiges, farces, parades, pantomimes, feux d'artifice et ballets costumés. Les animaux

2 « Les directeurs de théâtres. I. », *Revue des deux mondes*, 83e année, sixième période, t. XVI, 1er juillet 1913, p. 163.

3 L. Petit de Bachaumont, et J.-A.-D. Ravenel, *Mémoires secrets de Bachaumont de 1762 à 1787*, tome deuxième, février 1769, Paris, Brisso-Thivars et A. Sautelet et Cie, 1830, p. 402.

4 E. D. de Manne et Ch. Ménétrier, *Galerie historique des comédiens de la troupe de Nicolet. Notices sur certains acteurs et mimes qui se sont fait un nom dans les annales des scènes secondaires, depuis 1760 jusqu'à nos jours*, Lyon, N. Scheuring, 1869, p. 7.

savants tiennent aussi une place importante dans cette « macédoine indigeste », au dire de De Manne et Ménétrier[5], et la locution « singe de Nicolet » est consacrée tant par les philosophes des Lumières que par les dramaturges du siècle suivant[6].

C'est dans ce contexte que l'activité de Laurent Spinacuta est mise en valeur. Spinacuta, homme de spectacle, danseur de corde et membre de la troupe de Nicolet entre 1760 et 1787, période durant laquelle il se distingue de ses homologues par son agilité sur la corde tendue, acquiert sa renommée tant pour ses talents d'acrobate que pour sa capacité à dresser des animaux pour la scène. Grâce à son dressage, le chien Caraby captive le public dès 1764 par le biais de « tours de force merveilleux[7] ». Les talents de Spinacuta s'inscriront dans les almanachs des spectacles forains dans lesquels il apparaît même dix ans plus tard : en 1775, à la Foire Saint-Germain, il se met en scène en compagnie d'une cohorte d'animaux sauvages, tels que des tigres, des tatous, des ocelots ou des chats tigres, ainsi qu'un grand condor[8]. Sa renommée s'étendra même en Angleterre, où sa présence est remarquée dans les principales salles de l'East End londonien, notamment le théâtre de Sadler's Wells[9].

Par ses tours d'adresse et de voltige, la ménagerie théâtrale de Spinacuta privilégie l'actant simiesque, ce qui ressort des dizaines de témoignages, notes, poèmes et gravures transmis par les mémorialistes, dont les écrits inspirent encore notre imaginaire aujourd'hui[10]. En revanche, à la différence de son homologue non-humain, le jeu du chien Caraby n'occupe

5 *Ibid.*, p. 8.

6 Voltaire, par exemple, l'utilise à plusieurs reprises pour déplorer un certain goût du public parisien pour « l'opéra-comique, le singe de Nicolet, [et] les romans nouveaux », qui fixeraient son attention « avec tant d'empire que personne n'y sait ni se soucie de savoir ce qui se passe au grand Caire, à Constantinople, à Moscou, et à Genève » (*Œuvres complètes de Voltaire*, Paris, Garnier Frères, 1877-1885, t. 9, p. 510). De même, au siècle suivant, la pièce intitulée *Le singe de Nicolet*, de Meilhac et Halévy, représentée au théâtre des Variétés en 1865, met en scène le goût capricieux et changeant du public de théâtre.

7 V. Fournel, *Le Vieux Paris. Fêtes, jeux et spectacles*, Tours, Alfred Mame, 1887, p. 389.

8 É. Campardon, *Les Spectacles de la foire, depuis 1595 jusqu'en 1791*, Paris, Prerges-Levrault et Cie, 1877, p. 408.

9 J.-P. Van Aelbrouck, *Dictionnaire des danseurs, chorégraphes et maîtres de danse à Bruxelles de 1600 à 1830*, Liège, Mardaga, 1994, p. 226.

10 Voir I. Ramos-Gay, « "Des singes, c'était le narcisse" », *op. cit.* Telle est la renommée actuelle du singe de Nicolet que la fille du dramaturge nord-américain Arthur Miller, Amanda Miller, lui consacre quelques pages dans son roman *Jacob's Folly* (2013).

qu'un espace textuel modeste dans les chroniques de l'époque. Cela confirmerait le fait que le primate était la diva des animaux savants en raison du nombre plus élevé de ses performances exécutées dans l'espace urbain parisien[11]. Ou cela viendrait conforter l'avis d'Isabelle Martin, qui soutient que la cohabitation quotidienne avec certaines espèces d'animaux savants rendait celles-là invisibles au regard des chroniqueurs du moment[12]. En effet, si dans son recueil sur les spectacles de la Foire, Émile Campardon accorde au chien une entrée à part entière, celle-ci reste pour le moins succincte (« Caraby, chien savant dressé par Laurent Spinacuta, danseur de corde, faisait divers tours chez Nicolet vers 1764[13] »). D'autres références, aussi lacunaires, faisant allusion au canidé, figurent dans un article d'un certain Paul Smith pour la *Revue et Gazette musicale de Paris*, daté de 1842, consacré à un recueil de chants populaires français de la fin du siècle précédent. La notice explicative, rédigée par Théophile Marion Dumersan, sur « Le matelot de Bordeaux », chanson de marins remontant à la période prérévolutionnaire, et entonnée dans les parades jouées devant la porte du théâtre de Nicolet, évoque le jeu du chien en compagnie d'autres agents non-humains : « Chez Nicolet, à cette époque, les marionnettes étaient encore exigées : mais on éludait cette ordonnance en se bornant à lever la toile à deux pieds du théâtre. Polichinelle paraissait, disait trois ou quatre phrases ; puis arrivait le petit chien Carabi [*sic*], qui emportait Polichinelle. On baissait la toile, et on la relevait pour le spectacle[14]. »

Le témoignage visuel le plus important des exploits de Caraby est conservé dans un volume regroupant 16 gravures françaises publiées anonymement sous le titre de *Signor Spinacuta & his Monkey*, vers 1760[15]. Dans ce recueil, les différentes aptitudes théâtrales et acrobatiques d'un singe généralement identifié comme le célèbre Turco[16], sont dessinées

11 N. Rizzoni, « Une longue queue mais pas que… le singe dans les spectacles parisiens », *dans F.* Boulerie et K. Bartha-Kovács, *op. cit.*, p. 239-253.

12 I. Martin, *L'Animal sur les planches au* XVIII*e siècle*, Paris, Honoré Champion, 2007, p. 31.

13 É. Campardon, *op. cit.*, p. 190.

14 P. Smith, « Littérature musicale », *Revue et Gazette musicale de Paris*, 1843, p. 303.

15 Le site virtuel de la Bibliothèque Nationale de France conserve une copie numérique du volume. L'année exacte et le lieu d'édition n'y sont pas précisés. Toujours est-il qu'une date de publication (« 1766 ») peut être proposée à partir d'une inscription faite au crayon à papier dans le coin inférieur gauche de la première gravure.

16 De Manne et Ménétrier, *op. cit.*, p. 16.

avec précision et accompagnées d'un chiffre dans le coin inférieur droit. Ce chiffre renvoie à une légende explicative, dans laquelle les mouvements de l'animal sont techniquement transcrits au lecteur. Au total, les 16 lithographies font référence à 32 positions et exercices acrobatiques, exécutés aux côtés d'autres espèces animales, d'objets ou encore d'acteurs humains. Le sens de l'équilibre du singe, sa force, son agilité, sa souplesse, son habileté et son courage sont mis en lumière par les positions reproduites dans les lithographies, dont l'attrait réside dans la variété et l'accumulation des niveaux de difficulté. Ainsi, par exemple, l'animal doit non seulement se tenir sur une corde tendue dans plusieurs des figures représentées, mais, dans certains cas, il doit le faire sur un seul pied ou encore en maintenant en équilibre sur son nez trois pipes superposées. Dans d'autres cas, le singe devra faire preuve d'un équilibre plus fragile encore en raison du type de mouvement à effectuer (avancer sur un pied et danser, ou effectuer un « saut périlleux » sur le dossier d'un fauteuil). Sa dextérité et son courage seront accentués lorsqu'il devra compléter les exercices avec des objets qui représentent un danger physique pour l'animal, notamment des torches enflammées. Enfin, les numéros sont réalisés en compagnie d'autres animaux – les comédiens eux-mêmes ou d'autres espèces subordonnées au primate, comme le montre la gravure numéro 13, qui détaille la « grande montée de corde par un chien et le singe à cheval ».

C'est justement cette gravure qui nous permet de tirer les conclusions les plus intéressantes concernant le jeu de l'animal. L'image donne à voir que le chien est, tant par son aspect physique que par les actions qu'il exécute, subordonné au quadrumane, celui-ci faisant office d'agent principal du spectacle. Sur sa monture, le singe tient dans ses mains deux torches incandescentes, alors que le chien se limite à n'être qu'un véhicule animé du premier. En outre, Turco apparaît dessiné à l'image des comédiens avec lesquels il cohabite sur scène : affublé d'une veste ou d'une chemise boutonnée, d'un pantalon brodé, d'une ceinture et même d'un chapeau à plumes. Aucune différence vestimentaire ne peut être établie entre lui et les acteurs humains qui figurent sur les gravures. Son animalité n'est exposée au regard du spectateur que par son visage, ses mains et ses pieds, les seules parties de son anatomie exposées à la vue du lecteur. En revanche, aucun trait d'habillement n'est attribué au chien. Sur l'image, celui-ci demeure un simple spécimen représentant son espèce, sa singularité s'évaporant non seulement par l'absence de tout signe distinctif renvoyant à un chien en particulier, mais aussi par l'insignifiance de ses actes et la position inférieure qu'il occupe, symboliquement et visuellement, vis-à-vis du quadrumane.

Nous pouvons donc affirmer que, conformément à l'anthropomorphisme qui régit la pensée philosophique des Lumières, la représentation graphique du singe oscille entre sa condition d'animal non-humain, et les gestes et les costumes qui le rapprochent de l'homme. En revanche, celle du chien reste plus proche de la pensée cartésienne qui réifie le reste des espèces animales. D'autres témoignages de l'époque entérinent une telle appréciation. Ainsi Victor Fournel rapporte comment, en 1723, la foire Saint-Laurent montrait un singe vêtu en femme, s'acquittant « parfaitement d'un menuet avec son maître [...] en compagnie d'un chien instruit à le seconder », ou, encore, un singe « habillé premièrement en mousquetaire, puis en demoiselle et ensuite en arlequin » qui montait sur un chien « tenant un drapeau de sa patte[17] ».

En guise de conclusion, nous pouvons affirmer que, plus qu'un simple divertissement résultant de la censure, le spectacle joué par des animaux savants constitue un terrain d'expérimentation dans lequel le jeu d'acteur devient la démonstration palpable de la présence ou de l'absence d'aptitudes humaines chez les singes et les chiens, ceux-ci étant la preuve de la confusion des frontières qui délimitaient jusqu'alors certaines espèces. Une telle performance interspécifique serait susceptible d'illustrer un tournant dans la réflexion sur l'animal non-humain au XVIIIe siècle : le passage d'une conception classique concevant l'animal comme une machine au service de l'homme, à une vision plus affective rapprochant certaines espèces de celui-ci en fonction d'une sensibilité, d'une physionomie et d'une « psychologie proto-humaine[18] ». « L'homme hisse vers le haut certains animaux », affirme Clotilde Boitard[19]. La scène des foires annuelles qui truffent

17 V. Fournel, *op. cit.*, p. 388.

18 I. Martin, *op. cit.*, p. 183.

19 C. Boitard, « Les animaux imitateurs au XVIIIe siècle : miroir d'une animalité humaine ou d'une humanité conquérante », *L'animal symbole*, M. Besseyre *et al.* (dir.), Paris, Éditions du CTHS, 2019. Disponible sur Internet : http://books.openedition.org/cths/5167 (consulté le 13 avril 2021). ISBN : 9 782 735 508 839. DOI : 10.4000/books.cths.5167.

le Paris prérévolutionnaire s'érige donc en laboratoire public, avant la lettre, du siècle suivant, d'autant plus qu'elle fonde sa réflexion au sujet des limites de l'espèce humaine sur les aptitudes naturelles du reste des animaux pour l'art de Thalie.

Ignacio RAMOS-GAY
Université de Valence

BRISSE, DE NANCY, OU LES PLANCHES SANS VOILE

Michel-Emmanuel Glasson, « Brisse » de son nom de scène, n'est pas tout à fait inconnu des historiens. L'un de ses plaidoyers *pro domo* a eu droit à une édition brièvement commentée[1]. Il émane d'autojustifications successives. Tout commence avec l'apostrophe du 4 nivôse an II (24 décembre 1793), alors que Brisse passe Noël dans la maison d'arrêt nancéenne du Refuge : *Le maire de Nancy indignement opprimé et injustement incarcéré aux représentants du peuple français à la Convention nationale*[2]. Il publie en vendémiaire an IV (octobre 1795) son récit en plusieurs lettres dans le *Journal des Hommes libres de tous les pays*, un périodique porté par les néojacobins. Le texte est enfin remanié en l'an VIII, alors que son auteur est professionnellement au creux de la vague[3]. Outre ce qu'ils nous disent d'une culture de l'écrit et d'une pratique politique, ces écrits s'inscrivent dans toute une prose qui fait florès à l'heure des procès, des épurations, en l'an II et l'an III notamment. Les Thermidoriens, nouveaux maîtres du pouvoir prétendant marquer leur différence avec les temps récents d'une justice expéditive, n'en usent pas moins contre les jacobins et sans-culottes de la veille, fussent-ils souvent leurs anciens alliés. Sacrifiant quelques boucs-émissaires commodes, ils veulent faire croire à l'avènement du règne attendu de la Raison, frappé du sceau de l'alliance entre politiques et scientifiques – ce faux-semblant qui vaudra création de l'Institut des sciences morales et politiques en 1795. Or Brisse a pour lui l'originalité d'un parcours de vie qui l'a propulsé sur les tréteaux de France et de l'étranger, et contre lui ses sympathies hébertistes vigoureusement

1 M. Furcy-Raynaud, « Les mésaventures de l'acteur Brisse, maire de Nancy en l'an II », *Revue des études historiques*, 78e année, 1912, p. 557-566.

2 BnF, Lb41/3609.

3 AN F 17 1216. *Mémoire de Brisse, ex-maire de Nancy et désormais artiste dramatique au théâtre de Nantes, au ministre de l'Intérieur*, s. d. (an VIII).

mises en acte[4]. « Fanatique de la probité », « chaud révolutionnaire » (I, 1), selon ses mots qui oublient ses victimes, il connaît la fébrilité et la fragilité nées de l'engagement, les affres d'un parcours chahuté en ces temps où le militantisme vous expose dangereusement.

Né à Rouen le 19 décembre 1751, cet ancien commis des Aides a, comme bien d'autres de sa génération gagnés par la théâtromanie, trouvé le chemin des tréteaux au début des années 1780. Il chante au théâtre de Marseille en 1783, joue en Hollande en 1787. Là, la révolte contre le Stathouder et prince d'Orange trouve en lui un chaud partisan, en foi de quoi il est expulsé des Provinces-Unies sitôt actée la défaite des insurgés (II). Il rentre à Rouen, où il fait partie en 1789 de la distribution de *L'Ami de la maison*[5], une comédie en trois actes en vers, mêlés d'ariettes, de Grétry, créée à Fontainebleau par la Comédie-Italienne dix-huit ans plus tôt. Il met très tôt son expérience d'émeutier au service de ses compatriotes et de la Révolution française, manifestant localement en mars 1789, puis surtout en juillet, contre le despotisme parlementaire (II). Le 3 août, il est aux côtés de l'homme de loi Jourdain et de son confrère Bordier, celui-ci acteur reconnu des théâtres parisiens de l'Ambigu-Comique et des Variétés-Amusantes, lorsqu'ils incitent au pillage de l'hôtel de l'intendance. Les deux hommes seront jugés, condamnés à la pendaison, leurs têtes ensuite tranchées et momifiées ; pamphlets et comédies assureront la postérité de Bordier. Brisse préfère prudemment s'enfuir à Paris.

Nul étonnement, donc, à ce qu'il puisse se présenter comme un rescapé de la fusillade du Champ-de-Mars, en juillet 1791. Ce grand rassemblement patriote, à l'initiative du club des Cordeliers, puis soutenu par celui des Jacobins, visait à faire signer par les promeneurs dominicaux une pétition demandant la déchéance du roi Louis XVI – que l'Assemblée nationale constituante avait rétabli dans ses droits malgré sa fuite arrêtée à Varennes au mois de juin, transformée en « enlèvement » pour les besoins de la cause. Ce moment tourne au drame lorsque la garde nationale de la capitale tire sur les manifestants ; arrestations et procès s'ensuivent. Brisse

4 Par commodité, dans la suite de cette reconstitution biographique, nous renverrons à deux des trois textes précédents par un simple chiffre entre parenthèses respectant la chronologie des publications, accompagné du numéro des pages concernées : (I) pour *Le maire de Nancy*, (II) pour *Mémoire de Brisse*, lettre manuscrite au ministre de l'Intérieur, en l'an VIII, qui reprend et augmente les articles publiés dans le *Journal des Hommes libres*.

5 H. Lyonnet, *Dictionnaire des comédiens français (ceux d'hier)*, Genève, Bibliothèque de la Revue universelle internationale illustrée, 1912, vol. 1, p. 2.

connaît pendant quelques mois les geôles de la capitale : « Je sortis des prisons de Paris, au mois de novembre 1791, avec un décret d'ajournement personnel, après deux mois de détention, dont dix-huit jours au secret à l'Abbaye Saint-Germain, où j'avais été traîné par les satellites du scélérat Lafayette » (I, 2) – car le commandant de la garde nationale parisienne, autrefois égérie des patriotes, est tenu pour responsable des morts de juillet. S'il porte haut les Lumières, les valeurs ou les mots de liberté, d'énergie et de patriotisme, Brisse emploie volontiers le vocabulaire de *L'Ami du peuple* contre « des Feuillans, des fripons et des égoïstes » – les premiers relevant du club fondé à l'automne par une majorité d'anciens jacobins, favorables à l'œuvre de l'Assemblée nationale (I, 1). Son acculturation aux imputations nouvelles paraît des plus rapides. Il est en rapport avec les journalistes les plus engagés à gauche, aussi bien Marat que son acolyte, l'avocat Claude-Rémy Buirette de Verrières, l'un des meneurs de la manifestation des femmes parisiennes marchant sur Versailles en octobre 1789 et l'un des rédacteurs de la pétition du Champ-de-Mars, bientôt à la tête de *L'Ami de la loi*. Il correspond aussi avec leur ami Louis-Marie Stanislas Fréron, l'un de ses compagnons d'incarcération, qui dirige *L'Orateur du peuple*.

Toujours est-il qu'il quitte Paris en décembre 1791 pour un engagement au théâtre de Nancy, offert à la suite d'une vacance brutale d'emploi, à quelques mois de l'annuel *mercato* pascal qui attire les directeurs à Paris, dans les environs du Palais-Royal où se constituent les compagnies. Édifiée en 1755 par Stanislas Leszczynski, restaurée en 1784, la Comédie à l'italienne de la capitale meurthoise participe de l'aménagement de la place Royale, bientôt place de la Révolution, puis du Peuple. Ces détails n'en sont évidemment pas pour Brisse, qui se vante d'avoir voulu, en seize mois, transformer « le théâtre aristocratique de cette cité en théâtre patriotique », caviardant « des pièces royalistes transformées sur le champ en pièces républicaines » (I, 3), avant même que la république ne soit proclamée. Dans les faits, le 24 avril 1792, il a pris la tête d'une société de comédiens, de comédiennes et de musiciens, qui a poussé à la démission un directeur ruiné, Maynon Demery, l'accusant de manquer à ses devoirs financiers envers la troupe. Les artistes partagent les recettes selon des parts qui favorisent certains emplois, et surtout la polyvalence, trait commun des troupes provinciales, et notamment de celles qui proposent une programmation d'opéras-comiques[6].

6 Archives municipales de Nancy, 2R 95. Acte fondateur de la société d'acteurs de Nancy, 4 avril 1792.

Seul Coste fils, musicien, touche un fixe de 12 livres, prises tant sur les parts des comédiens que sur celles de ses collègues de l'orchestre. Notons que la dichotomie sexuelle, qui marque souvent les salaires, est ici abolie. Tous les sociétaires ont voix au chapitre pour le choix des pièces, la régie, le règlement (et les amendes infligées aux tire-au-flanc), la police, l'administration en général, du ressort de semainiers. Les décisions sont prises à la majorité des votes. Tous doivent paraître sur scène, même s'ils n'ont pas de rôle : il faut grossir les chœurs, accepter d'interpréter plusieurs personnages. Des tournées sont prévues, pas plus loin que dix lieues à la ronde, et pas plus longues qu'une semaine, les déplacements étant aux frais de la société, qui contracte un emprunt de 600 livres. C'en est fini des entrées gratuites. Chacun s'engage à rester dans l'association jusqu'à la veille des Rameaux de 1793, et s'interdit de contracter à nouveau avec Demery.

Emplois	Parts
Première haute-contre	1,5
Première chanteuse	1,5
Seconde haute-contre, jouant les colins	0,75
Seconde chanteuse, jouant les dugazons, les saint-aubins	1,25
Première basse-taille	1,25
Duègne, jouant aussi les grandes coquettes et les mères nobles	1,25
Laruette	1
Trial, jouant les comiques dans la comédie	1
Seconde basse taille	0,5
Pères	0,5
Accessoire femme	0,25
Accessoire homme	0,25
Maître de musique	0,75
Musiciens de l'orchestre	4
Contrôleur de la caisse	0,5

Tableau 1 – Répartition des parts dans la troupe de sociétaires nancéens menée par Brisse.

Acteur, auteur, et maintenant régisseur d'actionnaires sans fortune, frappés, ici comme ailleurs, par la désertion de la salle aux beaux jours, Brisse trouve durant seize mois un terrain pour son militantisme. Il a tenté de s'intégrer au club du cru, mais a été vite échaudé par « le feuillantisme et le fayettisme enragé » qui y régnaient, puis entièrement accaparé par son art : « Je séchais de douleur d'être, avec quelque énergie, forcé par le défaut de fortune, de donner tout mon temps à monter et jouer des pièces de théâtre dans le sens de la révolution, et de ne pouvoir prendre une part plus directe à la chose publique » (I, 4). En juin 1793, les conséquences de l'éviction des Girondins de la Convention (31 mai-2 juin) le renvoient vers la scène politique : « les fédéralistes étaient sur le point de triompher à la société populaire, et de faire de la ville de Nancy et du département de la Meurthe un petit noyau de Vendée. J'abandonne sur le champ le théâtre ; je m'élance à la société populaire, dont je m'étais fait recevoir membre huit mois auparavant » (I, 4). Il est un observateur attentif et ravi des victoires de la république à Lyon, Marseille, Bordeaux et Toulon, de « tous les instruments mortifères que la vengeance nationale a justement dirigés » (I, 5). Plusieurs de ses confrères comptent, il est vrai, dans les rangs de l'Armée révolutionnaire (Collot d'Herbois, qu'il apprécie, Fusil, Dumanoir, Dorfeuille, etc.)[7]. Comme eux, il est l'un des acteurs des scrutins épuratoires au sein de la société populaire du cru, qui entre en conflit avec la municipalité ; comme eux, il met ses talents au service des fêtes républicaines, en l'occurrence un cérémonial funèbre offert aux mânes de Marat le 11 août 1793, auquel les élus locaux refusent de participer.

Deux jours auparavant est arrivé Auguste Mauger, dit « Marat-Mauger », 27 ans. Ancien commis dans l'administration des subsistances militaires à Metz, il vient d'être nommé par le ministre de l'Intérieur Garat « commissaire du Conseil exécutif provisoire », chargé de porter l'acte constitutionnel dans les départements de Meurthe et Moselle[8]. S'appuyant sur la société populaire « régénérée », largement ouverte aux artisans, il établit à Nancy un comité de surveillance entre juillet et novembre 1793, avec dans son collimateur la municipalité, jugée trop

7 P. Bourdin, « Artistes et missions patriotiques en Rhône et Loire (1793-1794) », dans *Révolution française et arts de la scène*, Philippe Bourdin et Gérard Loubinoux (dir.), Clermont-Ferrand, Presses universitaires Blaise-Pascal, 2004, p. 131-162.

8 É. Hartmann, *La Révolution française en Alsace et en Lorraine*, Paris, Perrin, 1990, p. 437.

modérée. Puisque lui aussi est honni par cette dernière, Brisse trouve en lui un allié. Réunie à huis clos, la Ville fait traduire Mauger devant le Tribunal révolutionnaire ; il est enfermé à la Conciergerie dans la nuit du 16 au 17 août 1793, mais finalement libéré le 24 sur intervention de ses amis jacobins de Nancy. Après y avoir « épuré » le corps de ville, Mauger se préoccupe de la levée d'hommes, des fabriques de houille et de fer, de la taxe sur « les riches égoïstes », du maximum ; pendant ce temps, Brisse et cinq autres membres du comité de surveillance ordonnent plus de 300 arrestations de ci-devant nobles, de prêtres, de Juifs, d'agioteurs, d'ennemis politiques. Désigné en août juge de paix par les représentants du peuple en mission Ehrmann et Soubrany, à défaut d'avoir accepté de rejoindre l'administration départementale, Brisse devient brièvement maire de Nancy entre le 9 septembre et le 28 novembre 1793, porté par la société populaire. Il a déjà abandonné un tiers de ses parts à ses camarades comédiens, et renonce bientôt à ses 900 livres mensuelles pour les 300 et le logement que lui vaut sa nouvelle fonction (I, 18). Depuis deux mois malade et alité lorsqu'il l'accepte, il prétendra qu'« à cette époque où on n'était pas toujours maître de refuser l'occupation sans compromettre au moins son repos » ; il y perd irrévocablement le sien (II). Il mène la déchristianisation en changeant nombre de toponymes, en laïcisant les baptêmes. Mais il est destitué de son poste par le représentant en mission Balthazar Faure, qui, juge de son impéritie dans l'application du maximum, doute de la « pureté de sa conduite » et le déclare trop lié à Mauger et à sa bande, concussionnaires à nouveau déférés devant le Tribunal révolutionnaire de Paris en nivôse an II[9]. Pour sa défense, Blisse se désolidarise de Mauger, et rappelle combien les prix aux frontières sont augmentés par le nécessaire ravitaillement des armées en campagne (I, 22-24).

Les successeurs de Faure, Baudot et Lacoste, jugent que leur collègue a été mal renseigné, au détriment de « zélés Montagnards », que le Tribunal révolutionnaire acquitte[10]. Accablé par ses prêteurs et leurs huissiers, Brisse, qui a vécu tout ce temps des 15 sous quotidiens octroyés par la nation, et des aides des comédiens de sa troupe

9 *Archives parlementaires*, t. LXXXIV, Paris, Éditions du CNRS, 1962, séance du 10 pluviôse an II (29 janvier 1794).

10 *Archives parlementaires*, t. LXXXV, Paris, Éditions du CNRS, 1964, séances des 4 et 6 ventôse an II (22 et 24 février 1794).

(I, 38), retrouve son titre en février 1794. Sa mandature est cependant mouvementée, puisqu'il en passe une partie à nouveau en prison (du 21 juillet au 29 août 1794). Une troisième mission, attentive aux suggestions des autorités du district, a en effet conclu à son athéisme, et lui a reproché d'avoir hâté la libération de plusieurs de ses anciens codétenus, des exagérés « à l'instar, disait-on, des Hébert, Chaumette, Ronsin, Grammont et compagnie » (II), comme des nobles (« Elle a le malheur d'être noble, mais elle n'est point aristocrate. C'est une camarade de prison », écrivait-il de la citoyenne Clément-Toussaint[11]). Sa libération advenue au lendemain du 9 thermidor[12], il abandonne la Mairie en octobre. Installé place du Peuple, il se marie le 18 frimaire an III (8 décembre 1794) avec Marie-Anne Michel, âgée de dix-huit ans et demi, fille d'un entrepreneur en bâtiment ; le maire, l'agent national et l'un des juges de paix de la ville sont leurs témoins[13]. Il en fera une comédienne ; un enfant naîtra en 1795 (II). Mais, deux mois après être devenu le 12 vendémiaire an III (3 octobre 1794) receveur extraordinaire du Magasin de bois de chauffage, Brisse est victime des apôtres de la réaction thermidorienne, qui lui reprochent son passé et son incapacité à rendre des comptes. Il retourne en prison, « dix-huit mois entiers pourrir dans ces cachots, traîné de ville en ville, de citadelle en citadelle, et de tribunal en tribunal, toujours sans moyens de subsister et réduit à la plus affreuse misère », avant d'être acquitté par les juges de Sarrelibre (Sarrelouis), qui concluent aux passions et aux vengeances individuelles (II). Alors qu'il rentre à Nancy pour retrouver son épouse enceinte, les nouvelles autorités lui signifient qu'un mandat d'arrêt le menace, et il subit encore deux mois d'enfermement : il y entre sous les coups répétés des Muscadins, dont il ne réchappe que par l'intervention de la gendarmerie et de l'armée ; mais tous ayant derechef droit au cachot, il lui faut la solidarité du concierge pour échapper à un sort funeste. À peine libéré sur ordre de Roger Ducos, du comité de Législation, un énième mandat d'arrêt est émis à son encontre en l'an IV (II). Il prend

11 A. Troux, *La vie politique dans le département de la Meurthe d'août 1792 à octobre 1795*, Nancy, Imprimerie Georges Thomas, 1936, t. 2, p. 314.

12 AN, F/7/4566. Arrêté de libération du comité de Sûreté générale, 29 thermidor an II (16 août 1794).

13 AD Meurthe-et-Moselle, État-civil, registre des mariages de Nancy, acte du 8 décembre 1794.

la fuite, ruiné, ayant vendu meubles, effets et la plus grande partie de ses costumes de théâtre, gagnant Paris avec sa famille.

« Pas d'entracte pour la Révolution », ni pour les citoyens qu'elle a créés[14]. Alors qu'il reprend son art à Angers, en décembre 1796, puis au fil de quatre années à Saumur, Laval, Rennes, Port-Malo (Saint-Malo), Port-Brieuc (Saint-Brieuc) et Nantes, « sa réputation de fonctionnaire de l'an II le suit partout » dans cet Ouest insurgé, où il prétend encore porter la parole républicaine ; injures, menaces et coups s'ensuivent. Montré du doigt, il subit, malgré des garnisons qui apprécient le théâtre, les quolibets de notables revenus dans leurs foyers, de fonctionnaires supportant mal le souvenir de la Terreur et l'occupation militaire, tandis que les artisans n'ont pas de quoi se payer le spectacle. Il manque mourir lors de la bataille de Nantes, brièvement prise par les Chouans le 20 octobre 1799 (II). Comme nombre de ses confrères, Brisse vit pauvrement de son itinérance, disposant de moins de 24 livres mensuelles pour ses rôles de première haute-contre, tandis que son épouse de vingt-trois ans interprète les premières amoureuses (II). En l'an VIII, il tire le diable par la queue, sûr que le spectacle de Nantes court à la faillite. Lui qui a composé une pièce en l'honneur du vainqueur de Lodi, du négociateur de Campo Formio, entendue à Nantes[15], sollicite une aide du ministre de l'Intérieur Lucien Bonaparte. Il espère participer à l'aventure théâtrale égyptienne, à quelque poste où l'on voudra bien le nommer : il est prêt à retrouver un emploi de comptable (« soit dans les fourrages, à l'armée, soit de garde-magasin, soit dans quelque direction des hôpitaux, perception de droits », II). Il cite ses connaissances parmi les élus de la nation, parmi lesquels d'anciens Montagnards, des régicides : Gourdan au Conseil des Anciens, Levasseur, Michaud, Baudot à celui des Cinq-Cents. Il exclut les autres représentants de la Meurthe, ses anciens accusateurs[16]. En vain. Il fréquente en 1801 la loge de la Vertu

---

14 P. Frantz, « Pas d'entracte pour la Révolution », dans *La Carmagnole des muses. L'Homme de lettres et l'artiste dans la Révolution*, Jean-Claude Bonnet (dir.), Paris, Armand Colin, 1988, p. 381-397.

15 *Le Publicateur de Nantes*, n° 466, 10 brumaire an VIII (1er novembre 1799) : « Aujourd'hui, à la salle du Chapeau-Rouge, le *Triomphe de Bonaparte en Égypte, ou la reprise d'Aboukir*, grand opéra, précédé des *Voisins*, comédie, et l'*Amour et la Raison*, autre comédie. »

16 P. Bourdin, « Le théâtre français en Égypte (1798-1801) : divertissement et acculturation en temps de campagne », *Dix-Huitième Siècle*, n° 49, 2017, p. 159-180.

triomphante, à Saint-Brieuc[17]... Jouant au théâtre de Bourges un an plus tard, Brisse propose ses services à la municipalité de Montluçon[18]. Ils sont acceptés, et il signe un contrat en mai 1802, lourd d'amendes forfaitaires en cas de détérioration de la salle – un rez-de-chaussée piètrement aménagé dans le palais des ducs–, des décors, ou de manquement à ses obligations[19]. Débutant sa pérégrination par des étapes, à Guéret et à La Châtre, Brisse semble se raviser : « les grandes chaleurs sont sans doute un obstacle pour le pays », argue-t-il, provoquant la colère du premier édile de la cité bourbonnaise[20]. S'il fréquente en 1804 les Francs-maçons de Trêves au sein de la Réunion des Amis de l'Humanité, on perd ensuite sa trace sous l'Empire, à l'heure de la création des arrondissements théâtraux et des privilèges de direction. Il meurt le 22 mars 1831, à Château-Thierry (Aisne), entouré d'un ancien officier des armées napoléoniennes, chevalier de la Légion d'Honneur et greffier en chef du tribunal local, et d'un marchand de nouveautés : veuf de Marie-Anne Michel, il est dit alors retraité de l'administration des contributions indirectes, une reconversion à laquelle il avait dû sans nul doute se résoudre[21]...

Fruit d'une reconversion sociale de la gestion des droits au théâtre – avant de faire le chemin inverse –, Brisse, qui a sans doute croisé aux Provinces-Unies la route de son alter ego, Philippe-Antoine Dorfeuille[22], rejoint la cohorte de ces artistes patriotes qui, entre 1789 et 1795 surtout, ont mis leur métier au service de leur cause. Ils ont, pour ce faire, abattu les murs séparant scène et salle, salle et place publique, et confondu l'illusion du costume et des accessoires avec l'habit ou le symbole politiques. Ils ont, au besoin, censuré les vers classiques ou réécrit les répliques au diapason de l'actualité, à défaut de créer toujours des œuvres nouvelles. Conscients de s'inscrire dans l'histoire avec, enfin,

17 BnF, Gallica, ark:/12148/btv1b10000316w. (consulté le 28/05/2020). Fichier Bossu.

18 Archives municipales de Montluçon, 2D2/3. Lettre du couple Brisse au maire de Montluçon, 20 germinal an X (10 avril 1802). Citée par C. Triolaire, *Le Théâtre en province pendant le Consulat et l'Empire*, Clermont-Ferrand, Presses universitaires Blaise-Pascal, 2012, p. 82.

19 Archives municipales de Montluçon, 2D2/3. Lettre de l'adjoint au maire de Montluçon à Glasson-Brisse, 20 floréal an X (10 mai 1802).

20 *Ibid.* Lettre de Brisse au maire de Montluçon ; réponse du maire de Montluçon au couple Brisse, 19 fructidor an X (6 septembre 1802).

21 AD Aisne, État civil, registre des décès de Château-Thierry, acte du 23 mars 1831.

22 P. Bourdin, « Les tribulations patriotiques d'un missionnaire jacobin : Philippe-Antoine Dorfeuille », *Cahiers d'histoire de Lyon*, t. XLII, 1997, n° 2, p. 217-265.

le titre de citoyens, grandiloquents peut-être pour s'enorgueillir de ce nouvel état, de cette liberté attendue, au risque de fondre une fois encore leur identité dans un nouveau personnage, ils ont rivalisé d'imprudence enthousiaste en se faisant les porte-voix d'une Révolution manichéenne dévorant parfois ses enfants. Entraînant la carmagnole des muses, ils se sont affichés, non sans quelques succès, comme les promoteurs d'un théâtre par et surtout pour le peuple. Celui-ci, saisi comme une vague entité, et jamais dans sa diversité, n'en demandait ni tant, ni surtout partout à la fois. De son inconstance ou de ses implications contraires dans la cité, des tribulations gouvernementales encourageant ou rejetant selon les ans et les mois le théâtre engagé, découlent nombre de désillusions, de replis obligés, d'idéaux et d'amour-propre blessés, mais d'inconscients jalons pour d'autres révolutions.

Philippe Bourdin
Université Clermont-Auvergne
Institut Universitaire de France
Centre d'Histoire « Espaces & Cultures »

PÉPITES ET PARCOURS

LA NAISSANCE DE L'HISTOIRE ET LE PREMIER HOMICIDE PAR JOACHIM BERNIER DE LA BROUSSE, NOTABLE POITEVIN

Comment penser l'Histoire lorsqu'on vient de traverser des années de trouble intense, de guerre civile et de violence ? Ou plutôt comment rendre compte de l'arrivée de l'Histoire et de sa cohorte d'horreurs lorsqu'on est dans l'après ? Et faut-il espérer, ou désespérer de l'avenir ? Ce sont des questions que pose la période d'après la Révolution et sur lesquelles Pierre Frantz s'est penché : elles marquent à la fois notre présent, celui du XXe siècle et du début du XXIe siècle, et la période post-révolutionnaire. Comme en écho, elles me sont aussi apparues lors d'une période tout aussi importante, qui est aussi celle de l'après, les années d'une autre après-catastrophe, juste après les guerres de religion, en France.

Pour les poser – et les proposer à Pierre qui y verra quelques éléments propres à son corpus, plus tardif –, je prendrai un cas, non seulement parce que j'aime la casuistique, mais parce que les cas, à proprement parler, révèlent, dans leur individualité et leur généralité, une manière de penser une période et une manière d'en rendre compte de façon particulière. Et je me demanderai, à la lecture d'un certain Joachim Bernier de La Brousse (1580-1623), Poitevin, robin de son état, auteur polygraphe pour son plaisir et probablement pour sa propre renommée – peu connu, il est vrai, mais j'aime les seconds rôles et les troisièmes couteaux –, comment l'on peut figurer les temps présents en recourant aux références et aux *exempla* des temps passés, antiques de préférence, et connus de tous.

Selon l'abbé Goujet, qui écrit un siècle et demi plus tard,

> Bernier était Avocat et Banquier à Poitiers, et neveu du sieur Desplanches [...] Prieur de Comblé, et Sous-Chantre de Sainte Radegonde à Poitiers, auteur de

> diverses Poésies […]. Bernier, élevé par son Oncle, prit dans cette éducation du goût pour la Poésie ; et malgré les occupations dont il se vit chargé par la suite, il versifia presque toute sa vie. D'abord il ne fit part de ses Vers qu'à un petit nombre d'amis. Mais un Poète travaille rarement pour renfermer dans un si petit espace la gloire à laquelle il aspire. Bernier qui n'en était pas moins amoureux que ceux qui couraient la même carrière, recueillit donc ses Poésies en 1618, et les dédia à François de La Rochefoucauld, Prince de Marsillac, et Gouverneur de Poitiers[1].

Ainsi, quand on est un notable de 38 ans, peut-être au faîte de sa carrière d'avocat, qu'on a certainement l'argent pour faire éditer son œuvre et qu'on se pique d'être aussi auteur, que peut-on trouver de plus célèbre et de plus gratifiant, pour parler de l'Histoire présente et simultanément de la naissance de l'Histoire, que le cas de Romulus et de Rémus ? C'est un mythe historique essentiel qui montre que tout commence par le meurtre du frère, du semblable, comme dans la Bible (*Il primo omicidio*, celui d'Abel par Caïn) et que toute cité, toute histoire de l'homme, est fondée dans la violence et le sang versé. Et grâce à cette fable, on pourra dire enfin que l'histoire de la France des temps présents et juste passés a été et redevient une tragédie dont il est peut-être urgent de déterminer les raisons, ou d'en figurer le mouvement, ou encore d'en comparer le cours avec l'Histoire des humains et des cités de l'Antiquité. C'est ce que va faire La Brousse avec conscience, en reprenant ses classiques et l'épisode fondateur de l'histoire romaine.

L'Embryon romain, tragédie de Bernier de La Brousse est parue en 1618, dans un gros recueil[2], volume in-12 divisé en 5 parties, à Poitiers, dans lequel on peut trouver des odes, des pastorales, des bergeries, des poèmes de toute sorte, des encouragements et avis d'autres notables pour l'auteur, une tragi-comédie, *Les Heureuses infortunes*, cette tragédie en cinq actes, avec des chœurs, et l'on peut penser qu'une bonne partie de ces écrits ont été lus bien avant, voire recopiés pour le public lettré de Poitiers et sa région. On ne sait pas si les pièces ont été représentées, mais l'on conviendra qu'elles sont néanmoins écrites pour l'être.

---

1 L'abbé Goujet, *Bibliothèque française*, ou *Histoire de la Littérature française*, Paris, chez Hippolyte-Louis Guérin et P. G. Le Mercier, 1752, t. XV, 1753, p. 97-98.

2 *Les Œuvres poétiques du Sieur Bernier de la Brousse* […], à Poictiers, par Julian Thoreau imprimeur du roy et de l'université, 1618.

HISTOIRE ROMAINE ET BOCAGE LATIN

La tragédie de *L'Embryon romain* – dont, en 1843, Gustave Le Vavasseur, dans sa *Vie de Pierre Corneille*[3], dira qu'elle est « un embryon de tragédie romaine, embryon informe et d'un style grossier »… – met en scène la fondation de Rome en débutant l'intrigue au moment où, à Albe, le roi Amulie, en tyran imposteur, règne en lieu et place de son frère aîné, le bon Numitor, tandis que sa nièce Sylvie, fille de Numitor, s'est réfugiée dans un couvent de vestales après qu'elle eut donné naissance, quinze ans plus tôt, à des jumeaux. Amulie ne sait pas qui est le père de ces enfants – c'est bien plus tard qu'on saura qu'il s'agit de Mars –, mais, en prince violent, il entend régner sans partage et éliminer ceux dont la légitimité le menace : son frère Numitor qu'il a dépossédé de tout pouvoir et Sylvie qu'il accuse rétrospectivement d'avoir failli à son vœu de vestale et qu'il condamne à mort. C'est grâce à l'intervention de Celer, le capitaine des gardes d'Amulie, que le roi s'en tiendra à exiler Sylvie, tandis que Numitor, indigné et pathétique, offre sa tête pour sauver sa fille, alors même que ses fils ont été assassinés.

On le voit, la tragédie commence dans la violence et l'imposture, et l'on se prend à penser qu'Albe aura bien des difficultés à se départir de cette crise. Or la question que tout lecteur-spectateur peut se poser, en ces années 1600-1618, est de savoir si cette intrigue n'est pas le vague reflet de la situation présente. Ainsi, en fin d'acte I, le chœur des pasteurs – tragédie aux traits archaïques, *L'Embryon romain* comporte en effet des chœurs, situés en fin d'acte, qui commentent directement l'intrigue – regrette un « âge d'or » perdu. Il espère encore que Jupiter changera la fortune, remettra « notre bon roi / Et sa fille chez soi » et exterminera d'abord « Cette engeance maline, / Ce tyran dévoreur, / Plein de rage et d'horreur[4]. »

Albe est donc déjà entrée dans la violence de l'histoire, inique et cruelle, et l'on ne peut que regretter le temps (imaginaire ?) d'un âge d'or défunt. Et lorsque les bons pasteurs prient les dieux pour que le

3 G. Le Vavasseur, *Vie de Pierre Corneille*, Paris, Librairie de Debécourt, 1843, p. 70-71.

4 *L'Embryon romain*, dans *Les Œuvres poétiques du sieur Bernier de la Brousse*, *op. cit.*, p. 244 gauche.

bon roi (Numitor) revienne ou advienne enfin, après les troubles, on peut imaginer que le public est libre de penser à celui qui aurait pu installer une paix durable, après la crise, ce grand roi Henri malheureusement assassiné, ou à espérer que le jeune Louis XIII puisse porter, en ce sens, quelques espoirs, afin, peut-être, qu'un nouvel âge d'or apparaisse…

C'est au début du deuxième acte qu'à la faveur d'un récit rétrospectif, on en vient à l'épisode majeur du mythe de la naissance de Rome : la légende des jumeaux abandonnés et allaités par la louve. Les chapitres de Tite-Live et de Plutarque se retrouvent ainsi dans le discours du personnage de Faustule, le pasteur royal qui les avait trouvés au bord du Tibre, lorsqu'il rencontre Sylvestre et Laurente, le berger et la bergère (Bernier de La Brousse ne suit pas Tite-Live, qui dit qu'il s'agit d'une prostituée, une *lupa*…) à qui il les avait confiés. Et comme il est nécessaire de rappeler que cette séquence légendaire a permis qu'un grand empire existe, La Brousse insère, dès la scène suivante, un dialogue entre un dieu prophète ayant pris l'apparence d'un faune et Numitor, le roi légitime mais pour l'instant défait, qu'il s'agit de consoler : oui, sa couronne luira à nouveau et la maison de Troie, qui est à l'origine de son lignage, sera à nouveau à l'honneur, tandis qu'Amulie mourra… Cette prophétie se poursuit en une grande période pompeusement rédigée, qui consigne l'histoire de Rome – « VILLE ÉTERNELLE » notée en capitales – depuis Romulus (nommé l'aîné des deux fils), non seulement jusqu'à l'empire, mais jusqu'à la transformation de cette « cité-monde » en ce lieu divin qu'il est devenu : Rome centre de la chrétienté. Cependant, ce grand moment de rhétorique a aussi pour tâche de rappeler que le lignage de Numitor est celui d'Anchise et d'Énée, qui, comme le savent parfaitement les contemporains de La Brousse, se prolonge par le lignage des rois de France tant, en ce début de siècle, on aime à rappeler que notre belle monarchie descend, en droite ligne, de la monarchie troyenne. Numitor, commente le chœur, est alors le chaînon qu'il faut préserver pour que la chaîne qui va de Troie (Anchise, Énée) à Albe et d'Albe à Rome, puis de Rome à la France, puisse exister. Et à nouveau, cette tragédie de fondation vient directement participer aux débats du moment.

La Brousse situe alors le débat entre les deux tendances majeures de cette époque qui se matérialisent dans les personnages des jumeaux : Romulus sait qu'il n'est pas né pour être pasteur mais qu'il est de noble parage – il aime combattre et commander –, Rémus, le héros berger, s'en tient à la fiction d'un monde en paix, mi-âge d'or, mi-futur idéal, et aime sa « vie rustique ». La première tendance tient dans la constatation du fait que la violence est inscrite, une fois pour toutes, dans l'Histoire et la conduite politique des affaires, mais qu'on peut néanmoins en limiter l'aveuglement violent par une reconnaissance de la légitimité des princes et des rois et une condamnation des tyrans. Donner à la violence de l'État une légitimité (absolue ?) est, comme le montre l'acte II, ce qu'on peut espérer de mieux malgré la crise. La seconde tient dans l'éternel regret d'un âge d'or idéal, pastoral, sans Histoire, qu'il aurait été nécessaire de préserver si l'on avait voulu éviter toutes les violences extrêmes que les temps anciens et modernes ont permises. La question est néanmoins de savoir si cet âge d'or a existé autrement qu'en idéal, et s'il peut advenir autrement qu'en pensée… C'est le problème de la nostalgie, doublé de la mélancolie pastorale typique de l'époque. Or l'acte V, en deux parties et en deux fins dramaturgiques, montre d'abord que la paix et la légitimité peuvent triompher au point que le bon gouvernement d'Albe pourra s'accorder avec la douce vie des bocages. Puis, lors d'une seconde fin, la tragédie fait en sorte que l'histoire reprenne ses droits, puisque c'est au creux des familles régnantes que les meurtres sanglants se produisent et qu'en même temps, Rome, la grande cité universelle trouve sa terrible fondation…

On apprend tout d'abord, que les jumeaux sont victorieux et qu'Amulie, trahi par Celer – son capitaine des gardes qui est passé du côté de Numitor –, est mort. Dans une belle scène qui aurait pu être finale, Numitor veut céder Albe, enfin reconquise, à Romulus, qui refuse parce qu'il veut fonder une nouvelle cité qui lui sera propre, et à Rémus, qui suit son frère dans ce projet. Numitor pardonne à tout le monde, y compris au peuple qui l'avait rejeté au profit d'Amulie, et le chœur célèbre la paix et la prospérité de l'Italie, enfin retrouvées. S'enchaînent alors une série de maximes qui clôturent à la fois la première tragédie et l'épisode albain, mais qui peuvent très bien aussi s'appliquer aux temps présents, *a fortiori* lorsqu'elles sont rapportées dans un texte dédié à François de La Rochefoucauld, l'ancien ligueur : « Tout peuple révolté qui retourne à son maître, / Doit être caressé, avant que le destin / Par la rigueur des lois le rende plus mutin. / Il aime plus son roi s'il a plus de clémence, / Que n'est grande envers lui sa faute et son offense : / Et la fureur d'un roi plein d'outrage et de fiel, / Nourrit encontre soi plus d'aigreur que de miel. / Le peuple d'ici-bas est fautif de nature, / Et ferme en son erreur beaucoup de temps ne dure, / Mais s'il n'est remontré, peu à peu doucement / Il reconnaît sa faute, et vit plus constamment, / Que si par la rigueur d'un châtiment moleste, / On le voulait contraindre en son devoir honnête[5]. » Tout pourrait donc s'arrêter là : l'Italie et la France seraient comblées…

La première fin est donc heureuse, vertueuse, politiquement idéale, et semble tout à fait convenir à ce qu'un ancien partisan de la Ligue, converti à la monarchie des Bourbons grâce à la magnanimité d'Henri IV, peut espérer. Le pays peut être réuni, les factions disparaître et l'histoire s'arrêter. Ce dispositif, qui fait appel à une sorte d'irréel du passé idéal que la réalité des choses, et de l'Histoire, a empêché, consiste à rendre compte d'une possibilité passée, mais non aboutie et probablement vaine, d'éviter la catastrophe.

Place donc à la seconde fin, à l'Histoire du Monde, à la catastrophe, au meurtre premier, à l'horreur. Durant la dernière scène, Numitor apprend ainsi, par son « maître d'hôtel » Lucie, comment Rémus est mort. C'est ici l'occasion d'un grand morceau rhétorique qui reprend les récits latins dans le cadre d'un dispositif stylistique très précis : Lucie raconte à son roi qu'à la faveur d'une rencontre avec Celer, le capitaine des gardes d'Amulie converti et maintenant fidèle à la couronne, il a pu observer la querelle et le combat des frères. Le texte procède alors par citations et, sous le couvert d'un témoignage oculaire, rapporte avec précision le mythe de la fondation de Rome tel que la littérature l'a produit. Les lecteurs peuvent ainsi suivre (ou retrouver) la manière dont Rémus s'est moqué de Romulus en enjambant le sillon qui était censé marquer les limites de la grande cité future, et lire comment Romulus a décidé de punir son frère de sa « lame cruelle[6] », après l'épisode des vautours qu'ils connaissent narré par Plutarque[7] et résumé par Tite-Live[8]. Toutefois, le récit du combat des jumeaux pleins de colère se termine par la curieuse (et non autorisée) mort de Rémus : Lucie, qui raconte la scène, dit qu'il a vu Celer se jeter entre les deux frères, tenter de les séparer, et qu'à ce moment précis « L'infortuné Rémus par malheur tomba mort », si bien

5 *Ibid.*, p. 267 gauche.
6 *Ibid.*, p. 272 gauche.
7 Plutarque, « Romulus », *Les Vies des Hommes illustres*, XI, 1.
8 Tite-Live, *Histoire romaine*, I, VI, 1.

qu'on ne peut, selon le narrateur, savoir s'il fut tué par Romulus ou s'il reçut un coup malheureux de Celer… Ce peut être une belle façon, sinon d'exempter Romulus, au moins d'atténuer une responsabilité qui devrait être absolue, et un moyen de laisser quelque ambiguïté à cette séquence, à ceci près que les paroles de Romulus viennent ensuite pour, littéralement, commenter le fait que Rome est fondée dans la violence et le sang versé : « NUMITOR. – Hélas ! que dit Romule ayant ce meurtre fait ? / LUCIE. – Il ne dit que ces mots, content et satisfait. / Ainsi je traiterai ci-après, par droiture, / Quiconque entreprendra de fléchir ma clôture : / Et son sang répandu dans son large UNIVERS, / Lui servira d'offrande avec le tien pervers. / Va sauter aux Enfers la rive Achérontide / Et bâtis ta cité sur le roc de Sisyphe[9]. » L'Histoire, la nôtre, celle qui s'écrit dans les meurtres et les combats, est donc en marche et le rêve pastoral est terminé : il n'y a plus qu'à en faire le deuil.

L'IRRÉEL DU PASSÉ, TEMPS DE LA TRAGÉDIE

Si j'ai souhaité commenter ce cas, ce n'est pas, on le devine, pour sa grande qualité d'exécution. Au contraire, c'est parce qu'il est l'emblème de ce que le théâtre, et en particulier la tragédie de cette époque peut dire de ce qu'est l'Histoire passée, antique, et présente ou juste passée : qu'une catastrophe, peut-être, aurait pu être évitée si l'on était allé du côté du bocage, si l'on avait cherché à se tourner vers l'idéal d'un âge d'or à reconquérir… En situant sa tragédie à l'aube de l'Histoire, autrement dit au moment mythique de la fondation de Rome, Bernier de La Brousse laisse ses lecteurs-spectateurs réfléchir à la fois sur les fondements du pouvoir, de l'Histoire et du présent qu'ils vivent en 1618, mais aussi sur la façon dont ce présent s'est constitué, sur son développement dans le temps long de l'Occident, ou le temps court des cinquante dernières années. En cela, il établit et commente non seulement les deux tendances axiologiques majeures de son époque : la constatation de la violence au début et à tous les moments de l'Histoire

9 *L'Embryon romain*, *op. cit.*, p. 275 gauche.

des humains (depuis l'Antiquité jusqu'à maintenant), et l'idée qu'on pourrait aller contre ce fait, en instituant un idéal tout en repensant nostalgiquement un âge d'or qui n'a peut-être jamais existé, sinon dans les œuvres de d'Urfé (*L'Astrée*) ou de Guarini (*Il pastor fido*).

Mais La Brousse ne s'arrête pas là, parce qu'il envisage aussi, comme tous ses contemporains, ce que pourrait être le monde sans le retour à un âge d'or idéal mais néanmoins après la catastrophe, après les crises (les guerres de religion, l'assassinat d'Henri IV). Et c'est en réfléchissant sur les causes de ces crises, en les re-jouant ou en les re-figurant, décalées, qu'il devient possible de penser un après. Faut-il donc désespérer, et voir dans le cycle des violences, sans cesse réitéré, une spirale aussi inéluctable qu'infinie, ou faut-il imaginer qu'une solution et un espoir sont possibles, à la condition qu'un pouvoir légitime, vertueux, fort, non-tyrannique advienne, même entaché par le sang originel de la prise de pouvoir, mais capable de rédemption, si bien qu'alors la pièce peut aller, dans l'incertitude, vers une réunion possible autour d'un souverain contrit ? C'est ce que propose Numitor lors de la première fin heureuse, mais il est clair que, dans ce texte, cette solution échoue, tant elle est soumise à la pertinence des mythes et à l'Histoire de l'Humanité.

† Christian Biet
Université Paris-Nanterre
Institut Universitaire de France

« POCHADES MÉPRISÉES » OU « COMÉDIES DE NOTRE SIÈCLE » ?

Quatre farces de Labiche écrites pour Céline Montaland

Le vaudeville fait spectacle de tout événement, des premiers vols en ballon comme de l'installation des montagnes russes, de l'arrivée de Rossini à Paris comme de la présence dans la capitale d'une actrice, petite prodige de sept ans. Celle-ci est née à Gand, en 1843, de parents comédiens – papa joue au Vaudeville à Paris de 1847 à 1849 – et la providence l'a nommée Montaland. La petite Céline a foulé les planches du Théâtre-Français à quatre ans pour jouer Camille dans *Gabrielle* d'Émile Augier et l'enfant dans *Charlotte Corday* de François Ponsard[1]. Elle est engagée en 1850 au Palais-Royal, où Eugène Labiche et Marc-Michel écrivent pour elle quatre pièces en un acte : *La Fille bien gardée*, « comédie-vaudeville » créée le 6 septembre 1850, *Un bal en robe de chambre*, « épisode de la vie du grand monde, mêlé de couplets » (12 octobre 1850), *Mam'zelle fait ses dents*, « comédie en un acte mêlée de couplets » (9 avril 1851) et *Maman Sabouleux*, « comédie en un acte mêlée de chants » (13 mars 1852)[2].

Céline Montaland[3] évolue dans la troupe du Palais-Royal aux côtés du comique-vedette Grassot dans le rôle d'un domestique ivre de danse dans *La Fille bien gardée*, du papa qui cherche à s'endormir en lisant *La*

1 D'après la page consacrée à Céline Montaland sur le site de la Comédie-Française : https://www.comedie-francaise.fr/fr/artiste/celine-montaland# (consulté le 28 mai 2020).

2 Je remercie Pierre Frantz de m'avoir fait découvrir cette dernière pièce, il y a quelques années.

3 C. Montaland poursuit sa carrière jusqu'à sa mort en 1891, à 48 ans. Elle entre à la Porte Saint-Martin en 1860, joue la Baronne dans *La Vie parisienne* d'Offenbach au Palais-Royal en 1866. Elle entre à la Comédie-Française en 1884 (elle est sociétaire en 1888) et y joue notamment dans une reprise de *François le Champi* de George Sand. Voir H. Lyonnet, *Dictionnaire des comédiens, ceux d'hier*, Genève, Bibliothèque de la *Revue universelle internationale illustrée*, [1912], t. II, p. 459-460.

Veuve du Malabar dans *Un bal en robe de chambre*, ou d'un papa-nourrice-tambour du village-sonneur de cloches dans *Maman Sabouleux.* Baronne de Flasquemont ou Mme de Claquepont, Mme Thierret offre en spectacle sa féminité problématique : « Massive, hommasse, un nez à demi busqué / De petits yeux riotant de malice [...] / Large, carrée et fournie en moustaches, / Le pas troupier et le geste hâbleur[4] [...] ». En scène avec ces deux vedettes, Céline Montaland est successivement Berthe, sept ans (*La Fille bien gardée*), Cécile, six ans et demi (*Un bal en robe de chambre*), Suzanne, huit ans (*Maman Sabouleux*), Louise, six ans (*Mam'zelle fait ses dents*). Berthe s'enfuit au bal Mabille tandis que Cécile organise en secret un bal à la maison – Labiche et Marc-Michel exploitent un autre talent de Céline Montaland : dans *La Fille bien gardée*, Berthe danse la polka et la scottish, puis se livre à une « polka hussarde[5] » à la fin d'*Un bal en robe de chambre.* Dans *Maman Sabouleux*, Suzanne est élevée à la campagne par deux papas ; ce sont un papa et une maman qui veillent sur la petite Louise dans *Mam'zelle fait ses dents* – mais papa voudrait bien retrouver sa demoiselle de comptoir plutôt que fêter son anniversaire de mariage avec maman. Heureusement, le sens commun comme l'ordre conjugal et familial seront saufs aux quatre dénouements. L'hypocrisie morale résiste encore, en attendant les pièces en un acte du dernier Feydeau puis *Victor ou les enfants au pouvoir* de Vitrac, cette réécriture dadaïste du vaudeville du XIXe siècle.

Labiche portait un jugement très négatif sur sa production théâtrale destinée au Palais-Royal, surtout sur ses pièces en un acte, conçues comme des levers de rideau. Dans l'édition de son *Théâtre complet*, en 1878 chez Calmann-Lévy, tremplin pour son élection à l'Académie française, Labiche omet une grande partie de ces petites pièces : *Un bal en robe de chambre* et *Mam'zelle fait ses dents* sont écartées, mais *La Fille bien gardée* et *Maman Sabouleux* sont intégrées, respectivement aux tomes I et IV. Labiche confiait à son ami Leveaux dès 1854 combien il méprisait ces petites pièces, « de déplorables roustissures qui vous demandent plus de temps à faire qu'une bonne pièce et ne vous procurent aucun honneur[6] ».

4 C. Legrand, *Le Théâtre en sonnets*, 1871, cité par H. Lyonnet, *op. cit.*, t. II, p. 681.

5 E. Labiche et Marc-Michel, *Un bal en robe de chambre*, dans Labiche, *Théâtre*, éd. G. Sigaux, Paris, Garnier-Flammarion, 1979, t. II, p. 87.

6 E. Labiche, lettre du 14 mai 1854 citée dans Labiche, *Œuvres complètes*, t. VIII, éd. G. Sigaux, Paris, Club de l'Honnête homme, 1966, p. 368-369.

Mieux que Labiche, Théophile Gautier a saisi le génie propre de ces petits vaudevilles de circonstance. À propos de *Maman Sabouleux*, le critique écrit : « nous aimons ces farces énormes, d'une jovialité formidable et d'un comique absurde, songes pantagruéliques du tréteau, déviations difformes de types ridicules charbonnés à gros traits ». Pour Gautier, ces « pochades méprisées », entre « licence folle » et « vérité extravagante », sont la « comédie de notre siècle[7] ».

Les significations culturelles et sociales des pochades labichiennes sont révélées par la complémentarité thématique et dramaturgique des pièces écrites pour Céline Montaland, en particulier *La Fille bien gardée* et *Maman Sabouleux*. Les deux pièces semblent conçues pour former un diptyque. L'intrigue de *La Fille bien gardée* se situe à Paris, dans le quartier des Champs-Élysées en 1850 : en son hôtel particulier, la baronne de Flasquemont, veuve du baron de Flasquemont, chevalier de l'ordre de Saint-Louis, élève seule sa petite fille Berthe avec l'aide de deux domestiques, Saint-Germain et Marie. L'action de *Maman Sabouleux* se déroule, toujours dans les années 1850, « dans un petit village à trente lieues de Paris », en un « intérieur rustique[8] » : celui de « Maman Sabouleux », « père nourricier » qui remplace sa femme dans cette fonction depuis qu'elle est partie avec un soldat cuirassier. Sabouleux avec son ami Pépinois élève deux enfants placés en nourrice chez lui : la petite Suzanne et le petit Toto – il a échangé ce dernier contre un âne et le fait travailler comme gardien de bestiaux chez un voisin du village. S'opposent, d'une pièce à l'autre, l'enfance en ville et l'enfance à la campagne, l'éducation par la mère aidée des domestiques et la mise en nourrice. D'un côté, règne encore la vieille aristocratie (la baronne de Flasquemont), de l'autre tentent de s'imposer les bourgeois à prétention (le couple Claquepont, parents de Suzanne, confiée à Maman Sabouleux). On appréciera les suggestions symboliques des noms comme leur force sonore. Deux facettes de la condition de l'enfant sont explorées. L'enfant roi de l'aristocratique famille urbaine est figuré par la capricieuse Berthe, qui ne reste pas en place, surprend les secrets des adultes, leur impose ses jeux – jouer à la marchande et au médecin avec le domestique Saint-Germain, jouer

7 T. Gautier, *La Presse*, 16 mars 1852.

8 E. Labiche et Marc-Michel, *Maman Sabouleux*, dans Labiche, *Théâtre*, t. II, éd. citée, p. 310-311.

au « roi détrôné » (on fait tomber un camarade du haut d'un endroit élevé) ou au « cheval fendu[9] » (on pratique le saute-mouton par-dessus plusieurs camarades courbés les uns à côté des autres). Suzanne représente l'enfant mis au travail : tandis que Toto garde les animaux de la ferme, elle fait la cuisine, les courses, le ménage ; n'allant pas à l'école, elle reste illettrée. Se déploient ainsi deux tableaux de genre ancrés dans les réalités de leur temps. Est explorée d'un côté la vie dorée du nouveau quartier des Champs-Élysées : chambre richement décorée, domesticité, produits de toilette – détournés par les domestiques –, précieux vêtements de la baronne – volés par la servante. Est dévoilée d'un autre côté la vie modeste à la campagne figurée par l'accumulation des objets scéniques : cheminée, ustensiles de cuisine, cuiller à pot, écumoire, soufflet, crémaillère, bouilloire, gros pain, lard, gobelets en étain ou balai. *Maman Sabouleux* pourrait se lire comme la parodie des « rurodrames » que George Sand vient de créer à la scène pendant la Deuxième République : *François le Champi* à l'Odéon en 1849, *Claudie* à la Porte Saint-Martin en 1851. Sand fait miroiter la possibilité du progrès humain au sein des mœurs campagnardes et propose des utopies sociales républicaines. Labiche et Marc-Michel semblent plus proches des *Paysans* de Balzac : les enfants sont nourris au vin de cassis autant qu'au lait de chèvre, travaillent et traînent leurs sabots au cabaret le dimanche pour y boire le vin blanc.

Les deux pièces peuvent ainsi être situées dans la continuité des vaudevilles antirépublicains et antisocialistes de Labiche joués en 1848 et 1849 : *Le Club Champenois*, *À bas la famille ou les Banquets*, *Exposition des produits de la république*, *Rue de l'homme armé n° 8 bis* sont les pièces d'un ancien jeune romantique républicain, candidat malheureux aux élections à l'Assemblée constituante en 1848, effrayé par les mouvements sociaux de la Deuxième République et devenu soutien du président Louis-Napoléon Bonaparte[10]. Si *Maman Sabouleux* inverse les utopies républicaines de George Sand, *La Fille bien gardée* montre les effets jugés néfastes des discours égalitaristes : les domestiques désobéissent à la baronne tout en lui jouant la comédie de la servilité (« Madame

9 *Id.*, *La Fille bien gardée*, sc. 3, dans *ibid.*, p. 43.

10 Voir S. Nicolle, « Labiche, candidat et vaudevilliste sous la IIe République : de l'engagement politique au désenchantement ? », dans *Les Mondes de Labiche*, O. Bara, V. Heyraud et J.-C. Yon (dir.), Paris, Presses Sorbonne Nouvelle, 2017, p. 85-98.

la baronne m'honore[11] »). Marie et Saint-Germain prennent possession de l'hôtel particulier dès que la baronne est partie – « nous voilà propriétaires de notre nuit[12] » déclarent-ils. Sur le manuscrit préparatoire de la pièce, les domestiques entreprenaient même de magnétiser la petite fille pour la neutraliser et s'en débarrasser – scène écartée de la version finale de la pièce.

Labiche aborde des sujets scabreux, joue avec des situations potentiellement scandaleuses : Berthe et Suzanne dans les deux pièces consomment force alcool ; dans *Maman Sabouleux*, Berthe fume ; quant à l'héroïne de *La Fille bien gardée*, délaissée par les domestiques, elle part en compagnie de soldats qui lui font boire du kirsch et revient en entonnant des chansons de corps de garde. Mais toute situation dramatique pouvant amener une gêne chez le public et menacer le franc éclat du rire se trouve désamorcée par l'outrance presque irréelle où la mène Labiche, et par le surgissement d'un jeu de mots ou d'une chanson qui creusent une distance et laissent intacte la possibilité du rire – d'un fou rire qui n'est pas exempt de trouble ou de terreur.

Ce génie comique du vaudevilliste se découvre dans le jeu sur l'espace. Les deux pièces sont fondées sur une dramaturgie du surgissement[13] : un ordre domestique potentiellement instable – mais pour lequel jusqu'alors les apparences étaient sauves – est bouleversé. La situation nouvelle vient révéler ce que la situation initiale avait de faux. Dans *La Fille mal gardée*, ce surgissement passe entièrement par l'écriture de l'espace, par le jeu établi entre la scène, visible, et le hors-scène. Ainsi est sculpté l'espace : dans une chambre se trouve une alcôve, où l'enfant est censée dormir mais dont elle ouvre les rideaux comme sur une scène de théâtre ; à l'extérieur, les bruits menacent la tenue et le confort de la maisonnée : retentissent les flonflons d'un bal qui a lieu à côté de l'hôtel de la Baronne, le bal Mabille – il avait ouvert vers 1810 au niveau de l'actuelle avenue Montaigne et était devenu un établissement somptueux avec un magnifique jardin en 1843, célèbre pour ses 3 000 becs de gaz ; c'est là qu'a été créé le cancan (Rigolboche) et que se sont popularisées la polka et la scottish. La musique du bal pénètre

11 *La Fille bien gardée*, sc. 1, éd. citée, p. 34.
12 *Ibid.*, p. 38.
13 Voir J. Best, « Le hors-scène et la subversion des valeurs dans trois pièces de Labiche », dans *Les Mondes de Labiche*, *op. cit.*, p. 99-111.

l'intérieur aristocratique et en décompose l'ordre : non seulement les domestiques attendent que la baronne soit partie pour aller danser, flirter et s'enivrer, mais la petite fille est gagnée par le démon de la danse. À force de caprices, elle convainc les domestiques de l'emmener au bal Mabille. L'espace aristocratique protégé, le vieux monde de la noblesse en passe d'être évacué par la modernité démocratique, est ainsi contaminé par le monde d'en bas, le monde populaire où les corps sont libres. Lien entre ces deux mondes, la perruche enfermée dans sa cage accrochée à la fenêtre répète les locutions « à faire rougir Cambronne[14] » qu'elle entend de la part des clients du bal.

Dans *Maman Sabouleux*, le surgissement détruit les rêveries bucoliques des bons bourgeois arrivant à l'improviste chez les papas de Suzanne et Toto. Les bourgeois Claquepont (le papa est « sous-chef à l'administration du gaz[15] ») et le grand-oncle Goberval (« homme de lettres… à Mâcon[16] ») désirent en effet récupérer leur progéniture non sans avoir contemplé les bienfaits de l'éducation rustique. Maman Sabouleux doit s'inventer une épouse ou en prendre le déguisement et confier l'unique rôle paternel à Pépinois. Mais la réalité menace en permanence de détruire l'image : Toto a été loué au voisin et reste introuvable, Suzanne est habillée en souillon. L'ordre du langage, pilier de la règle sociale, est bouleversé, surtout lorsque la dysorthographie détruit, sur l'enseigne de la maison, la « renommée des omelettes » et trahit le désir nourricier des papas : « ALLARD NOMME DES HOMMES LAIT : MAMAN SABOULEUX PRAN LES NOURRISSONS AN CEVRAJE. ENGLISH SPOKEN[17] ». Suzanne Claquepont parle, quant à elle, à peu près ce langage : « je ratisse des carottes », « j'vas mettre mes carottes dans la marmite » et « j'mai amusé à cracher dans le puits[18] ».

Une des marques spécifiques de Labiche au milieu de ses collaborateurs est son sens de la langue, sa sensibilité aux déformations langagières, aux sociolectes comme aux raccourcis de la parole orale, sources de calembours et féconds en sous-entendus ouvrant l'espace de la signification. « Mme la baronne est attelée[19] », clame le domestique

14 *La Fille bien gardée*, sc. 1, p. 35.
15 *Maman Sabouleux*, sc. 7, éd. citée, p. 326.
16 *Ibid.*
17 *Ibid.*, sc. 1, p. 313.
18 *Ibid.*, sc. 1, p. 312 et sc. 2, p. 314.
19 *La Fille bien gardée*, sc. 1, p. 34.

Saint-Germain, ridiculement précieux quand il désigne « cet oiseau des salons[20] » qu'est la perruche. L'élévation héroï-comique s'inverse en chute burlesque lorsqu'« ingurgiter le goujon[21] » signifie chez lui « gober un mensonge ». Labiche aime aussi introduire les mots nouveaux dans ses pièces qui font résonner le parler de leur temps : on danse la « scottish » et la « polka » comme on avale du « looch » pour se soigner. Les quatre pièces écrites pour Céline Montaland sont poétiquement savoureuses pour la déclinaison des mille et une façons d'appeler un enfant dans le français de 1850, autre façon d'ausculter le siècle au détour de simples pochades : « mam'zelle », « moucheronne », « môme », « puceron », « mômaque », « nourrissonne », « petit sansonnet », « pauvre trognon ! ».

Olivier Bara
Université Lyon 2,
IHRIM, UMR 5317

20 *Ibid.*, p. 35.
21 *Ibid.*, sc. 2, p. 38.

HISTOIRE D'UNE FÉE ENTRE FRANCE ET ITALIE

Dans un conte de Voltaire intitulé *Ce qui plait aux Dames* (1763), Robert un jeune chevalier doté de la « force d'Hercule » et de la « grâce d'Adonis », riche de gloire mais très pauvre, rencontre la « fringante Marton », qui part vendre des œufs. Il parvient à la séduire en promettant de lui offrir les derniers écus de sa bourse si elle lui accorde ses faveurs. Au cours de leur étreinte, les œufs se cassent ; quant au cheval du jeune homme, il s'éloigne, emportant l'argent et l'armature. Lorsque les jeunes amants rassemblent leurs esprits après l'extase du plaisir, la jeune femme réclame sa récompense ; elle accuse le pauvre Robert de l'avoir violée et le livre au jugement du roi Dagobert. Puisqu'il s'agit de questions féminines, le roi préfère que sa femme, la reine Berthe, aux vertus immaculées, et son tribunal, composé uniquement de femmes, se prononcent sur la gravité de l'affaire. Un tel méfait mériterait la peine de mort immédiate ; mais en voyant Robert, dépouillé de ses insignes chevaleresques, vêtu de sa seule beauté, les pudiques dames éprouvent un frisson de plaisir secret :

> Robert était si beau, si plein de charmes,
> Si bien tourné, si frais et si vermeil,
> Qu'en le jugeant la reine et son conseil
> Lorgnaient Robert et répandaient des larmes[1].

On lui accorde ainsi une chance de salut. D'ici huit jours, il devra se présenter à nouveau devant ses juges, et donner la solution d'une devinette : qu'est-ce qui plaît aux femmes ? À la fin du septième jour, Robert n'a toujours pas trouvé la réponse. Résigné à mourir, il rencontre une vieille femme à l'apparence répugnante, prête à lui fournir la réponse en échange d'une promesse : le beau chevalier devra exaucer un désir.

1 Voltaire, *Ce qui plait aux Dames*, dans *Œuvres de Voltaire*, éd. M. Beuchet, Paris, 1833, vol. 14, p. 33.

Ce qui plaît à une femme, qu'elle soit demoiselle ou épouse, vilaine ou belle, riche ou pauvre, galante ou cruelle, de jour et de nuit, c'est d'être :

> Tant qu'elle peut, la maîtresse du logis[2].

Berthe et son tribunal se montrent satisfaites, Robert est libre, mais la vieille femme se manifeste pour réclamer sa récompense : épouser Robert. Fidèle à sa parole, comme l'impose la vertu chevaleresque, le jeune homme ne peut que se plier à son destin. Durant le trajet vers le misérable taudis qui accueillera les époux, afin de remonter le moral de son mari accablé, la vieille femme raconte à Robert l'histoire de son peuple ; elle lui montre la beauté du paysage, illustre les phénomènes naturels. Peu à peu, le charme de son éloquence l'emporte sur son apparence physique. Le jeune homme commence à apprécier les qualités de son épouse, et se sent prêt à satisfaire son désir, faisant fi des draps crasseux de la couche nuptiale bancale. Il ferme les yeux, cherchant l'inspiration du désir dans la voix suave de sa compagne, mais cette même voix lui demande de les rouvrir. Robert se retrouve alors dans un magnifique palais et dans les bras d'une femme splendide : la fée Urgèle, « qui dans son temps protégea nos guerriers / et fit du bien à nos chevaliers ». Robert a réussi l'épreuve : le chevalier bourru a découvert que l'esprit d'une femme vaut autant que sa beauté. Voltaire renverse, dans une approche féminine, et féministe, la structure du conte *La Belle et la Bête* : dans ce conte, la beauté est l'apanage de la jeune fille, et c'est le prince monstrueux qui doit la séduire ; en revanche, dans le récit de Voltaire, c'est la femme qui doit prouver qu'il existe une beauté intérieure à même de prévaloir sur l'apparence physique. Voltaire se sert du conte féerique pour démontrer une vérité morale. Mais il admet, empreint de mélancolie, que l'époque des contes est révolue.

> On a banni les démons et les fées ;
> Sous la raison les grâces étouffées
> Livrent nos cœurs à l'insipidité ;
> Le raisonneur tristement s'accrédite ;
> On court ; hélas !, après la vérité :
> Ah ! croyez-moi, l'erreur a son mérite[3].

---

2 *Ibid.*, p. 37.

3 Voltaire, *Ce qui plait aux Dames*, éd. citée, p. 45.

Une contradiction se manifeste dans le texte de Voltaire : sa critique incisive du passé révèle inconsciemment un lien encore très fort avec ce dernier et s'exprime, avec l'évidence d'un lapsus, dans la nostalgie de la stupeur propre à l'enfance, remplacée par la logique des froids raisonneurs[4].

Par son contenu libertin, par la ridiculisation des institutions médiévales et par son féminisme, *Ce qui plait aux Dames* a inspiré plusieurs réécritures. Du milieu illuministe au milieu romantique, nous verrons que l'histoire du beau chevalier et de la fée amoureuse, en passant par différents genres, finira pas s'insérer dans le domaine du fantastique, s'affranchissant du refoulement dénoncé par Voltaire.

En 1765, l'opéra-comique *La Fée Urgèle*, fête théâtrale en quatre actes avec ariettes, est mis en scène à Fontainebleau : le livret est signé Charles-Simon Favart, et la musique composée par l'italien Egidio Romualdo Duni. Les fins morales, clairement indiquées dans le titre sentencieux choisi par Voltaire, passant au rang inférieur de sous-titre, la pièce attribue une place plus importante au personnage féminin, dont le rôle se voit en effet renforcé. Dans la version de Favart, la belle Marton et l'horrible Urgèle sont en fait la même personne : la fée s'est déguisée en « habits villageois » pour mettre à l'épreuve le beau chevalier sur qui elle a jeté son dévolu.

> Je veux le soumettre à mes lois :
> Je prétends plus encore ; éprouver sa constance,
> Le rendre digne de mon choix[5].

Favart adopte un code franchement comique, qui rappelle les comédies de Marivaux, dont la dramaturgie, dans la perspective des Lumières, accorde un rôle nouveau au personnage féminin. Preuve en est, du point de vue structurel, l'insertion d'une trame secondaire concernant les deux serviteurs de Marton et de Robert, à savoir Robinette et La Hire. Leur présence, selon la convention comique, met en parallèle deux

4 Comme l'a écrit Gianni Iotti : « *L'opera di Voltaire costituisce un incessante celebrazione del presente a spese del passato, ma è paradossalmente rivolta verso quest'ultimo, sia pure con mezzi parodici e fini polemici ; ed è proprio all'animazione ironica degli avversari, dei rappresentanti della tradizione, che essa deve, in più d'un senso, la sua grandezza* » (G. Iotti, « La finzione e la ragione », dans Voltaire, *Racconti, facezie, libelli*, dir. G. Iotti, Torino, éd. F. Orlando, Torino, Giulio Einaudi, coll. « Biblioteca della Pléiade », 2004, p. XXXVIII.

5 Ch.-S. Favart, *La Fée Urgèle*, précédé de *La Répétition interrompue*, préf. F. Moureau, Paris, Cicero, 1991, p. 76.

modèles érotiques : le premier, galant, demande une preuve d'amour qui comporte des risques ; le second, instinctif, pencherait pour une satisfaction rapide du désir. Remarquons que le choix d'une demoiselle de la haute société de se déguiser en fille aux origines plus modestes, ruse fréquente dans la comédie marivaudienne, attribue à la femme une supériorité théâtrale et morale : elle place l'amoureux dans une situation embarrassante, mais toutefois nécessaire afin qu'il puisse prouver ses mérites. Favart demeure foncièrement fidèle à l'action et aux obstacles imaginés par Voltaire. Cependant, dans la version pour le théâtre, la corbeille d'œufs frais se transforme en un panier de fleurs. L'état du bouquet suite aux ébats amoureux est un symbole explicite de la défloration de la jeune fille, et justifie l'accusation de viol qui frappe Robert. Dans la version de Favart, on perd donc l'effet de la surprise finale. Chez Voltaire, le lecteur partage toujours la perspective du beau chevalier, souffre de le voir humilié et se réjouit de l'heureux dénouement : il éprouve un plaisir régressif et infantile. Dans la comédie de Favart, le spectateur épouse le point de vue de la fée, qui mène l'action, et jouit d'un plaisir plus rationnel : il connaît la fin de l'histoire, et son plaisir, ironique, réside dans l'observation des moyens déployés pour arriver au dénouement.

Parmi les réécritures qui se succéderont, toutes d'origine italienne, la première s'avère être la plus fidèle à Voltaire, aussi bien pour ce qui est du style que pour ses contenus. Nous devons la première réécriture à l'abbé libertin Giovan-Battista Casti. *La Fata Urgella* (ici, le sous-titre disparaît), une de ses *Novelle*, reprend la finalité morale de sa source. Le charme féminin ne dépend pas de la beauté, et une femme possède les mêmes qualités intellectuelles qu'un homme[6].

Désireux d'accorder une juste valeur à la tradition littéraire nationale, l'abbé laisse passer dans ses vers des échos de Boccace et de L'Arioste ; les premiers sont les plus évidents, entre autres dans la scène éloquente de la séduction :

6 Citons une contribution essentielle à l'étude intertextuelle de la source voltairienne dans la réécriture de Casti : l'essai de C. Gibellini, *Giovan Battista Casti tra Boccaccio e Voltaire. Lettura intertestuale delle* Novelle galanti, Lanciano, Carabba, 2015 ; cette spécialiste souligne la fidélité substantielle du nouvelliste italien au prestigieux modèle français, mais dans un cadre intertextuel très riche de références à la tradition littéraire italienne.

La prende in braccio e la distende a terra
E mille baci fervidi le scocca
Sulle nude mammelle e nella bocca.
Indi alzandole il bianco guarnelletto,
Il tempierel di Venere scoperse
E la fanciulla per provar diletto
Il molle ingresso languidetta aperse,
E sopra esso l'ardente giovinetto
Tutto si stese e nel piacer s'immerse[7].

En outre, comme Voltaire, Casti conclut sa nouvelle sur une note nostalgique :

Ma gli austeri folosofi recenti
Le fate hanno bandito e gli stregoni,
E per spacciarsi dotti e sapienti
Non credono agli spiriti e ai demoni
E i nojosi lor ragionamenti
Riempion d'insipide ragioni[8].

Au seuil du siècle nouveau, la perspective s'inverse. L'affirmation du goût romantique restitue au conte une actualité nouvelle et la rationalité empreinte d'ironie du conte philosophique cède le pas au plaisir retrouvé du merveilleux.

Deux réécritures, l'une musicale, l'autre chorégraphique, témoignent de ce tournant. Une farce en musique, *La Fata Urgella, o sia Quel che piace alle donne in ogni tempo*, en deux actes, en prose, d'après le livret de G. Squilloni, partition du Maître de Chapelle Michele Neri Bondi, est mise en scène à Florence, au théâtre du Borgo di Ognissanti pour le carnaval de l'an 1792. La source déclarée est le conte de Favart, mais, bien que l'auteur admette officiellement s'être inspiré de l'œuvre française, il affirme que sa version n'en est point une banale imitation. Il le précise d'ailleurs sur la page de garde :

---

7 G. B. Casti, *La fata Urgella, Novella* XLII, dans *Novelle*, t. III, Paris, Brissot-Thivars, Baudry/Bossange frères, 1821, p. 106 (« il la prend dans ses bras et la pose par terre / Et mille fervents baisers il souffle sur le corps / Sur les seins nus et dans la bouche. / Puis lui soulevant la garniture blanche, / Le temple de Vénus découvrit / Et la fille pour sa jouissance / L'entrée douce et langoureuse s'ouvrit, / Et au-dessus de lui le jeune homme ardent / Tout s'étendit et se plongea dans le plaisir »).

8 *Ibid.*, p. 129 (« Mais les austères philosophes d'aujourd'hui / Les fées ont banni et les sorciers, / Et en faisant semblant d'être savants et sages / Ils ne croient pas aux esprits et aux démons / Et leurs ennuyeux arguments / Remplissent de raisons fades »).

> *Questo libretto è tratto dalla Fata Urgella, commedia francese in prosa e musica in quattro atti, ma non è semplice traduzione. I cangiamenti fatti sono stati necessari par adattarla al gusto della nostra musica e del nostro teatro, alle circostanze del medesimo ed ai caratteri degli attori che devono rappresentarlo*[9].

La féérie et le surnaturel sont des thèmes à la mode dans l'opéra-comique italien de l'époque[10]. C'est dans ce sens qu'il faut interpréter l'introduction de détails inédits dans la scénographie. Un puits campe dans la première scène. Le fond, surface sombre et hors de portée, souvent présente dans l'imaginaire des contes, représente de manière symbolique la frontière entre réel et irréel : c'est une porte vers le mystère et c'est ici, en effet, que Roberto affirme que se cache la grotte de Merlin l'Enchanteur. D'autre part, le style grotesque ôte à la trame toute tension idéologique et ramène tout à la traditionnelle guerre des sexes, typique de ce genre théâtral. Au fond, Roberto est simplement une victime du tempérament capricieux des femmes :

> *Ditel voi traditi Amanti*
> *Se sincero è il mio parlar,*
> *Se son finte, ed incostanti*
> *Quando dicono d'amar*[11] *?*

C'est une chorégraphie emblématique de l'âge d'or du ballet romantique qui guide l'histoire de la fée Urgèle vers un traitement magique totalement assumé. *La fata Urgella*, danse magique en cinq actes, fut représentée à Naples le 4 octobre 1828, en l'honneur du roi Francesco Ier des Deux-Siciles. Nous devons le livret et les danses à Salvatore Taglioni[12], frère de Filippo et oncle de la légendaire Maria, la danseuse éthérée qui séduisit tout Paris par son interprétation de *La Sylphide* en 1832.

9 *La Fata Urgella o sia quel che piace alle donne in ogni tempo*, Firenze, Laschi, 1792.

10 D. J Bush, *Magic flutes and Enchanted Forests, The supernatural in Eighteenth-Century Musical Theatre*, Chicago, The University of Chicago Press, 2008, p. 230-244.

11 *La Fata Urgella*, *op. cit.*, p 12 (« Dîtes-le, vous, amants trahis, / Si mon discours est sincère. / Sont-elles fausses et inconstantes / Quand elles disent qu'elles aiment ? »).

12 Bien que d'autres membres de sa famille soient plus célèbres que lui, Salvatore Taglioni demeure un des plus grands chorégraphes italiens. Chorégraphe officiel de la cour des Bourbons de Naples, il composa de nombreux ballets, et créa un style tout à fait personnel, que les spécialistes italiens ont récemment repris en considération. Voir L. Cavalletti, « Salvatore Taglioni, re di Napoli », *Danza italiania*, 8-9, 1990, p. 109-134 ; C. A. Zapparrata, « Salvatore Taglioni e il "canone risorgimentale" », *Iperuranio*, 1, 3, 2010, p. 26-68.

Dès son apparition, le ballet s'inspire, en premier lieu, de l'imaginaire romantique et lie sa technique aérienne incomparable aux atmosphères que ce courant artistique redécouvre. Fées, magiciens, sylphides, génies, vampires, sortilèges et malédictions, d'une part, sont les éléments qui constituent ses trames ; d'autre part, le genre troubadour renvoie à la mode des chevaliers et des cours d'amour. Le goût nouveau pour ces motifs introduit aussi le thème de la peur, qui ne peut admettre une transcription comique ou farcesque de l'intrigue. L'histoire de Roberto et Urgella se teinte, pour la première fois, d'une nuance tragique. En effet, elle est intercalée entre un contexte initial et un dénouement, tous deux absents des réécritures précédentes. Dans le premier acte, c'est la vengeance d'un magicien malin, Oberon, qui condamne la magnifique fée Urgella, laquelle l'a repoussé, et la transforme en une vieille femme dénuée de charme. Elle recouvrera la beauté lorsqu'un valeureux chevalier l'épousera. Ainsi transfigurée, Urgella cherche le salut à la cour d'Aliénor d'Aquitaine, où resplendissent les mœurs courtoises. Si, du deuxième au quatrième acte, l'intrigue évolue de manière assez fidèle à ses sources, il n'en demeure pas moins qu'un élément diffère par rapport aux autres réécritures : la chevalerie, qui dans les versions précédentes était décrite sur un ton ironique inauguré par L'Arioste en se teintant de nostalgie, recouvre ici au contraire le prestige qu'elle connaissait au Moyen Âge. Une fois qu'il a résolu la devinette grâce à la vieille femme, Roberto défend cette dernière et lui rend honneur, faisant preuve de courage et de dignité. Au cours du dernier acte, Oberon, déguisé en paladin, accuse Roberto d'avoir déshonoré la chevalerie en s'abaissant à épouser une femme aux origines si humbles et, qui plus est, au physique répugnant. Le défiant en duel pour avoir offensé une femme, Roberto s'attire l'admiration de son rival jaloux, qui récompense un si grand exemple de vertu chevaleresque en rendant à Urgella sa beauté : et ils vécurent fort longtemps dans un bonheur parfait.

Maria Grazia PORCELLI
Università degli Studi di Bari
Aldo Moro

DE SUJET MÉDICAL À SUJET THÉÂTRAL, LA TARENTULE SUR LES SCÈNES FRANÇAISES

(1705-1839)

« On peut faire théâtre de tout », confiait Antoine Vitez à Anne Ubersfeld. Le XVIIIe siècle, que nous avions défini avec Pierre Frantz comme « le siècle des théâtres » pour l'attention apportée à l'architecture théâtrale et pour la multiplication des salles de spectacle entraînant une remise en question des genres et un élargissement de l'horizon des sujets, avait déjà fait sienne la formule. Une araignée des Pouilles, la *tarantola*, qui animait le débat médical européen, pouvait donc devenir un sujet théâtral.

La piqûre de la tarentule provoquait chez sa victime, le plus souvent une femme, durant la saison chaude, un état léthargique dont elle ne guérissait que sous l'effet d'une musique et d'une danse effrénées. Toute une littérature s'est écrite autour de ce phénomène, que résume l'article « Tarentule » de Jaucourt dans l'*Encyclopédie*[1]. Le médecin reconnaît le rôle thérapeutique de la musique, en l'absence d'autres remèdes « raisonnables », ce qui le porte à des considérations d'ordre culturel : les « fables » des tarentulés doivent être traitées « comme on fait en mythologie », en tenant compte de la réalité locale, ce qui se fera deux siècles plus tard[2]. Aux analyses scientifiques s'ajoutent les récits des voyageurs qui abandonnent les sentiers battus du *Grand Tour* et s'aventurent dans les Pouilles, curieux de découvrir les vestiges de la Grande Grèce et le « tarentisme ». Ils contribuent à la diffusion d'un savoir. Rousseau, à l'article « Musique » de son *Dictionnaire*, à propos de l'effet de la musique « sur les corps » rappelle « l'histoire de la Tarentule », désormais « trop connue pour en parler[3] ».

1 Nous avons reproduit et commenté cet article dans *La Puglia e la Basilicata nella* Encyclopédie *de Diderot e d'Alembert*, Bari, Adda editore, 2002, p. 122-133.

2 E. De Martino, *La Terra del Rimorso*, Milano, Il Saggiatore, 1961 (trad. *La Terre du Remords*, Paris, NRF, 1966).

3 Rousseau, *Dictionnaire de Musique*, dans *Œuvres complètes*, dir. B. Gagnebin et M. Raymond, Paris, Gallimard, coll. « Pléiade », t. V, 1995, « Musique », p. 922.

Si Rousseau emploie le terme « histoire », des écrits sur la musique vont utiliser le mot « fable », déjà présent sous la plume de Jaucourt, mais dans un autre sens, et vont jusqu'à parler de charlatanisme[4]. Il pourrait même s'agir de simulation, de « jonglerie exploitée par des femmes[5] ». L'araignée cristalliserait les frustrations de jeunes filles récalcitrantes devant un époux imposé par la famille. Vue sous cet angle, la piqûre de la tarentule se prête à un sujet comique traditionnel, le mariage contrarié.

Les Pouilles faisant partie du Royaume de Naples sous la domination espagnole depuis le XVe siècle, c'est en Espagne que deux *entremeses* sur les « tarentulés » apparaissent d'abord : *La Franchota* de Pedro Calderòn de la Barca et *Los atarantados* de Luis Vélez de Guevara[6]. En France, la première pièce les mettant en scène daterait de 1705. Elle n'est pas jouée dans un théâtre public, mais au cours d'une fête de la duchesse du Maine, organisée par son complice, Nicolas de Malézieu. Le savant Malézieu, qui connaît les sources érudites, exploite non seulement le filon dramatique de la jeune fille que l'on veut marier contre son gré mais joue sur l'aspect spectaculaire de la thérapeutique musicale, faisant de *La Tarentole*[7] une comédie-ballet, destinée à faire des émules. Pour la musique, il bénéficiait de la présence de Jean-Baptiste Matho et pour la pantomime, de danseurs, venant aussi bien de la Foire (Charles Alard l'aîné), que de l'Académie royale de musique (Claude Balon). L'installation de la duchesse à Sceaux n'ayant lieu qu'en septembre 1705, c'est dans un théâtre de verdure à Châtenay, chez Malézieu, que la représentation se déroule le 9 août. Le récit des *Divertissemens de Seaux* permet de se faire une idée de la comédie, dont le texte a disparu[8]. Dans une tente « tapissée de feuillages », illuminée « d'une infinité de bougies », avec un orchestre comprenant trente-cinq musiciens dirigés par Matho, deux jeunes amoureux doivent lever les obstacles qui s'opposent à leur union.

Un vieillard avare, M. de Pincemaille, a promis à un autre vieillard fort riche, M. Fatolet, sa fille Isabelle, qui aime un jeune marquis

4 A. Ledhuy et H. Bertini, *Encyclopédie pittoresque de la musique*, Paris, Delloye, 1835, t. I, p. 83-85.

5 *Dictionnaire des Sciences médicales par une Société de médecins*, Paris, Panckoucke, 1821, t. 54, p. 347.

6 Voir B. Montinaro, *Il teatro della taranta*, Rome, Carocci editore, 2019.

7 *Tarentole*, comme variante de *tarentule*, présent dans Furetière, Trévoux et le *Dictionnaire de l'Académie* de 1740, disparaît de l'usage au milieu du XVIIIe siècle.

8 *Les Divertissemens de Seaux*, À Trévoux et à Paris, chez Étienne Ganeau, 1712, p. 229-238.

sans biens. Pour retarder le mariage, Isabelle fait la muette et bâille continuellement. On a recours à un médecin, Rhubarbarin. Isabelle, « qui paraît toute égarée » se jette sur lui et lui casse les dents. La servante d'Isabelle, Finemouche, et Crotesquas, le valet du jeune marquis, font « mille grimaces » et bâillent au lieu de répondre aux questions de Rhubarbarin. Au second acte, on attend un médecin turc qui n'est autre que l'amoureux déguisé à l'orientale. Il examine Isabelle et déclare qu'elle a été piquée par une *tarentole*, qu'elle « entrera bientôt en fureur » et ne pourra guérir de ce mal « contagieux » que par la danse et la musique. Au troisième acte, le valet et la servante, touchés par la contagion, entrent eux aussi « en fureur », jusqu'à l'arrivée du médecin « avec ses danseurs et ses musiciens ». Intervient alors le danseur Balon. Cependant Isabelle « demeure folle ». Le remède serait de la marier, mais qui l'épousera risque la mort. Fatolet s'enfuit et le jeune marquis s'offre. La danse et la musique se poursuivent, tandis que « l'on fait sauter Alard » pour « recréer l'imagination de la malade » et la guérir. Le mariage final est assuré.

Tous les rôles, sauf ceux des danseurs, étaient tenus par des nobles de l'entourage de la duchesse. Cette dernière jouait Finemouche, la servante d'Isabelle, tandis que Malézieu était le valet Crotesquas. On imagine les situations de gaîté partagées avec le public, créées par la présence de ces comédiens improvisés, appartenant tous à la noblesse : « On a failli y étouffer de rire depuis le commencement jusqu'à la fin[9]. » Malézieu connaît les rouages de la comédie, mêlant à plaisir les comiques de situation et de gestes. Les ingrédients classiques sont mis à contribution : complicités de valets et de servantes, déguisements, dérision de la maladie et de la médecine. L'horrible araignée noire et velue, qui fait si peur et qui n'existe sur scène que dans les mots, s'est révélée un extraordinaire objet comique et spectaculaire : la piqûre (feinte) permet de rire de la maladie à travers la « fureur » de la tarentulée (« mille jeux de théâtre »), et de la thérapie à travers le personnage traditionnel du médecin, prétendument savant, décliné ici sous deux formes, avec une touche de turquerie, double clin d'œil à Molière. Malézieu joue de la présence physique de ses nobles interprètes, y compris lui-même, multipliant les grimaces, les mimiques, les courses poursuites frénétiques (le médecin et les deux vieillards) et n'hésitant pas à utiliser des ressorts du « bas

9 *Ibid.*, p. 232.

comique » comme le bâillement (la duchesse et lui) ou le bégaiement (Pincemaille et Rhubarbarin), sans oublier « l'haleine empoisonnée » des tarentulés. Le statut social des acteurs crée une joyeuse complicité avec le public, à la limite du rire carnavalesque : spectateurs et acteurs appartiennent au même monde. Entre soi, tout est permis.

Après cet exorde aristocratique et privé, la tarentule continue en sourdine son cheminement en grimpant sur les scènes les plus variées, de la Foire à la Comédie-Française, avant de triompher au XIXe siècle à l'Opéra. Première apparition publique, une « parade » de Gueullette à la Foire en 1716 : la tarentule pique un benêt, le fameux Gilles, ou du moins le lui fait-on croire. Bon prétexte pour lui donner des coups de batte, le faire déshabiller, danser et lui dérober ses affaires[10]. L'action se déroule entre deux filous et Gilles, qui vient d'hériter. Gueullette, comme Malézieu, est un homme de culture. Il met sur scène une tarentule, en toute connaissance de cause : c'est « une espèce d'araignée qui jette dans l'assoupissement. On ne peut guérir de cette humeur noire qu'en chantant et dansant. » Premier coup de batte sur la tête du benêt, qui aurait une tarentule sur son chapeau, puis sous sa veste, sa chemise... Gilles bientôt déshabillé, au rythme des coups de batte, se met à danser, « le seul remède », lui répète-t-on. Les filous se sauvent en emportant ses affaires. S'il y a tarentule sur scène, il y a mariage. Avec son héritage, Gilles espérait épouser Isabelle, la fille de son maître. Ce dernier le trouve en train de danser « tout nu en pleine rue » et l'interroge. Gilles tente de dire qu'une tarentule l'a piqué. Le maître fait la leçon : « Il n'y a pas de tarentule en France. C'est en Italie que l'on voit de ces animaux-là. » Avec les habits de Gilles, l'héritage sous forme de lettres de change s'est envolé. Gilles n'épousera pas Isabelle.

L'animal, ou plutôt son fantasme, poursuit son parcours théâtral avec la comédie en un acte de Charles Martel, *La Tarentule*[11], jouée le 2 novembre 1745 à la Comédie-Française comme « petite pièce » accompagnant une œuvre du répertoire. De la Foire à la Comédie-Française, l'araignée des Pouilles émigre ensuite sur le boulevard, au Théâtre des Grands Danseurs

10 Thomas-Simon Gueulette, *Parades inédites*, Paris, Librairie des Bibliophiles, 1885, p. 250-258.

11 Le manuscrit a disparu, ce serait une adaptation de Malézieu, voir *Bibliothèque dramatique de M. de Soleinne*, par Jacob, t. II, p. 63, n° 1638 et p. 108, n° 1863. La comédie n'eut qu'une reprise.

du roi. *La Tarentule*, annoncée dans le *Journal de Paris* du 19 mai 1778[12], avec plusieurs reprises, se prêtait parfaitement à une scène où s'exhibaient des danseurs de corde et des acrobates, dont « le petit diable » et « Placide ». « Le petit diable » aura excellé dans le personnage du « tarentulé ».

Alors que le Royaume de Naples est sous domination française, c'est dans une ambiance napolitaine et napoléonienne que se déroule *Le Danseur éternel, ou la Tarentule*[13], au Théâtre de l'Ambigu-Comique le 26 septembre 1809. Un sous-lieutenant de l'armée de Napoléon (Saint Réal) en garnison à Naples, est amoureux d'une Napolitaine (Carolina) destinée à Julio, fils d'un riche fermier. Victor, le valet de Saint Réal, imagine, pour éliminer le rival, de faire croire à Julio qu'il a été piqué par une tarentule. L'officier, déguisé en faux médecin, convainc le paysan de danser toute la journée sans prononcer un seul mot. Le nigaud s'exécute et passe pour fou[14]. Ce sera l'opinion de la mère de Carolina. Saint Réal devient l'heureux époux.

Victor (qu'on peut supposer du royaume de Naples, et peut-être des Pouilles) explique au public le mal et le remède :

> Vous savez que la tarentule est une araignée assez commune dans ces climats, sa piqûre peut devenir mortelle, et le seul remède que l'on connaisse est de faire danser le malade jusqu'à ce que des sueurs abondantes aient chassé tout le venin. (scène III)

Trente ans plus tard, la tarentule triomphe à l'Opéra. Entre temps, le public s'est enthousiasmé pour la tarentelle, à travers des romans, dont *Corinne*, des récits de voyageurs, des gravures. Un imaginaire s'est créé dans une joyeuse et sensuelle confusion entre le rituel de guérison et le divertissement. La *Revue de Paris* commente plaisamment :

> Il faut avouer que Tarente est une ville privilégiée entre toutes. Elle a donné au monde la tarentule et la tarentelle, la tarentelle qu'on danse quand on est piqué par la tarentule, et la tarentule qui vous pique quand vous dansez la tarentelle ; des tarentules et des tarentelles on en a mis partout[15].

---

12 La pièce, non imprimée, serait d'Alexandre-Louis-Bertrand Robineau, dit Beaunoir, voir BnF, Ms. Fonds fr. (Nouv. Acq.), 3045, f. 14-15, Liste de pièces de Beaunoir.

13 *Le Danseur éternel, ou la Tarentule*, vaudeville en un acte, par M. Clément*** [Jean-Marie-Bernard Clément), à Paris, chez Barba, 1809.

14 Le rôle était tenu par Millot, célèbre pour « ses exercices de dislocation ».

15 *Revue de Paris*, t. VI, 1839, p. 351.

Boris Vian, par on ne sait quels détours, en fera le titre d'une chanson, *La tarentelle de la tarentule*, à une époque où l'on ne parlait plus ni de l'une ni de l'autre.

La danse méridionale et l'araignée ne pouvaient manquer d'attirer Eugène Scribe, qui présente à l'Opéra *La Muette de Portici* (29 février 1828), grand sujet historique de la révolte napolitaine de 1647, animé de tarentelles, puis, avec le chorégraphe Jean Coralli, un ballet intitulé, sans ambages, *La Tarentule* (21 juin 1839)[16], fort proche des comédies précédentes. Il reprend le thème du mariage contrarié, résolu grâce à une piqûre de tarentule, ou mieux de deux, une vraie pour le fiancé et une feinte pour la promise. Dans un « village des Calabres », un jeune homme, Luidgi, libère Clorinde, enlevée par des Brigands. Piqué par une tarentule, Luidgi est sauvé par un médecin de passage, Omeopatico[17], qui en retour veut épouser sa fiancée, Loretta. Cette dernière fait semblant d'avoir été elle aussi piquée par une tarentule pour éviter ce mariage. Tout s'arrange lorsque le médecin, qui se croyait veuf et libre, retrouve sa femme, Clorinde.

Le titre du ballet avait créé l'attente de voir une danseuse de l'Opéra en tarentule[18]. S'il n'y a pas de danseuse-araignée, Loretta, interprétée par Fanny Essler, mime au premier acte les effets de la piqûre sur son fiancé. Pour Théophile Gautier, elle est « terrible comme la pythonisse antique lorsqu'elle exprime les convulsions de son amant piqué par la tarentule ». La pantomime atteint le « plus haut degré de sublimité tragique[19] ». L'exploit de la jeune artiste était de mimer deux fois les effets de la piqûre, d'abord pour montrer la douleur (« réelle ») de son fiancé et ensuite la sienne (« feinte ») afin d'échapper aux assauts du docteur. Il faut la suivre sous la plume de Gautier : « elle commence par faire les plus jolies cabrioles du monde », « elle bondit, tournoie, s'élance avec une prestesse toujours croissante, en lui [à Omeopatico] administrant çà et là quelques petits coups de pieds que Debureau ne désavouerait pas ». Elle est « malicieuse comme la Colombine de la Comédie-Italienne ».

16 *La Tarentule*, ballet en deux actes, livret d'Augustin Eugène Scribe, musique de Casimir Gide, chorégraphie de Jean Coralli.

17 Le médecin allemand Hahnemann a créé l'homéopathie en 1807. Merci à Michel Delon pour cette information. Le nom du médecin, Omeopatico, ajoute une touche au « charlatanisme ».

18 *Revue du progrès politique, social et littéraire*, Paris, juillet 1839, p. 674.

19 *La Presse*, 1er juillet 1839, Feuilleton de Théophile Gautier.

Et Gautier conclut : elle a transformé « la parade en comédie ». Le sujet est sauvé grâce à Fanny Essler qui a fait oublier « tout ce que la donnée de ce ballet avait d'impossible et de hasardeux[20] ».

Comme autrefois les parodies, le succès du ballet est attesté par des imitations immédiates. Deux théâtres s'y consacrent dès le mois d'août 1839 sous le même titre. Le 10, au théâtre du Panthéon avec un vaudeville en deux actes, mêlés de chant et de danse, de Saint-Yves et Desperrières, et le 13, au théâtre des Funambules avec une comédie vaudeville en 3 actes. Cette deuxième imitation sous forme de théâtre parlé et chanté paraît surprenante sur une scène désormais consacrée aux mimes du grand Debureau. Le choix du directeur des Funambules est commenté non sans humour : « Monsieur Bertrand qui, des comédies, faisait des pantomimes, de cette pantomime fit une comédie[21]. » Comme un présage, le nom de Debureau et du théâtre des Funambules avaient déjà été évoqués à propos du ballet : d'abord par Gautier, comme on l'a vu, et dans la *Revue de Paris* pour laquelle le ballet de Scribe « serait mieux à sa place sur les tréteaux des Funambules que sur le théâtre de l'Opéra[22] ». Avec en plus tout le poids méprisant du mot *tréteaux*.

Le même titre apparaît encore dans deux opéras-comiques, restés manuscrits. L'intrigue du premier[23] suit le schéma habituel : une jeune fille, Delphine, promise en mariage à un marquis « ni jeune, ni aimable », aime Alphonse. Robert, ancien valet d'Alphonse, se déguise en médecin et offre « sa musique, son violon et son spécifique » pour guérir Delphine d'une fausse piqûre de tarentule qui lui permettra de ne pas épouser le vieux marquis. Le second[24] se passe à Tarente. Ce n'est pas l'habituel valet qui indique le stratagème, mais Sbrigani « pêcheur intrigant ». Léandre est amoureux de Léonore, sous l'autorité d'un vieux

20 *Ibid.*

21 L. Péricaud, *Le Théâtre des Funambules : ses mimes, ses acteurs et ses pantomimes*, Paris, Léon Sapin, 1897.

22 *Revue de Paris*, t. VI, 1839, p. 350.

23 Bibliothèque municipale d'Angers, Ms., *La Tarentule.* Le livret est de F. G. Malvoisine [pseudonyme de François-Joseph Grille], la musique de Nicolas Isouard [fin du 1er Empire]. Nous remercions M. Marc-Édouard Gautier pour l'échange que nous avons eu à propos de l'auteur de ce manuscrit.

24 BnF, Ms. Douay-2139 (4) Pièces non imprimées, M. L. D. L., *La Tarentule*, opéra-comique avec des ariettes et des ballets.

tuteur. Léandre en faux médecin fuit avec Léonore qui a feint d'être piquée, tandis que le pêcheur se fait passer pour la jeune fille et épuise le vieillard avec sa danse effrénée.

Si la tarentule tend à disparaître ensuite de la scène[25], l'expression « piqué de la tarentule » fait fureur au XIXe siècle. Nous n'en citerons qu'un exemple « théâtral », emprunté à Zola, qui nous servira de conclusion :

> Les héros romantiques ne sont que les héros tragiques, piqués un mardi gras par la tarentule du carnaval, affublés de faux nez et dansant le cancan dramatique après boire[26].

Michèle SAJOUS D'ORIA
Université de Bari

25 On trouve trace, en 1869, d'une opérette en un acte, *La Tarentule*, d'Eugène Hugot, musique d'Ernest Létang.

26 É. Zola, *Le Naturalisme au théâtre*, 1881, chap. I.

TROISIÈME PARTIE

LE THÉÂTRE DES IDÉES

THÉÂTRE ET SOCIÉTÉ

FAIRE DES « APPLICATIONS » AU THÉÂTRE SOUS L'ANCIEN RÉGIME

Une des modalités de la présence de l'actualité au théâtre peut être observée dans le phénomène des « applications ». Dès la première édition de 1694, le *Dictionnaire de l'Académie française* atteste l'emploi figuré du verbe *appliquer*, « en parlant de comparaisons, de passages, de citations, pour marquer l'usage qu'on en fait par rapport à une personne, à une chose ». L'édition de 1762 précise aussi l'acception du substantif *application*, définie comme « l'adaptation d'une maxime, d'un passage, d'un discours », avec, entre autres exemples : « *Il est si défiant, si soupçonneux, qu'il se fait l'application de tout ce qu'on dit.* »

Le phénomène présente cependant au théâtre des modalités particulières que l'on peut appréhender à deux niveaux, au moins. C'est le cas des pièces dont l'intrigue est étroitement liée à un événement contemporain, dans lesquelles l'intrigue *fait référence* à des situations actuelles, et/ou met en scène des personnages derrière lesquels le public est invité à reconnaître des personnes *rendues identifiables* par un codage transparent. C'est aussi le cas des pièces qui n'ont pas initialement été écrites pour susciter des rapprochements avec des situations et des personnes contemporaines, mais à la représentation desquelles ces rapprochements sont effectués par le public, selon une démarche d'interprétation mettant en jeu un processus d'*actualisation* qui, comme le rappelle Pierre Frantz, relève de « l'essence même du théâtre[1] ».

L'intrusion de l'actualité par le biais de l'« application » ne ressortit pas seulement à un projet d'auteur, esthétique sinon polémique : en prise sur les conditions mêmes de la représentation, elle engage une pratique de réception qui conduit à une réflexion sur le théâtre en tant que lieu et expression d'une parole dans l'espace public. On voudrait

1 P. Frantz, « Entre journal et épopée : le théâtre d'actualité de la Révolution », *Studi Francesi*, 169 (LVII/1), 2013, p. 18-26.

ainsi saisir dans la seconde moitié du XVIIIe siècle la manifestation de ces phénomènes qui, comme l'a montré P. Frantz, acquièrent une dimension, une ampleur et une portée idéologique inédites au cours du processus révolutionnaire.

La question des « applications » est immédiatement associée à toutes sortes de pièces de circonstance, qui programment, par leur conception même, une série de rapprochements avec des personnes et des événements contemporains. Par exemple, le succès de la comédie des *Philosophes* de Palissot tient en grande partie au scandale provoqué par les « applications » auxquelles elle a donné lieu. Le projet polémique qui sous-tend la pièce est connu : l'auteur prend pour cibles « ces nouveaux philosophes » qui ont formé une « secte » faisant des émules « dans tous les états de la vie » et « il ne restait, pour abattre ce parti puissant, que de l'attaquer par le ridicule aux yeux mêmes du public assemblé : c'était ramener le théâtre à sa première institution ». Entreprise « courageuse », écrit Palissot, mais dictée par « l'amour du bien public » qui fait surmonter les « obstacles » et les « dangers » :

> j'avais prévu les applications malignes que l'on ferait des portraits répandus dans la pièce à des personnes dont je considère les talents et respecte les mœurs, sans adopter leurs systèmes philosophiques[2].

Dans l'une des nombreuses productions pamphlétaires qui alimentent la querelle des *Philosophes*, l'abbé Coyer accuse au contraire Palissot d'avoir commis une « faute théâtrale aussi bien que morale » : « La malignité du public a fait de tous temps des applications auxquelles les auteurs n'ont pas pensé » et « les auteurs ne sont responsables des applications que lorsqu'ils les ont indiquées eux-mêmes », mais « dans la pièce des *Philosophes* elles sont affichées à chaque scène. Tout est clair, tout est transparent ; les visages sont à découvert[3]. »

On le sait, l'intrigue, largement inspirée des *Femmes savantes* de Molière et du *Méchant* de Gresset, met en scène trois personnages, Valère, Théophraste, Dortidius, qui en imposent à Cydalise, femme savante et victime aveuglée de la séduction des « charlatans ». Peu après la première

2 *Lettre du sieur Palissot* [...] *au public*, dans Palissot, *La comédie des* Philosophes *et autres textes*, éd. O. Ferret, Saint-Étienne, PUSE, 2002, p. 114-115.

3 Coyer, *Discours sur la satire contre les philosophes*, *ibid.*, p. 284.

(2 mai 1760), des noms circulent : dans une lettre à Voltaire du 6 mai (D8894), D'Alembert cite Helvétius, Diderot, Duclos, Mme Geoffrin et Mlle Clairon. Rousseau, déjà mis en scène dans *Le Cercle, ou les Originaux* (1755), a aussi sa part sous les traits de Crispin[4].

Les partisans de Palissot invoquent le double patronage de Molière et d'Aristophane qui, dans *Les Nuées*, avait, sans déguisement aucun, mis en scène Socrate, livré à l'indignation publique. Le rapprochement conduit à la désignation de l'affrontement entre Palissot et les philosophes comme celui des Aristophane et des Socrate *modernes*. Dans la production théâtrale contemporaine, on en trouverait encore un exemple dans la pièce de Voltaire intitulée *Socrate* (1759), qui présente les principales caractéristiques identifiées dans *Les Philosophes*. Après la représentation de la comédie de Palissot, Voltaire ajoute ainsi, en 1761, une scène (II, 7) où apparaissent de manière fugitive des personnages (Bertillos, Chomos) qui, par leurs noms, appellent l'« application », respectivement au jésuite Berthier, rédacteur des *Mémoires de Trévoux*, et à Abraham Chaumeix, auteur des *Préjugés légitimes contre l'*Encyclopédie (1758-1759), tous deux adversaires résolus des encyclopédistes. Mais ce sont les données générales de l'intrigue autour du personnage de Socrate qui invitent à une « application » : le portrait de Socrate dressé par les autres personnages sur scène réunit les principaux traits du discours de la vulgate antiphilosophique sur les « philosophes », dont il devient en quelque sorte l'emblème ; le grand prêtre Anitus est une figuration d'Omer Joly de Fleury dont le réquisitoire au Parlement, en 1758, a condamné l'*Encyclopédie* et *De l'esprit*. En somme, l'actualisation est rendue d'autant plus aisée que l'intrigue, quoique située dans l'Antiquité, s'avère d'autant moins soucieuse de respecter la règle du costume et pratique un anachronisme assumé. Dans cette pièce-pamphlet, jamais représentée, le phénomène liant « application » et actualité repose surtout sur l'identification de clés de lecture. Mais si l'on s'attache à cerner la dimension spécifiquement théâtrale du phénomène, il convient de prendre en compte la manière dont l'« application » s'effectue *dans les circonstances mêmes* de la représentation.

Revenons à la comédie de Palissot, dont la dimension scandaleuse se confirme au moment de sa reprise, une vingtaine d'années après sa

4 Voir L. J. Connors, *Dramatic battles in eighteenth-century France*, Oxford, Voltaire Foundation, 2012, chap. 3 et 4.

création, le 20 juin 1782. Le compte rendu de la représentation, dans la livraison du *Journal de Paris* du 22 juin, évoque, au sein du public, « un mouvement général et subit qui n'a jamais eu d'exemple, et que l'on ne pouvait prévoir » :

> L'arrivée de Crispin à quatre pattes [III, 9], excita sur-le-champ une indignation universelle. Les cris du mécontentement furent si prolongés, qu'il ne fut plus possible aux acteurs de se faire entendre ; ils restèrent cependant assez longtemps sur la scène, dans l'espérance sans doute de fléchir la rigueur du public ; mais les cris devinrent si impérieux, que la toile se baissa.

Ce tollé reflète un état de l'opinion relative à Rousseau, mort quatre ans plus tôt, dont les premiers livres des *Confessions* viennent d'être publiés. À l'évidence, les circonstances ont changé et le public ne tolère plus cette atteinte, par le ridicule, à la figure du Citoyen de Genève. Le spectacle ne peut s'achever que lorsque « la toile se releva » et que « Crispin entra sous le costume d'un philosophe, mais sur ses deux pieds ». Lors de la seconde représentation, Palissot retouche le texte. En III, 4, le philosophe Valère déclarait :

> Nous aurons un parti jusque dans les coulisses.
> Ne peut-on pas gagner des acteurs, des actrices ?

Là résidait, en 1760, la « personnalité » désignant Mlle Clairon, qui s'était opposée à la représentation des *Philosophes*. Lors de la reprise de 1782, à la seconde représentation, Palissot ajoute les deux vers suivants, qui font référence à l'« événement singulier » qui s'est produit lors de la première :

> Interrompre, étonner, troubler les spectateurs,
> Faire baisser la toile à force de rumeurs.

Le 24 juin, le *Journal de Paris* commente : ces vers ajoutés ont « paru fort heureux relativement à la circonstance de la première représentation. Enfin Crispin ne vient plus à quatre pattes, et le tout a été applaudi jusqu'au dénouement de la pièce exclusivement ».

Dans ses *Observations sur l'art du comédien*, Servandoni fournit d'autres « anecdotes » mettant en question « l'illusion théâtrale » avant d'évoquer d'« autres effets d'un autre genre », par exemple à propos de *La Partie de chasse de Henri IV*, « pièce, écrit-il, heureuse à produire les plus grands effets ». Ainsi d'une représentation à Bruxelles, en février 1767, à l'occasion de « la convalescence du prince Charles de Lorraine », qui suscite une « sensation prodigieuse » en raison du « rapport singulier » entre les « deux héros », mais aussi de « l'application continuelle que le public se plaisait à en faire, comme si la pièce effectivement eût été composée exprès » :

> Mais l'endroit surtout où les transports, les sanglots, et les autres marques de l'amour de tout un pays pour son prince, commencèrent à éclater, ce fut à ce passage de Michau : *C'est lorsqu'un prince est bien malade qu'on peut connaître à quel point il est aimé de ses sujets*[5] : on eût dit alors que la salle allait se briser. Enthousiasme qui ne fit que redoubler généralement jusqu'à la fin de la pièce[6].

Est ainsi saisie sur le vif cette « application » spontanée du public : le spectacle tourne à la manifestation publique, qualifiée plus loin de « touchante », de « l'amour » du « public » pour « son prince ». On observe le même phénomène dans un contexte plus polémique avec l'évocation, dans la livraison du 26 mai 1781 des *Mémoires secrets*, d'une représentation du *Misanthrope*, donnée la veille à la Comédie-Française, dans le contexte de la démission du directeur général du Trésor royal : « les partisans de M. Necker ont encore trouvé dans cette pièce de quoi faire des applications à ce qui se passe aujourd'hui relativement aux intrigues de cour, aux complots des pervers contre les honnêtes gens. » Le rédacteur conclut, de manière évasive : « il y a eu beaucoup de brouhaha[7]. »

Dans d'autres cas, l'« application » est pour ainsi dire *indiquée* par le jeu des comédiennes et comédiens. Ainsi de l'anecdote dramatique rapportée par Clément et La Porte, à propos de la comédie de Rochon de Chabannes intitulée *Heureusement*, représentée en novembre 1762 au Théâtre-Français, au cours de la guerre de Sept Ans, en présence du prince de Condé, « qui venait d'arriver de l'armée » :

> On sait qu'il y a dans la pièce une scène de collation entre un militaire et une jeune dame. L'officier Lindor, dit à Marton :

5 *Cf.* Collé, *La Partie de chasse de Henri IV*, acte III, scène 6, Paris, Veuve Duchesne et Gueffier, 1766, p. 89 : « c'est lorsqu'un Roi est bian malade, qu'on peut connoîte jusqu'à queu point il est aimé de ses Sujets. »

6 *Observations sur l'art du comédien*, nouvelle éd., Paris, veuve Duchesne et Costard, 1775, p. 376.

7 *Mémoires secrets pour servir à l'histoire de la République des Lettres*, Londres, J. Adamson, 1777-1789, t. XVII, p. 191.

> Verse rasade, Hébé ; je veux boire à Cypris.
>
> Mme Lisban, qui est la jeune dame, lui répond : Je vais donc boire à Mars[8]. L'actrice, en prononçant ces derniers mots, se retourna, avec autant de grâce que de respect, vers M. le prince de Condé. Tout le public saisit la vérité de l'application ; les applaudissements furent universels et durèrent longtemps[9].

Un phénomène comparable se produit lors de la reprise, le 2 décembre 1779, du *Déserteur* de Sedaine à la Comédie-Italienne, évoquée le 5 dans les *Mémoires secrets* :

> il y a un endroit où Montauciel dit : *Buvons à la santé de nos guerriers*[10] ; l'acteur a regardé en ce moment le capitaine Royer de Dunkerque, très connu par des expéditions faites depuis la dernière guerre [d'indépendance américaine], dont les gazettes ont retenti et qui lui ont valu des récompenses honorifiques du gouvernement. Le public s'est retourné vers ce corsaire et l'a applaudi : l'acteur voyant que son apostrophe prenait bien, est allé plus loin et a ajouté, *et du capitaine Royer* ; alors les battements de mains n'ont plus fini.

Initiative du comédien, adhésion du public à l'« application », effet de renchérissement par l'ajout d'un texte improvisé : tout concourt à une célébration publique du « corsaire ». L'« anecdote » n'est pourtant pas rapportée dans la presse officielle, poursuit le rédacteur des *Mémoires secrets*, qui suspecte l'intervention du ministre de la Marine, ancien directeur de la Librairie : « l'on présume que M. de Sartine a donné des défenses de le faire par ménagement pour la marine royale, avec laquelle les *auxiliaires* sont de plus en plus mal[11]. »

La même pièce, représentée en 1773 devant le Dauphin et la Dauphine, avait déjà « donné lieu à des applications heureuses, que le public a saisies avec avidité », relatent les *Mémoires secrets* le 30 juin :

> Dans un récit, il est question des acclamations de l'armée en faveur du monarque, et de *Vive le Roi*, qu'on répète[12]. Les applaudissements ont été rendus avec beaucoup d'intelligence par ceux que la police et les comédiens avaient répandus à cet effet dans le parterre. On a crié *bis*, et Mme la Dauphine, en

---

8 Rochon de Chabannes, *Heureusement*, sc. 7, Paris, S. Jorry, 1763, p. 19. Une note rapporte le jeu de l'actrice, Mlle Hus, évoquée ensuite.

9 *Anecdotes dramatiques*, Paris, Veuve Duchesne, 1775, t. I, p. 426-427.

10 *Cf.* Sedaine, *Le Déserteur*, acte II, scène 17, Paris, Hérissant, 1769, p. 49 : « buvons un coup, il [le soldat Alexis, cousin de Bertrand] va revenir. »

11 *Mémoires secrets*, *op. cit.*, t. XIV, p. 296.

12 Dans *Le Déserteur* de Sedaine, *op. cit.*, acte III, scène 6, p. 69-70.

> battant des mains elle-même, a donné son signe d'approbation à l'acteur, qui a recommencé. À cette fois, le parterre a chanté en chorus, *Vive le Roi*. Et ce concert assez discordant a été répété par quelques loges. Le sieur Clairval, qui faisait le rôle de Montauciel, a jeté son bonnet en l'air, en criant à son tour : *Vive le Roi !* et *Vivent ses chers enfants !* Et le public d'applaudir de nouveau, et de recommencer à chanter : *Vive le Roi*[13].

Dans le contexte de la fin du règne de Louis XV, le compte rendu suggère cependant que les applaudissements consécutifs à l'« application » ne sont pas aussi spontanés que ceux évoqués précédemment : est ici avancée l'hypothèse d'une manipulation du « parterre » par « la police et les comédiens ». *Effet de claque* en somme.

Le rapport à l'actualité est ainsi créé par le truchement d'une actualisation, effectuée par le public dans le contexte même de la représentation, à l'origine d'un événement théâtral qui est aussi, en l'occurrence, un événement politique dès lors que c'est un grand qui fait l'objet de l'« application ». Parmi les acceptions de ce terme, cette particularité est du reste tardivement attestée dans le *Dictionnaire de l'Académie* : dans l'édition de 1835 apparaît un nouvel exemple, illustrant ce qui est alors défini comme l'« action d'appliquer un principe, une loi, une maxime, un passage, un discours à quelque chose ou à quelqu'un » : « *Il y a dans cette pièce un vers dont on a fait l'application au prince en sa présence.* » Un tel événement peut alors se voir conférer un retentissement plus ou moins grand selon qu'il est relaté et amplifié dans la presse ou, au contraire, qu'il est tu pour raison de censure.

Au-delà des allusions concertées qui font référence à des événements et des personnages contemporains, le phénomène de l'« application », qui est d'abord un phénomène de réception, invite à considérer *aussi* l'actualité au théâtre comme un événement qui procède de l'interaction entre la scène et la salle, par-delà un quatrième mur dont l'existence effective demeure très problématique sous l'Ancien Régime. Même si son ampleur est alors sans commune mesure avec ce qu'il deviendra à la Révolution, ce phénomène attire ainsi l'attention sur le fait que le théâtre est un espace de sociabilité où s'exprime, de manière spontanée ou orchestrée, une parole publique, occasionnellement politisée et idéologiquement polarisée. Cette parole peut être mise en relation avec

---

13 *Mémoires secrets.*, *op. cit.*, t. VII, p. 23-24.

les fluctuations de l'opinion telle qu'elle est enregistrée par la presse : les périodiques, étroitement contrôlés par des dispositifs de censure, mais aussi les nouvelles à la main, les correspondances semi-privées et privées. Envisagé dans le rapport qu'il entretient avec les événements contemporains et sous l'angle de la réception actualisante dont il est l'occasion, le théâtre peut alors apparaître comme un lieu d'expression, voire de fabrication de l'opinion.

Olivier FERRET
Université Lumière Lyon 2,
IHRIM, UMR 5317

LE CRIME ET LA POÉTIQUE DANS LE THÉÂTRE DES LUMIÈRES

La présence rare du crime sur la scène française au XVIIIe siècle est, comme l'a remarqué Pierre Frantz, question non seulement de bienséances, mais aussi « de poétique et de politique[1] ». Les rapports entre bienséances, poétique et politique – qui ne sont jamais fixes, bien sûr – étaient en pleine mutation dans les années 1750. Cette décennie vit non seulement la naissance du drame diderotien qui s'évertuait à représenter la vie morale de la bourgeoisie, mais aussi les actes frappants de trois grands criminels dont le plus célèbre est le régicide Robert-François Damiens, écartelé le 28 mars 1757. L'histoire retient également le nom de Louis Mandrin, contrebandier et héros populaire qui fut mis à mort à Valence le 26 juillet 1755[2]. Plutôt que sur ces figures bien connues, nous nous pencherons sur un cas qui est presque inconnu aujourd'hui, mais dont le crime passionna le public de l'époque. Marie-Catherine Lescombat (née Taparet, en 1728) fut condamnée à être « pendue et étranglée en place de Grève pour crime de complicité dans l'assassinat de Louis-Alexandre Lescombat son mari, commis par Jean-Louis de Mongeot[3] », son amant ; son exécution eut lieu le 3 juillet 1755.

Comptée parmi les criminelles les plus célèbres du XVIIIe siècle, Lescombat fut considérée l'égale de Mandrin, comme en témoigne le poème connu sous le titre *Rencontre de Madame Lescombat et Mandrin aux enfers* :

---

1 P. Frantz, « Le crime devant le tribunal du théâtre : les *Brigands* de Schiller et leur fortune sur la scène française », *Littérature classique*, n° 67, 2008, p. 219-230 (p. 219).

2 Voir *Histoires curieuses et véritables de Cartouche et de Mandrin*, éd. H. J. Lüsebrink, Paris, Montalba, 1984 ; M. Kwass, *Contraband : Louis Mandrin and the making of a global underground*, Cambridge MA, Harvard University Press, 2014.

3 *Arrêt de la cour de Parlement qui condamne Matie-Catherine Taperet à être pendue et étranglée en Place de Grève*, Paris, P. G. Simon, 1755, p. 1.

Ô ma chère contemporaine,
Disait l'Hector du Dauphiné
À notre Hélène parisienne !
Les dieux nous auraient-ils donné
La même âme, une ardeur égale,
Pour les plaisirs et les combats ?
Que nos rapports sont délicats !
Vous régniez dans la capitale ;
Plus loin j'étendais mes états[4].

La classe sociale comptait pour beaucoup dans cette affaire ; « la Dame Lescombat » était l'épouse d'un architecte, et la rumeur circulait qu'elle avait des protecteurs à la cour. Seule Marie-Antoinette semblait en mesure de surpasser cette bourgeoise parisienne en scélératesse, et selon l'auteur d'une attaque contre l'ancienne reine de France : « C'était donc à la postérité à prononcer sur le sort des Mandrin, des Cartouche, des la Lescombat, et de tant d'autres meurtriers dont les crimes ne sont que des enfantillages au prix de ceux de notre héroïne[5]. » Particulièrement révélateur de la manière dont Marie-Antoinette éclipsa Lescombat dans l'imaginaire public, est le fait que Philippe Curtius, qui gérait un cabinet de mannequins de cire sur le boulevard du Temple, débaptisa son buste de Marie-Catherine et l'exposa comme celui de Marie-Antoinette[6]. De tous les textes de l'époque qui racontent le scandale de « la veuve Lescombat », il n'y en a qu'un qui le présente sous une forme théâtrale ; publiée fin juillet ou début août 1755, la tragédie anonyme *La Mort de Lescombat* met en lumière les rapports entre le crime et la poétique (c'est-à-dire les règles de l'écriture dramatique) pendant cette période charnière.

L'exécution de Marie-Catherine Lescombat suscita un vif intérêt dans le public. Selon la *Gazette d'Amsterdam*, il se trouva « malgré la pluie, une foule prodigieuse de peuple pour voir mourir cette misérable femme, contre laquelle l'indignation du public était universelle[7] ». Alors que

4 *Poème* [*Rencontre de Madame Lescombat et Mandrin aux enfers*], Troyes, Bibliothèque bleue, 1755, p. 16-17.

5 Ch.-J. Mayer, *Vie privée libertine et scandaleuse de Marie-Antoinette d'Autriche ci-devant reine des Français*, Paris, s. n., 1793, p. 134.

6 *Les Pantins des boulevards ou les bordels de Thalie, confessions paillardes des tribades et catins des tréteaux du boulevard, recueillies par le compère Mathieu*, Paris, L'imprimerie de Nicodème dans la lune, 1791, t. 2, p. 81.

7 *Gazette d'Amsterdam*, 11 juillet 1755, p. 6.

ce journal quasi-officiel refuse de prendre en compte l'ambiance de fête qui régnait sur la place de Grève, Edmond Barbier souligne plutôt la théâtralité de l'exécution :

> C'était un concours de monde extraordinaire dans la Grève et dans toutes les rues adjacentes, pour la voir du moins passer ; il y avait du monde jusque sur les tours de Notre-Dame. Nombre de gens étaient en carrosses dans la place et les passages, et les chambres étaient louées dans la Grève. Cette folie du public était d'autant plus misérable qu'on n'a rien vu. Cette femme avait le visage couvert d'un mouchoir, et elle a été pendue à sept heures et demie du soir avec ce mouchoir. Elle n'a rien dit à la question, ni à l'hôtel de ville, où elle a été deux heures. Quand elle est sortie pour venir à l'échelle, on a claqué des mains comme à un spectacle. Pendant cette cérémonie, on vendait, dans les rues, l'histoire de son crime et son portrait qui n'est pas aussi joli qu'elle l'était en effet[8].

Selon Paul Friedland, cet épisode représente un point critique dans l'histoire de la peine de mort ; les aspects spectaculaires de l'exécution de Lescombat compromettent le principe même de sa punition[9]. L'exposition de la vie intime de Lescombat et la médiatisation de sa mort sont au cœur de sa grande célébrité, que Fréron vilipendera quelques mois plus tard dans l'*Année littéraire* :

> Je vous avoue, Monsieur, que je suis indigné qu'au lieu d'ensevelir pour l'honneur de l'humanité, dans la nuit la plus profonde les attentats de cette femme abominable, on travaille à leur donner de la célébrité. L'un fait sa figure en cire et la montre à tout Paris ; l'autre se procure son cadavre, et passe six mois à l'injecter pour remettre ensuite son visage odieux sous les yeux du public ; celui-ci la grave, et répand son portrait dans tout le royaume ; celui-là fait son oraison funèbre ; un cinquième fait des chansons, des épigrammes, des épitaphes, des madrigaux. Que sais-je enfin ? Jusqu'à quand plaisantera-t-on ainsi en France avec les crimes, et voudra-t-on immortaliser la scélératesse et l'atrocité[10] ?

De tous les ouvrages qui contribuaient à la célébrité de Marie-Catherine, les *Lettres amoureuses de la dame Lescombat et du sieur Mongeot* (1755) eurent sans doute le plus d'influence ; les œuvres postérieures,

---

8 Edmond-Jean-François Barbier, *Journal historique et anecdotique du règne de Louis XV*, éd. Arthur de la Villegille, Paris, Société de l'histoire de Paris, 1847-1856, t. 4, p. 67.

9 Paul Friedland, *Seeing justice done : the age of spectacular capital punishment in France*, Oxford, Oxford University Press, 2012, p. 174-175.

10 Élie Fréron, *Année littéraire*, 6 décembre 1755, p. 50-51.

comme les *Procès fameux* de Des Essarts (1786) et les *Nouvelles causes célèbres* de Moquard (1812) qui acceptaient ce roman anonyme comme une correspondance authentique, représentent Lescombat comme une femme moderne en quête de plaisir, de bonheur et de liberté[11]. Donnant à entendre les voix des deux amants, cette trentaine de lettres crée les mêmes effets de réel, d'intimité et d'immédiateté que ceux que loue Diderot dans l'*Éloge de Richardson*. À une exception près – l'estampe intitulée *Lescombat assassiné place Saint-Sulpice* – tous les ouvrages de l'époque se focalisent sur Marie-Catherine et, à un moindre degré, sur son amant Mongeot. Dans la plupart, l'assassinat et la victime sont absents. Cette double absence prend une autre tournure dans un texte que Fréron ne cite pas : *La Mort de Lescombat*.

Cette tragédie, qui n'a pas été représentée, est précisément le texte que *Le Constitutionnel* distingue au sein du « véritable déluge de gravures, de vers, de complaintes, de brochures de toutes sortes ». Mais lorsque le journaliste, un certain Fournier Des Ormes, décrit cette pièce comme « la publication la plus singulière qui ait été imprimée sur le procès de la Lescombat », ce n'est pas un compliment qu'il entend faire :

> Mais nous n'aurions pas parlé de toutes ces publications si nous n'avions rencontré au milieu d'elles une de ces facéties qui sont d'autant meilleures qu'elles sont faites sérieusement et de bonne foi, et qu'elles font rire tout le monde, excepté ceux qui les composent. Il s'agit d'une tragédie ! d'une véritable tragédie, avec protase, songe, confident et récit, qui est intitulée *La Mort de Lescombat*[12].

En persiflant l'auteur, Des Ormes passe à côté de l'ambition qui habite son ouvrage : créer un rapport particulier entre le lecteur et l'héroïne criminelle, tout autant qu'il reste insensible à sa technique littéraire. Tout en respectant les bienséances (on ne voit pas le meurtre du mari qui est presque absent de la pièce), l'auteur se sert d'un fait divers afin d'explorer la capacité de la tragédie classique à représenter la criminalité contemporaine.

Dans l'épître qui sert de préface à *La Mort de Lescombat*, l'auteur admet que sa pièce de circonstance est elle-même le résultat d'activités criminelles :

---

11 Lüsebrink, *op. cit.*, p. 47-48.

12 *Le Constitutionnel*, 31 octobre 1852, p. 1.

> Je ne désavoue point les larcins que j'ai fait[s] où j'ai pu. Je me les suis cru permis dans un jeu de plume, un ouvrage fait *currente calamo* où l'on s'impose la loi de ne rien effacer pour aller toujours le plus vite qu'il est possible, auquel on n'a pu donner que deux heures par jour, encore à diverses reprises, et dont on ne prétend point faire la base de sa réputation[13].

Mais quels sont les larcins auxquels ce « jeu de plume » doit son existence ? Le marquis d'Argenson nous fournit un indice lorsqu'il écrit d'un ton méprisant : « Un auteur anonyme et sans génie, rempli de lieux communs, et voulant amuser quelque société bourgeoise, a composé cette pièce, qui ne peut plaire tout au plus qu'aux badauds[14]. » Nous reviendrons à la question de la classe sociale, mais notons que *La Mort de Lescombat* comporte 720 alexandrins, dont presque le quart se compose de citations, de réécritures et d'allusions plus ou moins directes à d'autres œuvres dramatiques et lyriques. Nous avons identifié 176 vers qui sont tirés de plusieurs grands classiques, y compris *Cinna* de Corneille (1641), *Les Fâcheux* et *Dom Juan* de Molière (1661 et 1665), *Psyché* de Molière et Lully avec la collaboration de Quinault et Corneille (1671), et *Cadmus et Hermione* de Quinault et Lully (1673). Il se peut que le texte comprenne d'autres « larcins » que nous n'avons pu identifier.

L'hypotexte principal est *Cinna*, dont des pans entiers se retrouvent dans la bouche des criminels parisiens, comme par exemple dans la première scène où Mme Lescombat cite presque mot pour mot la première tirade d'Émilie :

> Et je sens refroidir ce bouillant mouvement,
> Quand il faut, pour le suivre, exposer cet amant.
> Ah ! Mongeot contre moi, moi-même je m'irrite,
> Quand je songe aux dangers où je te précipite.
> Quoique pour me servir tu n'appréhendes rien,
> Te demander du sang c'est hasarder le tien.
> Pour une telle cause on n'abat point de têtes,
> Sans attirer sur soi mille et mille tempêtes[15].

L'auteur combine également en une seule tirade plusieurs passages du texte de Corneille, comme dans le monologue de Mongeot, à l'acte I, scène 3 :

13 *La Mort de Lescombat*, La Haye, Pierre Vander, 1755, p. II.

14 R. L. de Voyer de Paulmy, marquis d'Argenson, *Notices sur les œuvres de théâtre*, éd. H. Lagrave, *SVEC*, n° 42-43, 1966, p. 374.

15 *La Mort de Lescombat*, *op. cit.*, p. 2.

L'épouse, le mari, l'un et l'autre me gêne.
L'un trop peu criminel, l'autre trop inhumaine.
Je n'avais point tantôt ces agitations.
Je me croyais plus ferme en mes intentions.
Je ne sentais alors ni remord, ni reproche.
On ne les sent aussi que quand le coup approche ;
Et l'on ne reconnaît de semblables forfaits
Que quand la main s'apprête à venir aux effets[16].

L'auteur réécrit deux vers de Cinna (« Émilie et César, l'un et l'autre me gêne : / L'un me semble trop bon, l'autre trop inhumaine »), ensuite trois vers de Maxime (« Vous n'aviez point tantôt ces agitations / Vous paraissiez plus ferme en vos intentions / Vous ne sentiez au cœur ni remords, ni reproche ») et puis il cite Cinna de nouveau. Ce mélange de citations, de réécritures et de restructuration ne manque pas d'adresse. Prenons comme exemple un monologue de l'héroïne, dont l'hypotexte est *Cadmus et Hermione* :

Faut-il que sans pitié ta cruauté sépare
Deux cœurs prêts d'être unis par des liens si doux ?
Tout espoir à présent est-il perdu pour nous ?
Verrai-je m'arracher tout ce que mon cœur aime ?
Non. Je veux le sauver, ou le perdre moi-même[17].

Le premier vers semble être l'ouvrage de notre auteur anonyme ; le suivant est une citation exacte du texte de Quinault (V, 1) ; au troisième, l'auteur réécrit un vers antérieur de l'opéra (« Tout espoir est perdu pour nous ») ; puis vient au quatrième un vers original, suivi d'une version modifiée de « Je veux vous délivrer, ou me perdre moi-même » (II, 4). L'auteur réussit même à intégrer ces deux hypotextes en un dialogue cohérent :

MME LESCOMBAT

Tu me fuis ?

MONGEOT

Il le faut.

MME LESCOMBAT

Demeure.

MONGEOT

Je ne puis

16 *Ibid.*, p. 22.
17 *Ibid.*, p. 36.

Je m'affaiblirais trop en restant davantage.
Adieu. Raffermissez ce généreux courage.
S'il faut subir le coup d'un destin rigoureux,
Je mourrai tout ensemble heureux et malheureux[18].

Le premier vers est tiré de *Cadmus et Hermione* ; le deuxième combine le vers suivant de l'opéra (« Je m'affaiblis, plus je diffère ») avec un vers de *Cinna* (« Je deviendrais suspect à tarder avantage »), et les trois derniers continuent à citer la tragédie. Le lecteur qui se met à la recherche d'allusions dans le texte, commence à en voir partout, à tort ou à raison. Par exemple, la réplique « Mais que vois-je en ces lieux ? / Votre sœur ! Est-ce un songe ? en croirai-je mes yeux[19] ? », est-elle un écho de *Sidney* de Gresset (1745) : « est-ce un songe ? en croirai-je mes yeux ? / Vous, Rosalie, ô ciel ! et dans ces tristes lieux ? »

Pris dans ce « jeu de plume », le lecteur admire l'habileté de l'auteur à combiner les « larcins » en un pastiche sophistiqué ; est ainsi créé un effet de distanciation aux antipodes de l'intérêt suscité par la tragédie classique. Ce genre, dont notre auteur est si adepte à manier les ressources, se révèle un magasin de « lieux communs », pour reprendre les termes de d'Argenson ; elle fournit les matériaux nécessaires au jeu, mais elle semble peu adéquate à la représentation de la criminalité contemporaine. Bien que le ludique l'emporte sur le tragique dans *La Mort de Lescombat*, surtout dans le premier acte, l'auteur essaie tout de même de dépeindre des criminels bourgeois, comme il l'avoue de manière ironique dans son épître : « Je ne dirai rien de l'inégalité du style en certains endroits du second acte. On sait que mes personnages sont des amis qui s'entretiennent d'affaires communes, et non des héros qui discourent sur les graves sujets. J'ai peint les caractères selon leur nature[20]. » Des Ormes reprocha à l'auteur d'avoir mis dans cette prétendue « tragédie » certains noms (« ce dut être un rude crève-cœur pour l'auteur de mettre dans ses vers des noms si peu tragiques »), un objet (« Un pistolet dans une tragédie ! Le cœur de l'auteur dut saigner ») et des « vers grotesques » peu dignes du genre illustre[21]. Ce ne sont pas, pourtant, des *bévues*, mais plutôt des effets de réel, et des indices d'un genre nouveau.

18 *Ibid.*, p. 36.
19 *Ibid.*, p. 16.
20 *Ibid.*, p. II-III.
21 *Le Constitutionnel*, 31 octobre 1852, p. 1.

Le crime de Marie-Catherine et Mongeot dépasse les limites de la poétique traditionnelle ; *La Mort de Lescombat* est un drame à l'état embryonnaire. Tout simplement, il n'y avait pas en 1755 de modèle générique propre à accueillir une histoire de cette sorte. Il n'est guère surprenant que deux journalistes au XIXe siècle aient cru que Mercier s'inspirait de l'affaire Lescombat en composant son drame *Jenneval*, qui était en fait une adaptation du *London Merchant* de George Lillo[22]. Quoi qu'oubliée aujourd'hui, *La Mort de Lescombat* nous rappelle que le développement du drame passe par des textes inattendus et des auteurs inconnus, et que sa généalogie complète reste à écrire.

Thomas WYNN
Université de Durham

22 Voir *Revue de Paris*, n° 33, 1841, p. 286 ; *Le Nouvelliste*, le 26 avril 1850, p. 1.

THÉÂTRE À DÉSERTION ET MILITARISATION DU DRAME (BOURGEOIS) À LA FIN DE L'ANCIEN RÉGIME

Dans un compte-rendu de *L'École du soldat, ou Les Remords du déserteur français* (1768), le polémiste adversaire de Voltaire, Élie-Catherine Fréron, s'étonne que l'auteur anonyme cherche à faire jouer sa pièce « dans les garnisons » pour « remplir les vues utiles » qu'il « a eues en la composant[1] ». Pour Fréron, les soldats seraient mieux servis par « la lecture des Ordonnances », qui ferait sans doute « plus d'impression » que la médiocre *École du soldat*[2]. Austère, simple et très peu jouée à sa création, la pièce a probablement mérité l'acidité du journaliste. Mais ce que Fréron n'a pas pu comprendre en 1768, c'est que cette pièce obscure était à l'avant-garde d'une vogue internationale, celle du *théâtre* à *désertion*, joué à Paris, en province, dans les capitales européennes comme dans les villes coloniales pendant le dernier quart du XVIIIe siècle.

Ce théâtre à désertion a suscité, jusqu'à nos jours, un intérêt variable chez les spécialistes du théâtre. La majorité des études se concentre sur *Le Déserteur*, drame assez bien connu de Louis-Sébastien Mercier (1770) et sur l'opéra-comique du même titre par Michel-Jean Sedaine et Pierre-Alexandre Monsigny (1769). Analysée seule, la pièce de Mercier, par exemple, montre la créativité de l'auteur, la démocratisation du personnel dramatique qu'il encourage et son adhésion à cette thèse fondamentale des Lumières que le théâtre « est le lieu privilégié de l'action politique[3] ». À la suite de textes anti-guerres tels que *Des malheurs et des avantages de la paix* (1766) et *De la guerre* (1769), *Le Déserteur* de

1 *L'École du soldat, ou les remords du déserteur français, comédie, en 1 acte et en vers libres, représentée pour la première fois en septembre 1768*, Paris, Duchesne, 1768, p. IV.

2 E.-C. Fréron, *L'Année littéraire*, vol. VIII, Amsterdam, Lacombe, 1768, p. 72.

3 M. de Rougemont, « Le Dramaturge », *Louis Sébastien Mercier (1740-1814 : Un hérétique en littérature*, éd. J.-C. Bonnet, Paris, Mercure de France, 1995, p. 133.

Mercier prolonge sa réflexion sur les effets nocifs du combat et légitime humainement l'acte de la désertion par la mise en scène d'une réalité militaire éprouvante et injuste[4]. Inspiré par des théories du drame de Diderot, Mercier cherche à « toucher au cœur » le spectateur et à « l'émouvoir violemment, aimanter son imagination si puissamment qu'elle envahisse le spectacle[5] ».

Le Déserteur n'est qu'un exemple, au sein de la douzaine de pièces au moins qui traitent de la désertion, qui sont représentées en France et dans ses colonies de 1768 jusqu'à la fin du siècle[6]. Pris globalement, le théâtre à désertion se révèle un sous-genre fécond et populaire. Chaque pièce se distingue par sa représentation des enjeux de la désertion, mais toutes convergent pour produire un « effet déserteur » – une nouvelle énergie dramaturgique envers les soldats et leurs difficultés en temps de combat et en temps de paix[7]. Du drame anti-belliciste de Mercier jusqu'aux éloges de la vie militaire dans *L'École du Soldat*, le théâtre à désertion a familiarisé son public avec de nouveaux savoirs et un lexique militaire. Il fonctionne comme une fenêtre ouverte sur la vie des soldats, un mouvement artistique qui rattache le monde militaire au monde théâtral à une époque où les forces armées françaises subissent

---

4 Pour plus d'information sur la genèse du *Déserteur*, voir « Présentation », L.-S. Mercier, *Le* Déserteur, éd. S. Marchand, *Théâtre complet I*, éd. J.-C. Bonnet, Paris, Champion, 2014, p. 173-174.

5 P. Frantz, *L'Esthétique du tableau dans le théâtre du XVIIIe siècle*, Paris, PUF, 1997, p. 5.

6 Cette liste n'est pas exhaustive : *L'École du soldat* (*op. cit.*) ; M.-J. Sedaine et P.-A. Monsigny, *Le Déserteur*, Paris, Duchesne, 1769 ; L.-S. Mercier, *Le Déserteur*, Paris, Lejay, 1770 ; L.-S. Mercier, *Le Déserteur, mis au théâtre avec des changemens, par J. Patrat*, Lyon, Castaud, 1771 ; *Les Déserteurs du Parnasse, comédie par M. M****, Lyon, Cizeron, 1771 ; Beaunoir, *Le Déserteur, ou contentement passe richesse*, Paris, 1771 ; M. Asselin, *La Femme déserteur*, Paris, Cassel, 1778 ; J.-B. Dauberval, *Le Déserteur, ballet-pantomime*, Bordeaux, Philippot, 1786 ; J.-F. Arnould, *Le Vétéran, ou Le Bucheron d*éserteur, Paris, Guillot, 1786 ; M. Gardel, *Le Déserteur, ballet d'action*, Paris, Ballard, 1786 ; E. L. Miller, *Le Déserteur, ballet pantomime*, Paris, 1788 ; J.-E. Dejaure et R. Kreutzer, *Le Déserteur de la montagne de Hamm*, Paris, Opéra-Comique, 1793 ; A. L. d'Antilly et R. Kreutzer, *Encore une victoire, ou les Déserteurs liégeois*, Paris, Opéra-Comique, 1794.

7 Il n'était pas rare de voir plusieurs pièces à désertion à l'affiche, comme à Rouen, où le *Déserteur* de Mercier et l'opéra-comique de Sedaine furent joués le 28 novembre 1790. Voir S. Marchand, « Présentation », *op. cit.*, p. 176. Au Cap-Français, à Saint-Domingue, plusieurs pièces à désertion ont été jouées pendant l'automne 1770. Voir notre article « The Military-Theatrical Event in French Saint-Domingue », dans *Colonialism, Slavery, and Performance : Theatre and the Eighteenth-Century French Caribbean*, K. Bénac et J. Leichman (dir.), Liverpool, Oxford University Studies in the Enlightenment et Liverpool University Press, à paraître [2021].

une réforme à marche forcée, suite à leur défaite embarrassante dans la guerre de Sept ans (1756-1763). Le théâtre à désertion, et surtout, le drame du *Déserteur*, arrivent donc à un moment crucial dans l'histoire du théâtre où les auteurs engagés tels que Mercier cherchent non pas à éloigner le spectateur des tensions de la société mais « à justifier l'usage de la fiction dramatique dans un espace foncièrement historique qui est celui où la scène rencontre la salle et le monde au-dehors[8] ».

Cette courte étude cherchera à décrire l'instrumentalisation du théâtre à désertion au service de la culture militaire qui émerge à la fin de l'Ancien Régime. Nous nous focaliserons sur une version du *Déserteur* de Mercier remaniée, en janvier 1771, par Joseph Patrat pour un public presque exclusivement militaire au Théâtre de la Marine à Brest. Ce travail dramaturgico-militaire souligne le rôle du théâtre dans le dispositif gouvernemental, mis en place après la guerre de Sept ans pour augmenter « l'implication morale » des soldats dans les structures et dans les institutions militaires[9]. Joué dans un nouveau théâtre de Brest qui était financé par le Ministère de la Marine à Versailles, ce *Déserteur*, comme les traités, les réformes et les projets d'éducation militaires de l'époque, contribue à élaborer des « dynamiques philosophiques, sociales et émotionnelles qui ont préparé le terrain pour la fraternité révolutionnaire, l'amitié napoléonienne et l'image des "frères d'armes" militaires à l'époque moderne[10] ». Dans son travail dramaturgique, Patrat va sélectionner certains aspects du drame et en exclure d'autres qui ne rentrent pas dans une vision positive et puissante de l'armée et de son rôle dans l'élaboration d'une société heureuse et prospère.

Patrat était acteur à Lyon lorsque Fonpré de Fracanssale, le directeur du Théâtre de la Marine, l'a embauché en 1770 pour venir travailler

8 S. Marchand, « Savoir finir un drame : Les dénouements du *Déserteur* de Louis-Sébastien Mercier, entre enjeux idéologiques et enjeux esthétiques », dans *Revoir la fin : Dénouements remaniés au théâtre (XVIIIe-XIXe siècles)*, S. Robardey-Eppstein et F. Naugrette (dir.), Paris, Classiques Garnier, p. 98.

9 I. Berkovich, *Motivation in War : The Experience of Common Soldiers in Old-Regime Europe*, Cambridge, Cambridge University Press, 2017, p. 11. Voir également A. Guinier, *L'Honneur du soldat : éthique martiale et discipline guerrière dans la France des Lumières*, Ceyzérieu, Champ Vallon, 2014.

10 C. Pichichero, *The Military Enlightenment : War and Culture in the French Empire from Louis XIV to Napoleon*, Ithaca, Cornell University Press, 2017, p. 67.

à Brest. Le Théâtre de la Marine – l'une des rares interventions de Versailles dans la vie théâtrale en province[11] – était en crise peu après son ouverture en 1766. Le théâtre avait été difficilement érigé par Joseph Aymar, comte de Roquefeuil et commandant de la Marine à Brest, qui avait proposé à sa hiérarchie la construction d'une salle permanente dans les années 1750 pour détourner les marins du « goût du jeu, de la table, des querelles » et d'autres « viles occupations[12] ». Le théâtre a pourtant coûté beaucoup plus d'argent que prévu et sa construction ne fut terminée qu'avec plusieurs années de retard. À son arrivée, Patrat avait trouvé un théâtre en désordre. La saison précédente, plusieurs officiers avaient écrit à Versailles que le théâtre était devenu non pas l'institution harmonieuse que souhaitait l'administration navale mais un lieu de conflits et de bagarres entre « les officiers de l'État-major » de l'armée et les officiers du « corps de Marine[13] ». Quelques semaines avant l'arrivée de Patrat, Fonpré de Fracanssale, celui qui l'avait embauché, avait pris la fuite sur un navire destiné aux Antilles pour éviter d'avoir à payer une « somme de 42 741 livres qu'il redevait au Trésor[14] ».

C'est dans ce théâtre militaire de Brest, dans « un constant sentiment d'insécurité[15] » à cause des problèmes financiers et d'un public divisé, que Patrat a modifié et puis fait représenter *Le Déserteur* de Mercier. Son remaniement dramaturgique a reposé sur trois principes : l'augmentation des *realia* militaires représentées sur scène (slogans, médailles, uniformes, coutumes, etc.), la suppression des propos empreints de cosmopolitisme et d'anti-bellicisme philosophiques et l'utilisation de cris et d'apartés patriotiques, parfois au détriment des

11 Selon Lauren Clay, le roi n'a financé directement que deux théâtres en province au XVIIIe siècle (Brest et Besançon). Voir L. Clay, « Patronage, Profits, and Public Theaters : Rethinking Cultural Unification in Ancien Régime France », *Journal of Modern History*, vol. 79, 2007, p. 742.

12 « Lettre de Roquefeuil à M. le duc de Choiseul, Ministre de la Marine », 12 déc. 1762, *Annales de Bretagne et des Pays de l'Ouest*, vol. 119, n° 2, « Théâtre et pouvoir à Brest au XVIIIe siècle », N. Kerdraon-Duconte (dir.), 2012, p. 148.

13 « Lettre de l'Intendant Clugny au Ministre de la Marine », 8 janv. 1768, dans A. Kernéis, *Contribution à l'histoire de la ville et du port de Brest. L'hôtel Saint-Pierre, actuellement La Préfecture Maritime. Deuxième partie, Le Spectacle de la Marine. Bulletin de la Société académique de Brest*, Brest, 1910-1911, p. 144.

14 Dans *ibid.*, p. 168.

15 Kerdraon-Duconte (dir.), *op. cit.*, p. 161.

formules dramaturgiques diderotiennes mises en œuvre par Mercier, comme les « tableaux » pathétiques et l'effort pour exclure le spectateur du monde fictionnel déployé sur scène. Les exemples sont nombreux : le protestantisme commun à Durimel (le déserteur) et à la famille allemande dans le drame de Mercier est supprimé[16] ; les appels à la paix franco-allemande lancés par Mme Luzère, une villageoise allemande, sont transformés en lamentations contre la puissance de l'armée française[17] ; Valcourt, un officier noble et violent dans le drame de Mercier, devient moins misogyne[18] envers les Allemandes et plus compatissant[19] à l'égard de ses subordonnés ; les différences culturelles et linguistiques sont exacerbées dans la version Patrat. Le valet, Frédéric, est remplacé par le plus allemand Fridric ; M. Hoctau, homme d'affaires allemand est davantage jaloux, moins sympathique et plus anti-français chez Patrat ; et Durimel semble beaucoup mieux intégré au sein de sa famille adoptive allemande dans le drame de Mercier que dans la version jouée à Brest[20].

Mais la différence la plus évidente entre les deux versions reste le destin du déserteur. Dans la première version du drame de Mercier, le dénouement est sombre et solennel. Durimel accepte sa punition, une peine de mort que son père, Saint-Franc, doit exécuter en tant que Major du régiment. Cette fin est typique du drame : il s'agit d'une décision qui confronte, dans un dilemme pathétique appelé à être sublimé dans l'acceptation de valeurs, la vie privée et l'obligation publique, la responsabilité professionnelle et l'intimité familiale. Durimel meurt sur l'échafaud, ce qui est indiqué scéniquement par

16 Dans le drame de Mercier, Mme Luzère s'exclame : « Durimel est le fils d'un soldat. Élevé dans la même Religion que la nôtre, le Languedoc fut sa patrie » alors que dans la version de Patrat, la référence à la religion du déserteur est supprimée. Voir Mercier, *Le Déserteur* (1770), III, 3, p. 47 ; Patrat, III, 3, p. 32.

17 Patrat, I, 1, p. 4.

18 Dans le drame de Mercier, Valcourt cherche à séduire Mlle Clary, la fiancée de Durimel. Ceci n'est pas reproduit dans la version de Patrat. Voir Mercier, II, 8, p. 37.

19 Dans la version de Patrat, Valcourt ne critique pas les capacités militaires des soldats modestes, alors que dans le drame de Mercier, il prône la création d'une armée exclusivement noble car « trente officiers valent bien je crois un Bataillon » (Mercier, II, 1, p. 22-23 ; voir Patrat, II, 1, p. 17-18).

20 Voir, par exemple, Mercier, III, 1, p. 29-30 où Durimel partage ses craintes envers la guerre avec Mme Luzère. Cette scène est fortement réduite dans la version de Patrat (voir III, 1, p. 29).

un battement de tambour militaire[21]. Chez Patrat, Durimel survit, sauvé par les interventions d'officiers nobles tels que Valcourt et le Colonel[22]. Le message est clair : l'armée pardonne ; c'est une institution tournée vers l'avenir, grâce à sa flexibilité, sa bienveillance et ses Lumières. Le dénouement joué à Brest diffuse une vision optimiste de la vie militaire, enterre les conflits internes à l'institution militaire et cache des tensions socio-économiques qui existent au sein des unités : autant de problèmes qui touchent les forces armées à cette époque et, selon les témoins brestois, le public spécifique du Théâtre de la Marine[23].

Patrat est représentatif du drame des Lumières avec sa mise en scène des nouvelles classes sociales et des nouvelles *conditions*, sa peinture pittoresque d'un milieu spécifique et sa représentation d'une sensibilité masculine – un circuit sensationnel qui est supposé être partagé entre les hommes sur scène et dans la salle. Toutefois, Patrat réduit le dynamisme esthétique de la pièce de Mercier, et il supprime l'ambivalence morale du genre pour intégrer le théâtre et, plus spécifiquement, la représentation théâtrale, au dispositif militaire de l'Ancien Régime finissant. Arrivé à Brest pour aider des administrateurs militaires à apaiser les tensions et à développer l'esprit de corps, Patrat a renversé l'antimilitarisme de Mercier en proposant un éloge des armées. La vision du monde développée par la version de Patrat supprime la subtilité, le pacifisme et le cosmopolitisme de certains propos représentatifs des Lumières, pour encourager au contraire l'adhésion aux valeurs des forces armées. Ces transformations dramaturgiques pouvaient nuire à la complexité du drame – ou, au moins à la version du drame conceptualisée par un jeune Mercier – mais non pas à sa fonction

21 Voir Mercier, V, 7 ; pour une scène pathétique où Saint-Franc se rend compte de ses actions, voir V, 9.

22 Pour ce nouveau dénouement, voir Patrat, V, 4 et V, 6. Mercier a éventuellement accepté cette version « heureuse » du *Déserteur* ; Durimel est sauvé dans la version remaniée par Mercier et jouée à la Comédie-Italienne en 1782 (et dans chaque version suivante). Voir S. Marchand, « Savoir finir un drame… », art. cité, p. 87-98.

23 Selon une *Chronique d'un Brestois anonyme*, le Théâtre de la Marine est un lieu où « les tensions […] chaque fois provoquées par des gens de guerre éclatent régulièrement ». Le comportement des marins et des soldats était tellement déplorable que le Ministre de la Marine a promulgué un nouveau *Règlement*, le 2 juillet 1769, pour assurer la police des soldats dans le théâtre. Voir *Règlement du 2 juillet 1769*, dans Kerdraon-Duconte (dir.), *op. cit.*, p. 164.

sociale et politique. À Brest, Patrat a engagé le théâtre à la « citoyennisation » des soldats et à « une mobilisation morale du rang[24] » peu avant la Révolution française, véritable apogée d'un effort pour intégrer l'expérience théâtrale à la culture militaire.

Logan J. CONNORS
University of Miami (FL)

24 A. Guinier, L'honneur du soldat, *op. cit.*, p. 14.

FONCTIONS ET IMAGES DU HANDICAP DANS LE THÉÂTRE DE LA RÉVOLUTION

Le handicap a toujours été un ressort dramatique et comique très efficace au théâtre. Au XVIIIe siècle, le nombre de pièces dont le titre fait référence à divers handicaps est étonnant[1]. Beaucoup de ces pièces ont eu un sort éphémère, mais certaines représentent les plus grands succès théâtraux de la fin du siècle, comme *Le Sourd ou l'Auberge pleine* de Desforges, pièce la plus jouée de l'époque révolutionnaire[2], ou *Le Sourd et l'Aveugle* de Patrat[3]. Les thèmes de la cécité, de la surdité, du mutisme ou du bégaiement attirent un public nombreux et on peut se demander d'où provient cet engouement. Le handicap n'y est-il qu'un ressort dramatique classique aux effets comiques faciles et répétitifs, ou est-il un moyen de porter de nouvelles valeurs, de conforter un discours moral et politique, voire de défendre une nouvelle attitude face au handicap ? Faut-il attendre le XIXe siècle pour voir émerger un nouveau regard au théâtre sur le handicap et une valorisation de la différence ou peut-on le percevoir dès la période révolutionnaire ?

---

1 Le site CESAR mentionne quatorze titres de pièces représentées au XVIIIe siècle sur divers théâtres contenant le mot « sourd », vingt-sept le mot « muet » et trente-trois le mot « aveugle », certaines cumulant plusieurs handicaps comme la parade de Gueullette, *Le Muet aveugle sourd et manchot*, jouée en 1720, dont Robineau a repris le titre en 1771, *Le Sourd et le Bègue* de Ségur en 1787, ou *le Sourd et l'Aveugle* de Patrat en 1790.

2 J.-B. Desforges, *Le Sourd ou l'Auberge pleine*, comédie en trois actes jouée au Théâtre Montansier en 1790, Paris, Maradan, an II. Kennedy recense 463 représentations de cet auteur de 1789 à 1799 (seconde pièce la plus jouée de cette période sur le Théâtre de la République) et dans d'autres petits théâtres parisiens (*Theatre, opera and audiences, Analysis and repertory*, Wesport, Connecticut, and London, Greenwood press, 1996, p. 382).

3 J. Patrat, *Le Sourd et l'Aveugle*, comédie en un acte jouée sur le Théâtre de la rue Louvois en 1791 puis sur les Théâtres des Beaujolais et des Amis de la Patrie (52 fois), Paris, Brunet, 1791.

À la lecture de nombreuses petites comédies dont l'intrigue s'articule autour d'un personnage sourd, muet, bègue ou aveugle, on constate que le handicap physique fonctionne toujours comme un ressort de farce très efficace. La surdité, surtout, isole le personnage dans son monde et lui confère une raideur ridicule qui permet de créer de nombreux malentendus et quiproquos. Le personnage sourd ne peut accéder à la compréhension de la situation et fait l'inverse de ce qu'on lui demande, ce qui en fait une variation du sot ou du niais. La perte d'un sens est très féconde au théâtre, puisqu'elle conduit à créer des effets comiques tout en permettant de nouer ou dénouer une intrigue, d'autant plus si ce sont des pères autoritaires ou des barbons qui en sont les victimes, ou si le handicap est redoublé, comme dans *Le Sourd et le Bègue* de Ségur[4], où un père sourd ne comprend pas les intentions de sa fille et veut la marier à un ami devenu bègue.

Les événements révolutionnaires n'entament pas cet engouement pour les personnages d'infirmes comiques. Dans *Le Sourd et l'Aveugle* de Patrat, deux vieux pères, l'un sculpteur sourd, l'autre peintre aveugle, ont chacun une fille et un garçon qui sont amoureux du garçon et de la fille de l'autre. Cependant, le père sourd se méprend sur les intentions de son fils et comprend qu'on veut le marier lui-même à la jeune femme amoureuse de son fils. Quant au père aveugle, il trouve que la jeune fille destinée à son fils lui conviendrait mieux à lui. Les deux pères parviennent à conclure un accord : chacun épousera la fille de l'autre. Les jeunes gens s'empressent alors d'utiliser le handicap de leur père respectif pour le tromper et se marier dans son dos en falsifiant les noms au moment du contrat de mariage. Les pères, beaux joueurs, se disent que finalement, « le mariage ne convient ni à un sourd, ni à un aveugle[5] », même si ces infirmités pourraient être utiles à la paix du ménage parfois, car il est bon d'être sourd quand une femme querelle trop fort, et aveugle quand un mari est infidèle (stéréotypes très fréquents à la fin de ce genre de comédies). La même année est jouée *Le Sourd ou l'Auberge pleine* de Desforges, pièce sans lien avec l'actualité politique et en haut du palmarès révolutionnaire, valeur sûre à une époque où la censure était féroce. Son succès est dû aussi à l'extraordinaire performance des

4 L.-P. de Ségur, *Le Sourd et le Bègue*, proverbe joué en 1787 sur le Théâtre de l'Hermitage de Saint-Pétersbourg.

5 Patrat, *Le Sourd et l'Aveugle*, *op. cit.*, sc. 19, p. 43.

acteurs Baptiste et Brunet dont les bons mots improvisés ont conduit à une nouvelle édition augmentée de la pièce. La surdité dans cette pièce est un ressort comique et dramatique extrêmement fécond, d'autant plus qu'elle est simulée ; pour une fois, c'est le jeune premier qui est atteint (faussement) d'une infirmité. Cela va lui permettre de s'introduire dans une auberge et de jouer un mauvais tour à un jeune fat qui prétend à la main de celle qu'il aime, et qui doit rencontrer la fille et le père dans cette auberge. Le faux sourd fait semblant de comprendre tout l'inverse de ce qu'on lui dit et s'installe dans l'auberge, puis à la table des futurs mariés, prenant pour une invitation les tentatives pour l'en déloger ; il s'introduit enfin dans la chambre du jeune fat pour y dormir, ce qui devait déclencher l'hilarité des spectateurs de connivence avec lui. En jouant au faux sourd, il affirme une liberté sans borne, se permet tous les plaisirs sans les payer, jusqu'à prendre la place du marié. Mais dans cette pièce on peut aussi déjà remarquer un intérêt pour le handicap en lui-même, qui ne sert plus seulement aux besoins de l'intrigue ou à la caricature grossière d'un personnage ridicule ou tyrannique qui va être dupé. Le spectateur s'amuse de la leçon donnée au jeune fat ; le handicap feint devient une arme contre la bêtise du prétendant et permet aussi de faire la satire de ceux qui entendent mais sont « sourds » de cœur. L'usurpateur a toute légitimité puisqu'il aime et est aimé, et qu'il est intelligent alors que son rival est bête et vaniteux. Le handicap devient un signe de supériorité et se retourne contre les personnes valides ridicules ; il fonctionne ainsi qu'un travestissement théâtral permettant de révéler les cœurs. La surdité, comique au début, devient un sujet : Le faux sourd veut transformer son rival en homme, et le force à signer une lettre d'excuse où il doit s'accuser d'avoir abusé lâchement de son infirmité, d'avoir tenu des propos désobligeants sur lui, et de l'avoir appelé « Monsieur le sourd ». Une réflexion affleure sur le respect dû aux personnes infirmes qui possèdent les mêmes droits que les autres.

Le handicap peut aussi avoir une portée symbolique et affecter un personnage qui n'a pas évolué, qui est resté dans l'ancien système et n'est pas encore animé des nouvelles valeurs républicaines. *Le Conteur ou les Deux Postes* de Picard[6], un des auteurs les plus joués sous la Révolution,

6 L.-B. Picard, *Le Conteur ou les Deux Postes*, comédie en trois actes jouée sur le Théâtre de la Nation le 4 février 1793, Paris, Maradan, 1793. La pièce a eu un succès continu aux Théâtres de la Nation, Richelieu et Feydeau.

met en scène un père aveugle s'opposant au mariage de sa fille ; son prétendant se déguise en vieillard avec une jambe de bois et feint d'être un vieil ami du père, ce qui lui permet de s'approcher de la jeune fille, de lui déclarer son amour et de l'enlever. Toute l'intrigue consiste à rattraper les jeunes gens de relais de poste en relais de poste, en compagnie du jeune parisien fat que le père destinait à sa fille. Finalement, le père aveugle reconnaît que le jeune homme choisi par sa fille vaut bien mieux que le prétendant officiel et il autorise le mariage. La cécité, ressort comique, est aussi fortement symbolique de l'aveuglement des pères autoritaires soumis au système du mariage de convention, guéris par les jeunes gens lucides porteurs de valeurs plus que jamais défendues dans le théâtre de la Révolution (liberté, égalité, don de soi à la patrie).

En pleine période de la Terreur, on retrouve un tel symbolisme du handicap. Les théâtres doivent faire preuve d'esprit civique et des petites comédies font l'apologie d'une loi qui vient d'être votée. *Le Sourd guéri et les Tu et les Vous* de Barré et Léger[7] met en scène un père de famille qui a perdu l'ouïe dans le combat pour la patrie, qui ignore que le tutoiement citoyen a été décrété. Guéri par son futur gendre médecin, il surprend un entretien où son gendre tutoie sa belle-mère, ce qui conduit à divers quiproquos et scènes de jalousie. Le personnage sourd est celui qui ignore la loi, qui est resté dans le temps de l'Ancien Régime ; il est sorti de cette période obscurantiste par sa famille républicaine qui l'initie à un monde où l'égalité est la règle, où le langage est celui de la fraternité et non celui de l'orgueil. Si l'infirmité physique continue de faire rire, l'idée qu'elle est une épreuve salvatrice permettant l'amélioration de l'être s'affirme de plus en plus à la fin du siècle dans nombre de comédies. *L'Amant muet* de Pillon et Lambert[8], par exemple, met en scène un amant à qui sa maîtresse a imposé le mutisme pour corriger son étourderie et son indiscrétion et rendre son amour durable. La mère manque d'annuler le mariage car elle ne peut imaginer avoir un gendre muet. Quant au père du garçon, confronté au médecin charlatan qui tente de guérir son fils en l'opérant, il pense

7 P.-Y. Barré et F.-P.-A.-Léger, *Le Sourd guéri ou les Tu et les Vous*, comédie en un acte mêlée de vaudevilles jouée le 12 pluviôse an II sur le Théâtre du Vaudeville, Paris, Théâtre du Vaudeville, 1794.

8 A. A. Pillon et L. T. Lambert, *L'Amant muet*, comédie en un acte et en vaudevilles jouée sur le Théâtre des Jeunes Élèves le 27 floréal an VIII, Hugelet, Paris, 1802.

que « tout irait mieux si plus d'un sot savait se taire[9] » et valorise le handicap de son fils. Finalement, l'amour est un bon médecin et la jeune fille guérit le jeune homme en lui commandant de parler. La privation provisoire d'un sens permet un retour sur soi bénéfique et pointe le mauvais usage que l'on fait de nos facultés.

La fin du siècle apporte un changement radical : une réflexion autour de la différence s'affirme clairement dans certaines pièces qui vont dans le sens d'une moralisation de la comédie engagée avant la Révolution. Le porteur de handicap n'est plus nécessairement ridicule ; il est la preuve qu'une personne diminuée d'un de ses sens développe plus fortement ses autres sens et peut être éduquée, jusqu'à devenir meilleure que les valides. *La Ruse d'aveugle* d'Avisse[10] est une comédie étonnante d'un auteur aveugle, réputé pour son sens du toucher très développé, qui joue lui-même le rôle d'un jeune homme aveugle peu embarrassé de sa cécité et s'assurant de la beauté des jeunes filles en leur touchant le visage. Le personnage garde un fort côté comique mais sert la thèse de l'auteur : un aveugle sent comme un autre (ses yeux sont ses doigts, dit-il), et a le droit d'accéder aux mêmes jouissances que les valides. Son ami, aveugle aussi, ne peut épouser la jeune fille qu'il aime faute d'argent. Il est par ailleurs professeur pour jeunes aveugles et on le voit instruire des enfants à l'aide de gros caractères en bois. Il obtiendra de l'argent pour se marier en faisant croire à son père qu'un oculiste lui réclame cette somme pour le guérir des yeux. Le père est furieux lorsqu'il découvre que son fils est toujours aveugle et l'a joué, mais comme ce même fils consacrait son argent aux aveugles, tout est pardonné, le mariage peut avoir lieu et la jeune fille y verra clair pour deux. Cette pièce, dédiée à M. Haüy, « ami de l'humanité », instructeur des aveugles et inventeur en 1784 de gros caractères en bois et de tablettes et stylets à l'usage des aveugles, marque véritablement une évolution dans la mise en scène du handicap au théâtre qui n'est ni simulé, ni ridicule, et qu'on ne cherche pas à guérir. La moitié des personnages et des acteurs qui les incarnent sont aveugles, et l'accent est mis sur leurs talents et leur droit à vivre comme les autres ; l'invalide peut s'unir avec une personne valide pour qui le

9 Pillon et Lambert, *L'Amant muet*, *op. cit.*, sc. 17, p. 24.

10 J.-B. Avisse, *La Ruse d'aveugle*, comédie à ariettes en un acte jouée sur le Théâtre de la Bienfaisance le 2 nivôse an V, Paris, impr. du Musée des Aveugles, 1803.

handicap n'est qu'une différence comme une autre. La même année est jouée la célèbre comédie de Bouilly, *L'Abbé de l'Épée*[11], fondée sur un fait historique : un jeune sourd retrouve sa patrie et ses droits après avoir été abandonné dans Paris par un oncle qui voulait le spolier, grâce à l'Abbé de l'Épée, fondateur de l'Institut des sourds-muets et inventeur du langage des signes avec lequel il a formé l'esprit et le cœur du jeune homme[12]. Aucun effet comique dans cette pièce ; le jeune sourd est sans cesse valorisé et arrive à communiquer parfaitement, grâce au langage des signes. Il est l'exemple même d'un miracle de la nature qui l'a dédommagé de son handicap par une foule d'autres talents, une « délicatesse d'instinct », une « rapidité de l'imagination », une « intelligence », qui « une fois développée va bien plus loin que la nôtre[13] ». Porteur de toutes les vraies valeurs, il s'oppose à son oncle, incarnation du mal, qui a profité de son handicap pour le déclarer mort et le voler. La pièce a l'intérêt de présenter au théâtre un fait qui a ému l'Europe entière et d'être ambassadrice de la cause des sourds-muets. Représenter l'infirmité devient un moyen de promouvoir une nouvelle attitude face aux personnes handicapées, montrées comme différentes mais non diminuées, et d'insister sur leur valeur, leur intelligence et leur faculté à communiquer, malgré la perte d'un sens.

Le XIXe siècle verra l'avènement d'un théâtre qui valorise le handicap et fait avancer la cause des personnes invalides, mais le regard sur le handicap commence à changer auparavant. Le théâtre de la Révolution nous montre un grand engouement pour les personnages d'aveugles, de sourds ou de muets ; c'est que ce ressort dramatique et comique fort efficace, sorte de soupape qui permet de rire au moment des événements les plus tragiques peut devenir aussi symbolique d'une transformation de

11 Jean-Nicolas Bouilly, *L'Abbé de l'Épée*, comédie historique en cinq actes, jouée sur le Théâtre Français le 14 décembre 1799, et jusqu'en 1840, puis à l'Odéon jusqu'en 1890, Paris, impr. André, an VIII.

12 Jean-Claude Yon, dans « *L'Abbé de l'Épée* de Bouilly, les sourds-muets sur scène au XIXe siècle », *L'Altérité en spectacle, 1789-1918*, I. Moindrot et N. Coutelet (dir.), Rennes, PUR, 2015, p. 163-173, montre que la pièce est exceptionnelle, ambassadrice de la cause des sourds-muets à une époque où le handicap, et surtout la surdité, ne fait l'objet que d'une exploitation comique au théâtre.

13 Bouilly, *L'Abbé de l'Épée*, *op. cit.*, acte II, sc. 4, p. 34-35.

la société. L'invalidité peut être provisoire et servir d'épreuve pour tester les cœurs ; elle peut aussi signaler une inadaptation à la nouvelle époque et à ses valeurs ; enfin elle peut devenir un signe d'élection ouvrant la voie à un théâtre moral qui revendique les droits et les possibilités des personnes invalides et entraîne la compassion du spectateur.

Stéphanie FOURNIER
Docteur de Sorbonne Université

FIGARO À SAINT-DOMINGUE

La représentation du *Mariage de Figaro* de Beaumarchais fut un événement aussi attendu à Saint-Domingue qu'en France métropolitaine. En témoignent les *Affiches américaines*, principale source sur les spectacles dans la colonie française la plus prospère des Antilles[1]. Cette gazette d'information générale, destinée aux colons et publiée chaque semaine à partir de 1766[2], offre un aperçu des spectacles étrangers et annonce le programme des représentations, composé d'un répertoire venu de métropole et de quelques productions locales[3]. À Saint-Domingue, le théâtre, principal divertissement, est le seul lieu où tous les éléments de cette société inégalitaire et conflictuelle se trouvent réunis : grands blancs prospères et petits blancs pauvres, majoritaires dans la salle mais ultra-minoritaires dans la colonie[4] ; libres de couleur, assis au fond dans une zone réservée (et exclus des autres lieux publics) ; et un petit nombre d'esclaves noirs (musiciens ou figurants) sur scène et peut-être dans le public pour accompagner leur maître[5]. En enquêtant sur la présence de Figaro dans la société coloniale à travers les *Affiches américaines*, nous voulons ici contribuer à la réflexion sur le rôle qu'a pu jouer le théâtre

---

1 Le tiers ouest de l'île d'Hispaniola, appelé Saint-Domingue, est une colonie française de 1626 à 1804, puis est renommé Haïti à l'indépendance.

2 Voir les *Affiches américaines* et leur *Supplément* (désignés ci-après par *AA*) sur le site de la Bibliothèque numérique des Caraïbes. Les *Affiches* ne répertorient qu'une petite partie des spectacles donnés dans la colonie.

3 Voir l'excellent moteur de recherche créé par Julia Prest : theatreinsaintdomingue.org (consulté le 6 avril 2021). Sur le traitement du théâtre dans les *Affiches*, voir mon article : « Writing about theater in Saint-Domingue (1766-1791) : a public voice on a public space ? », J. Leichman et K. Bénac-Giroux (dir.), *Colonialism and slavery in performance : Theatre and the eighteenth-century French Caribbean*, Liverpool, LUP, 2021, p. 139-165.

4 L. Clay, *Stagestruck : the business of theater in eighteenth-century France and its colonies*, Cornell, CUP, 2013, p. 196 et 200 : en 1789, la colonie compte environ 32 000 colons blancs et 28 000 personnes de couleur libres, pour environ 500 000 esclaves.

5 B. Camier et L. Dubois, « Voltaire et Zaïre, ou le théâtre des Lumières dans l'aire Atlantique française », *Revue d'histoire moderne et contemporaine*, 2007/4, n° 54/4, p. 46-48.

dans les processus de domination et d'émancipation à l'œuvre dans l'île, jusqu'au moment où s'arrête le journal, une semaine avant la révolution haïtienne d'août 1791.

Figaro fait son entrée à Saint-Domingue avec *Le Barbier de Séville ou La Précaution inutile* de Beaumarchais, représenté dans la capitale, Cap-Français, le 3 février 1776, près d'un an après la première parisienne[6]. La pièce sera jouée 16 fois jusqu'en 1787, un chiffre plus qu'honorable dans une colonie où, comme en province, le répertoire varie fréquemment, le public étant restreint aux personnes libres, qui constituent un dixième des habitants. Plusieurs informations distillées par les *Affiches américaines* semblent indiquer qu'elle a d'emblée été populaire : le spectacle, « redemandé de nouveau », est souvent donné au bénéfice d'un acteur et, « pay[ant] au Public un plaisir certain », il aide par exemple à lancer une nouvelle pièce[7]. L'interprétation de Figaro par le célèbre acteur local Chevalier a certainement contribué au succès[8]. Autres signes de la faveur de la pièce dans la société esclavagiste : un navire appelé Le petit-Figaro arrive de Côte d'Or (actuel Ghana) en août 1779, « avec une très belle cargaison de noirs[9] », et en octobre 1780, trois ans et demi après la première du *Barbier*, la rubrique « nègres marons [*sic*] » (fugitifs) mentionne pour la première fois un esclave nommé Figaro, issu d'Afrique septentrionale et venant d'être arrêté[10]. Sans le moindre doute, le nom est emprunté à Beaumarchais, qui en est l'inventeur.

Les articles que le rédacteur amateur de spectacles Charles Mozard, nommé en 1783, consacre au *Mariage de Figaro* alimentent l'empressement pour la suite du *Barbier*. En août 1784, il raconte, exalté, la première à la Comédie-Française le 24 avril, dont il a dû lire le récit dans les journaux français. Il rappelle la longue attente, due à la censure, et décrit l'euphorie qui imprègne la création[11]. En octobre, il retrace les débats

6 Beaumarchais est déjà connu à Saint-Domingue à travers *Eugénie* (joué de 1768 à 1784) et *Les Deux amis* (joué de 1771 à 1783).

7 *AA*, 12 novembre 1776, p. 539 et 8 décembre 1784, p. 794.

8 M.-L.-É. Moreau de Saint-Méry, *Description topographique, physique, civile, politique et historique de la partie française de l'isle Saint-Domingue*, Philadelphie, Chez l'Auteur, 1797, vol. I, p. 364.

9 *AA*, 29 août 1778, p. 272-271.

10 *AA*, 24 octobre 1780, p. 335.

11 *AA*, 7 août 1784, p. 500.

esthétiques marquant les représentations à Paris et regrette que la pièce tarde à être jouée dans l'île, faute de texte imprimé[12]. En avril 1785, il évoque la représentation londonienne et les difficultés d'attribution posées par les manuscrits concurrents[13].

Alors que la mode « à la Figaro » arrive sur l'île pour la Noël 1784[14], plusieurs spectacles joués au Cap-Français mettent Figaro à l'honneur. En décembre, est donnée la version française de l'opéra-comique de Paisiello, *Le Barbier de Séville*, adapté de Beaumarchais et arrangé par Framery et, le mois suivant, *Le Repentir de Figaro, ou la Suite de son Mariage* de Parisau[15].

En outre, deux petites comédies, productions éphémères jouées une fois et à deux mois d'intervalle en 1785, témoignent de l'appropriation coloniale de Figaro. En février est représentée une comédie créole, *Figaro au Cap-Français*, écrite par Clément, acteur et dramaturge local[16]. Le texte n'ayant pas été imprimé, on ne sait rien de ce Figaro-ci. Mais il se peut que Clément ait conçu un personnage noir joué par un acteur blanc, selon un procédé mobilisé pour sa parodie du *Devin du village* de Rousseau, *Jeannot et Thérèse*, jouée sept fois entre 1773 et 1788 (et dont il usera en 1788 pour une autre parodie, *Julien et Suset*)[17].

Alors que le théâtre de la métropole montre peu de personnages de couleur, l'esclavage étant un sujet pour le moins polémique[18], un Figaro « nègre » (un esclave d'origine africaine) est avéré dans une autre pièce, *Le Mariage par lettres de change, ou le Négociant du Cap*, jouée un samedi de mai et annoncée ainsi : « Comédie en un Acte, dans laquelle un Amateur connu pour imiter parfaitement les gestes et le langage des Nègres, remplira le rôle de Figaro, sous le costume d'un valet nègre, avec un divertissement et des couplets créoles[19]. » Plusieurs éléments laissent

12 *AA*, 2 octobre 1784, p. 637.

13 *AA*, 2 avril 1785, p. 154. Sur l'histoire de la pièce en France métropolitaine, voir Beaumarchais, *Le Mariage de Figaro*, éd. G. Kahn, Oxford, Voltaire Foundation, 2002, Introduction p. 12.

14 *AA*, 25 déc. 1784, p. 835.

15 *AA*, 8 décembre 1784, p. 794 ; 22 et 29 janvier 1785, p. 29 et 43.

16 *AA*, 2 février 1785, p. 54.

17 J. Prest, « The Familiar Other : Blackface Performance in Creole Works from 1780s Saint-Domingue », J. Leichman et K. Bénac-Giroux (dir.), *op. cit.*, p. 41-63.

18 Dorvigny, *Le Nègre blanc*, éd. S. Chalaye, Paris, L'Harmattan, 2019, Introduction, p. XV et XVI.

19 *AA*, 4 mai 1785, p. 203.

croire que la pièce est adaptée d'une comédie de Poisson fils créée en 1735 et populaire à l'époque, *Le Mariage fait par lettre de change*, suivie d'un « divertissement » chanté et d'un « vaudeville ». Poisson mettait en scène un riche négociant, Cléon, et son valet, Frontin, habitants du Canada (colonie française jusqu'en 1763). Le lieu de la pièce, « l'isle », a pu facilement être transposé à Saint-Domingue et, avec la mention du « mariage » dans le titre, le valet blanc Frontin devenir l'esclave noir Figaro[20]. Le monologue prononcé par Frontin dans la première scène a pu inciter à rapprocher les deux valets :

> Depuis quinze ans, mon Maître a fait fortune ici ;
> Et moi, j'y suis Valet depuis quinze ans aussi.
> Hors les biens, le mérite, et je crois, la naissance,
> Il n'est, entre nous deux, aucune différence.
> Je suis tout comme lui. Je m'abuse ; et je vois
> Que cette différence est tout, en bonne foi.
> Sortons de cette erreur. Voilà notre folie.
> Venu souvent de rien, voilà comme on s'oublie.
> [...] Je change de nature, et ne me connais plus !
> Soyons plus raisonnable. Ah ! qu'on en voit paraître,
> Qui changeraient leur ton, s'ils voulaient se connaître[21].

Frontin revendique l'égalité entre les hommes en des termes que ne renierait pas un philosophe des Lumières et qui, en 1785, ont pu faire penser au monologue de Figaro, lançant à son maître absent : « Qu'avez-vous fait pour tant de biens ? vous vous êtes donné la peine de naître, et rien de plus » (acte V). Mais si Frontin a été transformé en Figaro noir, l'affirmation « il n'est, entre nous deux, aucune différence » devient ridicule. L'effet comique désamorce la critique sociale, avant que le valet ne disqualifie lui-même ses velléités égalitaires, pratiquant l'autodérision pour mieux réaffirmer le *statu quo*. Derrière le « costume d'un valet nègre » (signalé notamment par un maquillage noir ?), c'est un homme blanc, reconnu comme tel par le spectateur, qui contrôle, en l'imitant, le corps noir et son discours[22].

---

20 Coïncidence ou non, dans *La Négresse ou le pouvoir de la reconnaissance* de Radet et Barré, joué deux ans plus tard à Paris, puis adapté à Saint-Domingue en 1788, un valet nommé Frontin se teint le visage et passe aisément pour noir auprès des Africains.

21 Poisson fils, *Le Mariage fait par lettre de change*, Paris, Le Breton, 1735, p. 1-2.

22 Voir J. Prest, art. cité.

Dans le contexte colonial des années 1780, la clausule du monologue a pu sonner comme un avertissement contre les esclaves bravant l'autorité. Les Figaros rebelles étaient une réalité : jusqu'à la représentation de cette pièce, au moins sept Figaros « marrons » sont listés dans la gazette comme fugitifs ou mis aux fers.

Cinq semaines plus tard, le samedi 11 juin 1785, a lieu la première du *Mariage de Figaro* au Cap-Français, avec des costumes et un décor conçus pour l'occasion[23]. La pièce semble avoir eu moins de succès qu'escompté : les représentations sont aussitôt « suspendu[es] » pour apporter des « changements[24] ». Le 10 septembre, Mozard publie une longue critique de la première à Port-au-Prince fin août. C'est la première fois que le journal offre un compte rendu si détaillé. Selon le rédacteur, si la salle était « entièrement remplie », la pièce n'a pas « produit autant d'enthousiasme qu'on avait lieu de l'espérer » : le public a « beaucoup ri, mais peu applaudi[25] », notamment à cause des « contresens de costume et de décoration ». En 1787, un spectateur incriminera le manque de répétitions, propre aux théâtres provinciaux[26].

Mozard n'insiste pas sur la portée politique de la pièce. En 1784, lors de la création parisienne, il avait relativisé sa charge subversive : pour lui, la création avait été retardée à cause des « sorties [...] sur différents états distingués de la société », alors que l'auteur « n'attaquait que les abus et ne nommait personne[27] ». En 1785, à propos de la représentation à Saint-Domingue, il reproche à l'acteur Berthier d'avoir « supprimé presque tout le monologue du cinquième acte », supputant que l'acteur « n'a peut-être pas eu le temps de l'apprendre[28] » et sans suggérer que la cause pourrait être la censure ou l'autocensure.

On ne sait si la scène a été rétablie par la suite. Dans le sillage du *Mariage* seront représentées deux autres pièces, purs divertissements sans implications politiques : la parodie *La Triste Journée, ou le lendemain des noces* de Beaunoir (février 1786) et *Figaro Directeur de marionnettes* de Maillot (mars-décembre 1786). *Le Mariage*, *Le Barbier* et *Le Repentir de*

23 *AA*, 1er juin 1785, p. 243.
24 *AA*, 17 août 1785, p. 359.
25 *AA*, 10 septembre 1785, p. 402.
26 *AA*, 10 mars 1787, p. 124.
27 *AA*, 7 août 1784, p. 501.
28 *AA*, 10 septembre 1785, p. 402.

Figaro continuent ensuite d'être joués ici et là dans la colonie, les annonces insistant sur les procédés spectaculaires (comme cette illumination avec 900 lampions en 1789)[29].

Dans ce contexte, comment interpréter qu'un nombre conséquent d'esclaves aient été nommés Figaro ? 24 Figaros en fuite (ou ayant été rattrapés) sont répertoriés entre 1780 et 1790, dont 18 pour les seules années 1786, 1788 et 1790[30]. Et quel poids accorder au caractère frondeur de Figaro, plus accentué que chez le type traditionnel du valet de comédie (et que chez son ancêtre, l'esclave antique) ?

Très certainement, comme il était alors d'usage[31], le nom a été attribué par des acheteurs férus de Beaumarchais à des esclaves nouvellement acquis, débarqués d'Afrique. Cet indice de la séduction exercée par la pièce par-delà l'enceinte des théâtres peut être analysé de plusieurs manières complémentaires. D'abord, *Le Mariage de Figaro*, ses avatars scéniques, son personnage éponyme, ainsi que la mode vestimentaire associée alimentent probablement l'« ivresse frondeuse anti-absolutiste » de ces colons, en majorité anti-absolutistes et pro-esclavagistes, à l'égard d'une autorité royale jugée trop présente[32].

À un autre niveau d'analyse, prénommer l'esclave insulaire comme un valet de métropole, c'est, en désignant sa fonction de service, contribuer à normaliser l'esclavage. S'inspirer d'un personnage de papier, c'est aussi conforter l'esclave dans son statut d'objet, de « bien meuble[33] » : on nomme son esclave Figaro, comme on porte un bonnet, un gilet, un éventail ou une montre « à la Figaro » et comme on dort

29 *AA*, 29 août 1789, p. 994.

30 *AA*, 1780, p. 335 ; 1783, p. 624, 705b, 735 ; 1784, p. 571, 816 ; 1785, p. 13, 85 ; 1786, p. 50, 383, 389 ; 1787, p. 92, p. 241 ; 1788, p. 506 ; 1789, p. 288, 320, 410, 760, 870, 1028, 1105 ; 1790, p. 421, 454, 470, 879, 1036.

31 V. Cousseau, « Nommer l'esclave dans la Caraïbe. XVIIe-XVIIIe siècles », *Annales de démographie historique*, 2016/1, n° 131, p. 37-38.

32 F. Balique et P. Frantz, *Beaumarchais : Le Barbier de Séville, Le Mariage de Figaro et La Mère coupable*, Paris, Atlande, 2004, p. 68 : évoquant le public de métropole, Pierre Frantz montre que « les domestiques, au sens social, ne sont pas les allocutaires de Beaumarchais » ; selon lui, la comédie « touche à l'affirmation d'une liberté de l'individu, à une revendication d'insolence libre qui peut être celle du public noble ou roturier, dans sa relation à l'autorité du maître ».

33 Les prénoms littéraires (tels Crispin, Arlequin, Lubin, Zémire ou Azor) sont rares mais pas exceptionnels. Voir le moteur de recherche « Le Marronnage dans le monde Atlantique » : http://www.marronnage.info/fr/index.html (consulté le 6 avril 2021).

dans un lit « à la Figaro[34] ». En ce sens, le nom a aussi pu être choisi par les colons en référence à un stéréotype qui définit les esclaves du Congo (un tiers des Figaros cités[35] et l'ethnie la plus représentée dans la colonie) comme étant naturellement joyeux, mais aussi hautement insoumis[36]. Comme souvent dans les colonies[37], le nom a pu être conféré ironiquement pour asseoir le pouvoir du maître sur l'esclave indiscipliné, à l'instar de ces « sobriquets » méprisants conspués par Arlequin dans *L'Île des esclaves* de Marivaux (scène 2) et selon un processus de domination similaire à celui imposé au Figaro noir dans *Le Mariage par lettres de change.*

Les esclaves nés dans l'île étaient souvent nommés par leur mère, mais tel ne semble pas avoir été le cas ici car seuls deux Figaros créoles sont listés : l'un est né avant la création du *Barbier* dans la colonie ; de l'autre, on ne sait rien[38]. Puisque seul le discours des colons nous est accessible, il est difficile de savoir si les esclaves connaissaient l'origine littéraire du nom de Figaro. Certains ont-ils pu faire leur l'insolence symbolique associée à ce nom synonyme de rébellion, malgré le fait qu'il incarne la culture des dominants ? Ce n'est pas impossible car, même s'ils étaient légalement exclus des théâtres (comme les domestiques en métropole), certains esclaves participaient, voire assistaient, à des pièces[39].

Dans le Saint-Domingue des années 1780, les équivalents symboliques du comte Almaviva sont bousculés de toutes parts : le pouvoir royal se voit récusé par les colons et la domination de ces derniers est contestée par les esclaves. Alors que les nouvelles de la Révolution française commencent à arriver sur l'île, les marrons sont en nombre croissant et le nom de Figaro, imprimé dans les *Affiches américaines* parmi les esclaves ayant défié l'autorité, ne signale plus seulement la sujétion du serf auquel on a imposé un nom. Avec l'insurrection des

---

34 Voir les réclames dans *AA*, 1785, p. 142, p. 149, p. 246 ; 1786, p. 268.

35 *AA*, 1786, p. 50, 383 et 389 ; 1788, p. 506 ; 1789, p. 410, 760, 870.

36 F. Midy, « Les Congos à Saint-Domingue : de l'imaginaire au réel », *Ethnologies*, vol. 28, nº 1, 2006, p. 182-183.

37 S. Beson, « Injurious names : naming, disavowal, and recuperation in contexts of slavery and emancipation », dans G. vom Bruck et B. Bodenhorn (dir.), *The Anthropology of names and naming*, Cambridge, CUP, 2006, p. 191.

38 *AA*, 1785, p. 13 et 26 déc 1789, p. 1105.

39 B. Camier et L. Dubois, *op. cit.*, p. 46-48.

esclaves, qui met la société coloniale à feu et à sang dans la nuit du 22 août 1791 et mènera à l'abolition de l'esclavage en 1794, le nom de Figaro en vient alors ironiquement à manifester la revanche du valet sur le maître.

Laurence MARIE
Université de Columbia

LE SOUTIEN À L'AUTRE SOUFFRANT DANS LA TRAGÉDIE

Pylade et Oreste dans *Iphigénie en Tauride*, chez Euripide et Goethe

La pièce d'Euripide *Iphigénie chez les Tauri* (413 av. J.-C.) met en scène la fille d'Agamemnon et Clytemnestre, exilée en Tauride, assignée à la fonction de prêtresse d'Artémis, chargée d'immoler tout étranger abordant ces rivages. Persécuté par les Érinyes depuis son matricide, son frère Oreste a été entraîné vers ce même lieu par son ami Pylade, sur l'ordre de l'oracle, dans le but de gagner sa délivrance en rapatriant en Grèce la statue sacrée d'Artémis. Oreste n'espère aucune expiation libératrice : il ne recherche que la mort. Dans cette tragédie, un personnage montre-t-il de l'empathie ? La tragédie donne à voir le soutien apporté par Pylade à son ami dans la détresse. Soit que la situation réponde au code mythologique et surnaturel (Oreste poursuivi par les Érinyes), soit qu'on la psychologise (il est poursuivi par le remords et des souvenirs insoutenables après le meurtre de sa mère), soit que – comme y seront invités les lecteurs d'Aristote un siècle plus tard, on médicalise le cas et diagnostique une pathologie « passionnelle » transposée en fable. Si une interprétation médicale de la relation entre Pylade et Oreste se justifie, elle est postérieure à Euripide. Le texte soutiendra une lecture éclairée par Hippocrate (460-377), où Pylade « thérapeute » rassure son ami.

L'empathie de l'ami n'est pas à comprendre dans un sens moderne de compassion. Parmi ses traits de caractère prévalent la bravoure et la disposition à agir. Pylade est un soutien fidèle et constant pour Oreste « possédé ». À l'ouverture de la tragédie, après qu'Iphigénie eut présenté les motifs de sa mélancolie et de sa tristesse, les deux amis apparaissent et le tourment d'Oreste s'exprime à son tour. Il demande à son ami de confirmer la réalité de visions dont il est accablé. On pourra comprendre que ces visions, attribuées aux Érinyes, correspondent à un dérèglement « pathologique » du système sensoriel. S'adressant à l'ami assombri, Pylade minimise ces effets maladifs et les corrige, cherchant à lui faire partager son optimisme et son éclairage régi par la raison. La vaillance de ses encouragements témoigne d'une maîtrise héroïque de la situation. Tout à ses noirs tourments, Oreste s'en remet à lui. Matricide, il craint de souiller le soleil. Après une prière amère à Phoibos, il le prend à témoin de sa situation : il préfère demander à l'ami un plan de fuite hors de Tauride plutôt que d'obéir au dieu dans une entreprise incertaine – quitte à perdre l'espoir d'être jamais guéri de ses tourments par la divinité « rédemptrice ». Pylade, loin d'être critique à l'égard des dieux, est un loyal disciple de Phoibos : se fier à lui pour la voie à suivre ne signifie pas un rejet de l'existence des dieux au profit la rationalité humaine. Le soutien attendu de l'ami comme alternative à l'incompréhensible animosité du dieu qui le fait souffrir aboutit à l'insuccès. Si les encouragements de l'ami contrastent avec l'abattement d'Oreste, il lui incombe seulement de présenter des éléments d'espérance. Il rappelle à Oreste la valeur sacrée de l'oracle. Oreste renaît à l'optimisme, il se remet à croire à une action utile. La dimension solaire du secours de Pylade (hypostase de Phoibos) fait victorieusement contrepoids aux funestes Érinyes intériorisées (personnification du mal). L'oscillation entre le désespoir et les encouragements de Pylade se représente tout au long de la tragédie. À la fin, la destinée se découvre et ce qui avait été prononcé se réalise : quand l'action s'achève, tous reconnaissent la « nécessité » révélée. À la différence d'Oreste, héros solitaire en proie à des tortures intérieures, Pylade, caractère conventionnel, s'épargne ces souffrances. Sa confiance en la justesse et l'ordre du cosmos régi par les dieux demeure de façon constante une assurance. Avec un peu d'anachronisme, on le voudrait « thérapeute » ; la pièce a en tout cas exposé le prix de la *philia*. Oreste dit dans une autre pièce du cycle : *« Ils ont le nom d'amis, mais ils n'en ont pas l'âme, ceux dont l'amitié ne résiste pas aux disgrâces du sort.* […] *C'est dans le malheur que l'ami doit assister son ami. »* (*Oreste*, 408 av. J.-C.). En dépit de l'amitié, chacun, au sein de l'univers tragique, reste prisonnier de son « destin ». Pylade soutenant Oreste n'empêche pas que nous restions dans un ordre où le héros condamné à souffrir est isolé. Des événements presque insupportables mettent à l'épreuve la paire indéfectible des amis mais ils n'entraînent de métamorphose ni chez l'un ni chez l'autre pas plus que de remise en question de ce qui fonde le « caractère » de convention dramatique respectif.

La réflexion d'Aristote postérieure (384-322) sur les bienfaits du théâtre, autorise une approche médicale. Confiant en le bienfait thérapeutique de la tragédie, la *catharsis* renvoie au profit d'une élimination, chez le spectateur « en empathie », de l'élément humoral nuisible. La tragédie purgerait en nous la « passion » dont sont possédés de façon spectaculaire les personnages sur la scène ; parce que ceux-ci sont de façon manifeste accablés de maux, nous les plaignons. Traduite dans un registre somatique, la *passion* est une maladie de l'âme ; elle doit être soignée. Dans la conception antique comme dans celle du XVIIe siècle en France, médecine des humeurs et vie morale sont indissociables. Le sang est siège des passions. Pour Racine, conformément à cette doctrine étroitement solidaire des théories d'Hippocrate, la tragédie débarrasse le corps des humeurs excessives et rétablit un sain équilibre. Le *pharmakon* est toutefois ambivalent. N'introduit-on pas le risque que le spectacle tragique n'obtienne chez son destinataire « en cure » qu'un résultat partiel et ne provoque qu'une purgation provisoire du « trop-plein passionnel » ? Par suite, l'acceptation médicale de l'expérience prête aussi à la compréhension inverse : la métaphore toujours sollicitée par les adversaires du théâtre est celle de la « maladie contagieuse ». Au XVIIe siècle, les moralistes jansénistes contempteurs du théâtre ne voient plus purgation libératrice, mais exacerbation, irritation, surexcitation (excès sanguin néfaste ; ébullition du sang) des passions vicieuses. L'effet de la tragédie serait sournois. Elle paraît procurer du plaisir durant le spectacle ; en réalité ce plaisir et ces « images » s'insinuent dans l'âme, l'empreignent et tourmentent notre esprit. Selon cette conception critique, la « thérapie théâtrale » est illusoire car la composante libérée (*catharsis*) ne se circonscrit pas au spectacle. La passion non totalement réprimée, éprouvée « à blanc » sous forme paroxystique, revient plus tard sous forme ordinaire et corrompt la vie morale. Dans les traités moraux évaluant le profit « thérapeutique » de la tragédie, la métaphore médicale est donc réversible. Pour les adeptes mesurés, le théâtre agit selon le principe de la mithridatisation, c'est une accoutumance progressive à éprouver des émotions libératrices : on se prépare à affronter le poison en s'habituant progressivement à sa présence. Ce « remède/poison » frappe l'âme qu'il guérit. Mais si sa nocivité l'emportait ? Les images du poison ou de l'excès sanguin sont des métaphores qui servent aux contempteurs du théâtre (Rousseau se rangera parmi eux en 1758 – avec quelle virulence !) pour décrire le mauvais usage des énergies vitales et la désagrégation de l'équilibre humoral dont la représentation des passions au théâtre est l'incitateur coupable. Faisant suite à Racine, dans une réaction d'arrière-garde, quelques auteurs, non résignés à l'affadissement du sanglant au théâtre, ont exprimé les « passions » de façon paroxysmique en proposant de la surenchère par rapport à Euripide et Racine. Ainsi, Crébillon père, dans une histoire atride par excellence, *Atrée et Thyeste* (1707), montre sur scène une coupe remplie du sang de son enfant présentée à un père, etc.

Il en va sensiblement différemment dans l'*Iphigénie en Tauride* de Goethe, où le discours de Pylade s'étoffe d'approfondissements qui l'individualisent[1]. Dans l'histoire d'Iphigénie, l'épisode précédent (*Iphigénie en Aulide*) voyait l'héroïne condamnée à mourir par un prêtre exalté (Calchas, tablant sur le goût du sang versé, faisant parler les dieux chez Racine). L'« éclairé » Goethe prend appui sur une succession chronologique : à ses yeux, l'exhortation sanguinaire triomphante de Calchas (chez les Grecs pourtant civilisés) sera oblitérée par les effets d'une contre-leçon d'« attention à l'autre », guérison du frère malade et adoucissement du cœur (pourtant sauvage) du roi Thoas, au contact de la « belle âme ». Dans l'opéra exactement contemporain de Gluck, 1779, créé à Paris quatre ans après la célébration du centenaire de la pièce de Racine, Thoas reste, sur le modèle d'Euripide, un Scythe belliqueux, obsédé de rêves sanguinaires et vengeurs. Goethe invente un Thoas « perfectible » : profondément séduit par les valeurs morales de souffrance mélancolique et de bonté d'Iphigénie, il abandonne pour elle ses « coutumes barbares » locales au profit d'une humanité profondément universelle. Goethe vise en 1786 ce nouvel idéal classique et récrit sa pièce en vers. La femme accomplit le pas décisif vers la

1 *Cf.* W. Wittkowski, « Tradition der Moderne als Tradition der Antike. Klassische Humanität in Goethes *Iphigenie* und Schillers *Braut von Messina* », dans *Zur Geschichtlichkeit der Moderne. Der Begriff der literarischen Moderne in Theorie und Deutung*, T. Elm *et al.* (dir.), Munich, Fink, 1984. L'*Iphigénie* weimarienne « éclairée » serait « étonamment moderne et non grecque » (« *erstaunlich modern und ungriechisch* »), F. Schiller, lettre à C. G. Körner, 21 janv. 1802. *Cf.* T. Adorno, « À propos du classicisme de Goethe dans *Iphigénie* », *Notes sur la littérature*, Flammarion, 1984.

majorité morale de l'humanité : sa douceur, « thérapeutique » en soi, manifeste la profondeur de son empathie morale. En tous points, par son souci altruiste, elle est « guérissante » : elle obtient non seulement le salut de son frère, mais aussi le consentement à son départ du barbare humanisé[2]. La conception à Versailles de la tragédie « archaïque » est ainsi remplacée par l'exigence morale de l'humanisme à Weimar. Avec l'effet contagieux de la « belle âme » sur le despote, Weimar « dépasse » l'ethos racinien et sort du cercle vicieux du sadisme divin, du patriotisme xénophobe et de la vendetta primitive[3]. La malédiction des Atrides cesse d'être une détermination toute-puissante. La tragédie cesse de se repaître de sang.

Quels aspects sont explorés à nouveaux frais par le « moderne » Goethe ? Pylade se réclame fréquemment de vertus : courage, amour, intelligence, piété (II, 1). Son arrivée avec Oreste sur scène (II, 1) est celle d'un thérapeute et d'un malade. Ériger Pylade en contre-figure forte s'opposant à Iphigénie est l'invention de Goethe. « *C'est le chemin de la mort, sur lequel nous marchons* ». Oreste dès sa prise de parole apparaît comme anéanti et résigné à mourir. Il apostrophe déjà les esprits des morts. Ce n'est plus le rivage barbare, c'est ce monde qu'il considère comme une terre étrangère, à laquelle il n'appartient plus. Il est pénétré du sentiment de sa descente lente et douloureuse au séjour des spectres : « *J'apporte partout avec moi une douleur secrète et la mort Et que, là même où règne la santé, Si je surviens, je vois bientôt, Sur les figures florissantes, Avec les traits de la douleur, La mort lentement apparaître.* » Face à cet abattement, l'argumentation véhémente de Pylade (compréhension consolatrice, conseils avisés et idéal combatif) réfute un tel point de vue. Reprenant la métaphore du chemin, Goethe l'enrichit d'une polarisation des couples clarté/obscurité ; joie/affliction ; ascension/chute. Pylade en orateur confiant pallie le handicap de l'assombrissement pathologique de son ami.

Pour Pylade, la supériorité du Grec sur le Barbare légitime de n'avoir aucune considération pour les effets du rapt (du sang à verser). Bien que l'état intérieur (l'intériorisation pathologique de l'antique possession

2 Goethe, *Iphigénie en Tauride*, trad. J. Tardieu, dans *Théâtre complet*, Paris, Gallimard, coll. « Bibliothèque de la Pléiade », 1988. Acte V scènes 4-6.

3 H. R. Jauss, « De l'*Iphigénie* de Racine à celle de Goethe », *Pour une esthétique de la réception*, Paris, Gallimard, [1978] 2007, p. 230-287.

par les Furies[4]) de son ami lui soit connu « *Tu t'augmentes le mal qui s'est fait / et prends à ta charge le devoir des Érinyes* »), la quête de la « lumière » et la perspective du rapt équivalent à un prochain retour victorieux dans la patrie. Pylade élitaire se raccroche à un code de valeur d'élus : à ses yeux, Oreste, héros par le sang, est l'instrument que la divinité prédestine à accomplir des exploits héroïques[5]. Or Goethe permet à Oreste de s'élever au-dessus de la malédiction des Atrides : Réfutant avec virulence la thèse de l'hérédité de cette malédiction, Pylade se montre lui-même « éclairé » et moderne : « Ce n'est pas sur la tête des fils que les dieux / Vengent les crimes des ancêtres. / Chacun de nous, bon ou mauvais, emporte / Avec soi le prix de ses actes. / La bénédiction de nos pères / Nous revient par droit d'héritage, et non par leur malédiction. » – la tirade représente la plus sévère réprobation par Goethe du dogme luthérien du péché originel. « Belle âme », Oreste acquiert comme sa sœur (modernité weimarienne) une conscience autonome qui le contraint à porter un jugement moral responsable sur ses actes et leurs effets sur autrui[6]. Avec cette exigence morale, Goethe promeut les valeurs éthiques de l'*Aufklärung* et son idéal optimiste exigeant radical[7]. Certes le poids de pensées sombres et de souvenirs horribles entraîne Oreste vers un abîme (le harcèlement des Érinyes est transposé sur un plan psychologique) : il progresse comme s'il était muré en ses ténèbres intérieures, coupé de la réalité, tandis que l'ami qui l'accompagne s'avance enthousiaste et plein d'entrain. Dans cette axiologie, Oreste voit en la nuit une puissance mortifère apportant le pire (il la compare au souvenir impossible à fuir de son matricide maudit), mais capable aussi d'offrir le refuge vers lequel il tend. Si Pylade attire son ami sur le chemin de sa santé et de ses valeurs héroïques, sa maîtrise de l'art oratoire est désormais

4 H. Geyer, « Der schöne Wahnsinn. Goethes Orest », *Dichter des Wahnsinns. Eine Untersuchung über die dichterische Darstellbarkeit seelischer Ausnahmezustände*, Göttingen, Musterschmidt, 1955, p. 55-64. Oreste traite les Érynies d'« immémoriales filles de la Nuit », de « déesses de l'effroi ».

5 W. Wittkowski, « "Bei Ehren bleiben die Orakel und gerettet sind die Götter ?" Goethes *Iphigenie auf Tauris*, Autonomie, Humanität und Autorität der Religion im aufgeklärten Absolutismus », *Goethe Jahrbuch*, 101, 1984, p. 250-258.

6 W. Rasch, Goethes « Iphigenie auf Tauris » als Drama der Autonomie, Munich, Beck, 1979.

7 H. Mayer, « Der eliminierte Mythos in Goethes *Iphigenie auf Tauris* », *Das unglückliche Bewusstsein. Zur deutschen Literaturgeschichte von Lessing bis Heine*, Francfort, Suhrkamp, 1986, p. 246-254.

péjorative, car elle s'oppose à une exigence nouvelle de « vérité » chez Oreste et Iphigénie. Pylade n'a aucune chance de convertir son ami à son optimisme ; la distance entre les orientations dictées par le désespoir et la bravoure est trop grande. En revanche, l'optimisme qualitativement différent d'Iphigénie renvoie à une exigence partagée par Oreste. Au IVe acte les convictions de Pylade (« *Ton frère a recouvré la santé. Nous avons En devisant avec gaîté, Foulé le roc et le sable du rivage. … Nous voyons* [Apollon] *remplir sa divine promesse : Oreste est libre, Oreste est sain d'esprit !* » IV, 4) sont confrontées aux résistances morales d'Iphigénie, qui, alors même qu'elle est bouleversée (« *À peine / Mon frère, est-il, dans mes bras ; tout à coup, D'un mal cruel, par un prodige, délivré !* » IV, 5) ne saurait se satisfaire ni d'éloquence triomphaliste (faisant parler les dieux) ni de voies fourbes et rusées. Restant en deçà de la nouvelle exigence d'humanité et de vérité, Pylade se trouve rétrogradé à une Antiquité obsolète. C'est à sa sœur Iphigénie et aux valeurs et exigences qu'elle porte, qu'Oreste, en définitive, attribue sa complète guérison : « *Âme sainte, et voilà qu'aux tiens tu fus rendue ! Tu m'as touché, je fus guéri, et dans tes bras, Le mal, pour la dernière fois, De ses serres sans nombre, m'a saisi Affreusement m'a secoué Jusqu'au fond de mon être et s'est enfui Comme un serpent dans son repaire.* » (V, 6, scène finale).

Un tel idéal moral se révèle dérisoire lorsqu'éclate la Révolution française, suivie par la campagne ratée de la coalition du duc de Brunswick : l'irruption et le déchaînement triomphants d'une violence archaïque dans l'Histoire vive ne sont corrigés en Europe ni par la bonté, ni par les Lumières humanistes. En 1792, Goethe, amer, interrompt une lecture de l'*Iphigénie* ; l'Histoire a détruit son utopie de la « belle âme thérapeute ». La rédaction du drame *La Fille naturelle* (1804) sera l'expression de cette déception.

Jacques BERCHTOLD
Fondation Martin Bodmer

LE THÉÂTRE DE LA RÉVOLUTION

SADE ET LE THÉÂTRE SOUS LA RÉVOLUTION

Éthique et politique

À sa sortie de Charenton en 1790, Sade se met à proposer aux théâtres de la capitale les pièces rédigées pendant son emprisonnement à Vincennes et à la Bastille. Paris compte alors douze salles. Elles seront trente-cinq à la fin de 1791. On ne joue pas encore beaucoup de pièces directement politiques. Mais le contexte est effervescent, la réception politisée. Depuis novembre 1789, le *Charles IX* de Marie-Joseph Chénier incite le public à voir dans les personnages les incarnations de ceux qui suscitent les passions du jour, Necker, Marie-Antoinette, Louis XVI[1]. Les femmes et hommes de théâtre perçoivent les implications politiques de ces textes en termes de moralité ou d'immoralité des personnages mis en scène. Cette manière d'impliquer les mœurs et les règles de conduite admises ou souhaitées dans la lecture de textes de fiction présente quelques analogies intéressantes avec la tournure prise par la critique sadienne au début de la troisième décennie du XXIe siècle.

À l'époque de *#MeToo* et d'une perspective nouvelle sur le viol dans le roman libertin, le jugement porté sur les textes de fiction par certains critiques est subordonné à leur évaluation de la rectitude morale de l'auteur. Peut-on éviter d'imposer les critères moraux contemporains aux textes du passé ? Il ne s'agit pas ici de trancher le débat. Parfois, la critique sadienne semble revenir à un état du débat antérieur à la multiplication des écrits universitaires sur Sade et à la publication de ses œuvres dans la Pléiade. Peut-être celles-ci sont-elles moins bien abritées par leur statut de patrimoine littéraire qu'on ne le croit.

Le glissement s'est produit graduellement. Ses symptômes d'intensité variable se révèlent parfois à peine perceptibles. À la fin des années 1980,

1 Beaumarchais, dépassé, juge la pièce douteuse, car « en ce moment de licence effrénée le peuple a beaucoup moins besoin d'être excité que contenu » (cité dans J.-J. Pauvert, *Sade vivant*, Paris, Lafont, 1989, t. II, p. 550).

Jean-Jacques Pauvert écrit qu'il ne s'agit pas pour lui de rendre Sade sympathique ni d'essayer de l'excuser ou de le blanchir[2]. Il croit Sade sinon coupable de tortures et de meurtre, certainement *capable* de les commettre[3]. À la même époque, dans l'introduction générale aux *Œuvres* de Sade dans la Pléiade, Michel Delon montre comment Sade était devenu le personnage hyperbolique des récits suscités par ses frasques. Il montre aussi comment l'écrivain s'est par la suite approprié cet imaginaire et l'a articulé à son monde fantasmatique, exacerbé par l'emprisonnement. Se fondant sur le dépouillement des archives de Gaspard Gaufridy, notaire à Apt, confident et ami de Sade, Paul Bourdin pense que ce qui a décidé du destin de Sade, et notamment de son long emprisonnement, est l'« affaire des petites filles » de 1774-1775, dont les échos avaient été étouffés par la famille et les ordres du roi[4]. Disons, pour aller très vite, que l'affaire concerne les membres du personnel domestique du château de La Coste où Sade se serait livré à des violences assez appuyées pour marquer les corps des victimes qui sont ensuite enfermées soit à Saumane chez l'abbé de Sade, l'oncle du marquis, soit dans un couvent en attendant que ces marques disparaissent. Jean-Jacques Pauvert rejoint Paul Bourdin en estimant qu'il s'agit là de l'affaire la plus compromettante déclenchée par le comportement du marquis[5]. Ce qu'en dit Maurice Lever va dans le même sens[6]. En 2018, une biographie de Sade destinée au grand public liquide l'affaire en quelques lignes[7].

Il va bien évidemment de soi que tel écrit sur Sade a peu d'enjeux politiques de nos jours. Mais la manière dont la moralité du personnage d'auteur et de ses textes rejaillit sur l'appréciation de la place de ses derniers dans l'espace public renvoie à la manière dont les pièces de Sade furent jugées par les hommes de théâtre qui, au début de la décennie révolutionnaire, décidaient de ce qui serait effectivement montré au public. Le regard porté sur ses pièces à ce moment-là indique que la moralité ou l'immoralité d'un texte de fiction ou de la vie de son auteur recèle bien un aspect politique.

---

2 *Ibid.*, t. I, p. 380.

3 *Ibid.*, t. I, p. 393.

4 Voir P. Bourdin, *Correspondance inédite du marquis de Sade, de ses proches et de ses familiers*, Paris, Librairie de France, 1929, p. 18-20.

5 J.-J. Pauvert, *Sade vivant*, *op. cit.*, t. I, p. 352.

6 M. Lever, *Donatien Alphonse François, marquis de Sade*, Paris, Fayard, 1991, p. 263-272.

7 S. Genand, *Sade*, Paris, Gallimard, coll. « Folio », 2018, p. 98.

Lorsque Sade soumet ses pièces aux hommes et femmes de théâtre, les débuts des bouleversements révolutionnaires ont déjà amalgamé les scissions idéologiques et les règles des bienséances théâtrales. Les deux types d'exigence coïncident. Le 25 août 1791, la Comédie-Française rejette *Le Boudoir*, comme le fera, en 1795, le Théâtre Feydeau. Elle accepte *Le Misanthrope par amour*, mais ne le mettra jamais en scène. Le 3 août 1790, le Théâtre-Italien reçoit *Le Suborneur*. En 1791, *Le Prévaricateur* est rejeté par le Théâtre du Marais. *Le Comte Oxtiern ou les Malheurs du Libertinage* est représenté deux fois en 1791, puis une troisième en 1799. Au bout du compte, Sade ne réussira à faire jouer que deux de ses pièces durant la décennie révolutionnaire, *Oxtiern* et *Le Suborneur*.

Voyons les réactions des gens de théâtre, puis, pour les textes mis en scène, celle du public. En schématisant, on pourrait dire que les réactions des premiers s'appuient sur deux critères : le moralisme (ou l'immoralisme) de la pièce, et la référence au monde « d'avant », celui de l'Ancien Régime. Commençons par les réactions qui mettent en avant la question des bienséances. L'administration de la Comédie-Française réagit au *Boudoir* en envoyant à Sade une note selon laquelle ce théâtre « ne peut se permettre de faire représenter aucun ouvrage douteux. Quant à la comédie, le style et la situation trop hasardés lui prescrivent de ne pas l'admettre à la lecture[8] ». Au Théâtre Feydeau, on évoque sa non-conformité « aux règles de la bienséance », les « caractères [qui] produiraient des impressions faites pour alarmer les amis des bonnes mœurs[9] ». Dans une lettre qu'elle adresse à l'auteur à l'époque du refus du *Boudoir* par la Comédie-Française, l'actrice Julie Candeille écrit douter « que le sujet, libre en lui-même, puisse être sans danger développé à la scène ». Puis elle ajoute une observation sur le comportement collectif du public, impliquant que l'effet groupe exacerbe l'exigence de conformisme imposée à chacun des individus qui le composent. Cette observation rapproche la question de la moralité du théâtre de celle de la constitution d'un public nouveau : « On sait que les gens rassemblés sont d'autant plus sévères sur les mœurs qu'on leur représente qu'ils le sont moins dans le particulier[10]. » Formulée en termes

8 D. A. F. de Sade, *Théâtre III*, *Œuvres Complètes*, t. XV, p. 447, Paris, Pauvert, 1986-1991. Toutes nos références aux œuvres de Sade renvoient à cette édition. Nous la signalerons par l'abréviation *OC* suivie du chiffre romain indiquant le tome.

9 *Ibid.*, p. 476.

10 *Ibid.*, p. 422. Souligné dans la lettre.

de bienséances théâtrales, cette affirmation vaudrait tout aussi bien pour l'homogénéisation idéologique amenée par les événements politiques. Un propos semblable vient sous la plume du directeur du Théâtre du Palais-Royal, qui refuse de jouer *Le Prévaricateur*, rebaptisé *Le Magistrat du temps passé*, en 1791 : « Le public est juste et vertueux lorsqu'il est rassemblé ; il veut que le crime subisse sa peine[11] ». En réalité, les hommes de théâtre semblent surtout essayer de prévoir ce qui plairait au public alors que la politisation du théâtre entame l'homogénéité de ce dernier. En 1791, Ducray-Duminil écrit à Sade que c'est le suffrage « du public qui décide du mérite d'un ouvrage, c'est lui qui assigne à chaque auteur le degré qu'il doit occuper dans la carrière dramatique[12] ».

Passons à quelques courtes observations concernant la référence au monde de l'Ancien Régime. Sade essaye de mettre ses pièces à l'abri d'un jugement expéditif en la matière, en essayant de faire passer ses personnages pour des incarnations de la corruption morale du monde ancien. Le soir-même de la première d'*Oxtiern*, il fait insérer dans les *Petites Affiches* un *Avis* qui présente la pièce comme une histoire véritable qu'Oxtiern lui-même aurait racontée à l'auteur. Pour la même raison, il rebaptise *Le Prévaricateur Le Magistrat du temps passé*. La politisation qui intervient dans la lecture du *Boudoir* par les gens de théâtre au début des années 1790 témoigne, elle aussi, de la réception d'un texte marqué par la culture de l'Ancien Régime. À la fin de 1791, le Théâtre du Marais refuse de jouer *Le Prévaricateur* justement parce que « tout ce qui rappelle le passé frappe désagréablement le public[13] ». Malgré la manœuvre légitimante de Sade, le comte Oxtiern, libertin du « temps passé » et personnage principal du *Comte Oxtiern*, représenté deux fois au Théâtre Molière, est jugé « d'une atrocité révoltante[14] ».

Le comportement du public lors de la représentation d'*Oxtiern* est, lui aussi, bien instructif. Avant son acceptation par le Théâtre Molière, la pièce est soumise au Théâtre Feydeau qui la refuse affirmant qu'il est impossible de « représenter avec succès une pièce fondée sur la plus odieuse atrocité[15] ». Au Théâtre Molière, qui profite pour son ouverture

11 Cité par J.-J. Pauvert, *Sade vivant*, *op. cit.*, t. II, p. 586.
12 *Théâtre III*, *OC*, t. XV, p. 452.
13 *Ibid.*, p. 459.
14 *Ibid.*, p. 457.
15 Lettre du 25 juillet 1791 de Miramond, du Théâtre de la rue Feydeau à Sade, *ibid.*, p. 439.

en 1791 de la liberté des spectacles instaurée en janvier de la même année par l'Assemblée constituante, théâtre spécialisé dans les pièces « patriotiques[16] », on n'y regarde pas de si près. Mais le public qui s'y rend pour la première représentation d'*Oxtiern* n'en est pas moins scandalisé par le libertinage du comte. Lorsque celui-ci dit : « succombez donc perfide, votre lot est de souffrir si le nôtre est de dominer », la salle se met à crier : « assez, assez[17] ». Dans les deux versions du texte disponibles aujourd'hui[18], aucune réplique ne se rapproche de ce qui est cité dans ce témoignage. Pour la deuxième représentation, Sade a retranché celles qui accentuaient le libertinage d'Oxtiern. Le public ne s'en manifeste pas moins. Le *Moniteur* du 6 novembre nous apprend qu'au début du second acte, le garçon de théâtre obéit à l'ordre d'un spectateur et baisse le rideau plus qu'à moitié. D'autres spectateurs le font relever et chassent « le turbulent motionnaire[19] » de la salle. L'article fait état d'« une espèce de scission dans l'assemblée. Une très faible minorité a fait entendre de timides coups de sifflet dont l'auteur a été bien dédommagé par les applaudissements nombreux de la majorité[20]. » Quelques jours plus tard, Sade écrit à Gaufridy que la deuxième représentation a occasionné « un tapage affreux », et qu'on « s'y égorgeait[21] ». L'autre pièce de Sade mise en scène pendant la décennie révolutionnaire, *Le Suborneur*, tombe

16 Le théâtre Molière lui-même est l'objet des propos contradictoires. « Ce théâtre, dit le *Moniteur* du 11 novembre 1791, depuis son ouverture, s'est distingué par le patriotisme et l'amour de la Révolution », cité par G. Apollinaire, *L'Œuvre du Marquis de Sade*, Paris, Bibliothèque des curieux, 1909, p. 40. L'*Almanach général des spectacles de Paris et de la province pour l'année 1792* est plus hostile et plus royaliste. Selon lui, on y joue des « pièces incendiaires et absurdes », on y utilise tout « l'appareil sanglant des troubles et des émeutes », on y « insulte grièvement en scène le chef de la Nation et sa malheureuse Compagne ». Le directeur du théâtre « prêche sans cesse le désordre, la licence, le meurtre, la haine et la fureur, sous le faux prétexte de la liberté » (cité par G. Lely, *Vie du marquis de Sade*, Paris, Pauvert/Garnier, 1982, p. 455).

17 Lettre de Boursault à Sade du 23 octobre 1791, *Théâtre III*, *OC*, t. XV, p. 454.

18 Celle publiée dans *Théâtre du XVIIIe siècle*, t. 2, reprend l'édition de 1800. Dans *Théâtre* de Sade, (Pauvert, Paris, 1970), Jean-Jacques Brochier donne la version manuscrite retrouvée dans la famille de Sade. Fruit du travail d'un copiste de Charenton, celle-ci voile moins le libertinage d'Oxtiern que la version publiée en 1800. Elle reprend donc très probablement les leçons plus anciennes, mais, pour autant, pas nécessairement plus proches du texte utilisé pour les représentations au théâtre Molière.

19 *Théâtre III*, *OC*, t. XV, p. 458.

20 *Théâtre III*, *OC*, t. XV, p. 458.

21 Lettre de Sade à Gaufridy, citée par M. Lever, *Donatien Alphonse François, marquis de Sade*, *op. cit.*, p. 422.

après quelques répliques, simplement parce que l'auteur est un « ci-devant ». Les événements survenus le lendemain dans le même théâtre Molière, même s'ils ne sont pas provoqués par la représentation d'une pièce de Sade, donnent l'idée de ce contexte frénétiquement politisé, où la rampe vacille puis cède. Tout commence par un « vive le roi » entonné par un chanteur sur scène. Le *Journal des Théâtres* rapporte que « deux cents voix ont crié, *non.* Tout à coup deux cents autres voix ont crié, *vive le roi.* » S'en est suivi un « tapage [...] horrible, on s'est colleté, battu, bousculé au parterre, on a injurié les loges [...] Les femmes ont fui, les honnêtes gens ont gardé le silence. La pièce a fini tristement, et le parterre a redemandé *ça ira*[22]. »

Les déboires théâtraux de Sade, dans un contexte où les mœurs et le positionnement politique deviennent difficiles à distinguer, recèlent peut-être quelques indications qui pourraient faire réfléchir de nos jours.

En effet, Sade a dû comprendre vite que le libertinage des personnages tel Oxtiern, l'appartenance de ses pièces aux codes théâtraux d'Ancien Régime et sa propre qualité de « ci-devant » condamnaient ses textes aux yeux des hommes de théâtre et du public. Il a continué à les reprendre, à les retoucher, à les soumettre. Mais il a aussi investi sa passion de théâtre ailleurs, dans ses écrits inavouables, plus tard dans la direction des spectacles à Charenton, n'en suscitant pas moins de réactions scandalisées. La longue réception de Sade indique que ces réactions, les opinons politiques qui les sous-tendent et l'appréciation de la portée morale de la fiction appartiennent toutes au domaine de la lutte pour la maîtrise du champ symbolique. On peut se demander en quoi l'exigence morale qui émerge de plus en plus souvent au sein de la critique littéraire et universitaire de nos jours serait semblable à celle qu'impliquent les réactions suscitées par les pièces de Sade dans les théâtres révolutionnaires. Tout indique que ces réactions dévoilent à la fois un conformisme politique et une pulsion collective sous laquelle couve la violence.

Mladen Kozul
University of Montana

22 *Journal des théâtres*, n° 21, du 10 mars 1792, *Théâtre III*, *OC*, t. XV, p. 463.

TRIBUNE GRECQUE, TRIBUNE ROMAINE

Représentation politique et action oratoire dans le théâtre de Marie-Joseph Chénier

Observateur aigu des effets de l'art dramatique par lesquels *les formes pensent*, Pierre Frantz se révèle l'un des mieux à même de rendre justice à la scène théâtrale révolutionnaire. Conjuguant l'expérience sensible de l'œil vivant aux amples perspectives de la théorie, ses travaux font percevoir la relation essentielle entre l'effervescence des combats et des débats politiques qui traversent le théâtre de ce temps, et le foisonnement des expérimentations dramaturgiques auxquelles il a donné carrière.

Aussi le présent texte prend-il sa source dans cette réflexion très stimulante formulée à propos du diptyque formé par les tragédies romaine et grecque de Marie-Joseph Chénier, *Caius Gracchus* et *Timoléon* :

> La tribune comme dispositif installe la rhétorique dans sa fonction véritable. Elle annule le pouvoir de dénégation de la scène, ou plutôt le suspend en une seconde dénégation. On passe de la *représentation* théâtrale à la *présentation* ou au fonctionnement de la représentation politique[1].

Dans l'archipel théâtral de la Révolution, de multiples directions s'offrent pour prolonger ces pistes tracées par une série féconde d'études sur Chénier ou sur Voltaire, qui s'attachent à reconstituer, dans la création dramatique, une pensée politique en acte, à capter une conscience civique en éveil[2]. Nous allons tenter ici de creuser un peu plus avant le sillon

1 P. Frantz, « L'Antiquité visible, la dramaturgie de l'espace et du décor antique pendant la Révolution et l'Empire », *Les Arts du spectacle et la référence antique dans le théâtre européen (1760-1830)*, M. Fazio, P. Frantz et V. De Santis (dir.), Paris, Classiques Garnier, 2018, p. 179.

2 Deux articles consacrés à Chénier et deux consacrés à Voltaire sont particulièrement à distinguer : P. Frantz, « Marie-Joseph Chénier : la tragédie en quête de politique », dans *Le travail des Lumières. Pour Georges Benrekassa*, C. Jacot Grapa, N. Jacques-Lefèvre, Y. Séité et C. Trevisan (dir.), Paris, Honoré Champion, 2002, p. 593-608 ; « Le héros, la fraternité et la mort. La poétique des tragédies néoclassiques de Chénier », dans *Le*

premier, afin d'ébaucher les figures que le dramaturge a données à ce jeu d'anamorphoses et de mises en abyme de la représentation politique par la représentation théâtrale[3].

L'inspiration commune aux deux pièces, puisée chez Plutarque, insuffle à leurs orateurs respectifs un air de famille qui transcende l'écart référentiel entre la République romaine en proie aux luttes intestines entre patriciens et plébéiens, et la cité de Corinthe aux prises avec Denys de Syracuse, parce qu'elle est pressée par le peuple de la Sicile de le délivrer de l'emprise de son tyran, dans l'ombre de l'empire carthaginois. Le dramaturge tresse ainsi un parallèle inédit entre deux modes de délibération politique, deux registres de l'éloquence démocratique. S'y réfléchissent les bouleversements de ces deux années sans pareilles, 1792-1793, et s'y esquisse la trajectoire politique de leur auteur, ballotée entre des clivages partisans aussi instables que tranchés, dont les recompositions précipitent la monarchie constitutionnelle vers sa fin, puis ancrent l'avènement de la République jacobine.

La parole publique y revêt des formes énonciatives différentes.

Du côté romain, un appel au peuple contre les menées tyranniques du Sénat oligarchique qui est parvenu, par la corruption, à écarter Caius de l'office de tribun du peuple, lequel lui semblait promis en raison de son dévouement à la cause populaire. Non content d'avoir imposé à sa place un docile affidé, Drusus, le Sénat, sous la houlette du consul Opimius, tire prétexte du meurtre d'un licteur par la foule pour s'arroger par décret des pouvoirs spéciaux. L'enjeu pour Caius est dès lors de faire renaître dans sa vocation première cette institution républicaine dévoyée : ligne de crête étroite et périlleuse, de la rupture avec les pouvoirs constitués à la quête d'un esprit évanoui de la République originelle. En découlent les atermoiements et l'impasse du héros, qui ne peut se résoudre à franchir le pas d'un soulèvement populaire pourtant attisé par son verbe.

XVIIIe siècle. Histoire, mémoire et rêve, Mélanges offerts à Jean Goulemot, D. Masseau (dir.), Paris, Honoré Champion, 2006, p. 203-217 ; « La monarchie dépaysée : la réflexion politique dans *Brutus* », *Revue Voltaire*, 3 (2003), p. 289-300 ; « Le spectacle de la pensée. Notes sur la dramaturgie de Voltaire », *RV*, 12 (2012), p. 219228.

3 Nos références proviendront des deux éditions suivantes : Marie-Joseph Chénier, *Caius Gracchus, Tibère. Deux tragédies politiques*, éd. P. Frantz et F. Jacob, Saint-Malo, Cristel, 1998 ; et *Théâtre. Charles IX, Henri VIII, Fénelon, Timoléon*, éd. G. Ambrus et F. Jacob, Paris, Flammarion, coll. « GF », 2002.

Du côté grec, l'exécution rigoureuse de la procédure démocratique de reddition de comptes par les magistrats du peuple, qui offre au général vainqueur l'énergie de faire repousser les tentations autoritaires à l'intérieur et les compromissions avec l'ennemi à l'extérieur. Réunie dans l'enthousiasme saluant le retour triomphal de l'expédition de Timoléon en Sicile, l'assemblée du peuple renouvelle son adhésion à l'élan guerrier contre la tyrannie qui opprime le peuple frère, avec une résolution d'autant plus ferme que le tyran, acculé sur ses terres, tente de briser l'étau en allant semer l'intrigue chez ses ennemis – par le truchement d'une troupe de conjurés menés par Anticlès et ayant pris Timophane pour héraut.

On a donc affaire à deux paroles disparates : la première est fragilisée par l'instabilité du jeu institutionnel dans lequel elle se déploie, et la seconde affermie au contraire par l'évidence des enjeux patriotiques qui la portent. Elles se croisent néanmoins en un lieu névralgique, dont émane le retentissement des deux pièces. Le mystère qui enveloppe *Caius Gracchus* procède de la soudaine palinodie qui conduit le héros à répudier l'ascendant oratoire conquis de haute lutte sur la tribune aux harangues, devant le peuple, face au consul et aux sénateurs. En ce moment étrange où il se dérobe au mouvement de destitution des autorités pourtant mis en branle par son éloquence même, la tragédie est suspendue entre les pouvoirs d'une dramaturgie du discours (qui fait triompher Caius) et les contraintes du théâtre d'histoire (qui doit le montrer vaincu). C'est là que surgit le mot d'ordre devenu proverbial du fait des interférences paradoxales dans lesquelles il a été pris : la formule, « Des lois et non du sang[4] », traduit à l'intérieur de la fiction dramatique la mise en retrait volontaire de l'orateur ; mais elle porte en direction du public l'ambition civique du dramaturge, son projet d'instituer la scène comme tribune judiciaire et didactique.

On en retrouve l'écho dans *Timoléon* : « Il faut des lois, des mœurs, et non pas des victimes[5] », proclame la mère de Timoléon et de Timophane, dont les admonestations à ses fils tissent le lien unissant l'espace public de la délibération à l'espace sacré de la piété funéraire. De cette façon s'opère l'enchâssement des discours publics dans une trame d'entretiens

4 *CG*, II, II, p. 36.
5 *T*, II, VI, p. 359, v. 760.

privés qui met en relief la prégnance du modèle tragique grec, soulignant la thématique des *frères ennemis*. Un tel dispositif offre aussi cependant une portée réflexive sur les effets oratoires, problématisés et mis à distance par les ramifications familiales du conflit.

Élargissons maintenant la focale au-delà du *credo* légaliste de Caius et de Démariste. Soit, d'un côté, la tirade de Caius qui entraîne le peuple jusqu'au point de bascule en-deçà duquel il s'empresse de le faire revenir. Posons, en regard, les deux bornes qui encadrent la confrontation de Timoléon et d'Anticlès, le meneur de la troupe des « conjurés ». Cette confrontation piège Timophane dans un *porte-à-faux* très inconfortable, en le rappelant simultanément à ses deux serments incompatibles : celui de défendre la patrie, prêté devant son père mourant, conjointement avec son frère, ne peut s'accommoder de la parole donnée aux conjurés, dont le poids moral n'est, paradoxalement, pas moindre. L'épreuve qui lui est infligée se trouve à la fois abrégée et exacerbée par la tenaille rhétorique que Timoléon exerce avec Ortagoras, le second prytane, adversaire le plus acharné de son collègue Timophane : cette double mâchoire oratoire, qui broie la voix paisible et rassurante du parti de l'étranger, et écarte le spectre de la servitude, empreint d'ambiguïté le rôle de Timophane, traître erratique et repenti velléitaire, égaré dans les intermittences du crime et de la vertu.

C'est la même *ironie* mordante et âpre qui flétrit les patriciens ayant toujours méprisé la dignité du peuple romain, et qui accable les partisans de la tyrannie tournant le dos à l'histoire de Corinthe et trahissant leurs ancêtres. Elle produit un halo énonciatif, une confusion des points de vue, en particulier dans la péroraison de Caius qui suit l'alternance régissant l'ensemble de la tirade, entre apostrophe et narration[6]. Caius s'est présenté devant le Sénat afin d'obtenir sa renonciation au décret de confiscation du pouvoir pris dans l'émotion du meurtre du licteur Quintus. Il plaide, dans le même temps, pour une relance du projet qui avait décidé du sort funeste de son frère Tiberius, d'un partage des terres issues de la conquête impériale. L'orateur ferraille contre Drusus, le docile affidé que les sénateurs ont réussi à faire introniser comme tribun du peuple. Il s'emploie à réfuter les éloges que son contradicteur,

---

6 *CG*, II, II, p. 34-35, pour l'ensemble de la péroraison.

au mépris des devoirs de sa charge, décerne à l'action philanthropique des sénateurs au bénéfice du peuple.

La réplique adéquate à opposer à un tribun du peuple qui épouse unilatéralement le point de vue des patriciens, consiste dès lors en une surenchère dans l'indignation simulée à l'endroit des « Romains », faussement tancés pour leur prétendue ingratitude : « Et vous osez, Romains, haïr les sénateurs ! Vous osez oublier qu'ils sont vos bienfaiteurs ! ». Ce trait d'ironie s'infléchit en un mouvement pathétique qui mêle les vibrations mineures de confidences intimistes (« Mon frère vous aimait, et voilà tout son crime »), et l'amplification majeure de l'hypotypose : « Et de sanglants témoins sont présents à vos yeux ». L'apostrophe pivote alors du côté d'une personnification invocatoire :

> Faisceaux, glaive, licteurs, or vil et sanguinaire
> Qui commandas le meurtre, et qui fus son salaire,
> Et vous temple sacré, tribune où tant de fois
> Des Romains opprimés il défendit les droits,
> Autel qu'il embrassait de sa main défaillante,
> Tibre, où j'ai recueilli sa dépouille sanglante,
> Élevez-vous, tonnez contre ce peuple ingrat,
> Et qu'il apprenne enfin les bienfaits du sénat !

Une dernière torsion accompagne cette clausule qui semble reformuler d'un autre point de vue le propos initial : sous l'antiphrase ironique de l'*indignatio*, on entend sourdre le mélange de cynisme et de candeur qu'il est vraisemblable d'imputer aux sénateurs et au tribun du peuple qui leur est inféodé. Les voix antagonistes des institutions défaillantes et du héros rebelle se superposent, confondant l'insubordination du peuple envers ses magistrats vénérables avec son apathie devant le meurtre antérieur de son défenseur, Tiberius, le frère de Caius, dont ce dernier tente de ranimer le legs politique. Cette dissonance donne forme en creux à la question inquiète de l'*autonomie* du peuple, dont l'aporie est scellée par le dénouement. Si Caius renonce, au prix de son suicide, à poursuivre le combat de son frère, c'est pour engager un pari sur l'émancipation du peuple, qui ne pourra conquérir le statut de *sujet* politique que s'il parvient à s'extraire des luttes de pouvoir dont il est *l'objet*. C'est le sens de la sentence testamentaire de Caius : « La liberté de Rome n'a jamais dépendu de la perte d'un homme[7] ».

7 *CG*, III, VIII, p. 57.

Le problème trouve un prolongement plus explicite un peu plus loin, lors d'une seconde joute oratoire livrée dans des conditions très différentes de la première : la scène est toujours sur la place publique au centre de laquelle s'élève la tribune, mais le lieu, décollant quelque peu de son adhérence référentielle pour recouvrer les caractères d'abstraction et de polyvalence propres à la dramaturgie classique, accueille un entretien confidentiel entre Caius et le consul Opimius, qui cherche à le circonvenir. Caius se soustrait à la manœuvre en dénonçant l'abaissement du peuple à une fonction subalterne par l'hypocrisie des institutions : « Bassement courtisés quand ils doivent élire, / Rejetés loin de vous quand ils n'élisent plus, / Dignes de vos mépris quand ils vous ont élus[8]. » C'est l'aboutissement d'un processus de représentation politique vicié en son principe, qui consiste dans *l'oblitération* du peuple :

> Mais c'est moi qui m'abuse, et ton humeur altière
> Voit dans les sénateurs la république entière ;
> Le reste des humains disparaît à tes yeux,
> Et tous les plébéiens sont des séditieux[9].

Ce jugement perspicace de Caius jette une lumière révélatrice sur le piège rhétorique que le consul lui avait tendu dans la réplique précédente. L'invitation trompeuse à rentrer dans le rang des institutions oligarchiques s'appuyait sur une ruse grammaticale permettant de masquer le marché de dupes à quoi elle se ramène :

> *La* tribune est ici le chemin des honneurs ;
> Mais, loin de les aigrir, il faut gagner les cœurs[10].

L'article défini amalgame les deux référents que le contexte demande de distinguer. Cette unicité en trompe-l'œil entraîne, dans un tour de passe-passe, la substitution du sénat à l'assemblée du peuple, prêtant à l'éviction de ce dernier un cachet de nécessité qui paraît aller de soi.

L'affrontement oratoire concentré dans la scène VI de l'acte II de *Timoléon* roule sur la même question de la solidité des institutions démocratiques. Certes, la perspective est différente : ces institutions étant déjà

8 *CG*, III, II, p. 46.
9 *Ibid.*, p. 45.
10 *Ibid.*, p. 44.

établies, l'enjeu porte sur l'aptitude du peuple à résister à la séduction d'une entreprise autoritaire parée des atours de la concorde publique. Mais une convergence s'opère autour de l'ironie comme posture de surplomb permettant de dominer un champ politique mouvant. Dans *Caius Gracchus*, elle affecte l'énonciation et met l'accent sur l'incertitude du point de vue. Dans *Timoléon*, elle se déplace sur la cible des interpellations qui articulent l'*ethos* et le *pathos* démocratiques des orateurs. Trois moments peuvent être distingués, trois apostrophes successives aux contours inégalement circonscrits.

Ortagoras s'en prend d'abord aux « lâches enfants des Grecs[11] », qu'il soupçonne d'être « las du pouvoir populaire[12] ». Il fait mine de secouer leur torpeur par l'invitation à « massacre[r] [les] vieillards », afin que « leur dernier soupir [ne] soit pas infecté » par « l'air de la servitude », et « qu'ils meurent du moins avec la liberté[13] ». Or l'insertion dramaturgique de cette tirade affecte cette adresse d'une ambiguïté significative : en aval, elle suscite une réaction d'enthousiasme du chœur populaire, à la mesure de la vigueur de l'objurgation ; mais en amont, elle fait suite à une parole de défi jetée par Timoléon aux « conjurés ». Dans cet instant où les choix décisifs ne sont pas encore cristallisés, la sécession anti-démocratique n'est pas sans attrait, mais elle n'est pas non plus sans retour : avant que les deux partis ne se figent pour former deux blocs clos sur eux-mêmes, il semble encore possible de les gagner en usant de la même ironie, qui suppose une certaine *communauté* de pensée avec l'orateur.

Une centaine de vers plus loin, la tirade de Timoléon dont l'effet immédiat est de pousser les conjurés vers la sortie, scinde en deux fractions les cibles d'une ironie qui se fait plus sombre et plus amère. Les « Traîtres, qui demandez un monarque et la paix[14] », et les « jeunes guerriers, mes compagnons fidèles », ensemble avec les « vieux soldats, mes modèles[15] », se voient pris à partie en une série d'impératifs traçant l'image-repoussoir d'un *monde renversé* par la subversion morale à laquelle ils semblent au bord de s'abandonner :

11 *T*, II, VI, p. 357, v. 691.

12 *Ibid.*, p. 358, v. 719.

13 *Ibid.*, v. 722-726.

14 *Ibid.*, p. 360, v. 782.

15 *Ibid.*, v. 787-788.

Sous ces vils étendards courbez un front docile ;
Renvoyez ces vaisseaux à Carthage, en Sicile ;
Au barbare Denys, courez tendre les bras,
Et, pour l'avoir vaincu, prononcez mon trépas[16].

Voilà pour les premiers. Les seconds ne sont, à première vue, pas mieux lotis :

Déchirez vos drapeaux, brisez vos boucliers,
Et de vos fronts sanglants détachez vos lauriers[17] ;

Mais aussitôt survient le sursaut salvateur qui fait place nette pour les « vrais enfants de Corinthe captive[18] », fruits de la régénération civique, qui retranche les membres défectueux (« séparons-nous de nos indignes frères[19] ») et projette un sillage d'énergie républicaine destiné à rallier le second groupe : ce dernier, dégagé de l'opprobre où l'orateur l'avait d'abord plongé, est placé à la croisée des chemins, au seuil d'une telle métamorphose.

Une analyse précise serait à consacrer aux similitudes entre cette dialectique mobile de l'identification-exclusion et la stratégie rhétorique à laquelle Robespierre a adossé son magistère oratoire dans la Convention, pour en tirer un pouvoir d'influence excédant largement sa position institutionnelle. Mais ce n'est pas tant la figure de Robespierre que la structure politique du *robespierrisme* qui se laisse apercevoir comme motif spéculatif caché dans la trame du troisième et dernier acte, qui se noue et se dénoue abruptement, au sujet de l'opportunité de faire comparaître Timophane devant l'assemblée du peuple. Timoléon et Ortagoras se divisent sur ce point : aux yeux du premier, cette nouvelle convocation de l'assemblée se justifierait par la double nécessité d'un acte judiciaire et d'un rite cathartique, dont il s'efforce en vain de persuader Timophane lui-même[20]. Zélateur opiniâtre du tyrannicide expéditif[21], Ortagoras exécute la sentence que Timophane s'est infligée à lui-même

16 *Ibid.*, v. 783-786.
17 *Ibid.*, v. 789-790.
18 *Ibid.*, v. 791.
19 *Ibid.*, v. 795.
20 *T*, III, v, p. 377-379.
21 *T*, III, IV, p. 369-370.

en ignorant l'appel de son frère à retremper dans l'ordalie populaire le peu de dignité qui lui reste[22].

Ainsi, cette scène imaginée par Timoléon, mais avortée par suite de la double fin de non-recevoir que lui opposent le coupable et le bourreau, partenaires d'un dénouement à la fois plus orthodoxe (le meurtre individuel) et plus novateur (le meurtre en scène), réactive-t-elle de manière oblique les débats du régicide de 1793, dont l'ombre pèse comme une énigme sur l'identité politique du conventionnel Chénier. Nul besoin d'en chercher une clé dans son théâtre : chambre d'échos plutôt que chambre secrète, le rôle de la scène est d'en redéployer l'inépuisable réverbération.

Pendant la Révolution française, toute mise en scène de la parole publique se trouve nécessairement attirée vers le pôle magnétique de l'éloquence ancienne, pour y puiser un peu de l'énergie et de la fraîcheur natives de l'émerveillement rapporté par Cicéron dans le *De Oratore*, devant l'art de « captiver, par la parole, l'attention des hommes assemblés », cet art réputé sans rival en termes de beauté[23]. Le théâtre ne s'excepte pas de cette aspiration commune à toutes les formes du spectacle de la parole. Et, parmi les formes théâtrales, celles qui sont le produit du génie dramaturgique de Chénier rehaussent cette beauté d'une singulière acuité dans le questionnement politique et philosophique : reflet, magistralement exposé par Pierre Frantz, des interrogations qui hantaient l'auteur.

Éric Avocat
Université d'Osaka

22 *T*, III, VI, p. 380.

23 Cicéron, *De Oratore*, livre I, VIII, 30 : « *Neque vero mihi quicquam [...] praestabilius videtur quam posse dicendo tenere hominum coetus mentis...* »

AUTOUR D'UNE PIÈCE PERDUE DE LEMERCIER

Le Tartuffe révolutionnaire (1795) et sa réception sous le Directoire

Dans la page de titre du très ambigu *Dictionnaire des Jacobins vivans* attribué à Calinau de Metz, au-dessus de la dédicace « aux frères et amis par un citoyen français », on trouve un vers et demi que l'auteur présente comme sorti de la plume du républicain Lemercier : « Le nom de citoyen / ne rime en français qu'avec homme de bien. / Lemercier[1] ». Il serait pourtant inutile de chercher ce vers dans l'œuvre publiée du dramaturge : pour son frontispice, Calinau a repris l'une des premières comédies du poète, *Le Tartuffe révolutionnaire, ou la suite de l'Imposteur* – créée au Théâtre de la République le 9 juin 1795 et vite interdite – qui ne fut jamais publiée et dont le texte est aujourd'hui perdu[2]. En suivant une mode dramatique de l'époque[3], le jeune dramaturge

1 *Dictionnaire des Jacobins vivans, dans lequel on verra les hauts faits de ces messieurs*, Hambourg, impr. de Chartres, rue de l'Égalité, aux armes d'Orléans, 1799.

2 Voir A. Tissier, *Les Spectacles à Paris pendant la Révolution. De la proclamation de la République à la fin de la Convention nationale*, Genève, Droz, 1992, p. 77. D'autres sources avancent la création à décembre 1794, dans la salle de la rue Richelieu. Emmet Kennedy indique 10 représentations pour la période, voir E. Kennedy (dir.), *Theatre, Opera, and Audiences in Revolutionary Paris : Analysis and Repertory*, London, Greenwood Publishing Group, 1996, p. 312. Avec les vers de la scène de l'armoire (voir *infra*), le passage évoqué par Calinau est le seul de la comédie qui nous est parvenu.

3 L'idée d'un tel sujet n'est pas une nouveauté : dans *L'Homme à sentiments, ou le Tartuffe de mœurs* (1789), Chéron de La Bruyère avait entrepris une réécriture du chef-d'œuvre dont le message, sans être proprement idéologique, inaugurait déjà la mode des tartuffes fin de siècle – pensons aussi à *La Mère coupable*. Dans la reprise de Molière s'inscrit aussi *Le Philinte de Molière, ou la Suite du Misanthrope* (1791) de Fabre d'Églantine. L'intertexte de Molière est souvent utilisé pour véhiculer des contenus politiques : il suffit de penser à *L'Ami des lois* de Laya (1793), auquel la pièce de Lemercier doit beaucoup. Voir W. D. Howarth, « Les "Tartuffes" de l'époque révolutionnaire », *Il Teatro e la Rivoluzione Francese*, Vicenza, Accademia Olimpica, M. Richter (dir.), 1991, p. 65-77 ; M. Leon, *Molière, the French Revolution and the Theatrical Afterlife*, Iowa city, University of Iowa

Lemercier était revenu à l'œuvre de Molière afin de produire une pièce politique. Mais ce choix, marquant le début de sa carrière, est aussi le signe d'une prédilection de Lemercier pour *Tartuffe*, voire d'une obsession, poussant le dramaturge à composer plusieurs réécritures. Conçue sous l'Empire et jouée sans succès uniquement en 1830, la plus connue de celles-ci est sans doute la tragédie de *Clovis*, véritable « *Tartuffe* tragique », comme le définit son auteur[4]. Par sa transposition générique[5], elle constitue la plus complexe des réélaborations qu'il ait réalisées de la pièce de Molière et elle repose sur une réflexion critique profonde commencée sous la Révolution. Je m'intéresserai ici à la première expérience de Lemercier à propos du *Tartuffe* et à sa réception politique sous le Directoire.

Au moment de la création du *Tartuffe révolutionnaire*, le dramaturge était surtout connu pour sa tragédie *Méléagre* (1788) et pour une série de demi-succès et de petits scandales. Dans sa pièce, Lemercier « introduit dans une famille jacobine un prétendu révolutionnaire prêt à envoyer son hôte à la guillotine pour s'emparer de sa femme et de son bien[6] ». En effet, le sous-titre de la comédie ne correspond pas du tout à son contenu, puisque sans proposer une suite de *Tartuffe*, Lemercier le remet en scène dans le contexte contemporain[7] :

> Le Tartuffe révolutionnaire n'est véritablement que la parodie du Tartuffe de Molière. Cependant il seroit injuste de ne pas reconnoître dans l'idée et la composition de cet ouvrage, de l'esprit, de la facilité, et quelques intentions comiques. Par exemple, l'auteur a parodié d'une manière assez plaisante, une partie de la scène admirable où Orgon se cache sous la table. Dans la

---

Press, 2009 ; J.-L. Laya, *L'Ami des lois*, éd. M. Darlow et Y. Robert, London, MHRA, coll. « Phoenix », 2011.

4 Voir *Clovis*, Paris, Baudouin Frères, 1820. La liste de ses réécritures de *Tartuffe* se complète par une petite comédie, *Le Faux Bonhomme*, la comédie historique *Richelieu, ou la journée des dupes* et, pour certains aspects du caractère du personnage éponyme, *Pinto*. Sur Lemercier et son théâtre, voir mon ouvrage *Le Théâtre de Louis Lemercier entre Lumières et romantisme*, Paris, Classiques Garnier, 2015, issu de ma thèse dirigée par Pierre Frantz et Maria Giulia Longhi.

5 Lemercier suit ici le chemin de Voltaire dans *Mahomet*.

6 B. Daniels, J. Razgonnikoff, *Patriotes en scène. Le Théâtre de la République, 1790-1799 : un épisode méconnu de l'histoire de la Comédie-Française*, Vizille, Musée de la Révolution française, 2007, p. 60.

7 Lemercier ou le personnel du théâtre ont sans doute décidé d'inscrire la pièce dans la lignée du *Philinte* de Fabre d'Églantine, auquel la presse périodique ne cesse de la comparer.

> parodie, il se cache dans une armoire sur laquelle on vient poser les scellés ; mais il en sort au moment où Tartuffe va les briser, pour s'emparer des effets au porteur que l'armoire renferme[8].

Conçue dans le contexte de « l'incroyable débordement de théâtralité qui marque la vie publique » sous la Révolution[9], la pièce réécrit globalement le texte de *Tartuffe* et condense l'action en trois actes. Tout en gardant certains des vers originaux, Lemercier adapte des scènes connues de l'œuvre à l'actualité sociale et politique. En effet, le seul autre vers connu grâce aux journaux est tiré d'une réécriture de la scène 5 de l'acte IV de *Tartuffe*, mais Orgon (ici M. Dufour) se trouve caché non sous la table, mais dans une armoire scellée, où l'hypocrite croit trouver les biens d'Orgon et pense pouvoir ainsi jouir de sa femme et de son argent :

> Il s'avance pour briser les scellés de l'armoire. L'épouse d'Orgon frémit. Tartuffe, sans s'émouvoir, répond, au lieu de ce vers fameux :
>
> *Madame, je sais l'art de lever les scrupules.*
>
> Par celui-ci :
>
> *Madame, je sais l'art de lever les scellés.*
>
> Il les brise en effet. Orgon sort de sa retraite : la confusion de Tartuffe est au comble. Il cherche à reprendre son audace : mais elle est confondue par l'arrivée des meilleurs Républicains de sa Section, éclairés sur ses crimes. L'imposteur révolutionnaire reçoit le châtiment qu'il préparoit à l'innocence et menace encore au dernier moment[10].

La quasi-totalité des journaux font allusion à la scène, considérée comme l'une des plus plaisantes, et affirment qu'elle a suscité beaucoup d'applaudissements. Les informations concernant le succès certes éphémère de cette pièce sont pourtant contradictoires : pour le *Magazin encyclopédique*, dont le journaliste s'avère très dur avec le trop inexpérimenté Lemercier, la pièce « n'a point eu de succès[11] », alors que pour

8 *Magazin encyclopédique, ou Journal des sciences, des lettres et des arts*, an III, t. II, p. 272-273.

9 P. Frantz, « Les échos de la Révolution », dans *Le Théâtre français du* XVIII*e siècle*, P. Frantz et S. Marchand (dir.), Paris, coll. « L'avant-scène théâtre », 2009, p. 515.

10 *Almanach des muses, ou choix des poésies fugitives*, pour l'an IV de la république (1796), p. 271.

11 *Magazin encyclopédique*, *op. cit.*

la *Décade*, la comédie, soutenue par le jeu des acteurs, avait reçu des applaudissements « mérités[12] ». L'historien Charles Labitte parle en revanche d'un triomphe public, interrompu à la cinquième représentation à cause de l'interdiction[13]. Très critique envers la pièce mais plus modéré dans ses jugements, Peltier parle d'un succès remarquable, quoique éphémère[14]. En dépit donc d'une réussite modeste, le spectacle suscite un certain intérêt qui se prolonge dans le temps, sans doute aussi alimenté par l'absence de texte[15].

Contrairement à ce qu'affirme l'écrivain A.-V. Arnault quarante ans plus tard[16], la critique montre les faiblesses d'un auteur qui s'est lancé dans l'impossible entreprise d'imiter Molière, et insiste sur les défauts dramaturgiques de la pièce. Dans une lecture plus pertinente que ces observations fondées sur le cliché d'un Molière inimitable, le critique de la *Décade philosophique* s'intéresse aussi à la signification politique du spectacle, qui va bien au-delà de la simple « expression de quelques vérités politiques que l'indignation commune a déjà popularisée[17] », mais affirme que Lemercier aurait dû pousser plus loin sa caricature du démagogue[18]. *L'Esprit des journaux* critique en revanche le moment choisi par Lemercier, qui aurait trop attendu avant de faire une pièce antijacobine ou pas suffisamment pour composer une comédie sur « un

12 « Cette pièce est très-bien jouée. Baptiste l'aîné rend, avec son intelligence ordinaire, le rôle de Tartuffe ; Grandménil, celui d'Orgon ; Dugazon, celui du domestique. La citoyenne Vanhove met beaucoup de décence et d'intérêt dans le personnage de la femme d'Orgon », *La Décade philosophique, littéraire et politique*, an III, t. V, p. 558.

13 C. Labitte, « Poètes et romanciers modernes de la France », *Revue des Deux Mondes*, 15 février 1840, p. 443. Sur la censure de l'époque, voir O. Krakovitch, « Le théâtre de la République et la censure sous le Directoire », dans *Le Théâtre sous la Révolution. Politique du répertoire (1789-1799)*, dir. M. Poirson, Paris, Desjonquères, 2008, p. 169-192.

14 J.-G. Peltier, *Paris pendant l'année 1795*, Londres, Baylis, 1795, p. 408-410.

15 Lemercier ne laisse aucun manuscrit de sa comédie de *L'Imposteur* ni de sa tragédie biblique *Le Lévite d'Éphraïm* ; on dispose en revanche des manuscrits de la plupart de ses inédits de la période, tels que *Méléagre* et *Lovelace*.

16 Pour le dramaturge, il s'agissait d'un exemple de « bon goût », dans un théâtre qui en avait désormais oublié « les lois ». Voir A.-V. Arnault, *Souvenirs d'un sexagénaire*, éd. R. Trousson, Paris, Honoré Champion, 2003, p. 404.

17 J.-G. Peltier, *op. cit.*, p. 410.

18 « Le démagogue devait être montré, si je ne me trompe, au milieu du peuple, dont il fait son instrument et sa victime, et qu'il appelle souverain pour mieux l'asservir. On aurait voulu le voir dirigeant et soudoyant les émeutes, et se moquant lui-même, avec ses confidens intimes, de la bassesse des moyens qui produisent de si grands effets », *La Décade philosophique, op. cit.*, p. 560.

faux politique[19] ». Ces critiques, qui soulignent un excès de prudence nuisible à la pièce, semblent pourtant avoir mal compris les intentions de l'auteur. L'expérience de ce dernier ne consiste pas en une attaque *ad hominem*, comme on en trouve par exemple dans *L'Ami des lois* de Laya. « Il est des *abuseurs* de nations comme il est des *abuseurs* de familles » ; dans « la grande comédie du monde », les « gouvernés font si souvent le rôle de l'aveugle Orgon, et les gouvernants celui de Tartufe », écrit Lemercier à propos du personnage, presque mythique, de l'imposteur moliéresque[20]. Il s'agit de montrer, au sein de la famille, cellule de la société révolutionnaire dont elle reproduit les formes à l'échelle réduite, les effets de l'hypocrisie – politiques ou non. Lemercier n'oppose pas dans sa pièce des modérés, voire des anciens aristocrates, aux jacobins : il met en scène une lutte intestine qui ne concerne que les républicains eux-mêmes, et l'effet d'identité entre les personnages est accentué par les « nouveaux costumes qui confondent toutes les conditions[21] ». En stigmatisant l'hypocrisie de certains de ses représentants, jugés comme responsables de l'écroulement des idéaux de 1789, la comédie cristallise ainsi les oppositions qui auraient lacéré le front révolutionnaire.

Les dernières phases du Directoire sont marquées par la tentative des forces jacobines de s'opposer aux dérives bonapartistes du monde politique, et cette tentative se fonde largement sur une mise à distance de la Terreur, des excès des « militants », bien plus radicaux que les « députés » jacobins, présentés comme les véritables créateurs et protecteurs de la République[22]. Le choix de Calinau d'utiliser une citation de Lemercier – républicain ennemi des terroristes, proche de Bonaparte pendant le Directoire – s'explique donc par le désir de contraster cette nouvelle image de modérantisme que le nouveau parti

19 « Il étoit d'ailleurs trop tôt on trop tard, pour offrir *Tartufe révolutionnaire* : trop tôt si l'on vouloit peindre un faux politique ; trop tard, si l'on donnoit à Tartuffe ou à ses agens, les moustaches, les pistolets, le grand sabre, tout l'attirail des terroristes, gens démasqués depuis dix mois, & dont mille caricatures dramatiques nous ont retracé à l'envi les traits horribles & gigantesques », *L'Esprit des journaux français et étrangers*, mai-juin 1795, p. 247-249.

20 Lemercier, *Cours analytique de littérature générale*, Paris, Nepveu, 1817-1818, t. 2, p. 461.

21 *La Décade philosophique*, *op. cit.*, p. 558.

22 Voir B. Gainot, *1799, un nouveau jacobinisme ? La démocratie représentative, une alternative à Brumaire*, Paris, Éditions du CTHS, 2001, p. 161-162.

jacobin affichait désormais. De plus, par ses nombreux problèmes avec la censure qui n'auraient fait que s'aggraver sous l'Empire, ainsi que pour ses affirmations ouvertement anti-terroristes, Lemercier était aussi en 1799 l'exemple d'un auteur à succès – notamment grâce à son *Agamemnon* de 1797 – mais dont les spectacles avaient souvent causé des débats sur la forme et sur le contenu politique de ses ouvrages. Calinau reprend donc le vers et demi cité plus haut, prononcé par le domestique d'Orgon, transcrit intégralement par la *Décade* et qui aurait fait « redoubler[23] » les applaudissements dans la salle. Il donne à la pièce une signification nouvelle : la crédulité de Dufour/Orgon et le faux zèle politique de Tartuffe, repensés dans ce nouveau contexte politique, deviennent les symboles de la manipulation du peuple mise en œuvre par le faux républicanisme, à une époque où la liberté se voit à nouveau menacée.

Le *Tartuffe révolutionnaire* et ses différentes lectures se font l'emblème du décalage entre « sens voulu » et « sens vécu » typique du théâtre de l'époque, où l'opération de Calinau devient « un coup de force sémantique » parmi beaucoup d'autres[24], qui semble en partie trahir les intentions de Lemercier. Pour l'auteur, cette comédie marque le début d'une réflexion sur la question de l'hypocrisie qu'il poursuit durant toute sa vie. Dans son *Cours de littérature générale* prononcé à l'Athénée sous l'Empire et publié sous la Restauration, Lemercier élabore vingt-trois règles nécessaires à la création dans le genre comique et démontre leur efficacité à partir de l'analyse de la « comédie parfaite », c'est-à-dire *Tartuffe*. Or, pour le dramaturge *Tartuffe* n'est pas seulement l'expression la plus haute du genre : elle est avant tout un « tableau, qui représente en traits profonds, ineffaçables, une maladie universelle du cœur de l'homme[25] ». À la lumière des réflexions de l'auteur, le *Tartuffe révolutionnaire* se révèle, beaucoup plus qu'une pièce de circonstance, une première expérience du dramaturge sur la question de l'hypocrisie, motif fréquemment exploité dans son théâtre et qui figure au centre de son poème le plus important, *La Panhypocrisiade*.

23 *La Décade philosophique*, *op. cit.*, p. 556.

24 P. Frantz, « Théâtres et fêtes de la Révolution », dans *Le Théâtre en France*, J. de Jomaron (dir.), Paris, Armand Colin, 1992, p. 511.

25 Lemercier, *Cours analytique de littérature générale*, *op. cit.*, t. 2, p. 461.

Dans cette « comédie épique », Lemercier présente l'histoire de France comme une suite de forfaits dus à la dissimulation de gouverneurs hypocrites : théâtre et poésie se font ainsi l'expression de la plus « vive indignation de la vertu contre le vice[26] ».

Vincenzo De Santis
Université de Salerne, DIPSUM

26 Lemercier, *La Panhypocrisiade, ou le Spectacle infernal du seizième siècle*, comédie épique, Paris, Firmin Didot, 1819, p. VIII.

« UN TRÔNE EST TROP ÉTROIT POUR ÊTRE PARTAGÉ »

De la fraternité fratricide dans *Étéocle* (1799) de G.-M. Legouvé

> Quand l'auteur n'assumait pas une intention allusive, [...] le public ou la censure se chargeaient de la deviner. Certaines questions étaient toujours épineuses : celle de la légitimité du souverain [...] ou celle de la prise de pouvoir. [...] c'est l'histoire, [...] la politique elle-même, qui étaient suspectes comme facteurs de troubles. Il était [...] à peu près impossible de construire une fable tragique « innocente » et, lorsque nous lisons [...] ces tragédies, nous ne pouvons pas ne pas y lire, comme les contemporains [...], de simples transpositions métaphoriques de la situation politique ou institutionnelle de la Révolution, du Consulat et de l'Empire[1].

Ces considérations de Pierre Frantz s'avèrent particulièrement adéquates au cas d'*Étéocle*, tragédie de Gabriel-Marie Legouvé créée au Théâtre-Français de la République le 19 octobre 1799, à savoir juste une vingtaine de jours avant le coup d'État du Corse. Le spectacle jouit d'un bon succès malgré la prétendue difficulté de porter sur la scène la lutte pour le trône des fils d'Œdipe, ce sujet « le plus tragique de l'Antiquité » déjà traité avec une fortune inégale par Garnier, Rotrou et Racine d'après les modèles grecs – *Les Phéniciennes* d'Euripide, inspirées par les conflits politiques autour du coup d'État des oligarques athéniens de 411 av. J.-C[2]., et *Les Sept contre Thèbes* d'Eschyle, deux textes que le dramaturge français connaît dans la traduction de 1730 du père Brumoy, cité dans l'*Avertissement*[3] – et latins – *Les Phéniciennes*

1 P. Frantz, « Le théâtre sous l'Empire : entre deux révolutions », dans *L'Empire des Muses*, J.-C. Bonnet (dir.), Paris, Belin, 2004, p. 182.

2 Voir E. Medda, *Introduzione*, Euripide, *Le Fenicie*, a cura di E. Medda, Milano, BUR, 2006, p. 27 *sq.*

3 G.-M. Legouvé, *Étéocle*, Paris, Suresne, Thermidor an VIII (1800), p. 3. Toutes mes citations seront tirées de cette édition et indiquées entre parenthèses.

de Sénèque et *La Thébaïde* de Stace. La pièce disparaît pourtant de l'affiche après une douzaine de représentations, sans doute à cause de ses résonances avec la réalité historico-politique de l'époque. Cette relecture du mythe des Labdacides paraissait d'autant moins « innocente » qu'elle proposait une réflexion sur la légitimité du pouvoir et sur le danger des ambitions individuelles, que les Français du « second Directoire » (issu du coup d'État conservateur de 1797) avaient peu de difficultés à « transposer » dans l'actualité : incapable de « *donner origine à des alternances du pouvoir régulières basées sur la loi*[4] », la République finissante était caractérisée par l'ascension des militaires, l'affrontement des factions politiques et les révoltes.

C'est dans cette période trouble que Legouvé, auteur aux solides valeurs démocratiques[5], revient sur un thème, celui de la fraternité (fratricide), qui hante la décennie jusqu'à sa fin, quand les appels à l'idéal de la troisième devise révolutionnaire semblent de plus en plus vidés de leur signification. Le dramaturge conduit sa réflexion à partir d'un « paradoxe de Caïn » impliquant une violence qui caractérise toutes les parties engagées dans le conflit – l'enchevêtrement des injustices, des brutalités et des torts rendant impossible la complète innocence des victimes elles-mêmes[6] – afin de décrire le résultat catastrophique d'une guerre civile causée par une haine primordiale qu'amplifient la

---

4 J. A. Miller, « Fratricide : Tragic Brothers, Masculine Violence, and the Republic on the French Stage, 1799 », dans *Republics at War, 1776-1840 : Revolutions, Conflicts, and Geopolitics in Europe and the Atlantic World*, P. Serna, A. De Francesco, J. A. Miller (dir.), Houndmills, Palgrave Mcmillan, 2013, p. 205, je traduis.

5 En témoignent son traitement de l'histoire romaine dans *Épicharis et Néron* (1794) et *Quintus Fabius* (1795), ainsi que la « lecture sociale » du premier meurtre présentée dans une *Mort d'Abel* (1792) où Caïn incarne le modèle du « héros historique des origines de l'émancipation sociale parmi les hommes ». Voir respectivement L. Tiesset, « Une réécriture de la tragédie de complot : Gabriel Legouvé, *Épicharis et Néron* », dans *Le Théâtre sous la Révolution. Politique du répertoire (1789-1799)*, M. Poirson (dir.), Paris, Desjonquères, 2008, p. 381-393 et R. Bret-Vitoz, *L'Éveil du héros plébéien : 1760-1794*, Lyon, PUL, 2019, p. 321, 325, 352 *sq.*

6 D'après ce paradoxe, « l'assassin Caïn, dans [...] l'imaginaire de la Révolution française, traîne derrière lui, inséparable, le traître Abel. Il est alors évident que les deux personnages de la mythologie biblique figurent l'enchevêtrement d'une conflictualité sanguinaire à laquelle [...] on ne peut pas espérer se soustraire, qui s'est incarnée dans la haine morale entre ceux qui sont injustement déshérités, qui gagnent par la violence, et ceux qui sont injustement privilégiés, qui succombent par la violence. » (R. Campagnoli, « La Rivoluzione di Caino : *La Mort d'Abel* di Legouvé », *Atti del Convegno di studi sul teatro e la Rivoluzione francese*, M. Richter (dir.), Vicenza, Accademia Olimpica, 1991, p. 108, je traduis.

fatalité du sang (aspect introduit par Racine et absent des *Phéniciennes*[7]), l'orgueil, l'ambition, le désir de justice. S'appuyant sur Euripide, dont la pièce lui a fourni « le sujet, la différence du caractère des deux princes, enfin plusieurs détails » (p. v), le dramaturge innove par rapport à ses collègues français. L'un des changements les plus importants concerne la caractérisation des deux frères, présentés comme également obsédés par le pouvoir dans les autres pièces françaises. En adhésion aux préceptes de Diderot sur la nécessité d'un plus grand développement psychologique des personnages et sans doute influencé par *Polinice* d'Alfieri, dont le texte d'abord rédigé en français en 1775 avait circulé dans les milieux dramatiques parisiens[8], Legouvé propose une caractérisation nouvelle. Étéocle est un tyran dévoré par une haine ancestrale devançant toute considération politique, par son ambition et son obsession du pouvoir. Polynice, chéri de Jocaste et d'Antigone qui reconnaissent, tout comme chez Euripide et Alfieri, la justice de ses revendications, se conduit en prince qui parle « le langage de la justice et de la pitié filiale[9] » jusqu'à ce que l'attitude de son frère, sa propre haine et son besoin de justice ne le rendent incapable de renoncer au trône pour le bonheur collectif : « héros libérateur mais aussi tyran en puissance[10] », il incarne donc l'idée exprimée par Alfieri dans *Della tirannide* et reprise par Legouvé, que tout (aspirant) roi est un tyran, le trône (ou son désir obsessionnel) pervertissant tout homme.

Reconnue par la critique comme un élément très efficace du point de vue dramatique[11], cette opposition des caractères permet aussi de développer des considérations aux échos fort actuels quant à l'exercice

7 Voir G. Forestier, « Préface », J. Racine, *La Thébaïde ou les frères ennemis*, éd. G. Forestier, Paris, Gallimard, 2010, p. 26. Legouvé reprend le motif d'une haine primordiale indépendante de la lutte politique, ainsi qu'en témoignent ces vers prononcés par Étéocle : « On sait qu'avant de naître une précoce haine / Fit du flanc maternel notre première arène » (III, 2).

8 Voir R. Ramat, « Introduzione », V. Alfieri, *Polinice*, éd. R. Ramat, Milano, Mursia, 1971, p. 18 *sq*.

9 *Décade philosophique, littéraire et politique*, 10 brumaire an VIII (1er novembre 1799).

10 Préaux qualifie de la sorte le Polynice d'Alfieri. A. Préaux, « Il motivo dei fratelli nemici nelle tragedie di Vittorio Alfieri », *Revue des Études Italiennes*, n. 1-3, janvier-septembre 1988, p. 10, je traduis.

11 « L'art de rendre les opprimés intéressans est un des premiers ressorts tragiques ; *Euripide* l'avait bien senti : sachons gré au C. Legouvé d'avoir rétabli cette belle opposition qui rend son second acte si touchant et tempère l'horreur naturelle du sujet » (*La Décade philosophique*, *op. cit.*).

et à la légitimité du pouvoir, qui sont les questions centrales de la puissante confrontation de l'acte trois. L'assiégeant réclame la souveraineté par la force de son droit légitime. Le roi lui oppose sa volonté de garder le trône sur la base non du souci de la stabilité politique (c'était le cas chez Racine[12]) mais d'un droit octroyé par la force qu'il justifie par une argumentation dans laquelle Miller trouve des résonances de la rhétorique contemporaine célébrant l'ascension des militaires[13]. La violence reste donc le seul critère de résolution du conflit entre deux opposants qui mettent le pouvoir au-dessus du bonheur des citoyens et les intérêts individuels au-dessus de ceux de la *polis*. En dérive l'annihilation de tout sentiment de fraternité, fût-elle familiale et philosophique[14] ou politique, entendant par-là l'appartenance à une patrie que les frères ennemis sont également prêts à détruire tout en s'accusant mutuellement d'être « traître » à leur pays (III, 3)[15]. Cet aspect avait été retenu par les censeurs de l'époque, qui avaient approuvé une tragédie célébrant les valeurs républicaines et dont « la haine des rois est la moralité[16] ». N'en déplaise aux censeurs, il serait aussi intéressant de se demander pour

---

12 « Roi régnant, Étéocle a l'appui de son peuple pour décréter ce qui lui paraît conforme à l'intérêt de la monarchie [...]. Roi virtuel, selon le seul droit testamentaire du roi précédent, Polynice n'a aucune légitimité royale aux yeux d'Étéocle [...] ; il met désormais en péril la continuité monarchique, et ce d'autant plus qu'il cherche à appuyer son droit en dévastant son propre pays avec le concours d'armées étrangères » (G. Forestier, « Préface », J. Racine, *La Thébaïde*, *op. cit.*, p. 18-19).

13 « *As Legouvé polished* Étéocle, *the patrie was tearing itself apart. The year VII [1798-1799] was a year of generals. Throughout the Directory, the power of the military had been expanding. Increasingly it represented itself as the last repository of republican values – of merit, manhood, and zeal for representative government. Bonaparte had begun addressing his troops as "soldiers" rather than "citizens". Civilian France was, in the military's judgment, a disappointment and even a threat to the Republic. Electoral politics had proved fallible* » (J. A. Miller, art. cité, p. 201).

14 « Des biens que j'ai perdu ma haine encor me reste », répond le roi mourant au vainqueur demandant son pardon par un « La nature me parle ; elle doit te toucher » (V, 4).

15 « Vous déchirez votre triste patrie. [...] / Que de sang va couler ! Que de maux vont éclore ! » rétorque Hémon à Polynice (II, 1). Pour sa part, Étéocle exprime ainsi son identification au trône : « Et plutôt qu'en ces murs commande un autre roi, / Périsse, s'il le faut, Thèbes entière avec moi. » (III, 4).

16 « Quel spectateur pourrait désirer un roi, en voyant le sang du peuple sacrifié à l'ambition de deux princes qui s'égorgent enfin pour un trône ensanglanté depuis longtemps [...] ? Comment regretter la monarchie [...] ? Les deux rivaux perdent de leurs droits au trône, de la soumission que leur doit le peuple » (Archives Nationales, « F7 4334 », Dr. XII et XIII, « Censure des théâtres parisiens », « Mélanges », rapport du 4 floréal an VII. L'existence du rapport est signalée dans O. Krakovitch, « Le théâtre sous la République et la censure sous le Directoire », dans *Le Théâtre sous la Révolution*, *op. cit.*, p. 176).

qui sonne véritablement le glas. Les appels de Jocaste et d'Antigone à une fraternité désormais évidée de toute signification restent vains, et les deux femmes sont les seules à s'apitoyer sur le sort d'un peuple qui apparaît par ailleurs comme le véritable grand absent de l'action de par son silence absolu à propos d'un conflit qui risque bien de le détruire. Si les gouvernants font piètre figure, ces citoyens muets n'offrent pas non plus un exemple resplendissant d'ardeur libertaire et démocratique.

La possibilité déjà évoquée d'une lecture actualisée s'impose d'autant plus que Legouvé, adhérant aux considérations esthétiques et poétiques contemporaines[17], se concentre sur l'affrontement fratricide en écartant de sa fable tout élément accessoire – telle l'histoire d'amour entre Antigone et Hémon –, tout personnage secondaire – disparaissent Ménécée, dont le sacrifice sublime avait sauvé Thèbes chez Racine, Alfieri et Euripide, et Créon, dont l'absence laisse irrésolue la question épineuse de la continuité du pouvoir – et tout développement d'autres aspects du mythe – la tragédie se termine sur la mort des opposants, sans nous éclairer sur le sort d'Œdipe, de Jocaste, d'Antigone et sans évoquer l'interdiction de l'enterrement du cadavre de Polynice. Ce dénouement apparaît aussi très novateur car il présente le fratricide dilué en deux moments, dont le second est montré sur scène. Après un bref récit rapportant la victoire de l'assiégeant (V, 3), le corps blessé du roi est ramené dans le palais. La dernière scène s'ouvre sur ce qu'on peut considérer d'après le concept théorique de Pierre Frantz comme un « tableau stase », où les soldats et le peuple servent de figuration[18] et dont l'importance dramatique est attestée par une note de l'auteur précisant les détails[19]. Au cours de la

17 « Les tragédies les plus remarquables de ces vingt dernières années se distinguent par une action simple, souvent réduite aux seuls personnages qui lui sont nécessaires, dégagée de cette foule de confidents aussi fastidieux qu'inutiles, de ces épisodes qui ne font que retarder la marche des événements, et distraire l'attentions des spectateurs ; de ces fadeurs érotiques, si anciennes sur notre théâtre, […] signalées par Voltaire, et désormais bannies de la scène comme indignes de la gravité du cothurne » (M.-J. Chénier, *Rapports à l'Empereur sur le progrès des sciences, des lettres et des arts depuis 1789*, Paris, Belin, 1989, vol. III, *Littérature française*, éd. J.-C. Bonnet et P. Frantz, p. 243-244).

18 « ÉTÉOCLE, *porté sur un lit de drapeaux, son épée nue à côté de lui. Peuple et Soldats dans le fond* » (V, 4).

19 « L'épée d'Étéocle ne doit se voir qu'au moment du coup. Il faut donc qu'Étéocle se place sur son lit de drapeaux la tête à la droite des spectateurs et les pieds à leur gauche, de manière que son épée, qui est à sa droite, soit cachée par son corps, et qu'il n'ait besoin, pour la saisir, que de laisser tomber son bras. » (V, 4, p. 84).

scène, Étéocle profite de l'attendrissement de son frère repentant pour le tuer avant d'expirer sur ces mots : « Je suis content. / [...] Dans la tombe avec moi j'entraîne Polynice. [...] / Je meurs vengé d'un frère, et je meurs encore roi » (V, 4). Dans l'*Avertissement*, le dramaturge justifie son épilogue, critiqué car « trop cruel » et contraire aux bienséances, au nom d'une modernité esthétique privilégiant « l'effet » produit sur les spectateurs par rapport au respect des règles, et de la cohérence interne d'une tragédie où « la terreur domine, [et qui] prépare le spectateur à un tableau effrayant pour conclusion. [...] la haine entre deux frères est plus furieuse qu'entre les autres hommes et l'on ne peut être surpris [qu'elle] amène une catastrophe qui surpasse les horreurs communes » (p. VJ-VIJ).

Le « tableau effrayant », qui concrétise les effets inévitables d'une lutte fratricide détruisant les individus, les familles, la ville, amplifie la valeur pathétique et sublime d'une scène dont la morale n'est pas seulement la condamnation des rois. Dans sa dernière tragédie à sujet antique, l'auteur décrit également les dangers encourus par une République dont les luttes intestines montrent l'inanité d'un idéal, celui de fraternité, qui, en 1799, ne trouve plus sa place que dans la rhétorique de discours officiels à l'efficacité comparable aux appels de Jocaste. En poursuivant la réflexion entamée lors de son début dramatique en 1792, Legouvé peut à plein titre être considéré comme l'un des auteurs (avec Chénier, Pichat, Lemercier et d'autres) qui participent à l'« élaboration de ce mythe tragique » de la fraternité qui parcourt la décennie : « Le thème lumineux de la fraternité sublime et son avers ténébreux, ce qu'on pourrait appeler le complexe de Caïn, excèdent largement la période de la Terreur[20]. »

Paola PERAZZOLO
Université de Vérone

20 P. Frantz, « Le héros, la fraternité et la mort. La poétique des tragédies néoclassiques de Chénier », dans *Le XVIIIe siècle. Histoire, mémoire et rêve. Mélanges offerts à Jean Goulemot*, D. Masseau (dir.), Paris, Honoré Champion, 2006, p. 216, 217.

LE SPECTACLE DES IDÉES

« LA NATURE NE FAIT NI PRINCES, NI RICHES »

Politique du renversement dans les comédies insulaires de Marivaux

On a beaucoup insisté sur ce qui limiterait la portée subversive ou critique des trois comédies insulaires de Marivaux, *L'Île des esclaves* (1725), *L'Île de la raison* (1727), *La Colonie* (représentée en 1729 et publiée en 1750). Trois arguments sont généralement avancés. Le premier (sans doute le principal) insiste sur le sens du dénouement, qui paraît foncièrement rétrograde dans ces trois comédies puisqu'à « une critique audacieuse » succède « une solution conservatrice[1] ». Ainsi, dans *L'Île des esclaves*, les maîtres échoués sur l'île doivent échanger leur rôle et leurs habits avec les « esclaves », mais « l'épreuve accomplie, chacun réintègre sa place dans la hiérarchie[2] ». *L'Île de la raison* conteste la hiérarchie sociale du monde de référence en infligeant à chacun des huit personnages naufragés l'humiliation d'un rapetissement inversement proportionnel à leur rang (celui dont la taille a le moins souffert est Blaise, le paysan, qui est aussi le premier à « guérir »). Mais la Comtesse et le courtisan ont beau être les plus humiliés, la pièce se clôt sur une série de mariages qui apparient strictement les divers personnages en fonction de leur rang. Dans *La Colonie*, enfin, les femmes décident de se révolter contre la suprématie absolue des hommes, et veulent profiter de ce qu'un nouvel État se fonde pour y faire reconnaître le droit de leur sexe à l'égalité entière. Mais au dénouement, tout converge vers un retour à l'ordre initial : celui de la domination masculine. Le deuxième argument insiste sur la morale implicite de ces comédies, qui parait tout imprégnée de christianisme, et semble donc, comme telle, profondément conservatrice. Et de fait, le

1 A. Rivara, « État présent des études sur Marivaux », *Dix-huitième Siècle*, n° 27, 1995, p. 417.

2 J.-M. Racault, « L'utopie au théâtre : les îles de Marivaux », dans *Nulle part et ses environs. Voyage aux confins de l'utopie littéraire classique*, Paris, PUPS, 2003, p. 335.

lexique et les gestes chrétiens, transparents et multiples, affleurent comme jamais dans le théâtre de Marivaux (aveu, confession, châtiment, pénitence, mortification, compassion, etc.). Jamais sans doute l'humanisme laïc de Marivaux n'a semblé si proche de la prédication chrétienne. D'autres enfin soulignent, à juste titre, que les trois comédies de Marivaux relèvent bien moins du genre de l'utopie que de la vieille tradition – médiévale, baroque ou burlesque – du monde renversé (*mundus inversus*). Or, la logique carnavalesque de ces saturnales semble foncièrement conservatrice : sans remettre en question le principe même des divisions qui structurent la société, le retournement des normes ne fait qu'inverser momentanément l'ordre existant. Un instant perturbé, l'ordre social semble plutôt renforcé qu'ébranlé par le dispositif de l'*épreuve*.

Dans une lecture d'apparence modeste, mais d'une densité et d'une pénétration qui sont comme sa signature, Pierre Frantz nous met pourtant en garde. Certes, on se tromperait en voyant dans *L'Île des esclaves* « l'expression d'une position révolutionnaire[3] ». Il ne s'agit toutefois nullement d'atténuer la portée critique de la comédie, mais de souligner, à l'inverse, que chez Marivaux, « l'analyse de la relation de servitude va au plus profond[4] ». Dans le sillage de ces remarques, on voudrait brièvement mettre en lumière la radicalité souvent méconnue du dispositif insulaire chez Marivaux.

Rappelons d'abord que l'imprégnation chrétienne de ces comédies, difficilement contestable, ne saurait, en elle-même, être synonyme de conservatisme. On songera, par exemple, aux différences d'appréciation des « grandeurs d'établissement » dans l'augustinisme de Nicole et dans celui de Pascal. Alors que Nicole considère que le respect dû aux « grandeurs d'établissement » ne doit pas être seulement formel, mais bien réel, dans la mesure où les Grands participent de la grandeur divine, dont ils reçoivent autorité et légitimité, le discours de Pascal entretient des liens très étroits avec la perspective marivaudienne[5]. Tout se passe

---

3 P. Frantz, « *L'île des Esclaves*, Pierre Carlet de Chamblain de Marivaux – Fiche de lecture », *Encyclopædia Universalis* [en ligne]. URL : https://www.universalis.fr/encyclopedie/l-ile-des-esclaves/ (consulté le 8 septembre 2020). Le propos vise sans doute le mot de Sainte-Beuve : « cette petite pièce [...] est presque à l'avance une bergerie révolutionnaire de 1792 » (*Causeries du Lundi*, Paris, Garnier, 1851, t. IV, p. 374).

4 *Ibid.*

5 La thèse en cours de Nicolas Fréry se donne pour objectif d'explorer dans toute leur extension les liens essentiels entre Pascal et Marivaux (*Les raisons du cœur. Marivaux lecteur de Pascal*, dir. Ch. Martin, Sorbonne Université).

même comme si Marivaux s'était appliqué à offrir une interprétation théâtrale et quasi littérale de certains propos de Pascal. Ainsi de cette exclamation qui annonce exactement les termes et la problématique de la comédie marivaudienne :

> Tous les emportements, toute la violence, et toute la vanité des grands vient de ce qu'ils ne connaissent point ce qu'ils sont, étant difficile que ceux qui se regarderaient intérieurement comme égaux à tous les hommes, et qui seraient bien persuadés qu'ils n'ont rien en eux qui mérite ces petits avantages que Dieu leur a donnés au-dessus des autres, les traitassent avec insolence. Il faut s'oublier soi-même pour cela, et croire qu'on a quelque excellence réelle au-dessus d'eux ; en quoi consiste cette illusion que je tâche de vous découvrir[6].

À l'évidence, il s'agit bien aussi, chez Marivaux, de dessiller les Grands. Au reste, il n'est pas jusqu'à l'image de la tempête et du naufrage que l'on ne retrouve chez Pascal pour éclairer le hasard de la naissance et de la fortune :

> Pour entrer dans la véritable connaissance de votre condition, considérez-la dans cette image.
>
> Un homme est jeté par la tempête dans une île inconnue dont les habitants étaient en peine de trouver leur roi qui s'était perdu, et, ayant beaucoup de ressemblance de corps et de visage avec ce roi, il est pris pour lui, et reconnu en cette qualité par tout ce peuple. D'abord il ne savait quel parti prendre ; mais il se résolut enfin de se prêter à sa bonne fortune. Il reçut tous les respects qu'on lui voulut rendre, et il se laissa traiter de roi[7].

Dans *L'Île des esclaves*, Cléanthis ne dit rien d'autre au fond : « Je n'étais ces jours passés qu'une esclave ; mais enfin me voilà dame et maîtresse d'aussi bon jeu qu'une autre ; je la suis par hasard ; n'est-ce pas le hasard qui fait tout[8] ? » Et à la dernière scène, Trivelin lui fait écho : « La différence des conditions n'est qu'une épreuve que les dieux font sur nous[9] ». La topique du monde renversé chez Marivaux, n'a d'autre objet, en réalité, que de conduire ses personnages, et avec eux le spectateur, à opérer la distinction entre ce que Pascal nomme « grandeurs

6 Pascal, *Discours sur la condition des Grands*, dans *Pensées, opuscules et lettres*, Paris, Classiques Garnier, 2011, p. 750.

7 *Ibid.*, p. 747.

8 *L'Île des Esclaves*, sc. 6, dans *Théâtre complet*, éd. H. Coulet et M. Gilot, Paris, Gallimard, coll. « Bibliothèque de la Pléiade », t. I, 1993, p. 420.

9 *Ibid.*, p. 428.

d'établissement » et « grandeurs naturelles ». Mais au-delà de la référence à Pascal, c'est à toute une tradition chrétienne de l'*humilitas* que les comédies insulaires de Marivaux font écho. On pourrait même discerner dans certaines répliques de *L'Île de la raison* un souvenir de l'*Introduction à la vie dévote* :

> LE COURTISAN
>
> Que veux-tu que je lui réponde, dès qu'il a perdu tout respect pour un homme de ma condition ?
>
> BLAISE
>
> Morgué, Monsieur de Fontignac, ne badinez pas sur la condition.
>
> FONTIGNAC
>
> Jé né parle qué dé l'homme, et non pas du rang.
>
> BLAISE
>
> Ah ! ça est honnête, et vous devez être content de la diffarance ; car velà, par exemple, un animal chargé de vivres, et bian, les vivres sont bons ; je serais bian fâché d'en médire ; mais de ceti-là qui les porte, il n'y a pas de mal à dire que c'est un animal, n'est-ce pas[10] ?

Non sans paradoxe, l'éloquence si drue du paysan Blaise semble puiser sa source dans une remarquable image salésienne :

> Il ne faut pas craindre que la connaissance de ce que [Dieu] a mis en nous nous enfle, pourvu que nous soyons attentifs à cette vérité, que ce qui est de bon en nous n'est pas de nous. Hélas ! les mulets laissent-ils d'être lourdes et puantes bêtes, pour être chargés des meubles précieux et parfumés du prince ? Qu'avons-nous de bon que nous n'ayons reçu ? et si nous l'avons reçu, pourquoi nous en voulons-nous enorgueillir[11] ?

Certes, Marivaux déplace légèrement le sens de l'image en l'appliquant non aux vertus ou aux grâces mais à la qualité sociale, et en feignant, par la bouche de Fontignac, de respecter le rang pour ne s'attaquer qu'à l'homme. Mais en réalité, c'est bien la même leçon qui s'entend ici et là, et que Pascal de son côté formulait en ces termes : « Votre âme et votre corps sont d'eux-mêmes indifférents à l'état de batelier ou à celui de duc ; et il n'y a nul lien naturel qui les attache à une condition plutôt qu'à une autre[12] ».

---

10 *L'Île de la raison*, III, 3, *Théâtre complet*, éd. citée t. I, p. 561-562.

11 Saint François de Sales, *Introduction à la vie dévote*, III, § 5, éd. É.-M. Lajeunie, Paris, Éditions du Seuil, 1963, p. 129.

12 Pascal, *Discours sur la condition des Grands*, éd. citée, p. 749.

Mais si bien des aspects des comédies insulaires de Marivaux font signe du côté de la leçon chrétienne, deux éléments contribuent à en modifier profondément le sens et la portée. En premier lieu, l'absence quasi totale de référence à Dieu et même à la Providence fait surgir plus nettement les implications politiques de cette radicale dissociation du moi et de ses « qualités ». Il appartiendra certes à Rousseau de les dégager en toute clarté, en particulier au livre III de l'*Émile*. Puisque les rangs et les qualités ne sont pas fondés en nature, il importe de préparer Émile à tous les soubresauts et à toutes les « révolutions » qui peuvent advenir en un siècle où les bases de l'ordre social semblent ébranlées : « Tout ce qu'ont fait les hommes, les hommes peuvent le détruire : il n'y a de caractères ineffaçables que ceux qu'imprime la nature, et la nature ne fait ni princes, ni riches, ni grands seigneurs[13]. » Faut-il insister sur les résonances éminemment marivaudiennes de ces dernières formules de Rousseau ?

Si le dispositif du monde renversé chez Marivaux semble irréductible à la leçon chrétienne traditionnelle, c'est aussi et surtout en raison de la transposition dramaturgique qu'il met en œuvre. À l'évidence, c'est de cette théâtralisation que procède la radicalité du questionnement marivaudien. Le dispositif dramaturgique de l'île fait du théâtre le lieu d'une expérimentation imaginaire qui met à l'épreuve l'identité sociale ou « genrée » des personnages transplantés dans un monde qui est l'envers du monde de référence. Autrement dit, il s'agit, grâce au théâtre, de mettre la puissance de l'illusion et de l'artifice au service d'une révélation et d'un dévoilement. C'est ainsi que, dans *L'Île des esclaves*, Arlequin adopte le point de vue du maître, et par là-même rend évidente l'injustice de sa condition de valet, dénonçant la violence humiliante de ceux qui le commandent et oppose ses propres valeurs aux valeurs artificielles des maîtres. La topique du monde à l'envers équivaut, chez Marivaux, à une véritable école du regard, qui apprend à redresser les perspectives qui ont été tordues ou gauchies, et à démasquer de multiples faux-semblants. L'épreuve du monde à l'envers (*mundus inversus*) révèle que le monde du spectateur est un monde perverti (*mundus perversus*). Le renversement

13 Rousseau, *Émile*, livre III, dans *Œuvres complètes*, dir. B. Gagnebin et M. Raymond, Paris, Gallimard, coll. « Bibliothèque de la Pléiade », 1969, t. III, p. 468. Sur la portée de ces formules fameuses chez Rousseau, voir B. Bernardi, « "Nous approchons de l'état de crise et du siècle des révolutions" : la problématique du changement chez Rousseau », dans *Crise et conflit dans la pensée de J-J. Rousseau*, *Les Cahiers du Gerhico*, n° 12, 2008, dir. J.-C. Bourdin, Université de Poitiers. p. 39-59.

a d'abord pour première fonction de faire apparaître en pleine lumière différentes formes de la perversion dont souffre la société de référence, qu'on peut regrouper sous le terme d'aliénation. Quand, à la première scène de *L'Île des esclaves*, Iphicrate demande à Arlequin « Méconnais-tu ton maître, et n'es-tu pas mon esclave ? », il présuppose ce que l'épreuve du *mundus inversus* a précisément pour fonction de démentir : la hiérarchie existante serait un fait naturel, un ordre stable, nécessaire et universel. Le renversement montre au contraire dans l'inégalité un effet arbitraire du hasard de la naissance. Dans *L'Île de la raison*, l'épreuve de l'inversion et du rapetissement révèle que l'ordre social se fonde sur des rapports imaginaires qui utilisent le critère de la taille pour se distinguer et pour instaurer des rapports de domination.

Une fois le diagnostic de cette aliénation bien établi, l'épreuve insulaire doit opérer ses vertus thérapeutiques. Tous les naufragés doivent subir la loi de l'inversion des rangs ou des rôles sociaux pour se guérir ou se réformer (le maître se fait serviteur, l'ancien esclave prend la place du maître, le grand devient plus petit que les plus petites gens, les femmes s'approprient les discours et les fonctions dévolues aux hommes, etc.). Le monde à l'envers est ainsi le monde où l'illusion n'a plus cours, où le théâtre qu'est la société s'écroule. Le spectateur assiste ainsi à une mise à nu, à une démystification, parfois cruelle, où le théâtre est l'instrument même de la purgation et de la guérison : en démasquant la vanité des « Grands » gonflés de leur importance, Marivaux instrumentalise le théâtre pour mieux dénoncer la théâtralité de la société de référence. La fonction assignée au théâtre est certes, ici, diamétralement inverse à celle qu'analysera plus tard Rousseau dans *La Lettre à d'Alembert*, qui en fera le lieu emblématique de l'aliénation sociale. Mais fût-ce par d'autres voies, il s'agit bien déjà chez Marivaux d'inviter le spectateur à s'interroger sur l'origine et les mécanismes de l'inégalité. À cet égard, les insulaires occupent dans ces trois comédies une fonction métathéâtrale essentielle : véritables dramaturges internes, ce sont eux qui donnent la parole à ceux qui en ont été indûment dépossédés : aux « esclaves » et aux humiliés. Les dominés retrouvent ainsi une voix propre et une identité morale.

On soulignera enfin que le dispositif théâtral conçu par Marivaux ne fait rien pour écarter ce peuple dont Pascal soulignait qu'il doit ignorer le « secret » essentiel : la noblesse n'est pas un fait de nature et ne tient pas au corps. L'épreuve du monde renversé telle que la conçoit

Marivaux est, en réalité, une entreprise démystificatrice d'une remarquable acuité, semblant anticiper sur la sociologie moderne, qui s'efforce de dénaturaliser l'*habitus* social, ce « système de dispositions réglées », selon les termes de Pierre Bourdieu, qui est commun aux membres d'une même catégorie sociale. Il s'agit bien, en effet, dans ces trois comédies, d'éprouver la force de l'*habitus*, autrement dit de ces comportements, ces manières, ces goûts, ces « styles de vies » qui sont acquis et comme incorporés par le sujet. Telle est l'une des vertus essentielles de la topique du « monde renversé » chez Marivaux, de montrer à quel point il ne suffit pas de changer d'habit pour neutraliser la détermination sociale : dans *L'Île des esclaves*, Arlequin déguisé reste tel qu'en lui-même. Et Euphrosine courtisée par Arlequin n'est qu'une prétendue esclave qui reste, en dépit de tout, en position de maîtrise parce qu'elle sait manier le langage des beaux sentiments et qu'elle dispose d'un autre pouvoir : celui que lui confère son statut social antérieur. Le monde ne se laisse pas si aisément renverser.

Retour à l'ordre sans doute, imprégnation chrétienne assurément, appel à une réforme morale et non à une révolution politique certainement. Mais on n'a sans doute jamais figuré de façon aussi éloquente la possibilité de profonde subversion que contenait la reconnaissance des classes dominées dans l'ancienne société.

Christophe MARTIN
Sorbonne Université,
CELLF, UMR 8599

UNE PIÈCE NON JOUABLE ET NON IMPRIMABLE EN 1749

En 1749, René-Louis Voyer de Paulmy d'Argenson, récemment renvoyé du Conseil d'État de Louis XV, écrivait une pièce qui portait sur la politique contemporaine : *La Prison de Charles Edouard Stuardt.* Elle mettait en scène la décision d'exiler Charles Edward Stuart, fils aîné de la maison royale anglaise Stuart, qui habitait alors Paris. Cette pièce ne peut être consultée dans son intégralité qu'en manuscrit aux Archives des Affaires Étrangères à La Courneuve[1]. Elle n'a jamais été jouée, et des extraits n'en ont été publiés que dans les années 1890[2]. Même si cette œuvre n'a jamais paru sur la scène et n'a presque aucune existence imprimée, son histoire méconnue nous offre des leçons sur des enjeux politiques et culturels du théâtre au XVIIIe siècle. Notre cher collègue et ami Pierre Frantz nous a montré dans ses travaux influents comment intégrer l'étude de l'objet théâtral à l'histoire des Lumières et de la Révolution française. Sa méthodologie inspire une lecture politique de cette pièce presque inconnue du Marquis d'Argenson.

D'Argenson est né en 1694, fils du puissant Lieutenant Général de Police Marc-René du Voyer, Marquis de Paulmy et d'Argenson ; la famille occupe plusieurs postes administratifs et judiciaires majeurs depuis le règne du Roi Soleil jusqu'à la fin de l'Ancien Régime[3]. Cet

1 Archives des Affaires Étrangères (AAE), Mémoires et Documents, France, vol. 502, f° 129-190. L'auteur tient à remercier Mlle Abra Shen, qui a aidé à transcrire le manuscrit de la pièce.

2 *Revue d'histoire diplomatique*, vol. 5 (1893), p. 564-612. Voir aussi des extraits dans A. Hytier, « An Eighteenth-Century Experiment in Historical Realism : The Marquis d'Argenson and Bonnie Prince Charlie », *Eighteenth-Century Studies*, vol. 3, n° 2 (Winter 1969), p. 200-241. Anne Dobigny étudie la pièce dans « *La Prison de Prince Charles Edouard Stuardt*, Tragédie anglaise à l'imitation de Shakespeare, un plaidoyer du Marquis d'Argenson pour la légitimité », dans *Théâtre et politique : Les Alternatives de l'engagement*, I. Galleron (dir.), Rennes, PUR, 2012, p. 75-88.

3 Sur d'Argenson, voir Ch.-A. de Saint-Beuve, *Causeries du lundi*, Paris, Garnier frères, t. 12 (1855), p. 93-156 et t. 14 (1859), p. 238-259 ; E. Zevort, *Le Marquis d'Argenson et le Ministère*

aristocrate avait fait la connaissance de Voltaire au lycée, et entretint avec ce dernier une correspondance tout au long de sa vie. Sorti de l'école, il participa aux réunions du Club de l'Entresol, une académie parisienne exclusivement masculine qui se réunit régulièrement de 1724 jusqu'à 1731, moment où le gouvernement royal la supprima à cause de propos politiques trop subversifs. Ces discussions, et sans doute d'autres idées avec lesquelles il se familiarisa dans ces cercles l'amenèrent à écrire *Jusques où la démocratie peut être admise dans le gouvernement monarchique*, manuscrit dans lequel il propose l'établissement d'institutions démocratiques pour la France aux niveaux local et provincial, tout en conservant la monarchie au niveau national[4]. Louis XV le nomma Ministre des Affaires Étrangères à la fin de 1744 en pleine Guerre de Succession d'Autriche, mais sa politique, plutôt pacifique, se révéla peu adaptée aux exigences d'une guerre globale. Après sa chute, début 1747, il passa le reste de sa vie loin du gouvernement royal, jusqu'à sa mort en 1757.

La pièce du Marquis, écrite peu de temps après les évènements qu'elle raconte, commence au moment où le roi accepte, lors du congrès de paix d'Aix-la-Chapelle en 1748, d'expulser le Prince Stuart de France. Au cours de ses cinq actes, la scène se déplace du logement du Prince à la cour de son père, en exil à Rome, puis au Conseil d'État de Louis XV à Versailles, et enfin à la prison royale de Vincennes, où le Prince Stuart est incarcéré avant son expulsion du royaume. L'acte final met en scène l'arrestation scandaleuse du Prince devant l'Opéra à Paris, suivie d'une scène de félicitations entre les ministres et le roi à Versailles, et enfin un monologue du Prince avant qu'il monte dans son carrosse pour partir en exil. Tout au long de la pièce, d'Argenson dépeint un Charles Edward Stuart vertueux qui ne peut pas, ou ne veut pas, participer aux intrigues politiques de la cour. Ce Prince Stuart est honnête, tandis que

---

des affaires étrangères du 18 novembre 1744 au 10 janvier 1747, Paris, 1880, réédité à Génève, 1976 ; N. Childs, *A Political Academy in Paris 1724-1731 : The Entresol and its Members*, Oxford, Voltaire Foundation, 2000 ; R. Browning, *The War of the Austrian Succession*, New York, St Martin's Press, 1993 et l'introduction de H. Lagrave à R.-L. de Voyer de Paulmy, Marquis d'Argenson, *Notices sur les œuvres de théâtre*, vol. 42-43 de *Studies on Voltaire and the Eighteenth Century*, 1966, vol. 42, p. 17-60.

4 Ce manuscrit a été publié en 1784, après son décès, sous le titre *Considérations sur le gouvernement ancien et présent de la France.* Voir l'édition moderne de ce texte préparée par Andrew Jainchill, *Considérations sur le gouvernement, a critical edition, with other political texts*, Oxford University Studies in the Enlightenment, 2019:05.

les ministres du roi sont rusés et égoïstes. La pièce présente donc une image peu flatteuse de la diplomatie française, qui reflète la critique par d'Argenson de la monarchie, ainsi que son antipathie pour les ministres qui l'ont chassé du pouvoir. Les thèmes politisés ne sont pas absents des pièces françaises du milieu du siècle, mais les allusions restaient voilées ; en général, ces pièces adaptaient pour la scène des histoires de souverains fictifs, ou mettaient en scène des empereurs anciens dans des pays éloignés de la France. Il aurait été impossible de jouer *La Prison de Charles Edouard Stuardt*, avec ses portraits incendiaires des ministres et du roi, sur des scènes publiques ou privées.

Un examen attentif à la manière dont la pièce représente Louis XV, Charles Edward Stuart, et le peuple de Paris suffit à convaincre de l'audace de cette œuvre. Considérons la figure royale : l'auteur ose représenter sur la scène un monarque français vivant. Si jamais on avait joué cette pièce sous l'Ancien Régime, l'assistance aurait été invitée à regarder un comédien excommunié incarnant le roi très catholique de France. C'était une audace trop dangereuse, tant pour un écrivain que pour une troupe théâtrale. Malgré tout, Louis XV paraît deux fois sur la scène dans le manuscrit de d'Argenson ; chaque fois, il demande l'avis de son Conseil sur l'arrestation et la déportation du Prince Stuart. L'écrivain plaçait le personnage du roi vivant dans un cadre dont il avait fait lui-même l'expérience pendant son service à Versailles de 1745 à 1747. Ce qui frappe dans cette représentation du roi, c'est le peu d'attention que Louis accorde à l'affaire. Dans ces deux scènes, le roi ne prononce que trois répliques très brèves. À l'acte IV, scène 1, le roi écoute le projet du Ministre d'État, le Marquis de Puysieux, d'arrêter le Prince Stuart à l'Opéra, et répond laconiquement : « C'est avec peine que je me porte à ce parti. Je veux cependant avant de l'ordonner savoir les avis de mon conseil. Parlez, M. le Cardinal Tencin[5] ». À la fin de la scène, après avoir entendu des conseils de chaque ministre, il se contente de dire : « Monsieur de Maurepas, vous me rendrez compte ce soir, à quelque heure que ce soit, de ce qui sera passé », et il quitte la scène.

Louis XV a donc une présence limitée dans la pièce ; il est généralement silencieux et peu impliqué dans l'intrigue. Ce sont les ministres du roi qui s'occupent du Prince ; et ce dernier refuse catégoriquement d'obéir

5 AAE, vol. 502, f° 169 v°.

au roi et de quitter le royaume. On soupçonne que d'Argenson a usé de cette stratégie dramaturgique afin de souligner l'intérêt personnel et la sottise des ministres, qui sont au premier plan, dans cette scène comme dans plusieurs autres, et qui avaient conspiré, d'après d'Argenson, afin de l'expulser du Conseil deux ans plus tôt. Mail il est également impossible de lire ce manuscrit sans considérer ce qu'il révèle du point de vue de d'Argenson sur le roi, et sur la monarchie absolue plus globalement, surtout après ses écrits de jeunesse sur la démocratie. Ici d'Argenson reprend probablement la thèse, de plus en plus populaire au cours du dix-huitième siècle, selon laquelle les rois français auraient octroyé trop de pouvoir à leurs ministres, souvent corrompus et malhonnêtes. Autre hypothèse : d'Argenson suggère, par ce traitement scénique, que Louis XV n'aurait ni l'attention ni la vertu nécessaires pour remplir les devoirs d'un roi dans le sens où on les entend à l'époque moderne.

La représentation du Charles Edward Stuart, personnage central de la pièce, renforce cette interprétation. En opposition à l'absence presque totale du roi sur la scène, le Prince Stuart y paraît plus souvent que n'importe quel autre personnage de la pièce. L'auteur lui offre quelques longues répliques qui développent son interprétation de l'histoire de la dynastie Stuart exilée d'Angleterre, lui donnent l'occasion de commenter l'état présent et à venir de la diplomatie et de la guerre en Europe en cette fin de décennie 1740, ou, plus généralement, d'élaborer sa philosophie politique. Il résiste aux supplications des ministres, envoyé par Louis XV, qui l'enjoignent de partir en exil ; il répète, fréquemment et catégoriquement : « Je veux rester ici [à Paris] ». Il déclare son intention de tolérer plusieurs confessions, s'il regagne le trône d'Angleterre, à la différence de son ancêtre Jacques II qui avait perdu la couronne en 1688, et de son père Jacques III, qui résidait à Rome sous la protection du pape. Il jouit de l'adoration du peuple de Paris, et se demande pourquoi Louis XV ne passe pas plus de temps en ville avec les classes populaires. Et il s'oppose à l'avis de son propre conseil en exil, qui l'exhorte presque unanimement à suivre l'ordre du roi français et à accepter un exil luxueux à Fribourg, ou peut-être à Rome à la cour de son père.

À cela s'ajoute que, contrairement au passif roi français esquissé par d'Argenson, ce Charles Edward Stuart dialogue fréquemment et spontanément avec des personnages divers dans la pièce. Il se présente comme quelqu'un d'ouvert, de courageux, de parfois impétueux ou même naïf, mais toujours doté de positions politiques fermes et sans compromis. Il impose sa politique à ses conseillers et à ses courtisans, au lieu de leur permettre de lui dicter son programme. Dans son dernier discours de la pièce, énoncé depuis la cour de la prison de Vincennes avant de monter dans le carrosse qui le mènera en exil, il s'adresse et à Louis XV et au peuple français. Parlant au roi, il se lamente sur les circonstances qui ont transformé des amis potentiels en adversaires infortunés. Dans le même temps, il exprime l'espoir que la vertu du roi parviendra finalement à surmonter les mauvais conseils qu'il a reçus ; il manifeste le vœu de se réconcilier avec le roi de France dans un avenir plus heureux. Au peuple français, qu'il dit franc, simple, et généreux, il avoue son regret de l'avoir vu momentanément trompé par « des sauvages polis qui président à vos affaires sous des noms français, sous des naissances empruntés[6] ». Mais il est convaincu qu'un jour les Français redécouvriront leur vertu naturelle, de même que lui-même, un jour, recouvrera le trône d'Angleterre, confisqué par l'usurpateur hanovrien. D'Argenson établit donc une équivalence entre la valeur intrinsèque des Français et l'honneur de son protagoniste, bien plus qu'il ne suggère une équivalence entre l'intégrité du Prince Stuart et celle du monarque Bourbon.

La relation entre le charismatique prétendant Stuart et le peuple français naturellement vertueux devient encore plus évidente dans la scène la plus choquante de la pièce, l'arrestation de Charles Edward Stuart au début du cinquième acte. La scène n'est pas fictive, dans le sens où l'incident qu'elle évoque a eu lieu sur une place publique à peu près comme d'Argenson la décrit. Le lecteur de la pièce connaît déjà, d'après la discussion tenue lors du Conseil d'État, le projet de s'emparer de Charles à son arrivée en carrosse à l'Opéra. La scène s'ouvre sur la garde en train de se disposer sur la place devant le théâtre. Pour la première fois dans la pièce, le prince Stuart ne dit pas un mot ; c'est une didascalie qui explique ce qui se passe :

> Le prince arrive avec sa suite, il descend dans le cul de sac, on l'arrête et on le garrotte, on l'amène au fond du cul de sac où il disparait. Ceux qui descendent du second carrosse sont aussi arrêtés et menés à la Bastille. La

6 AAE, vol 502, f° 189 v°.

populace et l'affluence des badauds se taisent un moment puis s'écrient en chorus : « *Ah, c'est ce pauvre Prince Edouard qu'on arrête et qu'on mène en prison, quel revers, quelle cruauté*[7] *!* »

Des personnages qui se trouvent sur la place, y compris un petit-maître, une fille, un courtaut de boutique, une vieille dame et d'autres passants continuent à dénoncer la capture du Prince jusqu'au moment où le sergent en charge revient avec des gardes armés pour disperser la foule. La scène suggère alors que le peuple et le prince sont également victimes d'une tyrannie monarchique. Charles perd sa liberté, au moment-même où les sujets du roi voient leur voix étouffée face aux fusils de la garde. Dans cette scène décisive, le Marquis d'Argenson, ancien ministre d'état, représente la France de Louis XV comme un état policier dystopique dans lequel des membres de l'élite et des roturiers sont opprimés par une coterie ministérielle qui subvertit la légitimité royale.

Pourquoi le Marquis d'Argenson a-t-il écrit cette pièce ? Dans son journal, une des sources les plus citées pour l'histoire politique et culturelle de la France au milieu du XVIIIe siècle, il nous apprend qu'il connaissait le prince Stuart et qu'il a suivi l'évolution du complot qui a mené à son expulsion du royaume. Mais pourquoi a-t-il choisi de raconter ces évènements dans un format théâtral qui n'était ni jouable ni imprimable de son vivant, ni du vivant des individus qu'il mettait sur la scène ? Sa rancune à la suite de son départ de Versailles explique en partie sa volonté de l'écrire, de même que sa foi en une idée vertueuse de la politique. Durant son office au Ministère des Affaires Étrangères, il s'était donné pour but d'inspirer une nouvelle moralité politique à l'échelle de toute l'Europe, mais son ambition était plutôt philosophique que pragmatique. *La Prison* était-elle un moyen d'exorciser l'amertume de son éviction du pouvoir ?

Si la vengeance personnelle et un didactisme politique motivaient d'Argenson, on pourrait affirmer aussi que l'état de la scène française au XVIIIe siècle faisait du théâtre un genre attrayant pour le Marquis. On sait que d'Argenson était sujet à la théâtromanie de l'époque. En 1966, Henri Lagrave a édité deux volumes de réflexions manuscrites de d'Argenson sur le théâtre, depuis les Grecs jusqu'à Voltaire et ses

7 AAE, vol 502, f° 181 v°.

contemporains[8]. On sait également, d'après son journal, qu'il assistait fréquemment aux représentations des théâtres parisiens et de l'Opéra, tout comme Charles Edward Stuart avant son expulsion de Paris. Il n'y aurait rien d'étonnant à ce que le Marquis ait joué sur les scènes privées des salons parisiens, ou dans des maisons de campagne en été. Il était donc un connaisseur du théâtre et probablement un comédien expérimenté, parfaitement conscient du fait que le théâtre, joué et imprimé, permettait aux auteurs, aux lecteurs, aux acteurs, et aux spectateurs de donner forme ensemble à des questions politiques et culturelles. Et il n'était pas le seul à vouloir commenter la disparition du Prince Stuart. Des travaux d'historiens récents ont souligné que cette affaire faisait partie d'une série d'évènements qui, vers 1750, ont suscité parmi les classes populaires parisiennes un mécontentement profond à l'égard de la monarchie[9]. D'Argenson avait sans doute connaissance des chansons et des poèmes satiriques, circulant quasi-clandestinement, qui constituaient en partie la réponse du peuple à la décision impopulaire d'exiler le prince.

Néanmoins, il faut résister à la tentation d'identifier partout des causes de l'effondrement de l'Ancien Régime. On constatera seulement que d'Argenson a donné naissance à une pièce sulfureuse ; qu'il met en scène un roi pour le moins inattentif, un prince étranger bien-aimé du peuple, exilé par la volonté royale, et une représentation des Parisiens menacés par le pouvoir monarchique. Mais il faut aussi garder à l'esprit que cette œuvre radicale ne sortit jamais de l'écritoire du Marquis. La leçon de cette pièce enterrée aux Archives des Affaires Étrangères concerne plutôt les limites politiques et idéologiques du théâtre au XVIIIe siècle. Une telle pièce était imaginable à l'époque, puisque d'Argenson l'écrivit. Mais elle n'était pas communicable, ni sur la scène, ni sur la page, même

8 Voir n. 3 *supra*.

9 B. et M. Cottret, « Les chansons du mal-aimé : raison d'État et rumeur publique » dans *Histoire sociale, sensibilités collectives et mentalités. Mélanges Robert Mandrou*, Paris, PUF, 1985, p. 303-315 ; A. Farge et J. Revel, *Logiques de la foule. L'Affaire des enlèvements d'enfants, Paris, 1750*, Paris, Hachette, 1988 ; T. Kaiser, « The Drama of Charles Edward Stuart, Jacobite Propaganda, and French Political Protest, 1745-1750 », *Eighteenth-Century Studies*, vol. 30, n. 4 (été, 1997), p. 365-381 ; R. Darnton, *Poetry and the Police : Communication Networks in Eighteenth-Century Paris*, Cambridge MA, Harvard University Press, 2010 ; T. L. Ewing, *Rumor, Diplomacy and War in Enlightenment Paris*, Oxford, Voltaire Foundation, coll. « Oxford University Studies in the Enlightement », 2014:07.

signée de la plume d'un des sujets du roi les plus privilégiés. Dans un tel environnement politique, nommé de nos jours « absolu », nul besoin n'était de limiter la liberté d'expression. Même un penseur hétérodoxe comme d'Argenson savait quand il fallait se taire.

Jeffrey S. RAVEL
Massachusetts Institute
of Technology

LA TRAGÉDIE DES CALAS, OU COMMENT PARLER D'UNE PIÈCE QUE VOLTAIRE N'A JAMAIS ÉCRITE

« C'est un sublime ouvrage que *Mahomet* ; j'aimerais mieux avoir réhabilité la mémoire des Calas[1] ». En distinguant deux Voltaire, Diderot, sans le savoir, anticipait sur la postérité du patriarche de Ferney : depuis la fin du XIXe siècle, l'homme de théâtre, célébré par ses contemporains, a disparu derrière l'intellectuel, le défenseur infatigable des causes justes. Sans revenir ici sur les études qui, depuis une quarantaine d'années, redonnent au théâtre de Voltaire, et plus largement au théâtre des Lumières, sa juste portée, disons simplement que parmi les différentes voies qui s'offrent au chercheur pour réhabiliter, à son tour, la mémoire du Voltaire dramaturge, la plus simple consiste à montrer que l'auteur de *Mahomet* et le défenseur des Calas sont un seul et même écrivain. Réconcilier Voltaire avec lui-même en somme. C'est ce qu'on se propose de faire, d'une façon un peu cavalière, en prenant pour idée régulatrice une œuvre potentielle, qui fusionnerait ensemble le « sublime » de la poésie dramatique et la rage polémique de l'engagement. Imaginons un instant que Voltaire ait choisi d'écrire une tragédie sur le sort exemplaire de la famille Calas, qui l'occupe intensément entre 1762 et 1765[2]. Certes, Voltaire a écrit assez de pièces, et trop peu étudiées, pour qu'on n'aille pas en ajouter une qui n'existe pas ! Sans compter que se pencher sur une pièce virtuelle, c'est faire basculer les méthodes fructueuses de la critique contrefactuelle (de Bayard à Escola) du côté de la fiction

1 Diderot, *Le Neveu de Rameau*, dans *Contes et romans*, éd. M. Delon, Paris, Gallimard, coll. « Bibliothèque de la Pléiade », 2004, p. 613.

2 Sur les adaptations théâtrales de l'affaire Calas notamment dans la décennie révolutionnaire, voir R. Granderoute (éd.), *Les* Œuvres *complètes de Voltaire. 56B*, SVEC, 2000, p. 115-129 (édition d'Oxford, Œuvres complètes désormais abrégée en *OCV*) et l'article de M. Sajous D'Oria. « Voltaire et l'Affaire Calas au théâtre : une vraie cause au service des mythologies révolutionnaires », *Philosophiques* 21, n° 1, 1994, p. 107.

perecquienne : non plus étudier les possibles d'un texte bien réel, mais un texte possible... On répondra justement que cette pièce non-écrite sur la famille Calas, est lisible, en pointillés, dans les divers écrits pamphlétaires relatifs à l'affaire (du premier mémoire jusqu'au *Traité*) ainsi que dans la correspondance où Voltaire envisage « l'affreuse aventure » au prisme esthétique de la tragédie. En outre, imaginer certains contours de cette tragédie en puissance, considérer les problèmes dramaturgiques et politiques qu'elle aurait pu poser à son auteur, mettre au jour ses conditions de possibilités esthétiques, c'est soulever, d'une façon pragmatique et un peu ludique, la question du statut du drame bourgeois chez Voltaire, ou celle des nouveaux rapports entre le théâtre et le combat philosophique dans le contexte aiguisé des luttes de la décennie 1760, c'est, enfin, révéler la théâtralité de la plume de l'épistolier et du pamphlétaire, afin de suggérer combien « l'écriture tragique de la tolérance[3] » est un phénomène transversal aux genres et aux formes.

UNE TRAGÉDIE

Sitôt informé des circonstances horribles de l'affaire et jusqu'à la réhabilitation de Jean Calas trois ans plus tard, Voltaire envisage, les faits, de façon récurrente, à travers les catégories de la tragédie. Au croisement du topos du *theatrum mundi* et d'une vision pessimiste de l'histoire héritée des guerres de religions, l'analogie de la tragédie du réel n'a rien d'original. Voltaire en use depuis longtemps, pour désigner les atrocités de l'histoire et les déboires des grands[4]. Mais dans le cas du drame des Calas, elle a ceci de remarquable qu'elle est durable, insistante, et surtout qu'elle convoque la dimension proprement poétique de la tragédie sans s'en tenir à la thématique du malheur. « C'est une tragédie dont le dénouement est horrible et absurde, mais dont le nœud n'est pas encore bien débrouillé[5]. » D'abord envisagée comme

3 C. Lauriol, « Tragédie et tolérance chez Voltaire. À propos des *Guèbres* », dans A. Karoui (dir.), *Voltaire ou l'écriture de la tolérance*, Tunis, 1998, p. 119-35.
4 Voir par exemple D7555, D7565, D10643, D10683.
5 D10573.

écrite mais à interpréter, la tragédie devient le combat en train de se faire, l'action philosophique comparable aux batailles pour soutenir une pièce : « J'abandonnerai jusqu'à *Cassandre* pourvu que je vienne à bout de mes pauvres roués. Je ne connais point de pièce plus intéressante. Au nom de Dieu faites réussir la tragédie de Calas[6]. » Ainsi, en mars 1765, le dénouement, qui désignait d'abord l'absurde exécution de Calas, a glissé vers le présent du combat pour se confondre avec le procès en révision. La tragédie du fanatisme se mue alors en drame philosophique national. Un *Siège de Calas* qui vaut bien le *Siège de Calais* :

> Vous étiez donc à Paris [...] quand le dernier acte de la tragédie des Calas a fini si heureusement. La pièce est dans les règles ; c'est, à mon gré, le plus beau cinquième acte qui soit au théâtre. Toutes les pièces sont actuellement à l'honneur de la France : les maires heureusement réussissent mieux que les capitouls. Le rôle d'Élie de Beaumont est bien beau[7].

À l'image de cette comparaison avec la pièce de de Belloy, on remarque qu'au-delà d'une simple analogie (l'histoire comme tragédie), c'est d'une comparaison voire d'une opposition qu'il s'agit, entre la brutalité des événements (présentés ou non comme théâtraux) et l'univers fictif du théâtre. Cette opposition fonctionne d'abord dans un sens (horreurs de l'histoire / plaisirs du théâtre) : « il faut regarder le parlement de Toulouse, ou les protestants, avec des yeux d'horreur. J'aime mieux pourtant rejouer *Cassandre* et labourer mes champs[8]. » Puis, très vite, Voltaire s'engage et la polarité s'inverse : « cette tragédie me fait oublier toutes les autres, jusqu'aux miennes[9]. » Entre le réel et la poésie, il est une priorité. Les nombreuses occurrences similaires nous laisseraient penser que l'analogie tragique aurait avant tout pour fonction de signifier, de l'intérieur du théâtre, l'urgence d'agir hors du théâtre, en dessinant une sorte de hiérarchie au sein du fameux « j'écris pour agir » : écrire hors ou dans le théâtre. Dans le contexte de l'affaire Calas, l'écriture immédiate du pamphlétaire est priorisée, mais le paradoxe, c'est qu'elle se définit par différence d'avec l'écriture théâtrale : elle est prioritaire, mais secondaire.

6 D10586. Voir aussi D10593.
7 D12483.
8 D10386.
9 D10559.

D'ailleurs, même quand Voltaire prétend bruyamment sortir du théâtre pour se consacrer à l'affaire… il y reste. Les premiers éléments du supplice de Calas, qu'il expose en mars 1762, fusionnent avec la question dramaturgique du spectaculaire et du sacré relative aux mises en scènes d'*Olympie* à Ferney. Dans certaines lettres, le « spectacle auguste » de la pièce (« la cérémonie, la procession des initiés, des prêtres et des prêtresses couronnés de fleurs, etc., les sermens faits sur l'autel[10] ») ou le motif de la mort d'une mère (« c'est Statira évanouie de douleur entre ses bras, Cassandre qui accourt, les divers mouvements dont ils sont agités […]. Statira vient d'expirer entre les bras de sa fille[11] ») trouvent un écho, à quelques lignes de distance, dans le martyre de Calas : « enfin le père a été roué ; et le pendu […] a été regardé comme un martyr et le parlement a assisté pieds nus à des processions en l'honneur du nouveau saint » ; « le père a pris Dieu à témoin de son innocence en expirant, a cité ses juges au jugement de Dieu, et a pleuré son fils sur la roue[12] ». Si bien que l'« artifice […] si bien ménagé » qui porte, « la pitié et la terreur […] au comble[13] » (dont il est question pour *Olympie*) semble qualifier tout autant l'autre spectacle…

Dès le départ, l'histoire de Calas se donne sous la forme d'une dramaturgie possible qui montre un Voltaire burkien, voire diderotien : célébrant la beauté de l'horreur, par-delà l'ironie (il y en a), dans la pompe d'un véritable spectacle. De quoi confirmer la remarque de R. Pomeau sur ce mouvement d'intégration de l'histoire à une fiction qui lui préexiste : « Dans l'imagination frémissante de Voltaire, l'exécution de Toulouse renouvelle les drames de la *Henriade* et de *Mahomet*[14] ». Pour Fréron déjà, Voltaire avait « vu dans cette affaire-ci un sujet tragique et malheureusement trop tragique. Voilà d'abord sa tête poétique qui s'échauffe[15] ».

Et de fait, on retrouve, dans les écrits relatifs aux Calas, un dispositif théâtral diffus. À commencer par l'« horreur » et la « pitié », qui polarisent la réception des événements, depuis les premières lettres jusqu'au

10 D10388.
11 *Ibid.*
12 D10387.
13 D10388.
14 René Pomeau (éd.), *Écrasez l'infâme*, vol. 4 de *Voltaire en son temps*, Oxford, Voltaire foundation, 1994, p. 324.
15 *L'année littéraire*, 1765, t. 3, p. 156.

Traité sur la tolérance[16] – des passions que Voltaire ne se contente pas de ressentir mais construit avec méthode. Quand il joue, par exemple avec la position du jeune Donat (à la fois exilé et impliqué) dont il rédige la lettre de demande de révision du jugement. Sa posture de spectateur du « désastre inconcevable de [sa] famille entière[17] » combine des mouvements contraires bien orchestrés : « une horreur stupide[18] » quand il comprend que les juges érigent Marc-Antoine en martyr ; et un mouvement d'empathie pour sa mère (« je voulais venir me jeter à vos pieds, et baiser vos chaînes[19] »). Et Voltaire de moduler cette catharsis *ad hoc* au gré des circonstances : appuyant tantôt sur la pitié (il veut « arracher des larmes[20] »), tantôt sur la terreur, comme dans la péroraison du *Traité* : « c'est dans ce temps de tranquillité que le malheur des Calas doit faire une plus grande impression, à peu près comme le tonnerre qui tombe dans la sérénité d'un beau jour[21]. » Ce coup de tonnerre n'est pas sans rappeler le spectaculaire transcendant qu'il cherchait à imposer dans la tragédie, depuis *Sémiramis*[22].

L'affaire Calas réveille aussi le mythe personnel au fondement du théâtre de Voltaire : le parricide. Elle présente un noyau de fanatisme susceptible de s'actualiser dans deux crimes qui, quoiqu'apparemment exclusifs l'un de l'autre, se communiquent leurs énergies paroxystiques : le crime fanatique d'État (l'« assassinat juridique ») et, plus archaïque encore, le parricide qui renvoie aux origines barbares des religions tout en convoquant, via le sacrifice, l'imaginaire tragique.

> Il avait immolé son fils à Dieu, et pensait être fort supérieur à Abraham, car Abraham n'avait fait qu'obéir, mais notre calviniste avait pendu son fils de son propre mouvement, et pour l'acquit de sa conscience[23].

---

16 « Voilà monsieur ce qu'on dit, ce qu'on écrit, et qui remplit tous les étrangers d'indignation et de pitié » (D10389) ; « l'étonnement cesse et la pitié même s'affaiblit » (*Traité sur la tolérance*, éd. René Pomeau, Paris, GF, 1989, p. 31).

17 Voltaire, *Lettre de Donat Calas, Fils de la veuve dame Calas, sa Mère, dans Pièces originales concernant la mort des Sieurs Calas et le jugement rendu à Toulouse*, *OCV*, vol. 56B, p. 158.

18 *Op. cit.*, p. 161.

19 *Op. cit.*, p. 162.

20 D9091.

21 *Traité sur la tolérance*, *op. cit.*, p. 157.

22 Quand l'ombre de Ninus apparaît à la Reine, « *Le tonnerre gronde, et le tombeau parait s'ébranler* ». *Sémiramis*, III, 6, *OCV* vol. 30A, p. 218.

23 D10382.

Alors qu'il croit encore à la culpabilité de Calas, Voltaire se souvient d'Abraham, premier héros tragique français (dans l'*Abraham sacrifiant* de Théodore de Bèze). Une fois persuadé de l'innocence du marchand, Voltaire maintient longtemps l'hypothèse du parricide (« Il y a, d'un côté ou d'un autre, le plus abominable des fanatismes[24] »). Non pas tant par prudence que parce qu'il a conscience de la force émotionnelle que provoque l'idée du meurtre d'un fils pour apostasie. Que le crime soit imaginaire (l'œuvre de juges à la « tête poétique ? ») n'y change rien, au contraire. Le parricide fictif reporte sa charge horrifique sur le fanatisme des juges. On sait, justement, que Voltaire tentera, avec les *Guèbres* puis les *Lois de Minos*, de tenir ensemble, pour les besoins du tragique, le sacrifice juridique et le risque du parricide[25]. On peut s'interroger sur la façon dont il aurait exploité, dans une pièce sur les Calas, un parricide scéniquement assez ténu, (puisqu'il n'existe que dans le mensonge du peuple et des juges) mais rhétoriquement intéressant (l'acte barbare forgé par le discours du barbare, quelque chose de l'ordre du mensonge de Phèdre).

UNE TRAGÉDIE BOURGEOISE

Défenseur d'un honnête marchand de draps, le dramaturge des Calas se serait forcément confronté à la question de la tragédie bourgeoise et à cet espace théâtral intermédiaire ouvert avec la comédie larmoyante de Nivelle de La Chaussée et creusé davantage avec le drame diderotien. On sait que si Voltaire s'est tourné vers ces voies nouvelles, c'est en praticien attentif aux exigences du public, mais bien décidé à maintenir la hiérarchie classique des genres. Certes, les pièces de la décennie 1760, comme *L'Écossaise*[26] ou *Socrate*[27], traduisent une inflexion vers une dramaturgie bourgeoise. Mais

24 D10564. Voir aussi D10394, D10571 et D10573 et encore le *Traité sur la tolérance*, *op. cit.*, p. 40.

25 *Les Guèbres* (1768), *OCV* vol. 66. *Les lois de Minos* (1771-1773), *OCV* vol. 73. Iradan et Teucer, les deux héros respectifs, qui répugnent à livrer la victime innocente aux bourreaux religieux, apprennent, à la suite de reconnaissances, qu'il s'agit de leurs propres enfants.

26 *L'Écossaise* (1760), *OCV*, vol. 50.

27 *Socrate, ouvrage dramatique* (1759-1761), *OCV*, vol. 49B, p. 267-345.

ces hommages au drame en sont aussi des subversions : respectivement par l'introduction d'un humour qui « mine le sérieux du drame[28] », et par le franc burlesque qui détruit le *Socrate* sublime et pathétique qu'avait esquissé Diderot[29]. Autrement dit, si on peut aisément imaginer la dramaturgie pathétique et sensible d'un *Calas* de Voltaire (conforme aux pièces ultérieures sur Calas), si on conçoit comment l'auteur de la tendre *Zaïre* aurait pu mériter, lui aussi, le jugement d'un critique du *Jean Calas* de Chénier, formulé par un vers de la pièce (« Il est attendrissant, mais il n'est pas horrible[30] »), on le voit mal en revanche renoncer à être « plaisant[31] ». Mais peut-on imaginer du comique, fût-il digne de la haute comédie, dans l'intrigue des Calas, qu'il ne cesse de qualifier d'affreuse ? Difficile, même si une voie restait possible – déjà expérimentée avec l'Anitus du *Socrate* : la ridiculisation des magistrats.

Si Voltaire refuse sur la scène la sensibilité sans mélange du drame, il l'applique dans ses écrits sur les Calas, où l'on pleure successivement sur le Père de famille « innocent » (« le plus beau des hommes et le meilleur des pères[32] »), sur la mère (« la plus vertueuse mère réduite à l'état le plus horrible[33] ») et l'enfant (Donat) dont les larmes innocentes sont d'ailleurs le frisson qui le décide à s'engager. Un frisson qu'il tente de communiquer à ses destinataires, comme Choiseul devant qui il joue, avec Pierre Calas, l'autre fils, « le plus sincèrement du monde, une scène de drame larmoyant » rapportée par Tronchin[34]. Ainsi, c'est dans les méandres de la littérature militante qu'on trouve, esquissée en pointillées, la tragédie bourgeoise que Voltaire n'a pas écrite.

---

28 P. Frantz, « Introduction », dans Voltaire, *Théâtre complet*, t. 1, Paris, Classiques Garnier, 2019, p. 19.

29 R. Goulbourne, *Voltaire Comic Dramatist*, *SVEC*, 2006:03, p. 198-203.

30 Cité par T. Julian, « "Les feux couverts d'une cendre trompeuse". Blessures et hantises de l'histoire nationale dans le théâtre révolutionnaire », dans *La Mémoire de la blessure au théâtre*, I. Ligier-Degauque et A. Teulade (dir.), Rennes, PUR, 2018, p. 113.

31 « J'aime à m'attendrir à la comédie, pourvu qu'il y ait du plaisant » (D8946) Ou encore : « Je conviens que l'intérêt et le pathétique ne gâtent rien, mais sans comique, point de salut. Une comédie ou il n'y a rien de plaisant n'est qu'un sot monstre : j'aime cent fois mieux un opéra-comique que toutes vos fades pièces de La Chaussée. J'étranglerais Mademoiselle Dufresne pour avoir introduit ce misérable goût de tragédie bourgeoise, qui est le recours des auteurs sans génie. » (D10289).

32 D10391.

33 D10552.

34 E. H. Gaullieur, *Anecdotes inédites sur Voltaire racontées par François Tronchin*, *Étrennes nationales*, 3e année, Genève, 1855, p. 206.

UNE TRAGÉDIE-PAMPHLET

Une telle tragédie aurait pourtant pu trouver sa place parmi les expérimentations théâtrales de cette période : *L'Écossaise*, *Socrate*, *Saül*, autant de tentatives pour adapter les potentialités nouvelles du drame aux polémiques désormais ouvertes avec les partis religieux et antiphilosophiques. *Socrate* veut « écraser » (quelques mois avant « l'Infâme ») « les ennemis » des philosophes[35] ; dans *Saül*[36] (qui sera sous-titré « drame ») c'est l'offensive exégético-satirique de la Bible entreprise avec le *Sermon des cinquante* qui déborde sur la scène. On croirait voir le *Dictionnaire philosophique* s'animer. Avec *L'Écossaise*, la scène, ouverte sur l'actualité, devenait le « tribunal public » où « traîner les ennemis » de la cause des Lumières[37]. L'espace théâtral préparait le cri public, resté si célèbre, que Voltaire lancera deux ans plus tard pour les Calas.

Alors, à bien considérer cette période d'expérimentation intense où la plasticité du drame semble servir d'instrument à Voltaire pour frapper plus directement, on se plaît à imaginer une *tragédie des Calas*, qui aurait creusé ces mêmes sillons. Elle aurait nécessairement bousculé un peu plus les équilibres classiques, tout en provoquant plus violemment les institutions.

LES GUÈBRES OU CALAS SUR LES PLANCHES

Au fond, si Voltaire n'a jamais écrit le drame des Calas, dont tous les éléments semblent diffus sous sa plume de pamphlétaire et d'épistolier, c'est parce que le tragédien s'y est pris autrement, en transposant l'actualité brûlante dans une forme expérimentale, à même de déjouer la censure, mais aussi plus conforme à ses convictions dramaturgiques :

35 Dans l'Avertissement à *L'Écossaise*, (*op. cit.*, p. 354), Voltaire rappelle la cible à « écraser » : « Les Anitus et les Mélitus » écho aux allégories militantes de son *Socrate* où Anitus incarne le Juge Omer Joly de Fleury, à l'origine de la condamnation de *L'Encyclopédie*.

36 *Saül* (1762), *OCV.* vol 56A, p. 325-457.

37 Avertissement à *L'Écossaise*, *op. cit.*, p. 353.

ce sera la tragédie des *Guèbres*. Le combat pour la *tolérance* (c'est son sous-titre) s'y livre directement sur les planches, orienté par un discours liminaire qui renvoie explicitement à l'affaire, aux « plus absurdes délations [qui deviennent] des convictions ; [à] une secte [qui accuse] continuellement une autre secte d'immoler ses enfants[38] ». Ce n'est sans doute pas un hasard si la pièce, très imprégnée du contexte de l'affaire, est aussi la première et la seule véritable tentative de tragédie bourgeoise de Voltaire. Une tragédie « plus que bourgeoise[39] » (expression géniale qui signifie tout autant l'expérimentation ultime dans la voie nouvelle que le maintien de la dignité tragique, par le double éloignement temporel et géographique[40]).

Remarquons simplement ici qu'au-delà de l'intrigue et du message, c'est dans l'énergie que déploie un vieillard de 75 ans dans plus de 130 lettres pour défendre sa pièce et la faire jouer, qu'il faut chercher les échos les plus forts avec l'affaire Calas… C'est le même cri lancé, d'un côté pour la publicité du procès (« Criez et qu'on crie[41] ») de l'autre pour la publicité de la pièce (« voyez que de raisons pour crier en faveur des *Guèbres*[42] »). Ce cri, par lequel bien souvent on a défini Voltaire, n'oublions pas que c'est aussi celui du tragédien, persuadé qu'en diffusant sa pièce, il remporterait une victoire, peut-être plus grande encore que celle du procès des Calas, sur le fanatisme et l'intolérance.

Fabrice MOULIN
Université Paris Nanterre, CSLF

38 Voltaire, *Discours historique et critique à l'occasion de la tragédie des Guèbres*, *OCV*, vol. 66, p. 518.

39 Lettre du 14 août 1768 à D'argental.

40 L'identification du public avec un personnel tiré de « l'ordre commun » (un « jardinier », une jeune paysanne, un petit officier, un « simple soldat »…) – qui va dans le sens d'une esthétique des conditions propre au drame, est tempérée par la transposition de l'intrigue dans la lointaine antiquité perse. Voir *Discours historique et critique…* p. 501.

41 D10406.

42 D15832.

LE SPECTACLE DANS UN FAUTEUIL VOLTAIRE

Théâtralisations critiques des Lumières irréligieuses

On voudrait isoler quelques cas particuliers d'un objet qui n'a pas reçu d'attention systématique : il s'agit de ces pièces de théâtre presqu'inclassables qui n'ont pas eu nécessairement vocation à être représentées mais qui, à l'époque des Lumières, assurent une fonction critique originale, que ce soit dans le domaine politique, social, religieux ou moral, voire esthétique. Il y a lieu de préciser les contours de ce théâtre qui sort des cadres habituels de la représentation à l'époque classique. Formes qui devancent le « spectacle dans un fauteuil » de Musset, ces « théâtralisations critiques », selon l'heureuse expression proposée par Pierre Frantz[1], jouent souvent de la subversion et des marges. Il y a là tout un ensemble de textes qui usent du théâtre, de la forme théâtrale, pleinement ou partiellement exploitée, classiquement ou originalement mise en œuvre. Ces pièces offrent un théâtre à lire qui est aussi un théâtre de la pensée.

Quelques titres ont été récemment exhumés et ont bénéficié d'une attention voire d'une édition critiques. Ils permettent de cerner l'importance comme la variété de ce théâtre à part. Martine de Rougemont, en éditant ce qu'elle appelait des « Paradrames[2] », a souligné l'intérêt de ces mises en scène polémiques sur les querelles théoriques internes au théâtre, singulièrement quand émerge l'esthétique du « drame ». Martial Poirson, dans une enquête plus large, a mis en avant l'importance du

---

1 À l'occasion de la journée d'études « Théâtralisations critiques à l'époque des Lumières. Quand le théâtre donne forme aux idées » (org. A. Sandrier, Université Paris Nanterre, 13/01/2012). Notre étude dégage les enseignements de cette rencontre à laquelle ont également participé Thomas Wynn, Sophie Marchand, Russel Goulbourne, Christian Biet et Martial Poirson.

2 Voir *Paradrames, Parodies du drame. 1775-1777*, éd. M. de Rougemont, Saint-Étienne, Saint-Étienne, PUSE, 1998.

théâtre allégorique et plus particulièrement des « comédies à audience » pour explorer les modalités critiques du théâtre classique s'interrogeant autant sur ses ressorts dramatiques que sur ses conséquenes politiques[3]. D'un autre point de vue, *François II* (1747) du président Hénault, édité par Thomas Wynn[4], relève d'un théâtre à lire proprement politique faisant entendre des interrogations qui ne sont pas acceptables sur la scène publique parce qu'elles font affleurer un moment de faiblesse du régime pris dans la tourmente des guerres de religion. La lignée se poursuit et nous mène, en étendant son domaine et sa leçon à l'échelle européenne, jusqu'au *Portrait de Philippe II, roi d'Espagne* (1785) de Mercier, étudié par Pierre Frantz. Évidemment, il n'y a pas besoin d'insister sur le caractère « irreprésentable » officiellement de la sexualité sur la scène, qui pose à sa façon la question des « mœurs » : on peut penser, par exemple, aux *Plaisirs du cloître* (1773), qui, selon l'auteur resté inconnu, n'a pu être représenté, faute d'« acteurs d'une certaine force ». On comprend aisément pourquoi : cette comédie de théâtre de société décrit l'initiation sexuelle de Sœur Agathe, une religieuse novice. On joue ici de l'imaginaire érotique de l'enfermement et la pièce s'attache plutôt à l'exacerbation du désir en huis-clos qu'à la condamnation de la répression conventuelle. Elle relève davantage du « théâtre érotique » des Lumières[5] pour un public privilégié aimant s'encanailler que d'un théâtre antireligieux. Cependant la question religieuse, et, avec elle, la critique religieuse affleurent plus nettement dans certaines pièces, et ce sont elles qui vont nous retenir dorénavant.

Avant d'en venir à la veine antireligieuse, il ne faudrait pas négliger les critiques internes aux positions religieuses dans leur éclatement partisan, dont les Lumières ont été prodigues. Ce sont des témoins précieux d'une crise du religieux qui se joue sur plusieurs fronts, et dont le versant

3 M. Poirson, *Les Audiences de Thalie. La comédie all*égorique, théâtre des idées à l'âge classique, Paris, Classiques Garnier, 2013.

4 Voir Ch.-J.-F. Hénault, *François II, roi de France*, éd. Thomas Wynn, Londres, Modern Humanities Research Association, 2006.

5 On trouvera d'ailleurs *Les Plaisirs du cloître* dans le volume du *Théâtre érotique français du XVIIIe siècle*, éd. J.-J. Pauvert, Paris, Terrain Vague, 1993. On peut se reporter également à l'édition de Thomas Wynn : Delisle de Sales, *Théâtre d'amour* & Baculard d'Arnaud, *L'Art de foutre, ou Paris foutant*, éd. T. Wynn, Londres, Modern Humanities Research Association, 2011.

irréligieux ne constitue qu'une des composantes. Un cas intéressant est la production dramatique du jésuite Bougeant[6]. Ce critique inlassable et pugnace des positions jansénistes a utilisé la forme théâtrale pour se moquer de ses adversaires. Il a en particulier produit une série de pièces prenant pour cible la piété janséniste, montrée comme délétère pour les mœurs, en visant plus précisément la crédulité envers les miracles dont les jansénistes les plus extrêmes se disent favorisés. Entre 1730 et 1733, il publie coup sur coup, *La Femme Docteur, ou la théologie tombée en quenouille* (1730), dont l'intrigue est un mélange des *Femmes savantes* et du *Tartuffe* ; *Le Saint déniché ou la banqueroute des marchands de miracles* (1732) ; puis la *Suite de la Femme docteur* qui porte aussi le titre de *La Femme docteur vengée ou le théologien logé à Bicêtre* (1733) et enfin *Arlequin janséniste ou critique de La Femme docteur*, dans le registre métathéatral. Même si nous sommes dans un théâtre polémique qui relève sans nul doute davantage de la lecture que de la représentation, la prise en compte de la composante scénique, c'est-à-dire finalement la plénitude de l'aspect spectaculaire du théâtre, est une des dimensions essentielles de la démarche critique de ces pièces. C'est un théâtre, qui, frappé d'interdit de représentation officielle par son caractère trop ostensiblement polémique, réfléchit, dans l'économie même de l'écriture, les conditions de la représentation, en tant qu'elle est aussi la clé de lecture du phénomène miraculeux. Pour le dire autrement, le modèle théâtral, notamment dans *Le Saint déniché ou la banqueroute des marchands de miracles*, s'il déréalise le débat d'idées sur les miracles, en en faisant un prétexte à divertissement, une variation fictive, le réalise aussi pleinement en ce qu'il souligne, et donc rend sensibles et compréhensibles les composantes foncièrement théâtrales du phénomène tel qu'il se développe dans l'opinion. Bref, les miracles sont du mauvais théâtre, qui joue bassement de l'illusion consentie d'une population prévenue[7].

Les critiques frontales des religions révélées épargnent encore moins les miracles, phénomène « spectaculaire » par excellence. On peut distinguer trois cas remarquables de critique religieuse par le

6 Voir en particulier F. Lotterie, « De la cause de Dieu à la cause de la littérature : les usages de la controverse sur l'Unigenitus dans les comédies anti-jansénistes du père Bougeant (1730-1732) », *Littérature de contestation : pamphlets et polémiques du règne de Louis XIV aux Lumières*, éd. P. Bonnet, Paris, Éditions le Manuscrit, 2011, p. 351-377.

7 Pour une étude de ces pièces, je me permets de renvoyer à A. Sandrier, *Les Lumières du miracle*, Paris, Classiques Garnier, 2015, p. 414-423.

théâtre[8] : mentionnons brièvement l'une d'entre elles, *La Religion*, une allégorie anonyme de 1764 en cinq actes et en prose[9]. On surprend donc à Rome la Religion avec sa cour : elle a pour conseillers principaux, le Fanatisme, la Cruauté et surtout l'Imbécillité, mère de la Crédulité. L'allégorie pourrait être pesante, mais si elle est en effet un peu bavarde, elle est portée par une atmosphère de complot qui joue de toutes les ressources de la parodie. À quoi s'ajoute une intrigue sentimentale, l'Imbécillité voulant marier, sans l'aval de la Religion, sa fille au Fanatisme : cela pimente d'un zeste d'érotisme cette allégorie toute à la gloire de la très sérieuse Philosophie. Car c'est elle qui terrorise la Religion et lui fait craindre pour sa vie. Avec raison : il ne faudra rien moins que, sur l'injonction de la Philosophie, l'apparition sur scène de Dieu, le vrai, celui des déistes, pour confondre le ridicule expédient que la Religion a cru pouvoir lui opposer en mettant médiocrement en scène le miracle du retour de Jésus sur terre. La représentation du miracle fait un four. Autre métaphore sur le théâtre par le théâtre, jusqu'au paradoxe : la Philosophie use d'un *Deus ex machina* pour révéler l'illusion toute théâtrale que voulait entretenir la Religion.

Pour boucler ce bref tour d'horizon, on ne s'étonnera pas de trouver une illustration flamboyante de la veine déiste et antichrétienne des pièces précédentes directement sous la plume de Voltaire : *Saül* apparaît ainsi comme le point focal de ce modèle théâtral singulier[10]. Voltaire y résume en prose et en cinq actes aux scènes suggestives le récit biblique des vies des rois Saül et David. Jamais il ne s'est laissé aller à un tel déversement de fantasmes sur la scène, comme si son exaspération devant la Révélation ne pouvait se traduire que par un imaginaire baroque et chaotique où les passions les plus sanglantes, les pulsions les plus archaïques se donnent en un spectacle tout à la fois révoltant et fascinant. Il n'y a guère que *La*

8 Voir *Le théâtre de l'incrédulité. Trois pièces manuscrites des Lumières irréligieuses*, éd. A. Sandrier, préf. P. Frantz, Paris, Classiques-Garnier, 2012. L'édition regroupe : *La Religion* (1764, d'après le manuscrit 4336 de la Bibliothèque Sainte-Geneviève) ; Duclos, *La Mort de Mardi-gras* (1737, d'après le manuscrit 4004 de la Bibliothèque Mazarine) ; *L'Embrasement de Sodome* (d'après le manuscrit 9405 de la Bibliothèque de l'Arsenal).

9 Je synthétise des développements et les analyses de l'introduction du *Théâtre de l'incrédulité*, *op. cit.* (p. 11-34), à laquelle je renvoie pour les données bibliographiques.

10 Voir l'édition critique de *Saül* par M.-H. Cotoni et H. Lagrave dans Œuvres complètes de Voltaire, Oxford, Voltaire Foundation, t. 56A, 2001.

Pucelle qui offre une telle liberté de ton : mais c'est que la parodie épique autorise les plus grands débordements, et que l'exercice libertin se tient volontairement à distance des exigences du strict bon ton. L'ironie et l'irrévérence jouent au badinage iconoclaste. Avec *Saül* la parodie ne fait même pas rire, et le libertinage se révèle ridicule et scandaleux. On vire à l'humour noir, qui ne peut ici bénéficier de l'effet déréalisant de la fable, comme avec *Candide*. Cette exaspération et cette rage irréligieuses font sortir l'écriture de Voltaire de ses gonds : aucun des préceptes cardinaux du classicisme n'est respecté[11]. Ni bienséance, ni vraisemblance, ni unités de temps, de lieu ou d'action : Voltaire a dû considérer que la matière qu'il manipulait, pleine des outrances épiques de la Bible, ne pouvait entrer dans le cadre policé de la scène à la française. Mieux même : la barbarie esthétique est la seule réponse possible à la barbarie que relate l'intrigue.

À ce titre, *Saül* est bien un hapax voltairien. Cette singularité, il la doit avant tout à son statut original dans la lutte de Voltaire contre « l'Infâme ». Écrit en 1761, publié dès 1763 après une phase de diffusion exclusivement manuscrite, *Saül* se voit bientôt éclipsé par le scandale retentissant et d'une tout autre ampleur du *Dictionnaire philosophique* en 1764. Pourtant c'est la même inspiration qui les unit, celle qui ausculte inlassablement la Bible, et particulièrement l'Ancien Testament, pour surprendre sans répit les marques de cruauté, de fanatisme, l'absence de mœurs et de culture. *Saül* apparaît ainsi, autant que les pièces anti-religieuses que nous avons évoquées, comme une espèce de « manuscrit philosophique clandestin » dramatique[12]. On le trouve ainsi en tête de *L'Évangile de la raison* que Voltaire édite en 1764 où il précède les parodies ou critiques de discours bibliques et religieux (*Catéchisme de l'honnête homme, Sermon des cinquante*, mais aussi le *Testament* de Jean Meslier relu et corrigé, *Le Vicaire savoyard* de Rousseau et l'*Examen de la religion* de Dumarsais). Il fait également partie de recueils factices manuscrits des années 1760, au milieu des valeurs sûres de l'irréligion, notamment le recueil 1192 de la Bibliothèque Mazarine. Avec un tel voisinage, le genre

11 Voir M.-H. Cotoni, « Une Tragédie de Voltaire en marge de toute règle : *Saül* », dans *Marginalité et littérature : hommage à Christine Martineau-Génieys*, M. Accarie, J.-G. Gouttebroze, É. Kotler (dir.), Paris/Nice-Sophia Antipolis, ILF-CNRS/Presses Universitaires de Nice, 2001, p. 407-421.

12 Pour une comparaison suivie, je me permets de renvoyer à mon étude, « "si j'avais fait *L'Embrasement de Sodome*" : Voltaire et le théâtre manuscrit de la philosophie clandestine », *Revue Voltaire*, n° 8, Paris, 2008, p. 49-65.

de *Saül* tend à passer au second plan : on y voit moins une pièce de théâtre qu'un pamphlet irréligieux qui prend le costume de la scène. On aurait pourtant tort de mettre la dimension théâtrale en retrait. Ne serait-ce que parce que ce texte, aussi injouable puisse-t-il paraître, aurait été représenté une fois à la cour de Frédéric II. Mais surtout la forme théâtrale est indissociable de la portée de l'œuvre : il s'agit bien ici de donner à voir, d'exposer, même sur une scène qui reste virtuelle, le spectacle cocasse d'une histoire trop révérée. Le récit biblique accuse son ridicule en passant l'épreuve de la scène : son pouvoir attractif, la vénéneuse et vulgaire puissance des images qu'il véhicule dénoncent l'autorité qu'on lui accorde. L'illusion du théâtre, qui est aussi sa magie, agit en retour sur la lecture qu'on fait de la Bible : et de souligner l'indigne illusion à laquelle nous cédons en prenant littéralement ce monstrueux montage de scènes grand-guignolesques où la rhétorique la plus emphatique a masqué la misère d'une civilisation médiocre. L'ambition de *Saül* est là : ne pas être dupe du texte biblique en le portant sur une autre scène.

Pour apprécier ce théâtre, il faut considérer sa postérité. Il est indubitable que la Révolution a permis une expression sans précédent de ce que l'Ancien Régime confinait dans l'ombre. Les productions que nous venons d'évoquer, élaborées dans et pour un milieu où la confidentialité et le secret sont de mise, se voient bien vite dépassées par la violence et la publicité qu'opère « la déchristianisation sur les planches[13]. » Les héritiers de *Saül*, de *L'Embrasement de Sodome* ou de *La Religion*, n'utilisent plus les mêmes armes et n'appartiennent plus au même monde : ils s'appellent désormais *La Journée du Vatican ou le Mariage du Pape* (1790, attribué à Giraud), *La Fable du Christ dévoilée* (1794), ou *Le Jugement dernier des rois* (1793) de l'athée Sylvain Maréchal.

Alain SANDRIER
Université de Caen Normandie

13 C'est le sous-titre du très intéressant volume de S. J. Bérard, *Le Théâtre révolutionnaire de 1789 à 1794. La déchristianisation sur les planches* (Nanterre, Presses universitaires de Paris Ouest, 2009), qui contient les éditions de *L'Office du Mort*, de *La Journée du Vatican* et du *Tombeau des Imposteurs*.

QUATRIÈME PARTIE

OUVERTURES

LE THÉÂTRE HORS DU THÉÂTRE

LES THÉÂTRES DE SAINT-SIMON

Saint-Simon, si l'on en croit ses *Mémoires*, ne semble pas avoir assidûment fréquenté les théâtres. Dans la chronique de 1718, il se décrit comme traîné à contre-cœur par le Régent à l'Opéra, malgré tout ce que le futur mémorialiste peut, à son habitude, lui « représenter[1] » pour échapper à ce calvaire : il entre dans cette répugnance un certain sens du ridicule d'offrir au public le spectacle d'une conversation politique dans un contexte complètement incongru, mais pas seulement, car au passage, Saint-Simon insiste sur l'absurdité de sa simple présence dans un tel lieu, étant tout sauf ce qu'il appelle « un homme de spectacles[2] ». On a souvent remarqué la faible importance attachée par Saint-Simon dans sa chronique à la vie artistique et littéraire de son époque, et j'ai moi-même insisté sur ce point[3]. Le théâtre ne fait nullement exception. Parmi les innombrables faits recensés par le mémorialiste, très peu ont un rapport quelconque avec le théâtre, aucun, sauf erreur de ma part, avec le théâtre *pour lui-même*, en tant que producteur d'événements dignes d'attirer son attention. Pour donner quelques exemples frappants, l'anecdote sur les comédiens italiens chassés par Louis XIV en 1696 n'est mentionnée que comme illustration de la brutalité avec laquelle le pouvoir réprime toute atteinte à l'image de Madame de Maintenon, et la version plus ancienne des *Additions* de la même anecdote, en égratignant au passage les comédiens sur leurs mœurs, met encore mieux en évidence cette logique :

1 Toutes les citations des *Mémoires* seront données dans l'édition d'Yves Coirault, Paris, Gallimard, coll. « Bibliothèque de la Pléiade », 1983-1988, ici VI, 221.

2 *Ibid.* « moi, qui n'étais pas un homme de spectacles ». Ce type de définition négative de Saint-Simon par lui-même est un fait spectaculaire des *Mémoires*, comme dans le passage extraordinaire où il se décrit, en VII, 749, comme « antipode si déclaré de la bâtardise ».

3 Voir *Le Discours de vérité dans les* Mémoires *de Saint-Simon*, Paris, Honoré Champion, 2009, p. 66. Comme je le remarque, Adolphe Chéruel avait autrefois fait la même remarque, pour s'en indigner !

> Ces Comédiens italiens, fort bons, mais fort licencieux, avaient été soufferts jusqu'à une pièce où ils furent assez fous pour jouer Madame de Maintenon, et dans l'instant leur affaire fut faite[4].

Certes, Saint-Simon juge « fort bons » les comédiens – ce qui laisse supposer qu'il a pu apprécier leur talent *en personne*, et il est amusant de remarquer que, dans la version des *Mémoires*, il ne reste absolument rien de ce jugement de valeur[5] – mais la phrase est construite pour mettre en valeur sa chute : de ces comédiens immoraux on supporte tout, sauf qu'ils s'attaquent à l'épouse morganatique du roi. La célébrissime anecdote sur la disgrâce de Racine, racontée à l'occasion de sa mort en 1699[6], relève d'une logique comparable, puisqu'elle raconte comment l'étourdi s'est (prétendument[7]) attiré la colère du roi en prononçant, lors d'une discussion portant justement sur la « comédie », le nom de Scarron devant le monarque et sa compagne. Je n'insiste pas là-dessus, mais pour le reste Racine, dans la chronique, est moins présent comme auteur de théâtre que comme auxiliaire du maréchal-duc de Luxembourg dans son procès de préséance contre une multitude de ducs et pairs, dont Saint-Simon, et le fait qu'il ait prêté les grâces de sa plume à son ennemi est resté en travers de la gorge du mémorialiste, qui lui accorde beaucoup plus d'importance qu'à ses « belles pièces de théâtre[8] », dont il parle avec quelque-chose d'intermédiaire entre l'indifférence, la froideur, et la condescendance. En ce qui concerne Molière, qui ne fait que de rarissimes apparitions dans la chronique (et pour cause, il est mort dix-huit ans avant la période qu'elle relate !), Saint-Simon semble plus intéressé par les ragots qui ont pu courir sur les modèles dans la réalité (réels ou prétendus) de ses personnages que par les pièces elles-mêmes. Roquette, évêque d'Autun, est ainsi présenté comme l'original du Tartuffe sans l'ombre d'un doute : « C'est sur lui que Molière prit son Tartuffe, et personne ne s'y méprit[9] ». À propos du *Misanthrope*, une anecdote

4 I, 1067 pour la version des *Additions*. Celle des *Mémoires* se trouve en I, 385.

5 Comme s'il avait senti que c'était déjà trop laisser « transpirer » de son intérêt pour la question…

6 I, 610.

7 L'anecdote est fausse : voir M. Hersant, *Le Discours de vérité dans les* Mémoires *de Saint-Simon*, Paris, Honoré Champion, 2009, p. 507-530.

8 I, 609.

9 II, 867.

est racontée à plusieurs reprises par Saint-Simon, dans les *Additions* au Journal de Dangeau et dans les *Notes sur tous les duchés-pairies*[10], qu'il a cependant omis de reprendre, comme c'est assez souvent le cas, dans son *opus magnum* : dans ses grandes lignes, l'histoire est la même ; à peine le *Misanthrope*, pièce qui « fit grand bruit[11] », rendu public, tout le monde « reconnaît » dans le duc de Montausier, gouverneur du dauphin, l'original d'Alceste. Celui-ci, qui n'a pas vu la pièce, fou de rage et pensant être moqué, songe à faire bastonner le grand comique. Mais la pièce est jouée (à *Saint-Germain*, dit le texte de la *Note*[12]) devant la cour, et la présence de Monseigneur rend obligatoire celle de son gouverneur, qui se rend à reculons à la représentation. Or, en voyant la pièce, Montausier change complètement d'avis, s'extasie sur le personnage d'Alceste qu'il perçoit comme un modèle de vertu et de vérité, et il va, dans la version de la *Note*, encore plus aboutie et plus raffinée que celle des *Additions*, et qui est un minuscule chef-d'œuvre en lui-même[13], jusqu'à inviter Molière à souper avec lui en se répandant en remerciements et en flatteries ! Ce sur quoi Saint-Simon s'attarde alors, c'est sur le contraste entre cette invitation excessivement vertueuse (Montausier a une solide réputation de dévot) et les « roués » avec lesquels Molière est, selon Saint-Simon, habitué à dîner – ce qui est une pique de plus sur l'immoralité des gens de théâtre. Je passe rapidement là-dessus, mais l'anecdote est aussi intéressante en ce qu'elle nous place face à deux interprétations de la pièce de Molière qui continuent, plusieurs siècles plus tard, à diviser, à tort ou à raison, critiques et metteurs en scène : Saint-Simon ne prend pas parti, mais la réaction de Montausier semble suggérer qu'il a été possible de comprendre le personnage d'Alceste, en le voyant représenté sur la scène, autrement que comme une figure de l'outrance et du ridicule.

Lorsque Saint-Simon signale le goût pour la « comédie », généralement couplé à celui pour le roman, d'un des personnages qui défilent dans son œuvre, c'est presque toujours pour pointer son immoralité, sa participation à la décadence généralisée qui marque son époque. L'exemple par excellence de ce lien entre théâtre et dépravation est la duchesse

10 Dans la décennie qui précède la rédaction de la version définitive des *Mémoires*, donc.

11 I, 1127, dans les *Additions*.

12 *Écrits inédits de Saint-Simon*, publiés par P. Faugère, Paris, Hachette, 1880-1893, 8 vol. VI, p. 317-319 pour l'anecdote entière, ici p. 318.

13 Voir l'annexe.

du Maine, princesse de Condé souillée, selon le mémorialiste, par son mariage avec un fils bâtard de Louis XIV et de Mme de Montespan, et qui a fait totalement sienne la cause de son époux… et de la « bâtardise » en général dont elle est un défenseur acharné. Une fausseté essentielle qui détermine la totalité de son être explique sa passion pour le théâtre : dans un passage, elle est décrite avec mépris comme une « héroïne de roman, farcie de pièces de théâtre[14] » et qui « ne parlait que leur langage », dont on comprend qu'il est le contraire parfait de la vérité ; dans un autre, beaucoup plus tôt dans les *Mémoires*, où son portrait est fait directement en lien avec celui de son mari, elle est présentée comme une femme « dont l'esprit, et elle en avait aussi infiniment, avait achevé de se gâter et de se corrompre par la lecture des romans et des pièces de théâtre, dans les passions desquelles elle s'abandonnait tellement qu'elle a passé des années à les apprendre par cœur, et à les jouer publiquement elle-même[15] ». Cette dernière occupation ne semble évidemment pas, pour Saint-Simon, digne d'une dame d'un tel rang, participant plutôt de l'atmosphère de décadence, pour ne pas dire de pourriture, qu'il associe à la cour de Sceaux. Villars, autre bête noire du mémorialiste, est un « répertoire de romans, de comédies et d'opéras dont il citait à tout propos des bribes, même aux conférences les plus sérieuses[16] », et sa passion pour ces « infâmies » est en rapport étroit avec le mensonge absolu que constitue son existence entière. La verve avec laquelle Saint-Simon exprime son dégoût ne fait pas oublier ses œillères en matière de « spectacles » : il aurait été horrifié par la plupart des idées de Rousseau[17], mais certainement pas par ses attaques du théâtre et des comédiens.

Voici pour le théâtre réel, qui occupe, on le voit, une place fort modeste dans l'œuvre, qui le juge (sur le plan conscient, celui des « valeurs » officielles du duc et pair) un sujet indigne d'elle : mais il y aussi le théâtre *en figure*, présent à travers deux motifs différents : celui, archi-topique, du théâtre du monde, qui ne me retiendra pas ici, et qui n'a d'ailleurs d'intérêt profond que lorsque le regard prédateur de Saint-Simon le fait voler en éclats ; celui, topique aussi si l'on veut, mais beaucoup plus intéressant pour comprendre le projet de Saint-Simon écrivain, de l'œuvre

14 VII, 363.
15 II, 939.
16 II, 253.
17 Qui publie son second discours l'année de sa mort.

elle-même comme espace « quasi-théâtral » de représentation de la réalité. Saint-Simon en effet a beau parler avec dédain du théâtre, lorsqu'il veut expliquer l'originalité de sa démarche d'écriture et rendre compte de la puissance avec laquelle il a voulu, pour son très hypothétique lecteur, et en attendant pour lui-même, ressusciter le passé, ce sont des images théâtrales qui viennent tout naturellement sous sa plume. Le passage le plus célèbre et le plus significatif se trouve dans la préface de l'œuvre, ce texte émouvant et singulier écrit par Saint-Simon en 1743 et dans lequel, profondément éprouvé par la mort de son épouse, il tente de justifier son entreprise et de renouer avec elle, alors qu'il venait de la laisser pendant plusieurs mois dans un mélancolique abandon. Opposant l'histoire « générale » à une « histoire particulière[18] » dont il se veut un représentant exemplaire, Saint-Simon distingue cette dernière par une dimension « visuelle », l'idée étant qu'il a tenté par écrit de propulser le lecteur dans le passé et de lui « donner à voir », justement comme sur une scène de théâtre, les événements qu'il relate. Cette histoire, écrit-il,

> doit être beaucoup plus étendue en détails et en circonstances, et avoir pour but de mettre son lecteur au milieu des acteurs de tout ce qu'il raconte, en sorte qu'il croie moins lire une histoire ou des mémoires, qu'être lui-même dans le secret de tout ce qui lui est représenté, et spectateur de tout ce qui lui est raconté[19].

L'idée est d'une grande netteté : le texte doit se faire oublier en tant que texte, le récit en tant que récit, l'énonciation elle-même doit comme anéantir sa visibilité comme acte, et le langage même par lequel le mémorialiste recrée le passé s'annuler lui-même dans la perception quasi-visuelle d'éléments référentiels « projetés » sur une scène imaginaire, intérieure. Le lecteur ne « lit » pas, il *voit*, ou *croit voir* (dans un effet quasi hallucinatoire lié à la puissance expressive du verbe) le monde du passé défiler sous ses yeux à travers une succession de scènes concrètes faites de descriptions, d'éléments gestuels, de mimiques, de reconstitutions de discours rapportés ou inventés, d'intonations, etc. Il ne s'agit à vrai dire même pas d'un « comme si » rhétorique (et pour cette raison la figure de l'hypotypose peut paraître une compréhension réductrice

18 Qui porte sur des événements contemporains de la vie de l'historien lui-même, par opposition à la précédente.

19 I, 6.

du texte de Saint-Simon : elle intervient, bien sûr, mais elle n'est pas le « tout » de cette transmutation de la diction en « projection » pour utiliser à nouveau une image cinématographique). La transformation du lecteur en spectateur est présentée comme le résultat d'un pouvoir de résurrection de l'œuvre, et comme une victoire éclatante de l'écrivain. La métaphore du théâtre devient un élément d'évaluation positive d'une « histoire particulière » allant jusqu'au bout de sa logique, et le théâtre, qui semblait diabolisé par Saint-Simon lorsqu'il l'envisageait à travers ses préjugés de bigot, devient ici le *modèle* de l'effet qu'il cherche à obtenir sur son lecteur, lorsque c'est le formidable créateur des *Mémoires* qui a la parole, et non le duc et pair conservateur et moralisateur, si on peut accorder encore un quelconque crédit à une telle romantique et proustienne distinction.

Saint-Simon, d'ailleurs, était-il moins « farci » de pièces de théâtre que la duchesse du Maine ? On peut en douter en s'émerveillant à la lecture des *Notes*, des *Additions* ou des *Mémoires* d'un sens du comique exceptionnel qui semble souvent chercher à rivaliser avec Molière en personne[20] aussi bien que de moments pathétiques où la critique a voulu voir, peut-être avec moins d'arguments, des souvenirs de *Bérénice*[21]. On peut surtout en douter quand on observe avec Philippe Hourcade la bibliothèque du duc et pair[22]. L'inventaire notarié des livres de la chambre du Vidame de Chartres de mai 1693 enregistre la présence du *Théâtre* de Corneille[23], des *Œuvres* de Racine et de Molière[24]. Ce n'est pas beaucoup, mais quand on constate la présence de Juvénal dans cette même bibliothèque, on se dit que Saint-Simon a été profondément imprégné par certaines de ces lectures de « jeunesse », tant il retrouve dans son œuvre majeure la violence héroïque et hérissée de vertu du grand satirique latin. L'inventaire des 23, 26 et 30 mai à l'hôtel de Saint-Simon à Paris mentionne, à l'autre bout de la longue vie du plus

20 Ce qui fait particulièrement regretter que la thèse de Grégory Gicquiaud sur le rire chez Saint-Simon n'ait jamais été soutenue…

21 Notamment à l'occasion de la mise au programme à l'agrégation de l'épisode de l'Intrigue du mariage du duc de Berry…

22 Je me réfère pour la fin de cet article à l'inestimable somme que constitue P. Hourcade, *La Bibliothèque du duc de Saint-Simon et son cabinet de manuscrits (1693-1756)*, Paris, Garnier, 2010.

23 *La Bibliothèque*, *op. cit.*, p. 19.

24 *Ibid.*, p. 24 et 25.

grand des mémorialistes français, et à côté de l'inévitable Molière, les *Comédies* de Térence[25]. Enfin une liste de livres « proposés à la vente du 11 août 1755 et des jours suivants[26] » contient des entrées « Poètes Grecs, Latins et Français » et « Poètes dramatiques français » : dans la première, on trouve les comédies de Térence et les tragédies de Sénèque, dans la seconde une fois de plus la « Sainte-Trinité » Corneille/Racine/Molière. Rapporté à l'immensité de la bibliothèque de Saint-Simon, et notamment à la place de l'histoire et des ouvrages érudits dans cette bibliothèque, c'est presque dérisoire – mais le mémorialiste n'a pas besoin d'avoir lu ou vu des centaines de pièces de théâtre pour que le théâtre « remonte » dans son œuvre et la modèle en profondeur dans certaines de ses parties qui relèvent de ce que Genette appelle dans *Figures III*[27] « Scènes[28] » au sens narratologique. Que Saint-Simon aime le théâtre ou non, consciemment ou non, qu'importe ? Sa présence dans ses fabuleux *Mémoires* est, dirait Flaubert, « bête comme la vie[29] ».

Marc HERSANT
Université Sorbonne Nouvelle,
FIRL, EA 174

25 *Ibid.*, p. 61 pour les deux comiques.
26 *Ibid.*, p. 69.
27 Paris, Le Seuil, 1972.
28 Par opposition au « sommaire ».
29 G. Flaubert, *Correspondance*, éd. J. Bruneau, Paris, Gallimard, « Bibliothèque de la Pléiade », 1980, t. II (1851-1858), p. 78. Cette remarque est faite à propos de la fin de *Candide*.

ANNEXE
L'anecdote sur Montausier dans la version des *Notes sur tous les duchés-pairies*

En 1668 Monseigneur le Dauphin arrivant à l'âge de sept ans il lui fallut un gouverneur. M. de Montausier fait chevalier du Saint-Esprit dès 1661 et duc et pair à la fin de 1665, fut choisi. Il avait alors cinquante-huit ans. Le choix ne pouvait être plus digne, et il y répondit pleinement. Il fut seulement accusé de trop de sévérité, et il était vrai que si ses mœurs étaient naturellement austères, son esprit ne l'était pas moins et que parvenu à ce degré de faveur, de considération et de confiance, il le contraignit beaucoup moins, et se licenciait assez souvent à des espèces de sorties qui embarrassaient d'autant plus les gens, qu'elles avaient toujours une grande justesse jointe au poids qu'il y donnait. Cela le faisait craindre à beaucoup de gens, tellement que dès que la comédie du *Misanthrope* parut, il se débita publiquement que c'était lui qui y était joué. Il le sut et s'emporta jusqu'à faire menacer Molière, quoiqu'alors si à la mode, de le faire mourir sous le bâton. Il arriva que fort peu de jours après cette pièce fut représentée à Saint-Germain et comme Monseigneur le Dauphin commençait à suivre le Roi à ces sortes de plaisirs, nécessité fut à M. de Montausier de voir cette comédie, et spectacle pour toute la cour de l'y voir après ce qui s'était passé à cette occasion. M. de Montausier y arriva intérieurement fort en colère, mais il voulut puisqu'il y était la voir et l'entendre bien. Puis elle avançait plus il la goûtait, et il en sortit si charmé qu'il dit tout haut que ce misanthrope était le plus honnête homme qu'il eût vu de sa vie, et qu'il tenait à grand honneur quoiqu'il ne le méritât pas, à ce qu'on lui avait dit sur lui, et sitôt qu'il fut rentré chez lui il envoya chercher Molière. Ce célèbre comique connaissait quel était M. de Montausier. Il avait tremblé des bruits qui avaient couru, dont il s'était disculpé de toutes ses forces, rien ne le pouvait rassurer. Enfin vaincu par plusieurs messages coup sur coup il alla sur parole mais toujours mourant de peur. Dès que M. de Montausier le vit, il courut à lui l'embrasser, le louer, admirer sa pièce, se défendre modestement de sa ressemblance, l'envier toutefois, ne résister pas à en être flatté, céder enfin à vouloir bien croire ce qui l'avait si fort mis en fureur. Molière, toujours plein d'effroi, ne croyait pas ses oreilles et se défendait ; et la fin fut qu'il ne sut plus que faire ni que dire quand M. de Montausier averti que son souper était servi convia Molière de se mettre à table. L'esprit ni la débauche n'anoblissaient pas encore alors des professions éloignées de les mettre à la portée de tout le monde. Tellement que Molière qui avait soupé en débauche plus d'une fois en sa vie avec de jeunes seigneurs, n'en était pas à manger hors de là avec cette même jeunesse, combien moins avec un homme de la dignité, de l'âge, de la place, de l'austérité de M. de Montausier. Aussi fut-il longtemps à le comprendre et à l'oser, et ce fut une scène charmante pour ceux qui en furent témoins qui devint la nouvelle du lendemain. M. de Montausier but à Molière et l'assura de son amitié pour toujours et lui tint fidèlement parole[30].

30 Il n'est pas impossible que Pierre Frantz ne connaisse pas ce texte que je lui offre comme un don plus digne de lui que mon modeste article : *Écrits inédits de Saint-Simon*, publiés par P. Faugère, Paris, Hachette, 1880-1893, 8 vol., VI, p. 317-319.

AU BONHEUR DES PETITS-MAÎTRES

Montesquieu, dans les *Lettres persanes*, évoquant la conversation parisienne et son outrance, dresse le portrait du petit-maître comme de celui qui aurait fait de son habit son premier outil de communication, le substitut de sa représentation mondaine tout entière. Rica fait l'étalage de ces « petits talents » élevés au rang de grand art, de leur éloquente brillance : « J'en connais d'autres, soumet-il, qui se sont trouvés d'introduire dans les conversations des choses inanimées et d'y faire parler leur habit brodé, leur perruque blonde, leur tabatière, leur canne et leurs gants[1]. » C'est ce personnage, parangon de l'artifice et de la théâtralité au XVIIIe siècle, que je voudrais suivre à travers quelques représentations littéraires et sociologiques. Il est en tout cas la *star* agitée de la scène libertine, poussant jusqu'à l'excès le *swag* aristocratique. Pierre Frantz identifiait la théâtralité comme la structure primitive de l'identité du petit-maître. Il écrit à propos du personnage « qu'en effet la théâtralité le structure si bien qu'elle anéantit tout l'être dans le paraître et qu'elle constitue la vanité en désir unique[2] ». C'est aussi, on le verra, la scène originale d'une confusion et d'une comédie vertigineuse des genres dont l'addiction aux modes fournit un témoignage essentiel.

La définition que l'*Encyclopédie* de Diderot et d'Alembert donne du petit-maître résume de nombreuses caractéristiques qui vont s'attacher au personnage, le narcissisme, la mode éphémère : « nom qu'on donne à la jeunesse ivre de l'amour de soi-même, avantageuse dans ses propos,

---

1 Montesquieu, *Lettres persanes*, éd. L. Versini, Paris, Flammarion, coll. « GF », 1995, Lettre LXXXII, p. 175. Dans *Mes pensées*, Montesquieu fera ainsi l'éloge de ces petits-maîtres : « [...] c'est de leur tête, quoique un peu éventée, que sort la principale branche de notre commerce, fondée sur ce bon goût qui nous fait changer de modes et d'habits avec une autorité trop absolue pour ne pas croire que nous ne changions en mieux », dans *Œuvres complètes*, t. I, éd. R. Caillois, Paris, Gallimard, coll. « Bibliothèque de la Pléiade », 1949, p. 1332.

2 P. Frantz, « Désirs et reflets : Petits-maîtres et coquettes chez Marivaux », dans *Esthétique(s) queer dans la littérature et les arts*, M. Plana et F. Sounac (dir.), Dijon, EUD, 2015, p. 259.

affectée dans ses manières et recherchée dans son ajustement. Quelqu'un a défini le petit-maître, un insecte léger qui brille dans sa parure éphémère, papillonne, et secoue ses ailes poudrées[3]. » Mais c'est en fait beaucoup plus son appartenance au genre masculin qui semble, dès l'origine, faire problème. L'article de l'*Encyclopédie* éveille le soupçon de la compagnie féminine : « Ajoutons que partout où l'on tolère ces sortes d'hommes, on y trouve aussi des femmes changeantes, vaines, capricieuses, intéressées, amoureuses de leur figure [...]. Aussi le nom de petit-maître est-il étendu jusqu'au sexe taché des mêmes défauts, et qu'on nomme petites-maîtresses. » L'*Encyclopédie* constate en effet ce transfert généalogique, cette étrange transmigration des sexes. Mais force est de reconnaître que l'original du féminin est ici l'homme, paré de la tête au pied (l'auteur de l'article rappelle d'ailleurs les exemples de petits-maîtres depuis la Rome antique). Il faut donc restituer cette préséance du maquillage et de l'artifice à l'homme.

On retrouve les petits-maîtres dans un roman du milieu du siècle, *Angola* (1746) du chevalier de La Morlière. Cette histoire raconte l'éducation d'Angola à qui est proposé un modèle superlatif en la personne d'Almaïr, « jeune homme de la plus haute naissance et un des seigneurs de la cour le plus à la mode[4] ». C'est à la Comédie et à l'Opéra que La Morlière fait évoluer ses petits-maîtres, dans le domaine attendu de la représentation. Le romancier associe au personnage une théâtralité cultivée. Il le place d'office dans le culte de la visibilité. Voici donc la tribu insolente de ces jeunes hommes, telle que la décrit le narrateur de La Morlière. L'auteur les fait resplendir sous le reflet des bougies : « Le plus grand nombre était là pour étaler leurs charmes dans le demi-jour de spectacle, dans cette réflexion éloignée des bougies si favorables aux attraits surannés [...][5] ». Les petits-maîtres font feu de tout bois. Ils utilisent les accessoires vestimentaires comme des armes de charme, des instruments de la séduction. Le portrait que donne l'auteur montre qu'il s'agit bien d'auto-spectacle, d'une mascarade reportée sur soi, d'un vertige des signes extérieurs. Les objets (lorgnette, bouquet, montre) sont détournés de leur usage utilitaire et ne servent qu'à rehausser l'aspect spectaculaire du propriétaire :

3 « Petit-maître », *Encyclopédie*, t. XII, 1765.

4 *Angola* dans *Romans libertins du XVIIIe siècle*, éd. R. Trousson, Paris, Robert Laffont, 1993, p. 399.

5 *Ibid.*, p. 433.

« Couchés immodestement plutôt qu'appuyés sur le théâtre, ils étalaient leurs charmes séducteurs, *braquaient* continuellement leur lorgnette, *caressaient leurs jabots*, badinaient avec un bouquet [...] ils attendaient le moment de l'endroit le plus intéressant pour traverser le théâtre en regardant leur montre, dérangeaient les acteurs [...][6]. » La Morlière associe à cette jeunesse masculine la complicité des femmes, leur promiscuité. Mais il brouille particulièrement les pistes de l'identité sexuelle. Les termes associés à ces petits-maîtres appartiennent autant au vocabulaire féminin. Ils partagent en effet avec les femmes, leurs admiratrices, la même coquetterie, « les minauderies » coutumières[7]. En fait, ils rivalisent avec l'autre sexe : « après avoir épuisé tous les lieux communs d'une coquetterie qui aurait paru décente dans les femmes les plus décidées[8] ».

Une comédie de Louis de Boissy donne à voir cette exhibition de l'homme à la mode. *Le Français à Londres* (1727) met en scène un certain marquis de Polinville, petit-maître indécent, artiste de l'autosatisfaction et de la promotion de sa personne. Comme les héros de La Morlière, Polinville recommande pour le petit-maître l'affichage outré : « Il se précipite dans un fauteuil, une jambe sur l'autre, tape du pied, marmotte un air, joue d'une main avec son jabot et se caresse le menton de l'autre[9]. » Polinville confie à un jeune lord anglais le secret de la grande mascarade du petit-maître, un répertoire mobile de gestes du corps, une étiquette exagérée, une hyper-civilité insensée : « Un coup de tête, un air d'épaule, un geste, un souris, un regard, une expression, une inflexion de voix ; la façon de s'asseoir, de se lever, de tenir son chapeau, de prendre du tabac, de se moucher, de cracher[10]. » Le petit-maître est surtout un condensé des défauts français. Il représente la France de manière superlative. La pièce permet de dégager clairement cet aspect que la littérature satirique reprend à l'envi. Polinville est français dans toute sa splendeur, il est un « petit-maître de France » par excellence et son caractère représente une menace pour l'Angleterre qui l'accueille[11]. En réalité, dans la pièce, il apparaît comme une double menace corruptrice

6 *Ibid.* (italiques dans le texte).
7 *Ibid.*
8 *Ibid.*
9 *Le Français à Londres* dans *Répertoire du théâtre français*, t. 21, Paris, Foucault, 1818, p. 194.
10 *Ibid.*, p. 191.
11 *Ibid.*, p. 181.

qui s'exprime sous l'aspect de la civilité (hyperactivité des manières) et celui de la sexualité (indistinction de son orientation sexuelle). Il parvient à séduire les deux enfants de Lord Craff, dans un drame familial original. Le père anglais se retrouve devant un double danger concernant ses enfants : une fille à remarier (Éliante) et un fils (Lord Houzey) à détacher d'une amitié, d'une séduction compromettantes. En effet, pour Houzey, Polinville est « le garçon le plus aimable, le plus gracieux[12] ! ». Il exprime plus loin l'effet d'éblouissement, de subjugation qu'il éprouve devant le marquis. Celui-ci est devenu l'unique objet du désir du jeune Anglais : « Je compte pour perdus tous les moments que je n'ai pas le bonheur d'être avec vous. » Ou encore : « Enseignez-moi, de grâce ! comment vous faites pour être si aimable. C'est un je ne sais quoi qui nous manque, que je ne puis exprimer[13]. »

Louis-Antoine de Caraccioli, qui fera du petit-maître son personnage-vedette dans son livre au titre approprié de *Livre à la mode* (1759), s'exprimera sur la confusion des genres, le transfert de la folie des toilettes à la sphère des hommes, y lisant une sorte de transgression du penchant originel de l'espèce : « Les toilettes qu'on ne soupçonnait pas pouvoir convenir à personne qu'à des femmes, devinrent au commencement de ce siècle un meuble indispensable pour les hommes du bel air. [...] et ce fut dans Paris un tel fanatisme pour les toilettes qu'on y confondit bientôt les deux sexes. Le cavalier parut aussi efféminé que les dames même, et comme elles, il eut ses poudres, ses mouches, ses odeurs et ses fards [...][14]. » Pour Caraccioli, le petit-maître est le produit d'une évolution anthropologique singulière, d'abord par différenciation avec l'espèce animale, puis dans l'échelle même des humains. Par la parure et d'autres accoutrements, le petit-maître se distingue par une civilité excessive : « nous sommes maintenant, écrit-il, de jolies petites marionnettes qui faisons des mines, qui jouons de la prunelle, qui remuons des mains, qui nous poudrons, qui nous parfumons[15]. » Il s'agit d'atteindre cette suprématie du joli, stade suprême de l'excellence et du goût. La politesse de Caraccioli est, par ailleurs, une inversion de la violence ancestrale, de la rusticité antique : « On nous apprend

12 *Ibid.*, p. 178.

13 *Ibid.*, p. 190.

14 Caraccioli, *Le Livre des quatre couleurs* dans *Le Livre à la mode*, p. 91.

15 *Le Livre à la mode*, p. 33.

tous les jours à nous tuer, et cela ne nous paraît point étrange : n'est-il pas plus raisonnable de nous montrer à vivre joliment et à nous rendre aimables[16] ? » Elle est, en effet, moderne de manière fracassante, elle représente une évolution esthétisante de la civilité, l'universalisation du joli : « rendre le monde tout merveilleux et tout joli[17] ». Carracioli ira jusqu'à plaider pour ce qu'on pourrait appeler, en paraphrasant Norbert Elias, un « enjolivement des mœurs[18] », par transposition des outils habituels, des accessoires masculins : « Pourquoi ne fait-on pas un arsenal d'éventails ainsi que de fusils ? Et pourquoi ne nous enseigne-t-on pas à nous escrimer avec les yeux comme avec l'épée[19] ? » L'histoire du petit-maître offre ainsi une reconversion radicale du personnage, de l'ancien guerrier au galant soucieux de parures[20].

Jean-Jacques Rousseau, qui ne cessera de pourfendre le petit-maître dans son œuvre, commencera par le mettre en scène dans une comédie de jeunesse. Il s'agit du *Narcisse ou l'amant de soi-même* (1752). C'est déjà, dans cette pièce, la confusion des genres qui fascine Rousseau plus qu'autre chose. Valère, aveugle sur l'effet de ses airs est en effet présenté sous les traits d'une femme, habillé de « fleurs » et de « pompons[21] ». Il est saisi à sa toilette, inquiet pour sa « boîte à mouches », tout adonné à « l'usage du rouge[22] ». Son père Lisimon le surprend à cette même toilette, lui reprochant cet abus narcissique du temps : « Faut-il tant d'appareil pour nouer des cheveux et mettre un habit ? » et l'accusant de « faire la roue devant un miroir [...][23] ». Plus tard dans la pièce, Rousseau fait changer de sexe à son personnage, à travers un portrait qui le déguise en femme. Le « plus joli homme » qu'il est se métamorphose en « belle » devant ses propres yeux étonnés et confus[24]. Frontin, son valet, achève ainsi le portrait et précise le changement d'identité : « Une petite personne

16 *Ibid.*, p. 40.

17 *Ibid.*

18 N. Elias, *La Civilisation des mœurs*, Paris, Calmann-Lévy, 1973, p. 107. Il parle « d'adoucissement des mœurs ».

19 Caracciol, *Le Livre à la mode*, p. 40.

20 Voir F. Deloffre, « Introduction » à Marivaux, *Le Petit-maître corrigé*, éd. F. Deloffre, Genève, Droz, 1955, p. 24-25.

21 Rousseau, *Narcisse*, dans *Œuvres complètes*, II, dir. B. Gagnebin et M. Raymond, Paris, Gallimard, coll. « Bibliothèque de la Pléiade », 1964, p. 985.

22 *Ibid.*, p. 983.

23 *Ibid.*, p. 990.

24 *Ibid.*, p. 977, p. 986.

bien coquette, bien minaudière, bien vaine sans grand sujet de l'être : en un mot, un vrai petit-maître femelle[25]. » Rousseau, on le voit, a voulu concevoir la vanité masculine comme transposition radicale des attributs féminins. L'original du fat n'est *autre* que la femme. Comme si la vanité masculine n'avait de sens que dans l'emprunt de la « vanité insupportable » de la femme[26]. Le petit-maître est un mime parfait de l'autre sexe (Lucinde l'analyse parfaitement) : « Valère est, par sa délicatesse et par l'affectation de sa parure, une espèce de femme cachée sous des habits d'homme, et ce portrait ainsi travesti, semble moins le déguiser que le rendre à son état naturel[27]. » L'efféminement de Valère est compris, comme ailleurs chez Rousseau, comme la contamination d'un sexe par l'autre. Il désigne la mode comme le générateur de ce travestissement généralisé, comme l'étrange égalisateur des différences. La mode effectue selon lui ce rapprochement, cette indistinction des deux sexes par leur promiscuité, leur mise à niveau.

Dans *Narcisse*, la confusion des genres rebondit sur la langue. Frontin, le domestique, se retrouve devant l'innommable, vrai « galimatias[28] » nous dit-il, pour parler de ce portrait travesti : « C'est mon maître, c'est une fille[29]… ». Plus tard, les pronoms se mélangent : « […] c'est lui… » – « Dites donc, elle[30] ». La conclusion du *Narcisse*, qui ramène l'ordre dans les genres, ne permet à Valère de redevenir un homme qu'au prix du renoncement aux emprunts féminins, de leur perte même, et d'une vraie découverte de l'autre sexe. Il doit se tourner vers la femme comme unique objet de l'amour et, on peut le dire, faire le sacrifice du narcissisme homosexuel. Narcisse est ainsi corrigé.

La littérature satirique du XVIIIe siècle raffole de ces petits-maîtres, à la fois victimes et acteurs de la mode. Dans *Le Livre des quatre couleurs* du marquis de Caraccioli (1759 ou 1760), brochure qui fait pendant à son *Livre à la mode* et qui revient sur les derniers goûts du jour, le petit-maître n'est pas oublié. Caraccioli commence par donner un premier portrait de ce personnage contradictoire et volatile :

25 *Ibid.*, p. 986.
26 *Ibid.*, p. 1001.
27 *Ibid.*, p. 977.
28 *Ibid.*, p. 1005.
29 *Ibid.*, p. 1006.
30 *Ibid.*, p. 1015.

> [...] il s'extasie à la vue d'une nouvelle étoffe et à peine est-elle coupée, qu'il la rejette ; il fait appeler chaque jour de nouveaux perruquiers et de nouveaux tailleurs, et chaque jour, il arbore une frisure et un habit d'un goût tout à fait extraordinaire ; [...] il ne peut plus souffrir l'ambre et il s'en fait apporter des magasins ; il fait atteler, et il se met au lit ; il veut écrire, et il ne cesse de se promener ; en un mot, il rit d'un œil, et pleure de l'autre ; il épanouit le front, et il fronce le sourcil ; il travestit son visage de toutes manières, et il laisse douter s'il est pantin, caméléon, singe ou Protée lui-même[31].

Plus tard, Caraccioli incarne le personnage sous les traits du chevalier de Muscoloris dont il donne à lire le testament. Il attache à ce texte posthume la biographie détaillée du personnage. Muscoloris (le nom identifie le personnage au parfum et aux couleurs), mis au monde au milieu d'un bal, est « l'enfant de la volupté[32] ». Sa jeunesse réalise les promesses de cette naissance extraordinaire : « On ne peut imaginer toutes les grâces qu'il donnait à un ruban, à une bourse, à une manchette. Sa parure et ses gestes tournèrent mille fois la tête à nos plus jeunes femmes [...][33]. » Très vite mannequin des dernières modes, « poupée[34] », ambassadeur dans ses voyages des marchandes de mode, des parfumeuses et des bouquetières de Paris, il est en effet leur fidèle client, le consommateur insensé de ces objets précieux. Il revient à Paris pour être nommé Grand Petit-Maître dans « l'Ordre de la Frivolité[35] ». Son passage dans l'Ordre est marqué par la sanction de l'excellence : « Il fallait voir avec quelle grâce il présidait aux chapitres de l'ordre, lorsqu'on y délibérait sur la manière de prendre du tabac, de se moucher et de cracher. Ce fut lui qui proposa le premier l'introduction des souliers brodés, dont on se sert aujourd'hui avec tant d'applaudissement[36]. » La mort du Chevalier est à l'image du personnage, une fin à la mesure de ses potentialités. Il meurt, frappé, pour ainsi dire, par l'éphémère et rejoint la matière volatile dont il était l'incarnation la plus resplendissante : « Le trop aimable Muscoloris gagna la maladie dont il mourut à la poursuite d'un papillon qui voltigeait de fleur en fleur. Plusieurs dames, admirant son agilité, et prenant plaisir à l'exciter à cette espèce de jeu, furent cause

31 *Le Livre à la mode*, *op. cit.*, p. 77.
32 *Ibid.*, p. 99.
33 *Ibid.*, p. 99.
34 *Ibid.*
35 *Ibid.*, p. 100.
36 *Ibid.*, p. 102.

qu'il s'échauffa. Une poudre d'eau survint, la pleurésie s'en mêla, et notre Adonis se flétrit tout à coup, et tombe comme un jeune jasmin que le vent déracine[37]. »

Dans la littérature libertine du XVIIIe siècle, les petits-maîtres font un passage furtif mais frénétique. Ils sont vite éclipsés (même s'ils continuent à les accompagner) par des figures plus viriles, des entêtés du sexe, les fameux *roués*. Adieu les attitudes éventées, le flirt inconséquent et distrait. Les roués sont plutôt des personnages obtus ; ils préfèrent au théâtre de l'agitation mondaine, celui, plus médiocre, du crime qui les met en opposition avec les femmes qu'ils ne cessent par ailleurs de rechercher.

Pierre SAINT-AMAND
Yale University

37 *Ibid.*

DES LUMIÈRES À AUJOURD'HUI

« COMMENT REGARDERAIENT-ILS CHÉRUBIN ? » OU LE GENRE À VAU-DE-ROUTE

Aux « censeurs délicats[1] », « jugeurs de comédie[2] » et « inquisiteurs pour la morale[3] » qui s'indignent un peu trop haut de l'amour naissant entre la comtesse Almaviva et son filleul, Beaumarchais répond assez vertement : « Est-ce mon page, enfin, qui vous scandalise[4] ? » Avec sa silhouette d'amazone et son tempérament de chenapan, Chérubin n'est pourtant pas, comme son ami Figaro, une figure de l'énergie révolutionnaire. Nul penchant à la provocation raisonnée chez ce brigandeau de treize ans, qui ne songe qu'à suivre ses premiers émois. Si le page de Monseigneur dérange les préjugés ordinaires, c'est comme par mégarde, en échappant au partage commun entre les sexes. De l'enfance, il n'a déjà plus l'innocence, tandis qu'il possède l'audace et la vivacité de l'adolescence, promesses d'une vigueur dont les continuateurs de Beaumarchais, dramaturges ou romanciers, le doteront généreusement. Ses grâces n'ont rien à envier à celles de Suzanne et, sous les déguisements qu'il revêt au cours de la folle journée, se fait jour sa nature amphibie : entre deux âges, *Cherubino di amore* balance aussi entre deux sexes.

Quoique les premiers symptômes de la puberté, que Buffon avait scrupuleusement décrits dans son *Histoire naturelle* une trentaine d'années auparavant[5], le guident sans équivoque vers les femmes, jeunes, vieilles ou laides, le petit page, ignorant des contraintes qui pèsent sur son sexe, abusant des privilèges accordés à l'enfance, demeure peu ou prou en

1 Beaumarchais, *Œuvres*, éd. P. Larthomas, collab. J. Larthomas, Paris, Gallimard, coll. « Bibliothèque de la Pléiade », 1988, p. 364.

2 *Ibid.*, p. 354.

3 *Ibid.*, p. 365.

4 *Ibid.*, p. 364.

5 G. L. L., comte de Buffon, *Œuvres*, éd. S. Schmitt, collab. C. Crémière, préf. M. Delon, Paris, Gallimard, coll. « Bibliothèque de la Pléiade », 2007, p. 212 *sq.*

dehors des catégories traditionnelles du genre. Enfant chéri des dames, toujours prêt à leur disputer leurs charmes, il possède, sans en être incommodé, une masculinité en devenir, parfaitement étrangère au modèle viril du temps[6], si bien que l'inquiétude qu'il fait naître ne se trouve jamais que dans le regard normatif qui est porté sur lui. Autre « Satan adolescent[7] », Rimbaud a perçu cet étrange malaise causé par le « page infernal » d'Aguas-Frescas, dont il fait surgir le nom, en incise, dans le premier alinéa de l'une de ses *Illuminations*, « Parade », au moment où l'écriture poétique rencontre les bas-fonds du monde du spectacle :

> Des drôles très solides. [...] Quels hommes mûrs ! – Il y a quelques jeunes, – comment regarderaient-ils Chérubin ? – pourvus de voix effrayantes et de quelques ressources dangereuses. On les envoie prendre du dos en ville affublés d'un luxe dégoûtant[8].

De sombres personnages à la sexualité louche et pourvus d'attributs imposants semblent prêts à menacer de leurs lourds regards la gracile existence du petit page, trop efféminé à leur goût. C'est que Chérubin, proprement insaisissable, passe au travers des fenêtres de la déviance avec la même prestesse que lorsqu'il s'élance de l'appartement de la Comtesse. Autrement dit, si le page scandalise, c'est sans doute moins pour des raisons morales, d'autant que Beaumarchais s'est employé à réécrire les plus polissonnes de ses répliques, qu'en vertu de représentations sociales rigides, que la floraison du désir et le vague identitaire mettent sens dessus dessous.

Loin des travestis et des castrats de la scène italienne dont l'opéra et la comédie fournissent de si nombreux exemples, de *La Fausse Suivante* de Marivaux à *La Fausse Jardinière* de Mozart, Chérubin agit, sans farder la vérité, avec la plus grande spontanéité. L'équivoque provient moins de son costume que de sa physionomie. Aussi l'interprétation du petit page est-elle déterminante. Au contraire de son prédécesseur, Rochon

---

6 Voir à ce propos l'excellente synthèse de M. Delon, « Hommes de fiction », dans *Histoire de la virilité*, 1, *L'invention de la virilité : de l'Antiquité aux Lumières*, A. Corbin, J.-J. Courtine, G. Vigarello (dir.), Paris, Éditions du Seuil, 2011, p. 475-507.

7 L'expression, au pluriel, est de Verlaine, dans son poème « Crimen amoris », *Jadis et naguère*, éd. O. Bivort, Paris, Librairie générale française, coll. « Le Livre de poche », 2009, p. 203.

8 A. Rimbaud, *Œuvres complètes*, éd. A. Guyaux, collab. A. Cervoni, Paris, Gallimard, coll. « Bibliothèque de la Pléiade », 2009, p. 293. Voir aussi la notice p. 952.

de Chabannes, qui avait confié à Saint-Fal le rôle de Lindor, petit fripon de seize ans dans lequel on a vu la « légère esquisse [de l'] aimable caractère[9] » de Chérubin, Beaumarchais estime que son page :

> ne peut être joué, comme il l'a été, que par une jeune et très jolie femme ; nous n'avons point à nos théâtres de très jeune homme assez formé pour en bien sentir les finesses[10].

Les auteurs d'une adaptation théâtrale des *Aventures du chevalier de Faublas*, succès de Louvet de Couvray qui met en scène un adolescent libertin, double de Chérubin, useront de la même tournure restrictive, dans laquelle l'on aurait tort de lire l'expression d'un regret plutôt que l'annonce d'une décision propre à mettre en avant la sensualité subtile et ambivalente du personnage : « Le rôle de Faublas ne peut être joué que par une femme[11]. » Mozart écrira d'ailleurs celui de Cherubino non pour un castrat, mais pour une femme.

Depuis le XVIIIe siècle, il se rencontre néanmoins des difficultés pour trouver une comédienne ou une cantatrice qui entretienne avec bonheur cette indétermination de genre. La manière dont les interprètes ont construit ou reconstruit le genre de Chérubin lors de leur passage sur les planches, l'adaptant à leurs particularités physiques, fait apparaître trois tendances distinctes. Le régime de la sexualisation, qui tend à érotiser le petit page en faisant alterner des comportements fortement genrés, masculins et féminins, est probablement le plus répandu, en contrepoint d'un modèle androgyne, qui vise à dérouter le spectateur par le trouble charmant de l'équivoque. Une troisième voie, que l'on qualifiera de « réaliste », s'attache à convaincre le spectateur qu'il a devant les yeux un garnement de treize ans, au risque de sacrifier les ambiguïtés de la séduction à l'illusion du vrai.

---

9 Beaumarchais, *Œuvres*, éd. citée, p. 363.

10 *Ibid.*, p. 379.

11 T. Sauvage et N. Le Couturier, *Une aventure de Faublas, ou le Lendemain d'un bal masqué*, Paris, Mlle Huet-Masson, 1818, p. 2.

LE RÉGIME DE L'ALTERNANCE

Beaucoup de comédiennes ou de chanteuses, sous la houlette des metteurs en scène, accentuent sans nuance les traits masculins de Chérubin. Reprenant à leur compte la plupart des stéréotypes de genre, elles imitent, parfois jusqu'à l'exagération, les conduites masculines d'un étourdi libertin ou d'un aspirant officier, offrant au public un Chérubin trop vif et trop emporté, dont on ne comprend plus ni les pudeurs ni les gaucheries lors de la scène de la romance. Comme pour faire oublier leur sexe, elles surjouent tantôt la masculinité, attribuant des attitudes viriles à un jeune garçon qui « s'élance » seulement à la puberté, tantôt la fragilité féminine, montrant des délicatesses de pensionnaire. C'est le reproche que le critique et dramaturge Edmond Sée adresse à la comédienne Claude Génia pour son interprétation au Vieux Colombier en 1937 : « elle oscille fâcheusement sans se trouver – et sans nous trouver – entre le page tapageur, insolent et la niaise couventine de patronage[12] ! »

Ce principe d'alternance entre une masculinité empruntée et une féminité réduite à ses manifestations de pudeur les plus caricaturales procède parfois d'une intention parodique, inscrite dans certaines adaptations du *Mariage* ou des *Noces*, à l'exemple de l'opéra arrangé par Castil-Blaze. À la scène 11 de l'acte I, Figaro entonne un air martial, « Mon capitaine, embrassons-nous aussi », en singeant la camaraderie masculine : « *Figaro appuie son bras sur l'épaule de Chérubin ; ils sortent en marchant au pas militaire sur la fanfare qui termine cet air ; le Chœur les suit de la même manière*[13]. » Toujours est-il que cette virilisation du petit page confond le déploiement d'une sensualité naissante avec les prémices d'une sexualité pubère. Peu s'en faut que Chérubin ne paraisse gaillard et cabotin, comme le Cherubino que Kate Lindsey a proposé aux spectateurs du Royal Opera en 2015, trop agité, trop dégingandé. C'est un travers contre lequel Beaumarchais avait mis en garde les acteurs de l'Opéra :

12 *L'Œuvre*, 8 octobre 1937. Voir le dossier de coupures de presse conservé à la BNF [Recueil. « Le Mariage de Figaro » de Beaumarchais], 1937.

13 *Les Noces de Figaro, opéra-comique en 4 actes, d'après Beaumarchais, paroles ajustées sur la musique de Mozart, par M. Castil-Blaze*, Paris, Barba, 1819, p. 22-23.

« J'ai trouvé le petit page, un peu dégingandé. C'est ou naïf, ou polisson qu'il doit être – cela est très aisé à réparer[14] », écrit-il le 3 avril 1793, après avoir assisté *à muche-pot* à la version française de l'opéra mozartien.

LE RÉGIME DE L'INDISTINCTION

Les artistes les plus fidèles aux intentions du dramaturge sont celles qui, se gardant d'imiter par instants les conduites d'un jeune mâle, tirent profit de leur apparence féminine sans que l'on sache si l'on a affaire à une jolie fille ou à un joli garçon. Certains critiques recommandent ainsi aux actrices le plus grand naturel : « Plus elle sera [femme], plus ses charmes et son charme féminin s'accuseront, et plus Chérubin en deviendra troublant, incompréhensible[15]. » Cette ligne androgyne, qui repose sur l'indistinction de genre, est celle de toutes les grandes interprètes de Chérubin, de Jeanne Olivier, créatrice du rôle[16], à Marie Leconte, « adorable de grâce, de tendresse et de jolie crânerie[17] », qui en hérite à la Comédie-Française à partir de 1904, en passant par Sarah Bernhardt, qui recueille les applaudissements des spectateurs de ce même théâtre en 1873. Une photographie la dévoile dans une pose de séduction tout à la fois masculine et féminine : elle a ôté le « chapeau chargé de plumes[18] » du petit page pour s'accoter sur un buffet sculpté en chêne ; sa main droite recueille nonchalamment sa tête inclinée, tandis que sa main gauche serre vigoureusement le pommeau d'une épée relevée.

Parmi les interprètes de la seconde moitié du XXe siècle, citons Marie-José Nat, gracieux Chérubin de l'adaptation filmique du *Mariage* par

14 G. et M. von Proschwitz, *Beaumarchais et le Courrier de l'Europe*, Oxford, Voltaire Foundation, 1990, t. 2, p. 1148.

15 *Paris-Journal*, 28 juillet 1913.

16 Si l'on excepte Mlle Rémond (parfois orthographié Raimont ou Rémont), qui tenait le rôle dans la représentation de Gennevilliers, en 1783. Voir notamment M. Descotes, *Les Grands Rôles du théâtre de Beaumarchais*, Paris, PUF, 1974, p. 46. Dans ce riche ouvrage, Maurice Descotes passe en revue tous les interprètes du Chérubin de Beaumarchais (*ibid.* p. 223 *sqq.*).

17 *Le Petit Journal*, 29 janvier 1918.

18 Beaumarchais, *Œuvres*, éd. citée, p. 379.

Marcel Bluwal (1961), qui forme un couple délicieux avec Anouk Ferjac en Comtesse Almaviva[19], Edith Mathis, dont la silhouette légère et la sensualité troublante en font l'un des meilleurs Chérubin des *Noces*, Frederica von Stade, dont la douceur a enchanté le public parisien en 1973, dans la mise en scène de Giorgio Strehler, et enfin Isabel Leonard, charmante garçonne de la production de Richard Eyre au Metropolitan Opera, en 2014.

LE PARTI-PRIS DU RÉALISME

Refusant les artifices du travesti, certains metteurs en scène du XXe siècle ont distribué le rôle à un jeune homme (Jean Weber, en 1926), ou à un tout jeune garçon. En 1939, Charles Dullin crée ainsi la surprise en arrêtant son choix sur Jean Claudio, un enfant de treize ans, qui « en paraît neuf, ce qui rend toutes les scènes extrêmement gênantes[20] », « comédien en herbe [qui] a tenu un rôle important dans le film *Les Disparus de Saint-Agil*[21] », de Christian-Jaque. Dullin argumente en ces termes :

> Mais quoi de plus naturel ? Chérubin est du sexe masculin. [...] Quand on a créé la pièce, il devait être en effet très difficile de trouver un enfant capable de jouer ce rôle ; mais aujourd'hui nous avons plus de facilités, étant donné l'emploi fréquent des enfants au cinéma et au théâtre. Dès lors, pourquoi se priver du charme qui doit se dégager d'un vrai Chérubin[22].

19 Voir ce qu'en dit Pierre Frantz dans l'excellent ouvrage *Beaumarchais, « Le Barbier de Séville », « Le Mariage de Figaro », « La Mère coupable »*, Neuilly, Atlande, 2015.

20 *L'Aube*, 22 février 1939. Paul Achard s'y montre très sévère, jugeant aussi la scène de la romance, dont on a eu « l'idée saugrenue », dit-il, de changer la musique, « complétement ratée ». Voir le dossier de presse conservé à la BNF [*Le Mariage de Figaro* : coupures de presse], 1939.

21 *Le Figaro*, 6 février 1939. Le même journal rappelle « le mal qu'on avait, à la Comédie-Française, à trouver le véritable Chérubin du *Mariage de Figaro*. On avait d'abord essayé de s'en tenir au travesti traditionnel, mais c'était un pis-aller et, après quelques essais, pas très heureux, on y renonça. On fit ensuite venir un jeune Américain, élève au Conservatoire, et on s'en montrait assez satisfait, mais en fin de compte, il se pourrait que ce soit un enfant qui soit choisi. »

22 *Jour-Écho de Paris*, 15 février 1939.

La tentative divise critiques et spectateurs. D'après le rédacteur du *Jour-Écho de Paris* du 22 mars 1939, ce *vrai* Chérubin sonne faux :

> Le comédien est charmant, mais le rôle est faussé comme serait le rôle d'Agnès si on le confiait à la petite fille du *Malade imaginaire*. Il ne faut pas chercher le réalisme de Chérubin, c'est un symbole vivant, et l'on ne s'explique pas que le délicieux gamin qu'on nous montre puisse provoquer la jalousie de qui que ce soit.

En 2007, Christophe Rauck, qui monte la pièce à la Comédie-Française, choisit Benjamin Jungers, un grand jeune homme de vingt ans à la chevelure blonde flottante, vêtu d'un pantalon de survêtement bleu très ajusté, mettant en valeur sa silhouette élancée[23]. Impossible cependant de le prendre pour une aimable paysanne, d'autant qu'il interprète, rose à la bouche, une danse espagnole avec une maladresse volontaire qui ne fait que souligner son appartenance à la gent masculine.

À l'Opéra, plusieurs expériences analogues ont été tentées avec un contre-ténor. David Hansen, à Sassari, dirigé par Marco Spada (Teatro Communale, 2012), et Ray Chenez, à Victoria (Pacific Opera, 2014 ; Nickel City Opera, 2015) ont ainsi proposé des interprétations novatrices et plutôt convaincantes, quoique Chérubin paraisse avoir passé de beaucoup l'âge tendre de l'enfance. Plus récemment, le contre-ténor Kangmin Justin Kim, qui s'est distingué dans d'autres productions par un style inspiré des *drag queens*, a succédé à Kate Lindsey dans la mise en scène de Mc Vicar au Royal Opera House, en 2019. Son interprétation demeure celle d'un bon élève qui, sans tirer profit des attributs de son sexe, règle son jeu sur celui de Lindsey et incarne un Chérubin plus agité que sensuel. Pour représenter le type de l'enfant-adolescent, c'est encore une femme, Maria Ewing, qui semble la plus indiquée : celle-ci campe un sautillant garnement, tantôt ébouriffé, tantôt emperruqué, dans le film de Jean-Pierre Ponnelle (1976).

Loin d'être épuisé, le rôle ouvre en somme aux expérimentations les plus diverses, qui ne réussissent que lorsqu'elles déroutent tout autant qu'elles séduisent le spectateur. Loin des sentiers battus, Chérubin voltige

---

23 Un costume similaire est porté à l'Opéra d'Amsterdam par Marianne Crebassa dans les *Noces* (mise en scène de David Bösch, 2016). Ajoutons que Jean-Pierre Vincent avait également distribué le rôle à un jeune homme, Roch Leibovici, en 1987, au Théâtre National de Chaillot.

à vau-de-route, avec sa grâce juvénile, délicieusement et simultanément masculine et féminine, faisant « tourner la tête, non seulement aux hommes, mais encore aux femmes[24] ».

Virginie Yvernault
Sorbonne Université

24 *L'Europe artiste*, 6 janvier 1884.

MAUVAIS GOÛT ET POÉSIE

La réception problématique de l'opéra-comique de l'Ancien Régime

La comédie mêlée d'ariettes, forme d'opéra-comique apparue dans les années 1750, est souvent considérée aujourd'hui comme un genre suranné, « kitsch », voire de mauvais goût. On hésite à la représenter. S'il est vrai que le genre exprime une sensibilité qui paraît d'un autre âge, cette impression est largement induite par des lectures idéologiques qui en infléchissent la réception.

Dès son apparition au début du XVIIIe siècle, l'opéra-comique heurte la sensibilité de ceux qui jugent le théâtre à l'aune de la poétique classique : « [l]e manque de cohérence et la vulgarité du style sont les poncifs de toute description globale de l'opéra-comique de la période qui précède l'œuvre de Charles-Simon Favart, et qui en font le fléau du bon goût de la première moitié du siècle[1] ». À cette époque, le genre repose sur une alternance de dialogues et de vaudevilles, airs chantés sur une mélodie préexistante à laquelle on associe des paroles nouvelles : il dispose donc d'un fort potentiel parodique, qu'il exploite notamment aux dépens de l'opéra. La dimension composite du genre et le comique burlesque inhérent à la parodie du grand genre expliquent pourquoi certains y voient alors l'expression la plus achevée du mauvais goût.

Les époux Favart, auteurs et gens de théâtre, s'attachent, à partir des années 1740, à renouveler le genre en reléguant au second plan la dimension comique et satirique qui caractérise généralement les parodies d'opéra. Ils transposent le mythe dans un univers débarrassé de toute référence mythologique[2], pour saisir avec plus de vérité la naissance du

1 M. Darlow, « Vaudeville et distanciation dans l'opéra-comique des années 1750 », dans *La « Querelle des Bouffons » dans la vie culturelle française du XVIIIe siècle*, A. Fabiano (dir.), Paris, CNRS Éditions, 2005, p. 46.

2 E. De Luca, *Le répertoire de la Comédie-Italienne*, Paris, IRPMF, 2011, p. 44 ; P. Beaucé, *Parodies d'opéra au siècle des Lumières*, Rennes, PUR, 2013, p. 203.

sentiment amoureux chez de jeunes ingénus. Les ariettes, composées sur une musique nouvelle, sont désormais préférées aux vaudevilles par ceux qui voient en elles la possibilité de mettre à distance le comique railleur de la comédie en vaudevilles et d'adapter précisément la musique aux sentiments des personnages. Pourtant le genre subit toujours les foudres de ceux qui décrient une poétique et une esthétique mêlées, où alternent le chant et les dialogues parlés, le comique et le pathétique. Pour Collé, ce sont paradoxalement les Favart qui font de l'opéra-comique un genre dévoyé, en y dégradant le comique bouffon de la comédie en vaudevilles par des emprunts au genre sérieux :

> Nos neveux devront un jour nous trouver bien bêtes d'avoir applaudi à toute outrance ce genre métis, qui n'est qu'un assemblage monstrueux de celui de la farce et de l'opéra ; de ce genre qui ôte toute illusion théâtrale, et que je trouve également opposé à la raison, à la vraie et belle nature, et à l'institution primitive du théâtre et du vrai poème dramatique : il en est la *sodomie*[3].

Les procédés mis en œuvre par les Favart au nom de leur quête de naturel vont, selon Collé, à l'encontre de l'effet recherché : le spectateur, heurté par une poétique artificielle et contre-nature, ne saurait être sensible aux émotions simples et naïves des jeunes amoureux.

À partir de la Révolution, ce sont les personnages eux-mêmes qui font les frais de cette accusation d'artifice. Rien de plus faux, aux yeux de Jules Janin, que ces paysans d'opéra-comique trop roses et trop soignés, mis en scène dans *Nina ou la Folle par amour*[4] :

> L'Opéra-Comique a tué le naturel en France. Cette espèce de nature guindée, fardée et malsaine a tout envahi parmi nous : elle a traduit en roucoulements et en entrechats la passion la plus vraie et le sentiment le mieux compris ; elle a vêtu de mauvaise gaze et couvert de fleurs fanées la vertu, l'amour, la douleur, tout le cœur de l'homme ; elle a soumis toute notre existence aux machines, aux quinquets, aux coulisses, au fard, au blanc de céruse, à M. Grétry, au souffleur, à M. Gardel, à M. Dalayrac, à M. Albert, à la dame noble et à tous ces faquins enluminés, aux bras arrondis et aux faux mollets, qui font le désespoir des vrais artistes ; et la preuve, je vous raconterai l'histoire de la vraie Nina, de Nina en robe de bure et en sabots, le visage chargé de rides,

3 Ch. Collé, *Journal*, fév. 1760, t. III, Paris, Didot, 1868, p. 86, cité par Ph. Vendrix (dir.), *L'Opéra-comique en France au* XVIII*e siècle*, Liège, Mardaga, 1992, p. 236.

4 B.-J. Marsollier, *Nina ou la Folle par amour*, Paris, Brunet, 1783 (musique de N. Dalayrac).

> les cheveux blancs, et boiteuse, la pauvre femme, à force d'aller attendre son mari sur le chemin[5] !

Janin rejette violemment un genre qui prétend exprimer des sentiments vrais à travers la représentation d'un village factice, et qui est à ce titre le pendant théâtral de l'œuvre picturale de François Boucher, décorateur à l'Opéra-Comique et ami de M. Favart[6]. À plusieurs reprises, Boucher et les Favart représentent une même scène, ceux-ci inspirant celui-là et réciproquement[7] : Diderot remarque que les bergères de Boucher ont « la grâce de la Favart dans *Rose et Colas*[8] ». Or en dépit de sa fascination pour l'art de Boucher, le philosophe exprime à l'encontre de sa peinture des réticences qui ne sont pas sans évoquer celles de Jules Janin :

> Mais où a-t-on vu des bergers vêtus avec cette élégance et ce luxe ? Quel sujet a jamais rassemblé dans un même endroit, en pleine campagne, sous les arches d'un pont, loin de toute habitation, des femmes, des hommes, des enfants, des bœufs, des vaches, des moutons, des chiens, des bottes de paille, de l'eau, du feu, une lanterne, des réchauds, des cruches, des chaudrons ? [...] Quel tapage d'objets disparates ! On en sent toute l'absurdité ; avec tout cela on ne saurait quitter le tableau. Il vous attache[9].

Diderot dénonce une accumulation d'objets hétéroclites mise « au service d'une absence de signification », par un peintre qui « se détourne de la nature et de la vérité[10] » et dont l'art relève dès lors « du petit goût[11] ». La critique esthétique se double d'une critique morale : pour Diderot, « la corruption morale est *ispo facto* une corruption du goût. Et inversement, le mauvais goût est signe d'une certaine dégradation morale[12] ».

5 J. Janin, « Nina, la folle par amour » (1827), *Petits mélanges*, tome deuxième des *Œuvres de jeunesse*, Paris, Librairie des bibliophiles, 1881, p. 188.

6 Boucher est décorateur de l'Opéra à partir de 1743 et travaille aussi pour l'Opéra-Comique : en 1743, il signe le décor et les costumes du *Coq de village* de Favart.

7 Voir à ce sujet A. Laing, « Boucher et la pastorale peinte », trad. J. Coignard, *Revue de l'Art*, 1986, n° 73.

8 Diderot, *Salon de 1761*, dans *Œuvres*, t. IV. *Esthétique, théâtre*, éd. L. Versini, Paris, Robert Laffont, 1996, p. 308. *Rose et Colas* est une comédie mêlée d'ariettes de Sedaine et Monsigny (1764).

9 Diderot, Salon de 1765, dans *Œuvres*, t. IV, *op. cit.*, p. 205.

10 C. Duflo, « Le système du dégoût. Diderot critique de Boucher », *Recherches sur Diderot et sur l'Encyclopédie*, n° 29, Paris, Société Diderot, 2000, p. 98.

11 *Ibid.*, p. 97.

12 *Ibid.*, p. 98.

La nature artificielle représentée par Boucher n'est pas une simple fantaisie d'Ancien Régime. Elle relève de l'esthétique rococo qui se développe pendant la Régence et se caractérise par une tendance à « la poursuite d'un bien-être et d'un confort tout matériels où l'objet s'offre à la jouissance[13] ». Elle répond à un besoin d'intimité, qui induit un rapport prosaïque aux objets, considérés pour leurs qualités décoratives et pour le plaisir immédiat qu'ils procurent. Dans l'espace du salon ou du boudoir, les motifs floraux, les coquillages et les chinoiseries ont vocation à reconstituer en miniature un monde merveilleux et exotique, un ailleurs luxuriant et poétique. C'est pour les intégrer à ce type de décor que les bourgeois fortunés commandent à des artistes tels que Watteau ou Boucher des fêtes galantes et des pastorales, qui reflètent les désirs d'une élite urbaine rêvant de s'évader dans un village raffiné, bien éloigné des réalités rurales de l'époque, malgré la présence de quelques éléments – sabots, panier, flûte… – destinés à produire un effet rustique. Et pour la même raison, ils apprécient l'opéra-comique des Favart et de leurs émules.

Ainsi tout serait faux dans le village d'opéra-comique, y compris la simplicité. Il est vrai que les romances y sont des airs savants d'inspiration populaire, et non d'authentiques chansons folkloriques. Il arrive aussi que les paysans y parlent un faux patois, remplacé dans les vers chantés par un langage soutenu, pour un résultat des plus artificiels. *Blaise et Babet* s'ouvre ainsi sur un monologue de Babet suivi d'une romance :

> On a ben raison d'dire que l'amour est un bon réveil matin… Et c'est ben pis, quand à st'amour-là, i se mèle un p'tit brin de jalousie. On n'dort pu… on s'agite… on est toujours… Ah mon dieu ! mon dieu ! i'n'fait pas encore jour… et j'ai eu le temps d'dégarnir not'jardin, mais de l'dégarnir… qu'on n'y trouverait pas tant seulement une tulipe… Et tout ce tintouin-là, qu'est-ce qui me le baille ? c'est Blaise… Ah ! j'ai ben du chagrin ! stapendant j'crois, sans vanité, que j'sis pu jolie qu'sa Lisette… Mais j'ny veux pas songer, ça m'fâcherait trop… Achevons nos bouquets… […]
>
> ROMANCE
>
> C'est pour toi que je les arrange ;
> Cher Blaise, reçois de Babet
> Et la rose et la fleur d'orange,

---

13 J. Starobinski, « L'espace humain au XVIIIe siècle », *L'Invention de la liberté, 1700-1789*, Paris, Gallimard, 2006 [Skira, 1964], p. 28.

Et le jasmin et le muguet.
N'imite pas la fleur nouvelle,
Dont l'éclat ne dure qu'un jour.
Que ta flamme soit éternelle ;
Pour moi, ma vie est mon amour[14].

L'invraisemblable décalage entre le discours parlé et le discours chanté contrecarre les efforts accomplis par les auteurs pour ancrer l'action dans le réel, au moyen de détails tels que le « tablier » de Babet ou le « tabellion » appelé pour établir les contrats de mariage. Les détails empruntés à la réalité ne le sont qu'en vertu d'un jeu. Voilà comment, dans les années 1750, se développe un genre dont le répertoire d'Ancien Régime reste encore très apprécié au XIXe siècle, mais qui dès le XVIIIe siècle doit à ses détracteurs une tenace réputation de mièvrerie, d'affectation et d'artifice.

Ce sont ces bergers et ces villageois fictifs que Jules Janin condamne dans *Nina ou la Folle par amour*. Mais, alors que la critique formulée par Diderot reflétait des préoccupations morales, Jules Janin est animé de considérations d'ordre politique. Quand il s'en prend « à la dame noble et à tous ces faquins enluminés, aux bras arrondis et aux faux mollets », il porte sur la pièce un regard façonné par l'idéologie révolutionnaire. Il fustige des auteurs qui travestissent la réalité et la réduisent à des amusements d'aristocrates, mus par une sensibilité de pacotille très éloignée de ce qui, selon lui, est réellement touchant. En lieu et place de la « vraie Nina », il regrette de trouver une « nature guindée, fardée et malsaine », qui aurait donc subi une opération « cosmétique », semblable à celle que Platon décrit dans *Gorgias* comme une prérogative féminine et un signe de dépravation[15]. Du texte de Platon, dirigé contre la rhétorique, s'élève selon Jacqueline Lichtenchstein « l'ombre menaçante d'une "toilette" dont la définition pèsera sur toute l'histoire des arts visuels », en particulier sur « les arts de l'ornement et de l'agrément, aussi bien ceux du corps que du décor, du visage que du vêtement, du discours que de l'image[16] ». De fait, cette définition platonicienne imprègne les

14 J.-M. Boutet de Monvel, *Blaise et Babet ou la Suite des Trois Fermiers*, Paris, Brunet, 1788, p. 3-4.

15 Voir J. Lichtenstein, *La Couleur éloquente. Rhétorique et peinture à l'âge classique*, Paris, Flammarion, 1989, p. 47.

16 *Ibid.*, p. 50.

discours hostiles à la comédie mêlée d'ariettes d'Ancien Régime, accusée de satisfaire une sensibilité aristocratique considérée comme factice, larmoyante, et donc efféminée[17].

En outre, tout au long du XIXe siècle, la montée en puissance de la bourgeoisie accompagne l'apparition de techniques de reproduction – photographie, chromolithographie – qui démocratisent l'accès aux images dans les intérieurs bourgeois et populaires. La surcharge, ainsi que l'inauthenticité – inhérente à toute reproduction – sont alors décrites comme la manifestation d'un goût qualifié de « kitsch[18] », et qui partage avec le rococo quelques caractéristiques essentielles. Le kitsch reflète en effet la « soumission de l'homme aux objets qui l'entourent déjà, prélevés dans l'histoire passée et devenus indépendants de leur sens originel qu'ils ressuscitent artificiellement dans un recyclage auto-satisfaisant », ainsi qu'une « complaisance pour un éclectisme passéiste » induisant des décors à « l'aspect formel composite et anachronique ». Mais le kitsch se distingue du rococo par sa vocation à « plaire au plus grand nombre[19] » : il s'agit de faire beau. Ses détracteurs y voient l'expression d'un populisme qui sonne le glas de la création artistique. Les scènes villageoises empruntées à Boucher et aux Favart, comme *L'Angélus* de Millet, ornent désormais des objets de consommation courante. Mises sur le même plan que des images patriotiques ou morales, des fleurs séchées, des médailles pieuses et des animaux empaillés[20], elles subissent un brouillage des valeurs esthétiques qui les réduit dans l'esprit d'une partie du public à des décors pour boîtes de chocolat. Si la comédie mêlée d'ariettes est l'expression d'un goût et d'une sensibilité auxquels on n'adhère plus, c'est donc en partie le fait de lectures idéologiques[21]

17 J. Pasler, *La République, la musique et le citoyen, 1871-1914*, Paris, Gallimard, 2009. p. 107 *sq.*

18 Voir V. Arrault, *L'Empire du kitsch*, Paris, Klincksieck, 2010, « Introduction », p. 7-41.

19 *Ibid.*, p. 10-14, *passim.*

20 Voir par exemple la description de l'autel dans les derniers paragraphes d'*Un Cœur simple* de Flaubert.

21 Concernant le rejet d'une esthétique considérée comme aristocratique : outre le texte de J. Janin déjà cité, voir par exemple F. de Neufchâteau, « Discours aux jeunes citoyens, 4 frimaire an VII », éd. C. Pierre, *Le Conservatoire national de musique et de déclamation. Documents historiques et administratifs*, Paris, Imprimerie nationale, 1900, et l'étude de J. Pasler, *La République, la musique et le citoyen*, *op. cit.*, qui décrit ce rejet et le nuance ; le goût bourgeois pour une conception mercantile de l'art valorisant l'accumulation et la reproduction est surtout décrié par les artistes eux-mêmes au XIXe siècle (Balzac, Flaubert)

qui, dès le XIXe siècle, condamnent cette sensibilité ainsi que le plaisir de ceux qui la recherchent.

Récemment encore, dans le *Guillaume Tell* de Sedaine et Grétry représenté en 2013 à l'Opéra Royal de Wallonie, l'amour familial est déclamé d'une voix si vibrante et emphatique qu'elle en devient ridicule, l'idée étant de traiter par l'humour un lyrisme dont on veut souligner la dimension caricaturale et démodée. Or, dès sa création par Favart, Sedaine et leurs contemporains dans les années 1750, on peut considérer que le genre programme sa propre désuétude. Alors que le modèle ancien de société rurale communautaire cède la place à un modèle urbain qui plonge l'individu dans l'anonymat et crée les conditions de son isolement, le village et ses habitants sont le paradigme d'une société idéale, désormais reléguée dans un âge d'or. Pour le spectateur du XVIIIe siècle déjà, les personnages de la comédie mêlée d'ariettes incarnent un monde disparu, suranné, suspendu dans une temporalité qui semble s'être figée avant le déclenchement du processus historique jugé responsable de la corruption des sociétés. Ainsi compris, le sentiment de désuétude suscité par le genre n'est plus un écueil à éviter pour les metteurs en scène, mais le moyen d'accéder à une poésie que le réel ne saurait offrir.

Marie-Cécile SCHANG-NORBELLY
Université Bretagne Sud

avant d'être décrit et analysé dans la première moitié du XXe siècle par des théoriciens comme Theodor Adorno, Walter Benjamin ou Clement Greenberg.

RÉCEPTION ET NOUVEL USAGE DE MARIVAUX AU JAPON

À partir du milieu du XXe siècle, le théâtre de Marivaux est redécouvert dans sa diversité par le biais de la mise en scène. Plus récemment, *La Seconde Surprise de l'amour*, montée en 2007 par Luc Bondy, rendait visible la dualité de son théâtre en alliant sur la scène légèreté et cruauté afin de révéler « l'humanité complexe, toujours actuelle, des protagonistes[1] ». Si Marivaux est l'un des auteurs « classiques » les plus joués en France, il demeure en revanche peu présent au Japon et peu connu, si ce n'est des érudits et des spécialistes (universitaires et praticiens du théâtre), alors même que *Le Jeu de l'amour et du hasard* a été traduit dès 1935. Il existe pourtant quelques tentatives de mise en scène. Parmi elles, l'adaptation libre du *Jeu* montée par le Takarazuka (une compagnie japonaise de théâtre musical composée uniquement de femmes) nous semble un cas particulièrement intéressant. La question du *jeu* est mise en relief dans tous les spectacles de la compagnie, ce qui correspond parfaitement à la dimension « métathéâtrale » du théâtre de Marivaux présente dans le titre même de sa pièce *Le Jeu de l'amour et du hasard*. La compagnie du Takarazuka a adapté à deux reprises la pièce de Marivaux et la deuxième notamment met en lumière à sa manière une « théâtralité » qui fonctionne pleinement lors de la représentation[2]. Certes, il s'agit d'une adaptation libre et non d'une représentation fidèle de la pièce. Mais l'expérience parvient à atteindre une certaine essence de l'univers dramatique marivaudien. Elle est même la preuve que la « redécouverte » de Marivaux fonctionne au-delà du langage, de l'époque et même du contexte culturel. Nous aborderons donc ce cas particulier

1 F. Darge, « Marivaux, la bonne "Surprise" », *Le Monde* du 23 novembre 2007.

2 Selon Josette Féral, la théâtralité se situe ou émerge dans le rapport entre « le regardant et le regardé », c'est-à-dire, entre la scène et la salle (*Théorie et pratique du théâtre : au-delà des limites*, Montpellier, Entretemps, 2011, p. 80-106). Voir aussi « Les paradoxes de la théâtralité », *Théâtre/Public*, n° 205, juillet-septembre, 2012, p. 8-11).

comme un exemple du nouvel usage de cet auteur « classique », après avoir examiné la réception historique de Marivaux au Japon.

On pense en général que l'univers marivaudien est éloigné de la culture japonaise. Cette idée reçue serait liée à la première réception de son théâtre. Assez tôt, la troupe de Bungaku-za, fondée en 1937, avait monté *Les Fausses Confidences* en 1959 (la traduction est publiée en 1955)[3]. Or, comme la troupe attachait beaucoup d'importance au réalisme psychologique et social des personnages, le théâtre français, et Marivaux en particulier, avaient fini par être perçus comme un théâtre de conversation élégant, voire « chic[4] ». Presque à la même époque, en 1960, la compagnie Renaud-Barrault a joué au Japon *Les Fausses Confidences*. Réputé surtout pour l'interprétation de Madeleine Renaud, le spectacle attira le public japonais en lui inspirant une nouvelle manière de jouer et de mettre en scène Marivaux, puisque Jean-Louis Barrault aurait libéré les personnages marivaudiens de la « chambre fermée » en mettant en avant la corporalité selon les pratiques du jeu à l'italienne. Pourtant les praticiens japonais n'étaient pas encore prêts à jouer de cette façon. De surcroît, le langage restait un obstacle. Même si le spectacle eut un certain impact, la tentative n'exerça pas une influence considérable.

À la fin du XXe siècle, d'autres tentatives se font jour. Une troupe de théâtre Sakura-sha (dirigée par Sakura Moriwa, metteuse en scène et actrice) tente de monter régulièrement des pièces de Marivaux entre 1992 et 2015. Elle s'intéresse en particulier à la combinaison du langage et du geste chez Marivaux[5]. Étant donné la présence discrète de l'auteur sur les scènes japonaises, cette tentative a eu le mérite de faire mieux connaître son univers tout en étant fidèle à ses textes. Dans le même ordre d'idée, on peut également citer la belle mise en scène du *Triomphe de l'amour* par David Leveaux avec des acteurs japonais (1999), la mise en scène de *La Dispute* montée par un jeune metteur en scène japonais Hirotaka Kumabayashi (2008), ainsi qu'une autre tentative

3 Après la représentation en 1959, la troupe a monté *Le Jeu* en 1987 et en 1989.

4 Nous avons présenté ce fait dans « La tournée de la compagnie Renaud-Barrault au Japon et les échanges culturels », *Théâtre/Public*, n° 198, décembre 2010, p. 44-46.

5 Pour les informations sur cette compagnie et ses activités, nous avons consulté son site web officiel et les archives sur ce site.

à partir de la même pièce : *La Dispute* montée par une seule actrice Aï Kaneko, 2013[6].

Enfin s'ajoute l'essai d'adaptation du *Jeu* en spectacle musical par le Takarazuka, sous la forme de deux adaptations différentes (en 1997 et 2011), la deuxième ayant même connu deux suites imaginées librement à partir du dénouement du *Jeu*, preuve du succès du spectacle de 2011. Par sa forme de comédie musicale, l'adaptation du Takarazuka diffère radicalement des autres mises en scène et propose une interprétation plutôt joyeuse de l'œuvre de Marivaux, afin de divertir un public de « tous les âges[7] », loin de l'interprétation plus philosophique qui met en question les hommes et leur nature.

Depuis sa fondation, le Takarazuka s'intéresse aux œuvres littéraires des XVIIe et XVIIIe siècles français. La compagnie monte ainsi assez tôt une adaptation de *Manon Lescaut*, le roman de Prévost, en 1947, mettant en avant, selon la troupe, « l'histoire d'amour séduisante » issue du texte original[8]. L'aspect romanesque et la description d'un amour aventureux conviennent parfaitement à l'univers de la troupe. Ce même goût est également inscrit dans *La Rose de Versailles*, un des spectacles les plus connus du Takarazuka. De même, *Candide*, le conte philosophique de Voltaire, est adapté en comédie musicale sous le titre de *Pierrot*, comme « une histoire de rêve fantastique vue par un jeune homme à la recherche de l'amour éternel[9] ». Ces spectacles et les notes d'intentions soulignent les traits caractéristiques de l'esthétique du Takarazuka : le « rêve » et la « romance », la « recherche de l'amour éternel ou véritable ». Même l'adaptation des *Liaisons dangereuses* de Laclos relève de ce type de réinterprétation du texte-source. *Le Jeu* est donc évidemment interprété par la troupe sous cet angle.

Dans *Le Jeu* de Marivaux, Dorante et Silvia se rencontrent sous un déguisement (de valet et de femme de chambre) afin que chacun

6 La troupe considère que la pièce représente l'intériorité complexe d'un être à travers des sentiments divers montrés par plusieurs personnages. Elle a modifié en ce sens le texte original de Marivaux.

7 Kôichi Kobayashi (dir.), *Cent ans d'histoire de la revue Takarazuka*, Tokyo, Hankyu Communications, 2014, p. 5 (ouvrage en japonais : le titre et la partie citée sont traduits par l'auteur de cet article). Aujourd'hui, la plupart des spectateurs du Takarazuka sont des jeunes femmes.

8 *Ibid.*, p. 103.

9 *Ibid.*, p. 143.

connaisse la personne qu'il ou elle épousera. Tomber amoureux d'un être qu'ils pensent ne pas être socialement leur égal les conduit dans une impasse et ils souffrent d'une différence de statut social qui n'est en réalité qu'illusoire. De plus, Silvia continue de mettre Dorante à l'épreuve même après l'aveu de ce dernier. Une sorte de cruauté psychologique existe donc, mais la pièce n'est pas « noire » pour autant car, dans *Le Jeu*, les protagonistes surmontent les obstacles et arrivent enfin à « l'amour véritable », comme le dit Silvia à la fin de l'acte III : « Que d'amour ! » Une telle lecture optimiste de la fable n'est pas la seule possible[10], mais c'est celle que préfère le Takarazuka, qui, depuis sa création, a adopté pour devise : « Soyez pure, juste et belle[11] ». Aujourd'hui encore, la troupe reste fidèle à ce principe qu'illustrent clairement ses créations et elle procure au public « une illusion agréable et émouvante[12] ». Par le procédé que met en place son intrigue même, *Le Jeu* convient parfaitement au style et à l'univers du Takarazuka.

Focalisons-nous à présent sur les adaptations du *Jeu*. La première (1997, en deux actes) est intitulée *Le Labyrinthe de l'amour* et la seconde (2011, en un acte, divisé en douze scènes) *La Rencontre destinée*[13]. Dans la première (1977), le rapport maître/valet n'existe pas, l'action ne se situe plus au XVIIIe siècle français mais aux États-Unis aujourd'hui. Ce sont des jeunes gens de notre époque qui se rencontrent par hasard et changent de rôles : les noms des personnages sont également modifiés et ont une consonnance américaine[14]. Pour les garçons, ce sont un fils de famille riche et un jeune homme sans-le-sou. Ce dernier accepte ce « changement de rôle » en échange de 5 000 dollars. La situation est analogue pour les filles. S'ajoute un troisième couple de pure invention qui se jure un parfait amour en surmontant les obstacles, l'apparition

10 On trouve également une autre voie interprétative dans le théâtre de Marivaux, celle du « scepticisme subtil ». Voir dans l'introduction de *Marivaux : jeu et surprise* (dir. P. Frantz), Oxford, Voltaire Foundation ; Paris, PUPS, 2009, p. 10.

11 Pour l'histoire du Takarazuka, nous avons surtout consulté l'ouvrage écrit par le fondateur de la troupe : I. Kobayashi, *Ma manière*, Tokyo, Daiwa, 1992 [Tonan Shoin, 1935].

12 Kôichi Kobayashi (dir.), *Cent ans d'histoire de la revue Takarazuka*, *op. cit.*, p. 5.

13 C'est nous qui traduisons les titres. La deuxième adaptation a pour sous-titre en anglais : *My only shinin' star.*

14 Nous avons consulté le spectacle en vidéocassette, enregistré en 1997 et vendu par l'entreprise du Takarazuka Creative Arts.

de ce couple poussant à l'aveu les autres jeunes gens. La « recherche de l'amour véritable » en est ainsi renforcée.

Le Takarazuka souhaite présenter une fiction agréable, comme un rêve loin de la vie quotidienne, qui transporte le public dans un univers temporellement et spatialement éloigné de la réalité, dans la perspective d'un pur divertissement. Le cadre irréel de la fiction chez Marivaux joue un rôle important au niveau de l'intrigue grâce à l'emploi du procédé spécifiquement théâtral du travestissement. Cela permet de représenter la recherche de l'amour véritable dans un cadre hors de toute réalité, tant la recherche de l'amour dans ces conditions est très difficilement réalisable ou même envisageable dans la société du XVIIIe siècle, justifiant le passage d'un tel thème dans la fiction « romanesque[15] ». Ainsi, malgré un but très différent, les deux esthétiques théâtrales (celle de Marivaux et celle de Takarazuka) ont pour point commun un même intérêt pour la fiction et pour une certaine irréalité. La deuxième adaptation nous paraît particulièrement intéressante sur ce point par la manière dont elle souligne la théâtralité de Marivaux fondée sur le déguisement et par la mise en question du rapport entre la réalité et la fiction.

Examinons ainsi la deuxième adaptation en nous focalisant sur son aspect métathéâtral. En général, les spectacles du Takarazuka comprennent de nombreuses actrices-danseuses. Même si la plupart d'entre elles n'apparaissent qu'en groupe dans des numéros de revue, certaines font partie de la distribution des rôles dramatiques de la pièce. D'où le fait que, dans l'adaptation japonaise, quatre candidats au mariage s'ajoutent au personnage de Dorante : Lucidor, Léonide-Phocion, Agis et Hermocrate[16]. Ces noms de personnages viennent directement d'autres pièces de Marivaux. Dans le spectacle japonais, Lucidor se présente comme un chevalier. Afin de mettre un terme à sa liaison avec une Comtesse, il se porte candidat à la main de Silvia. Agis n'est pas un prince opprimé comme celui du *Triomphe de l'amour*, mais le prince d'un pays pauvre. Souhaitant quitter sa vie misérable, il aspire

15 P. Frantz, « Marivaux, idées et actualité », dans *Théâtre and Film Studies 2010, Annual Report*, vol. 2, Gobal COE Programme, Musée du théâtre de l'Université Waseda, mars 2012, p. 77-92 (Actes de la conférence).

16 Le livret de ce spectacle est paru dans la revue *Le Cinq*, « collection Takarazuka », vol. 127, Tokyo, juin 2011 (en japonais). Pour les citations de ce livret, nous les avons traduites nous-mêmes. Nous avons également consulté le spectacle en DVD, enregistré en 2011, vendu par l'entreprise du Takarazuka Creative Arts.

également au mariage avec Silvia. Quant à Léonide, elle aime tellement Mario (le frère de Silvia) qu'elle prétend elle aussi à la main de sa sœur en se déguisant en homme sous le nom de Phocion, afin d'approcher le jeune homme. Sans être la transposition exacte de l'intrigue du *Triomphe*, les données de la fable jouent cependant avec l'univers des pièces de Marivaux par un jeu d'échos. Hermocrate, ami de Mario dans ce spectacle, complète encore la liste des prétendants. Cet Hermocrate n'est pas le pauvre philosophe des comédies de Marivaux : il se présente comme un dramaturge déçu. Par l'insertion de scènes et de personnages tirés d'autres pièces de Marivaux, le thème du jeu ou du masque s'en trouve ainsi amplifié. Il faut également noter que, dans l'adaptation, la scène se passe « autrefois », sans indication précise sur l'époque. Ce temps abstrait met également l'accent sur l'aspect fictif du spectacle.

La question de l'opposition entre réalité et fiction se trouve, elle aussi, complexifiée par rapport à la pièce originelle. Dans le spectacle japonais, l'histoire commence par la scène entre Dorante et Bourguignon (le nom de Bourguignon remplace en effet celui d'Arlequin) en chemin vers la maison de M. Orgon[17]. Dorante n'ayant guère envie de se présenter comme candidat rencontre des acteurs en tournée. Ces derniers sont en train de répéter, pour une fête, une comédie écrite par Hermocrate, mais pas encore achevée : déçu de son talent, il a disparu avant d'avoir écrit le dénouement. Or sa comédie porte précisément sur l'histoire de futurs mariés déguisés qui s'observent l'un l'autre, et les scènes seront jouées par les « personnages réels » dans la suite du spectacle. L'idée du changement de rôles vient d'ailleurs à Dorante après sa rencontre avec les acteurs ambulants. Ainsi, l'histoire des couples déguisés se déroule comme si elle était écrite par Hermocrate et le spectacle repose donc sur la superposition de deux histoires, mais de manière unique. En effet, après le départ de Dorante et de Bourguignon ayant eu l'idée de changer leur rôle, les acteurs interrompus dans leur répétition reprennent et les « personnages de candidats » apparaissent l'un après l'autre sur les tréteaux dressés au milieu de la scène. Or ces « candidats » sont ensuite les « vrais candidats » qui apparaîtront chez M. Orgon. De plus, sur les tréteaux, chaque candidat dévoile ses véritables intentions que nous

17 Dans l'adaptation, M. Orgon, Silvia et Dorante apparaissent comme des gens de famille noble, ce qui n'est pas précisé dans *Le Jeu* original.

avons expliquées plus haut. Mêlant ainsi la réalité et la fiction, la scène de répétition se termine au moment où les acteurs trouvent la lettre d'Hermocrate qui annonce son départ pour la maison de M. Orgon. Les acteurs partent donc eux aussi afin de chercher le dramaturge ce qui permet à l'« histoire des candidats » de commencer chez M. Orgon : comme la scène antérieure, les candidats se présentent de nouveau devant Silvia (elle-même déguisée), mais cette fois-ci ils font tous semblant d'être candidats « honnêtes » en cachant leur situation personnelle. Le public jouit ainsi de la comparaison des deux scènes, celle chez M. Orgon et celle sur les tréteaux. En multipliant les mises en abyme, le spectacle souligne la question du jeu, celle aussi de la réalité et de la fiction, inscrite dès l'origine dans les comédies de Marivaux. S'accompagnant du chant et de la danse, le jeu maladroit des personnages déguisés est certainement mis en avant, mais l'aspect métathéâtral est encore davantage fortifié par la structure même du spectacle.

Or, quand au milieu du spectacle (scène v), les acteurs en tournée se perdent et finissent par arriver dans le jardin de la maison de Silvia, ils tombent, par hasard, sur des prétendants qui se sont donnés un rendez-vous clandestin : dans le jardin, Lucidor est en compagnie de la Comtesse, Agis est avec sa suivante qui l'aime secrètement et Mario discute avec Léonide. Dorante et Silvia surviennent alors et tombent également sur eux. Hermocrate survient lui aussi et dit : « ce sont tous des comédiens ». Tous comprennent à présent que les trois candidats font semblant devant Silvia : les situations déployées devant leurs yeux ne sont que des fictions et des illusions. L'atmosphère n'est évidemment pas sombre, mais on pourrait dire que le regard « sceptique » est tout de même présent dans cette adaptation. Malgré tout, le spectacle japonais souligne la fin heureuse de la pièce. En observant la scène du jardin, Hermocrate a une idée pour le dénouement de sa comédie. Il propose à M. Orgon d'achever « sa comédie » par la situation qui a été vécue « réellement » par les personnages de la pièce-cadre. Fusionnant l'histoire de la comédie-cadre et celle écrite par Hermocrate (par le procédé du théâtre dans le théâtre), le spectacle finit par un dénouement heureux. En outre, tout à la fin, les acteurs en tournée apparaissant de nouveau sur la scène devant le rideau fermé, chantent et dansent comme si l'histoire déployée sur la scène n'était qu'une illusion. Inspiré par le procédé théâtral du double déguisement présent dans la pièce de Marivaux, le spectacle exacerbe une théâtralité originelle. Certes l'acte langagier joue un rôle très important dans ce théâtre, mais la scène exerce également sur nous une fascination qui n'est pas de l'ordre du langage.

L'effet de mise en abyme inscrit dans le texte de Marivaux se produit sur scène, devant le public, grâce à la manière dont le Takarazuka a adapté *Le Jeu de l'amour et du hasard*. Cette adaptation japonaise renforce un aspect essentiel des œuvres de Marivaux et met l'accent sur lui. La seconde adaptation japonaise en particulier fait découvrir ce qui caractérise notamment le théâtre de Marivaux, à savoir l'effet de la représentation qui fonctionne *au-delà* du langage. Cette tentative originale ouvre un horizon à la fois sur un nouvel usage du théâtre classique et sur la réception des œuvres dramatiques dans une autre sphère culturelle.

Kaori OKU
Université Meiji, Tokyo

BIBLIOGRAPHIE DE PIERRE FRANTZ

OUVRAGES

L'Esthétique du tableau dans le théâtre du XVIIIe *siècle*, Paris, PUF, « Perspectives littéraires », 1998.

En collaboration avec Michèle Sajous d'Oria, *Le Siècle des théâtres, Salles et scènes en France, 1748-1807*, Paris, Paris bibliothèques, 1999. Ouvrage accompagnant l'exposition « Le Siècle des théâtres » à la Bibliothèque historique de la Ville de Paris, mai-juillet 1999.

En collaboration avec Florence Balique, *Beaumarchais :* Le Barbier de Séville, Le Mariage de Figaro *et* La Mère coupable, Paris, Atlande, « Clefs concours », 2003.

DIRECTIONS D'OUVRAGES COLLECTIFS

En collaboration avec Caroline Cazanave, François Jacob et Pierre Nobel, *L'Épique : fins et confins*, Besançon, PUFC, « Collection Littéraire », 2000.

En collaboration avec François Jacob, *Tragédies tardives*, Paris, Honoré Champion, « Colloques, congrès et conférences. Époque moderne et contemporaine », 2002.

En collaboration avec Alain Sandrier, *Littérales*, n° 30, « Les états du plaisir : penser et dire les plaisirs au XVIIIe siècle », 2002.

En collaboration avec Christian Biet, *Critique*, vol. 699-700, n° 8-9, « Le théâtre sans l'illusion », 2005.

Orages, n° 5, « Formes errantes et vagabondes. Variations sur l'informe », 2006.

En collaboration avec Élisabeth Lavezzi, *Les Salons de Diderot. Théorie et écriture*, Paris, PUPS, 2008.

Le Théâtre français du XVIIIe siècle, histoire, textes choisis, mises en scène, dir. Pierre Frantz et Sophie Marchand, Paris, Éditions de L'Avant-scène théâtre, 2009 : chapitres « Les genres lyriques » (avec la collaboration de Laura Naudeix), p. 403-427 ; « Beaumarchais », p. 428-469 ; « Les nouveaux héros » (avec la collaboration de Renaud Bret-Vitoz), p. 472-505 ; « Les échos de la Révolution », p. 506-529.

Marivaux : Jeux et surprises de l'amour, Paris/Oxford, PUPS/Voltaire Foundation, « Vif », 2009.

En collaboration avec Mara Fazio, *La Fabrique du théâtre, Avant la mise en scène (1650-1880)*, Paris, Desjonquères, « L'esprit des lettres », 2010.

En collaboration avec Florence Lotterie, *Orages*, n° 12, « Sexes en révolution », 2013.

En collaboration avec Jacques Berchtold, *L'Atelier des idées. Pour Michel Delon*, Paris, PUPS, « Lettres Françaises », 2017.

En collaboration avec Olivier Ferret, *Orages*, n° 16, « Haines politiques », 2017.

En collaboration avec Mara Fazio et Vincenzo de Santis, *Les Arts du spectacle et la référence antique dans le théâtre européen (1760-1830)*, Paris, Classiques Garnier, « Rencontres », 2018.

En collaboration avec Mara Fazio, *L'Orecchio et l'occhio, lo spettacolo teatrale, arte dell'ascolto e arte dello sguardo / Le Spectacle théâtral, l'audible et le visible*, Rome, Artemide, 2019.

ÉDITIONS CRITIQUES

En collaboration avec Jean-Claude Bonnet, Marie-Joseph Chénier, *Rapports à l'Empereur sur le progrès des sciences, des lettres et des arts depuis 1789*, 3, *Littérature française*, éd. établie sous la dir. de Denis Woronoff, Paris, Belin, 1989. La série complète (5 vol.) a reçu le prix Lyon-Caen de l'Académie des Sciences morales et politiques.

Participation à l'édition de Louis-Sébastien MERCIER, *Tableau de Paris*, éd. établie sous la dir. de Jean-Claude Bonnet, Paris, Mercure de France, 1994.

En collaboration avec François Jacob, Marie-Joseph CHÉNIER, *Caïus Gracchus, Tibère, Deux tragédies politiques*, Paris, Cristel, 1998.

MERCIER, Louis-Sébastien, *Du Théâtre, Nouvel essai sur l'art dramatique*, dans *Mon bonnet de nuit ; suivi de Du théâtre*, éd. établie sous la dir. de Jean-Claude Bonnet, Paris, Mercure de France, 1999.

BEAUMARCHAIS, *Le Barbier de Séville*, Paris, Librairie générale française, « Le Livre de poche. Classique », 1999.

TALMA François-Joseph, *Réflexions sur Lekain et l'art dramatique*, Paris, Desjonquères, 2002.

LESAGE, *Turcaret*, Paris, Gallimard, « Folio théâtre », 2003.

DIDEROT, *Est-il bon ? Est-il méchant ?* Paris, Gallimard, « Folio théâtre », 2012.

VOLTAIRE, *Zaïre*, Paris, Gallimard, « Folio théâtre », 2016.

VOLTAIRE, *Théâtre complet*, Paris, Classiques Garnier, édition collective sous la direction générale de Pierre Frantz, publication en cours depuis 2019, 6 vol.

ARTICLES PUBLIÉS DANS DES REVUES

« L'espace dramatique de *La Brouette du vinaigrier* à *Coelina* (1775-1800) », *Revue des Sciences humaines*, n° 162, 1976, p. 151-162.

« Appropriation bourgeoise et populaire de l'histoire nationale dans les drames historiques de Mercier », *Romanistische Zeitschrift für Literaturgeschichte*, vol. 3-4, 1979, p. 319-334.

« Travestis poissards », *Revue des Sciences humaines*, n° 190, 1983. p. 7-20.

« L'effet du tableau (essai sur Diderot) », *Comédie-française*, n° 125/126, Paris, février 1984.

« Heurs et malheurs de l'écriture, *Le Nouveau Paris* de Mercier », *Littérature*, n° 69, février 1988, p. 100-110.

« Naissance d'un public », *Europe*, n° 703/704, novembre-décembre 1987, p. 26-32.

« Le théâtre, utopie ou histoire ? », *La Revue d'Esthétique*, n° 17, 1990, p. 57-64.

« La seconde mort d'Olympe de Gouges », *Les Cahiers. Comédie Française*, n° 6, hiver 1992-1993, p. 98-101.

« Un hôte mal attendu, Goldoni, Diderot, Voltaire », *Revue d'Histoire du Théâtre*, 1993 (1), p. 55-66.

« Le *Paradoxe sur le comédien* comme nouveau point de vue », *Revue d'Histoire littéraire de la France*, n° 5, septembre-octobre 1993, p. 685-701.

« L'étrangeté de *La Double Inconstance* », *Europe*, n° 811-812, novembre-décembre 1996 : « Marivaux », dir. Michel Delon, p. 52-59.

« Rire et théâtre carnavalesque pendant la Révolution », *Dix-huitième Siècle*, n° 32, 2000 : « Le Rire », dir. Lise Andries, p. 291-306.

« Plaisir et douleur : le spectacle de la tragédie chez les théoriciens du XVIIIe siècle », *Littérales*, n° 30, 2002 : « Les états du plaisir : penser et dire les plaisirs au XVIIIe siècle », dir. Pierre Frantz et Alain Sandrier, p. 87-102.

« La monarchie dépaysée, la réflexion politique dans *Brutus* et *La Mort de César* », *Revue Voltaire*, n° 3, 2003, p. 289-300.

« Le Fantôme de Mahomet », *Cahiers Voltaire*, n° 2, octobre 2003, section Débat : « Jouer Voltaire aujourd'hui », dir. Pierre Frantz, p. 153-158.

« Talma et David : quelques réflexions sur une collaboration exemplaire », *La Licorne* [en ligne], Colloques, Les publications, Hors-séries, La Scène comme tableau, https://licorne.edel.univ-poitiers.fr:443/licorne/index.php?id=5723 (consulté le 28/06/2021).

Avec Jean-Christophe Abramovici, « De la laideur chez Diderot », *Littérales*, n° 32, 2004 : « Propos sur la laideur et les muses. Figurations et défigurations de la beauté », dir. Marie-Dominique Legrand et Liliane Picciola, p. 101-109.

« Le théâtre est-il un art de l'image ? », *Critique*, vol. 699-700, n° 8-9, 2005 : « Le théâtre sans l'illusion », dir. Christian Biet et Pierre Frantz, p. 569-571 et p. 584-595.

« Théâtres à l'italienne et magie française : l'opéra-comique du XVIIIe siècle », *Revue des directeurs de théâtres à l'italienne*, 2006.

« La fraternité héroïque dans le théâtre républicain de la Révolution », *Cahiers parisiens, Parisian Notebooks*, 3, 2007, p. 414-428.

« Les caractères dans le théâtre de Sade : la loi du genre », *L'Annuaire théâtral*, n° 41, 2007, p. 19-28, https://doi.org/10.7202/041667ar (consulté le 28/06/2021).

« Le crime devant le tribunal du théâtre : *Les Brigands* de Schiller et leur fortune sur la scène française », *Littératures classiques*, n° 67, automne 2009, p. 219-230.

« *Catéchisme chinois*, Le jeu avec le genre », *Littérales*, n° 44, 2009 : « Autour du *Dictionnaire philosophique* de Voltaire », dir. Christophe Martin, p. 77-87.

« L'Étrangeté du théâtre de Marivaux », *Revue d'Histoire littéraire de la France*, juillet 2012, p. 548-560.

« Le Spectacle de la pensée. Note sur la dramaturgie de Voltaire », *Revue Voltaire* n° 12, 2012, section II : « Voltaire et les arts visuels », p. 219-228.

« Des "Hermaphrodites politiques" Collot d'Herbois, avant-propos au *Procès de Socrate* (1790). Introduction », *Orages*, n° 12, mars 2013, p. 135-139.

« Le théâtre déstabilisé. Diderot et la critique de Rousseau », *Recherches sur Diderot et l'Encyclopédie*, n° 48, 2013, p. 37-46.

« Entre journal et épopée : le théâtre d'actualité de la Révolution », *Studi Francesi*, 169 (LVII, I), gennaio-aprile 2013, p. 18-26, https://doi.org/10.4000/studifrancesi.3276 (consulté le 25/06/2021).

« Le *Wallstein* de Benjamin Constant, entre dramaturgie des Lumières et romantisme », *Revue italienne d'études françaises*, 3, 2013, https://doi.org/10.4000/rief.240 (consulté le 25/06/2021)

« La pantomime, du corps à la poésie », *Cahiers de Littérature française*, n° 13, 2013 : « *Diderot la pensée et le corps* », dir. Gianni Iotti, p. 55-64.

« Tragique Terreur, Le Théâtre de la Révolution de Romain Rolland à l'époque de l'Affaire Dreyfus », *Études théâtrales*, n° 59, 2014 : « La Terreur en scène », dir. Martial Poirson, p. 85-96.

« Une Apothéose désenchantée, le Talma de Madeleine et Francis Ambrière », *Revue d'Histoire littéraire de la France*, n° 1, Janvier-Mars 2016 : « Le Siècle des romantismes. Hommage à Madeleine Ambrière », p. 15-26.

« Théâtre et roman gothique à l'aube du mélodrame », *Romanesques*, n° 10, 2018, p. 119-130.

« La Font de Saint-Yenne dans le contexte des Lumières », *Diderot Studies*, tome XXXVI, Genève, Droz, 2019, p. 89-101.

« Le Spectre de la défaite », *Studi Francesi* n° 191, Maggi-Agosto 2020 : « Théâtre, identité et politique culturelle sous le Consulat et l'Empire », dir. Vincenzo de Santis, Paola Perazzolo et Franco Piva, p. 333-340.

« Le modèle théâtral civique de Rousseau dans la réflexion sur le théâtre populaire au milieu du XXe siècle », *Sens public*, http://sens-public.org/articles/1431/ (consulté le 24/06/2021)

« Pour sortir des Classiques : le Shakespeare de Voltaire », dans *Not for an Age but for all Time ; Ricezione creative di Shakespeare da Milton ai romantici. Quaderni di letterature straniere, moderne et comparate dell'universita di Pavia*, Supplemento al numero 74, 2021.

ARTICLES PUBLIÉS DANS DES OUVRAGES COLLECTIFS

« Noble sans le savoir », *Il teatro dell'Illuminismo, Quaderni di teatro*, 1981, p. 155-162.

« Sade, texte, théâtralité », dans *Sade, écrire la crise*, dir. Michel Camus et Philippe Roger, Paris, Belfond, 1983, p. 193-218.

« L'Épouvantail » et « Le scandale du *Marat-Sade* de Peter Weiss », dans *La Mort de Marat*, dir. Jean-Claude Bonnet, Paris, Flammarion, 1986, p. 233-252 et p. 412-418.

« Schule, Kirche und Radau », dans *Die Französische Revolution als Bruch des gesellschaftlichen Bewusstseins*, dir. Reinhart Koselleck et Rolf Reichardt, München, Oldenbourg, 1988, p. 258-270.

« Pas d'entracte pour la Révolution », dans *La Carmagnole des muses : l'homme de lettres et l'artiste dans la Révolution*, dir. Jean-Claude Bonnet, Paris, Armand Colin, 1988, p. 381-399.

« Une scène pour la Révolution (de Romain Rolland à Ariane Mnouchkine) », dans *La Légende de la Révolution au* XXe *siècle : de Gance à Renoir, de Romain Rolland à Claude Simon*, dir. Jean-Claude Bonnet et Philippe Roger, Paris, Flammarion, 1988, p. 17-33.

« Les tréteaux de la Révolution (1789-1815) », dans *Histoire du Théâtre en France*, dir. Jacqueline de Jomaron (Paris, Armand Colin, 2 vol., tome II, 1989), rééd. Paris, La Pochothèque, « Encyclopédies d'aujourd'hui », 1992, sixième partie, p. 505-533.

« Les genres à la mode, Le Théâtre » et « Beaumarchais », dans *Précis de Littérature Française du* XVIIIe *siècle*, dir. Robert Mauzi, Sylvain Menant et Michel Delon, Paris, PUF, 1990.

« Les genres dramatiques pendant la Révolution », dans *Il teatro e la Rivoluzione francese*, dir. Mario Richter, Vicenza, Accademia olimpica Vocenza, 1991, p. 49-63.

« Le Tableau mélodramatique », dans *Robespierre & Co. Il Melodrammatico*, dir. Michela Mengoli, Bologne, Analisi, 1992, p. 65-84.

« Figaro révolutionnaire ? », dans *L'Europa e il teatro*, dir. Vito Carofiglio, Bari, Edizioni dal Sud, 1995, p. 201-212.

« Marie-Joseph Chénier tra Reppublica e Impero », dans *Napoleone e gli intellettuali*, dir. Daniela Gallingani, Bologna, Il Mulino, 1996, p. 115-128.

Articles « Comédie », « Drame », « Foire (théâtre de) », « Parade », « Théâtre et scénographie », « Tragédie », dans *Dictionnaire européen des Lumières*, dir. Michel Delon, Paris, PUF, 1997.

« Les Paradoxes de la coquette, sur quelques coquettes de Marivaux », dans *L'Europa e il teatro. 2. Il mito e il personaggio*, Bari, Edizioni dal Sud, 1998, p. 295-304.

« Du roman à l'opéra : *Lodoïska* », dans *Entre libertinage & Révolution, Jean-Baptiste Louvet (1760-1797)* [actes du colloque du Bicentenaire de la mort de J.-B. Louvet, Strasbourg 1997], dir. Pierre Hartmann, Strasbourg, PUS, 1999, p. 255-264.

« Le Rêve épique de Diderot », dans *L'Épique : fins et confins*, dir. Pierre Frantz, collab. Caroline Cazanave, François Jacob et Pierre Nobel, Besançon, PUFC, « Collection Littéraire », 2000, p. 175-192.

« Tragedia y dynàmica en siglo XVIII, [La *machine* dans la tragédie du XVIIIe siècle] », dans *La màquina escenica : drama espacio, tecnologia*, dir. Rosa de Diego et Lydia Vàzquez, Universidad del Pais Vasco, Bilbao, juillet 2000, p. 69-77.

« Jouer aujourd'hui *Le Fils naturel* », dans *Diderot, l'invention du drame*, dir. Marc Buffat, Paris, Librairie Klincksieck, 2000, p. 159-171.

« Marie Joseph Chénier : la tragédie en quête de politique », dans *Le Travail des Lumières. Pour Georges Benrekassa*, dir. Caroline Jacot Grapa, Nicole

Jacques-Lefèvre, Yannick Séité et Carine Trevisan, Paris, Honoré Champion, « Colloques, congrès et conférences sur le Dix-huitième siècle », 2002, p. 593-608.

« Spectacle et tragédie au XVIIIe siècle », dans *Tragédies tardives* [actes du Colloque de Besançon des 17 et 18 décembre 1998], dir. Pierre Frantz et François Jacob, Paris, Honoré Champion, « Colloques, congrès et conférences. Époque moderne et contemporaine », 2002, p. 69-78.

« Décor et action à l'époque des Bibiena », dans *I Bibiena : una famiglia in scena* : da *Bologna all'Europa*, dir. Daniela Gallingani, Firenze, Alinea, 2002, p. 41-49.

« Marie Joseph Chénier : procès de la justice et procès du théâtre », dans *Représentations du procès. Droit, Théâtre, Littérature, Cinéma*, dir. Christian Biet et Laurence Schifano, Nanterre, Université de Paris X – Nanterre, « Représentation », 2003, p. 343-352.

« Le philosophe dans le théâtre de la Révolution : la place du mort », dans *Le Philosophe sur les planches, L'image du philosophe dans le théâtre des Lumières : 1680-1815*, dir. Pierre Hartmann, Strasbourg, PUS, 2003, p. 306-318.

« L'invention du classicisme aux sources de la Modernité », dans *Révolutions du moderne*, dir. Daniela Gallingani, Claude Leroy, André Magnan et Baldine Saint-Girons, Paris, Éditions Paris-Méditerrannée, 2004, p. 116-126.

« Le Théâtre sous l'Empire entre deux Révolutions », dans *L'Empire des Muses. Napoléon, les Arts et les Lettres*, dir. Jean-Claude Bonnet, Paris, Belin 2004, p. 173-198.

« Jouer le drame au XVIIIe siècle », dans *Le Drame du XVIe siècle à nos jours*, dir. Philippe Baron, Dijon, EUD, 2004, p. 207-215.

« Voltaire et ses fantômes », dans *Dramaturgies de l'ombre* [actes du colloque organisé à Paris IV et Paris VII du 27 au 30 mars 2002], dir. Françoise Lavocat et François Lecercle, Rennes, PUR, « Interférences », 2005, p. 263-276.

« Le roman, perte ou salut du théâtre ? », dans *Il Romanzo a teatro*, dir. Franco Piva, Fazano, Schena, 2005, p. 37-47.

« Théâtraliser la Révolution française », dans *Corps, littérature, société (1789-1800)*, dir Jean-Marie Roulin, Saint-Étienne, PUSE, 2005, p. 31-40.

« Le héros, la fraternité et la mort. La poétique des tragédies néoclassiques de Chénier », dans *Le XVIIIe siècle. Histoire, mémoire et rêve. Mélanges offerts à Jean Goulemot*, dir. Didier Masseau, Paris, Champion, 2006, p. 203-217.

« Diderot, Dorval, tempête et création », dans *L'Événement climatique et ses représentations XVIIe-XIXe siècles*, dir. Emmanuel Le Roy Ladurie, Jacques Berchtold, Jean-Paul Sermain, Paris, Desjonquères, 2007, p. 430-438.

« Naissance de la didascalie », dans *Le Texte didascalique à l'épreuve de la lecture et de la représentation*, dir. Frédéric Calas, Romdhane Elouri, Saïda

Hamzaoui et Tijani Salaaoui, Tunis/Pessac, Sud éditions/PUB, 2007, p. 159-172.

« Voltaire, le théâtre et le canon », dans *Tradizione e contestazione*, dir. Giovanna Angeli, Firenze, Alinea, p. 135-150.

« De la théorie du théâtre à la peinture. Réflexion en marge d'un tableau de Van Loo, *Mademoiselle Clairon en Médée* », dans *Les Salons de Diderot. Théorie et écriture*, dir. Pierre Frantz et Élisabeth Lavezzi, Paris, PUPS, 2008, p. 31-42.

« Riferimenti al corpo nelle teorie sull'arte dell'attore nel XVIII secolo », dans *Le passioni in scena : corpi eloquenti e segni dell'anima nel teatro del XVII e XVIII secolo*, dir. Silvia Carandini, Roma, Bulzoni, 2009, p. 235-251.

« "Je ne me soucie pas de ce qui est possible, moi", Quelques réflexions sur Arlequin », dans *Marivaux : Jeux et surprises de l'amour*, dir. Pierre Frantz, Paris/Oxford, PUPS/Voltaire Foundation, « Vif », 2009, p. 123-136.

« Variations ailées », dans *L'Amant jaloux d'André E.-M. Grétry et Thomas d'Hèle*, dir. Jean Duron, Bruxelles, Mardaga, 2009, p. 263-271.

« "De petits airs coupés" : Réflexions sur les Lumières et l'opéra », dans *Farinelli. La gloire du castrat*, dir. Michel Delon, Maria Grazia Porcelli et Michèle Sajous d'Oria, Tarante, Lisi, 2009, p. 91-105.

« Diderot, la voix, l'accent », dans *La Voix, Hommage à Pierre Brunel*, dir. Danièle Chauvin, Paris, PUPS, 2009, p. 207-216.

« La Fraternité Héroïque dans le théâtre républicain de la Révolution », dans *Héroïsme et Lumières*, dir. Sylvain Menant et Robert Morrissey, collab. Julie Meyers, Paris, Honoré Champion, « Moralia », 16, 2010, p. 203-214.

« Les dénouements en action au XVIIIe siècle », dans *La Fabrique du théâtre, Avant la mise en scène (1650-1880)*, dir. Mara Fazio et Pierre Frantz, Paris, Desjonquères, « L'esprit des lettres », 2010, p. 332-342.

« Drame et opéra-comique. Une affaire de promiscuité », dans *L'Invention des genres lyriques français et leur redécouverte au XIXe siècle*, dir. Agnès Terrier, Alexandre Dratwicki, Lyon, Symétrie, 2011, p. 59-62.

« Énonciation et incarnation de l'espace dans le théâtre dramatique du XVIIIe siècle », dans *Espace et énonciation. Linguistique et littératures françaises et francophones*, dir. Jacqueline Bacha et Renaud Bret-Vitoz, Tunis, Sahar, « Mémoire d'encre », 2011, p. 173-180.

« La Catharsis et les théoriciens français au XVIIIe siècle », dans *Littérature et thérapeutique des passions : la catharsis en question*, dir. Jean-Charles Darmon, Paris, Hermann, 2011, p. 119-130.

« La riflessione europea sul gesto e la sensibilità dell'attore : la sintesi di Engel », dans *Il Corpo e la sensibilita morale, Letteratrura e teatro nella Francia e nell'Inghilterra del XVIII secolo*, dir. Gianni Iotti et Maria Grazia Porcelli, Pacini, Pisa, 2011, p. 265-280.

« L'Opéra au secours du théâtre », dans *Voltaire à l'Opéra*, dir. François Jacob, Paris, Classiques Garnier, « L'Europe des Lumières », 2011, p. 21-34.

« Le romanesque dans le théâtre de La Chaussée », dans *Destouches, La Chaussée et la comédie nouvelle*, dir. Jean Dagen, Catherine Giappiconi et Sophie Marchand, Paris, PUPS, 2012, p. 179-189.

« Théâtre et peinture, Talma et David », *Theatre and Film Studies*, Tokyo, 2012, vol. 1, p. 113-145.

« Marivaux, idées et actualité », *Theatre and Film Studies*, Tokyo, vol. 2, 2012, p. 77-109.

« L'Effraction imaginaire du théâtre », dans *Théâtre et imaginaire, Images scéniques et représentations mentales, XVIe-XVIIIe siècle*, dir. Véronique Lochert et Jean de Guardia, Dijon, ÉUD, 2012, p. 211-221.

« De la théorie au roman : les anecdotes dans le *Paradoxe sur le comédien* », dans *Anecdotes dramatiques. De la Renaissance aux Lumières*, dir. François Lecercle, Sophie Marchand et Zoé Schweitzer, Paris, PUPS, « Theatrum Mundi », 2012, p. 139-150.

« Un succès de Collé, *Dupuis et Desronais* », *Charles Collé (1709-1783). Au cœur de la République des Lettres*, dir. Marie Emmanuelle Plagnol et Dominique Quéro, Rennes, PUR, « interférences », 2013, p. 165-176.

Avec la collaboration d'Alexej Evstratov, « Pierre le Grand au théâtre, entre tragédie encomiastique et comédie bourgeoise », *РОССИЯ И ФРАНЦЯ : XVIII-XX ВВ*, Moscou, Monumenta Humanitatis, 2013, p. 30-49.

« Rousseau et l'acteur », *Rousseau et le spectacle*, dir. Jacques Berchtold, Christophe Martin et Yannick Seité, Paris, Armand Colin, 2014, p. 17-29.

« La passion de la scène », *Sade, un athée en amour*, dir. Michel Delon, Cologny/Paris, Fondation Martin Bodmer/Albin Michel, 2014, p. 83-89.

« Désirs et reflets, Petits-maîtres et coquettes chez Marivaux », dans *Esthétique(s)* queer *dans la littérature et les arts*, dir. Muriel Plana et Frédéric Sounac, Dijon, ÉUD, « écritures », 2015, p. 251-260.

« Les pantomimes du *Neveu de Rameau*, rêve et imitation », dans *Musique et pantomime dans* Le Neveu de Rameau, dir. Franck Salaün et Patrick Taïeb, Paris, Hermann, 2016, p. 209-224.

« Fini, c'est fini, ça va peut-être finir », dans *Revoir la fin, Dénouements remaniés au théâtre aux XVIIIe et XIXe siècles*, dir. Sylviane Robardey-Eppstein et Florence Naugrette, Paris, Classiques Garnier, « Rencontres », 2016, p. 47-66.

« Émotion et distance : quelques réflexions sur les scènes de musique du *Barbier de Séville* et du *Mariage de Figaro* de Beaumarchais », dans *La Double Séance. La musique sur la scène théâtrale et littéraire / La musica sulla scena teatrale e letteraria*, dir. Michela Landi, Firenze university press, 2017, p. 85-95.

« Les Lumières au théâtre, quelques réflexions sur la tragédie de Voltaire », dans *Eredità e attualità del Settecento, Idee, forme, valori*, dir. Daniela Gallingani et Riccardi Campi, Bologna, Bononia university Press, 2017, p. 93-107.

« La Nation et ses frontières : nation et universalisme sur les scènes de la Révolution », dans *L'Atelier des idées. Pour Michel Delon*, dir. Pierre Frantz et Jacques Berchtold, Paris, PUPS, « Lettres Françaises », 2017, p. 189-200.

« Il sublime nel male », *Il Piacere del Male. Le rappresentazioni letterarie di un'antinomia morale (1500-2000)*, dir. Paolo Amalfitano, Pisa, Pacini editore, 2017, 2 vol., t. I : *Dal Cinquecento al Settecento*, p. 617-630.

« Le Peuple dans la théorie théâtrale des Lumières. Diderot et Mercier », dans *Théâtre et Peuple de Louis-Sébastien Mercier à Firmin Gémier*, dir. Olivier Bara, Paris, Classiques Garnier, « Rencontres », 2017, p. 39-50.

« L'Antiquité visible, la dramaturgie de l'espace et du décor pendant la Révolution et l'Empire », dans *Les Arts du spectacle et la référence antique dans le théâtre européen (1760-1830)*, dir. Pierre Frantz, Mara Fazio et Vincenzo de Santis, Paris, Classiques Garnier, « Rencontres », 2018, p. 169-180.

« Théâtre : *Le Goût de Voltaire* de Raymond Naves », dans *Raymond Naves, Les débuts de l'esthétique au* XVIII*e siècle*, dir. Renaud Bret-Vitoz, Toulouse, PUM, « Lettres & culture », 2018, p. 115-126.

« La Scène romaine de Voltaire », dans *Teatro è Storia, Scritti in onore di Mara Fazio*, dir. Sonia Bellavia, Vincenzo De Santis, Marta Marchetti, Rome, Bulzoni 2018, p. 71-79.

« Le rôle du drame dans l'unification de la culture européenne au XVIIIe siècle », dans *Europäische Gründungsmythen im Dialog der Literaturen*, dir. Roland Issler, Rolf Lohse, Ludger Scherer, Bonn University Press, 2019, p. 517-529.

« *Le Fanatisme ou Mahomet le prophète* : Le Théâtre du despotisme oriental », dans *La Fable orientale*, dir. Christophe Martin, L. Norci Cagiano et L. Plazenet, Paris, Hermann, 2019, p. 265-280.

« Imposer la performance », dans *L'Orecchio et l'occhio, lo spettacolo teatrale, arte dell'ascolto e arte dello sguardo* / Le Spectacle théâtral, l'audible et le visible, dir. Mara Fazio et Pierre Frantz, Rome, Artemide, 2019, p. 139-151.

« Le Théâtre de la Révolution et l'actualité politique. Débats, journalisme épopée », et « La Théorie de l'illusion au théâtre, entre classicisme et romantisme », dans *Révolution française et Spectacles*, dir. Kaori Oku, Université Meiji, 2020, p. 3-11, p. 103-114.

« Le Moment Voltaire », *Données, recettes & répertoire. La scène en ligne (1680-1793) / Databases, Revenues, & Repertory. The French Stage Online, 1680-1793*, dir. Sylvaine Guyot et Jeffrey S. Ravel (MIT Press, 2020), https://cfrp.mitpress.mit.edu/pub/moment-voltaire/release/1 (consulté le 24/06/2021)

PRÉFACES ET POSTFACES

Préface à Antoine-Marin LEMIERRE, *Guillaume Tell, tragédie*, édition critique de Renaud Bret-Vitoz, Presses Universitaires de Rennes, « Textes rares », 2005, p. 7-8.

« Présentation », *Critique*, vol. 699-700, n° 8-9, « Le théâtre sans l'illusion », dir. Christian Biet et Pierre Frantz, 2005, p. 569-571.

« Rhapsodies », *Orages*, n° 5, mars 2006 : « Formes errantes et vagabondes. Variations sur l'informe », dir. Pierre Frantz, p. 11-22.

Avec Élisabeth Lavezzi, « À propos de la théorie et de l'écriture », dans *Les Salons de Diderot*, *Théorie et écriture*, dir. Pierre Frantz et Élisabeth Lavezzi, Paris, PUPS, 2008, p. 7-13.

Introduction générale (avec Sophie Marchand) du *Théâtre français du XVIIIe siècle, histoire, textes choisis, mises en scène*, dir. Pierre Frantz et Sophie Marchand, Paris, Éditions de L'Avant-scène théâtre, 2009, p. 13-49.

Préface à *La Scène, la salle et la coulisse dans le théâtre du XVIIIe siècle en France*, dir. Pierre Frantz et Thomas Wynn, Paris, PUPS, 2011, p. 7-12.

Avec Olivier Ferret, « Libération et économie des haines politiques », *Orages*, n° 16 mai 2017 : « Haines politiques », dir. Olivier Ferret, p. 11-31.

« Pour lire et jouer Voltaire », Introduction au *Théâtre complet de Voltaire* dir. Pierre Frantz, t. I : dir. Renaud Bret-Vitoz et Gianni Iotti, Paris, Classiques Garnier, 2019, p. 7-38.

INDEX

RÉSUMÉS DES CONTRIBUTIONS

Michel Delon, « Préface »

Cet article évoque un demi-siècle d'amitié, des bancs aux chaires de la Sorbonne, un demi-siècle de discussions théoriques et d'aventures humaines, qui passe par les cafés parisiens, les paysages italiens et les plages californiennes.

Jean-Christophe Abramovici, « Histoires d'œil »

Quatre yeux. Trois yeux théâtraux et un œil humain, mais quatre regardeurs et quatre regards à imaginer.

Renaud Bret-Vitoz, « Penser le théâtre avec Pierre Frantz »

La conception globale de la dramaturgie de Pierre Frantz intègre tous les arts à la théorie littéraire et à l'interprétation du discours dramatique proprement dit. L'esthétique du théâtre et du spectacle qu'il a définie grâce à ses ouvrages, articles et conférences offre au chercheur une méthode et un outil de connaissance de l'écriture et du geste théâtral qui permet de combattre les lieux communs et les jugements hâtifs sur la production littéraire du XVIIIe siècle tout entier.

Sophie Marchand, « Travailler avec Pierre Frantz »

Ce texte retrace la carrière de Pierre Frantz en insistant sur les apports de ses travaux et la manière dont il a su impulser et fédérer des recherches collectives et renouveler le regard sur le théâtre du XVIIIe siècle.

Gianni Iotti, « *Mérope* ou le plaisir de la reconnaissance »

L'article analyse l'*anagnorisis* dans *Mérope* de Voltaire. La reconnaissance entre personnages est l'aboutissement d'un *tropisme* renvoyant aux affections familiales. Cependant la voix du sang ne se réduit pas à une donnée purement sentimentale. Ses conséquences font balancer le héros entre une identité *ancestrale* et une identité *affective.* Ainsi l'*anagnorisis* dans *Mérope* résume parfaitement la « contradiction » fondamentale de la dramaturgie voltairienne, suspendue entre tragédie et mélodrame.

Thibaut JULIAN, « Contrastes de l'admiration dans le théâtre du XVIIIe siècle »

Dans le théâtre du XVIIIe siècle, les mutations des genres et des sujets révèlent une crise de l'admiration. Suspecte de froideur, elle se trouve pourtant revalorisée dans la seconde moitié du siècle à travers de nouveaux *exempla.* L'admiration se fond avec l'attendrissement pour opérer un rapprochement favorable à la sympathie du public qui tend à renforcer sa participation directe à la représentation, sur une scène où morale et politique se confondent vers la Révolution.

Sophie MARCHAND, « Trouble dans les genres »

Au XVIIIe siècle, les discours sur les genres dramatiques convoquent un imaginaire genré, la référence au masculin et au féminin permettant de penser les mutations en cours. S'opposent les promoteurs d'une évolution du système, qui prônent la régénération de formes inopérantes, et les tenants de la tradition, qui font de la référence genrée l'étendard d'une angoisse face à la contestation des grilles d'intelligibilité taxinomiques du monde et des arts, qu'elles soient esthétiques, politiques ou sociales.

Martial POIRSON, « "Le voile de l'illusion est tombé". Le spectateur, "juge né de tous les arts et de tous les artistes" au temps du sacre du comédien »

Souvent réduite à la théorie du « 4e mur », la séparation entre scène et salle fait l'objet de controverses parmi les Comédiens-Français. En atteste un *Réquisitoire* consigné dans les registres d'assemblées de l'institution en 1780. Cette archive témoigne de l'approche inductive de deux débats essentiels pour l'esthétique du tableau : d'une part les conditions de production du pacte de créance au fondement de l'illusion théâtrale ; d'autre part, les conditions de réception des spectacles.

François LECERCLE, « Huerne de La Mothe et la politisation de la querelle du théâtre »

Ni les contemporains ni la postérité n'ont été tendres avec Huerne de La Mothe et son brûlot contre l'excommunication des comédiens, *Libertés de la France contre le pouvoir arbitraire de l'Excommunication* (1761). Mais l'auteur n'est pas ce maladroit qui, selon Voltaire, a compromis la cause qu'il voulait défendre : il faut rendre justice à un pamphlet hardi qui place la défense du théâtre sur un plan ouvertement politique en arguant, avant la lettre, pour la séparation de l'Église et de l'État.

Andrea FABIANO, « Un théâtre de l'érosion. Fragments de la pensée théâtrale de Giacomo Casanova »

Giacomo Casanova explore la voie d'un théâtre ouvert et pluri-stylistique à la recherche d'un cheminement spectaculaire qui puisse sortir de la norme et de la tradition, éroder et désagréger l'idée du théâtre en tant que maîtrise de la langue, de la rhétorique et du répertoire littéraire, et qui puisse, *in fine*, amener à la dissolution de la présence physique du corps du comédien grâce à la proposition d'un spectacle théâtral construit seulement avec la musique et la lumière.

Renaud BRET-VITOZ, « Le théâtre du XVIIIe siècle et “la portée du travail silencieux sur l'espace” »

Aben-Saïd de Le Blanc offre un exemple des liens entre utopie et espace théâtral au XVIIIe siècle. La compréhension du travail dramaturgique sur l'espace à partir des travaux de P. Frantz révèle la coïncidence de deux espaces (l'un littéraire et fictif sur la scène, l'autre matériel et sensible dans la salle) et une oscillation dans les représentations des systèmes de gouvernement asiatiques, entre une terre archaïque immuable et l'horizon d'un monde utopique instable ou en révolution.

Françoise LE BORGNE, « La scène plurielle dans *Le Café ou l'Écossaise* de Voltaire »

L'intérêt de Voltaire pour la dimension spectaculaire de ses pièces est confirmé par l'espace dramatique double qu'il imagine pour sa pièce *Le Café ou l'Écossaise*, figurant simultanément une salle de café londonien – domaine du journaliste Frélon – et la chambre contiguë de la proscrite Lindane. Tous les enjeux de la comédie reposent largement sur la mise en œuvre d'une scène à compartiments permettant de restituer cet espace clivé, mais sa réalisation, en 1760, était bien loin d'être une évidence.

Katherine Astbury, « Le tableau dans les premiers mélodrames de Pixerécourt »

L'étude magistrale de Pierre Frantz sur le tableau nous rappelle que « c'est de l'énergie qu'il tient sa vraie unité ». Son importance dans le tableau-comble devient évidente lorsque l'on confronte l'acteur à la musique de scène. Cet article confirmera les liens entre émotion, mouvement et action qu'identifie P. Frantz dans le drame du XVIIIe siècle pour montrer comment se développe le tableau mélodramatique dans les premiers mélodrames de Pixerécourt.

Martin Wåhlberg, « La peinture dans l'opéra-comique »

L'opéra-comique du dix-huitième siècle est étroitement lié à la peinture. Au-delà de la notion de tableau théâtral, qui, dans les comédies mêlées d'ariettes se double d'un discours musical, on peut répertorier toute une série de pièces qui placent la peinture au centre de l'action. Tournant le tableau en objet scénique et dramaturgique, ces pièces ouvrent la voie à un discours sur la dimension artistique du théâtre.

Nathalie Rizzoni, « Les écrans révolutionnaires de Claude-Louis Desrais »

Deux séries d'esquisses de l'artiste Claude-Louis Desrais sont à l'origine de l'enquête menée ici. Comportant l'une et l'autre six dessins préparatoires de format ovale, elles se relient chacune à une comédie révolutionnaire : *La Nourrice républicaine ou les Plaisirs de l'adoption* de Piis (1794), *La Maison isolée ou le Vieillard des Vosges* de Marsollier des Vivetières et Dalayrac (1797). Seule iconographie connue jusqu'alors pour ces pièces, ces images n'étaient pas destinées à en illustrer les éditions…

Mara Fazio, « Voltaire et Mlle Clairon. Suprématie du texte ou suprématie de l'acteur ? »

1750. Mlle Clairon joue sous l'influence de Voltaire et suit ses conseils. Lorsque Voltaire quitte Paris, la comédienne, désormais sous l'influence de

Marmontel, décide de modifier sa manière de jouer afin de former un nouveau public capable de l'apprécier et de renforcer sa position. Voltaire essaie d'abord de rétablir son autorité avec *Tancrède* (1760), puis il cède, se soumet et la craint. C'est elle qui assure le succès de ses pièces et il le sait (1764).

Emanuele De Luca, « La raison d'Ésope. Théorie du jeu entre François Riccoboni et Diderot »

Des *Observations sur Garrick* au *Paradoxe sur le comédien*, la référence à l'*Art du Théâtre* de F. Riccoboni par Diderot mène à creuser le rapprochement du philosophe avec l'acteur-théoricien, autour de la primauté de la raison dans la théorie du jeu. La réinterprétation de l'anecdote sur l'acteur romain Ésope, emporté par son rôle, vers un jeu maitrisé et rationnel, synthétise le basculement de la théorie de la sensibilité vers une approche moderne, antimétaphysique et illuministe du jeu.

Jean-Christophe Igalens, « La comédienne italienne et le poète tragique. Portraits croisés de Silvia et de Crébillon dans l'*Histoire de ma vie* de Casanova »

Au cours du premier séjour de Casanova à Paris, les portraits de Silvia Balletti et de Crébillon se répondent. Une femme et un homme ; une comédienne italienne et un auteur dramatique, académicien et censeur royal ; comédie et tragédie : les deux figures sont des termes complémentaires et opposés, indissociables, dans l'ordre symbolique des années 1750, d'un principe de hiérarchisation. Par leurs portraits croisés, Casanova travaille à subvertir l'ordre hiérarchique et le principe d'autorité.

Gauthier Ambrus, « Talma à l'école des tragédiens »

Talma accéda à la célébrité en créant le rôle controversé de Charles IX dans la tragédie du même nom de Marie-Joseph Chénier, jouée par les Comédiens-Français à l'automne 1789. Son interprétation novatrice n'a pas peu contribué à ce qui constitue le premier succès du théâtre révolutionnaire, aux implications politiques retentissantes dans le climat de cette époque. Un texte inédit de François-René Molé à l'intention du jeune tragédien lève le voile sur le travail de composition à l'origine de son jeu.

Ignacio Ramos-Gay, « Caraby, chien savant. Notes sur l'exhibition d'animaux dressés chez Nicolet »

Cet article analyse la présence d'animaux savants sur les planches des théâtres de la Foire, principalement les cas du singe Turco et du chien Caraby, vedettes du Théâtre des Grands Danseurs du Roi, dirigé par Jean-Baptiste Nicolet. Le spectacle joué par les animaux dressés constitue un terrain d'expérimentation scientifique pour le spectateur du XVIIIe siècle, dans lequel s'exhibent les différentes frontières entre espèces animalières en fonction de leurs ressemblances avec l'acteur humain.

Philippe Bourdin, « Brisse, de Nancy, ou les planches sans voile »

La carrière de Brisse incarne les conséquences de l'investissement patriotique qu'offre la Révolution aux comédiens. Partisan des valeurs nouvelles, il participe dès 1789 à des événements politiques majeurs, au prix de séjours en prison qui ne le dissuadent pas de militer au sein des Jacobins et de prendre des responsabilités électives. Si elles le détournent un temps de son art, il transforme celui-ci selon ses convictions, et cherche à le porter dans des départements rétifs à la république.

† Christian Biet, « La naissance de l'Histoire et le premier homicide par Joachim Bernier de la Brousse, notable poitevin »

Comment penser l'Histoire lorsqu'on vient de traverser des années de trouble intense, de guerre civile et de violence ? Cet article envisage cette question à partir d'une pièce de théâtre postérieure aux guerres de religion, *L'Embryon romain*, de Bernier de La Brousse (1618). Il analyse la manière dont on peut figurer les temps présents en recourant aux références et aux *exempla* des temps passés, antiques de préférence, en l'occurrence le meurtre fratricide de Rémus par Romulus.

Olivier Bara, « "Pochades méprisées" ou "comédies de notre siècle" ? Quatre farces de Labiche écrites pour Céline Montaland »

La petite Céline Montaland est engagée comme comédienne à l'âge de sept ans au Théâtre du Palais-Royal. Eugène Labiche et Marc-Michel écrivent pour elle quatre pièces en un acte : *La Fille bien gardée*, *Un bal en robe de chambre* (1850), *Mam'zelle fait ses dents* (1851) et *Maman Sabouleux* (1852). Labiche a dit son mépris pour cette part de sa création dramatique. Ces « pochades méprisées » (Théophile Gautier) sont pourtant riches de significations culturelles et sociales.

Maria Grazia PORCELLI, « Histoire d'une fée entre France et Italie »

La fée Urgèle, héroïne du conte voltairien *Ce qui plait aux Dames* (1763), a inspiré, entre France et Italie, plusieurs réécritures et traversé plusieurs genres en répondant à la modification du goût du public. Du conte illuministe à l'Opéra-Comique, de la sensualité libertine à la farce en musique, jusqu'au merveilleux féerique des chorégraphies romantiques du XIXe siècle, l'histoire de cette fée fait ressortir les changements du goût entre deux siècles.

Michèle SAJOUS D'ORIA, « De sujet médical à sujet théâtral, la tarentule sur les scènes françaises (1705-1839) »

Les effets de la piqûre d'une araignée de la région des Pouilles, la tarentule, et les moyens d'en guérir, sont l'objet de l'attention de la médecine européenne depuis le XVIe siècle. L'*Encyclopédie* y consacre un article. La tarentule pique surtout les femmes, fiancées plus ou moins de force, et elles ne guérissent qu'en dansant frénétiquement. Mariage forcé et danses, sur fond de médecine plus ou moins charlatane, constituent un beau sujet pour le théâtre du XVIIIe siècle et le succès perdure au XIXe.

Olivier FERRET, « Faire des “applications” au théâtre sous l'Ancien Régime »

La présence des « applications » au théâtre est envisagée à deux niveaux, qui caractérisent deux ensembles de pièces : les unes écrites pour faire référence à des personnes et événements contemporains, les autres suscitant, de la part du public, dans le présent de la représentation, une actualisation qui n'a *a priori* pas été prévue. Envisagés avant la Révolution, ces phénomènes invitent à réfléchir à l'expression d'une parole politique dans l'espace public et à une possible fabrication de l'opinion.

Thomas WYNN, « Le crime et la poétique dans le théâtre des Lumières »

Pendue en 1755 pour crime de complicité dans l'assassinat de son mari, Marie-Catherine Lescombat était l'une des criminelles les plus célèbres de son époque. La tragédie anonyme *La Mort de Lescombat* peint sa passion adultérine avec Jean-Louis de Mongeot et leur crime qui dépasse les limites de la poétique traditionnelle. Tissue de vers tirés de Corneille, Molière et Quinault, cette pièce est bien plus qu'un simple jeu littéraire : c'est un drame à l'état embryonnaire.

Logan J. CONNORS, « Théâtre à désertion et militarisation du drame (bourgeois) à la fin de l'Ancien Régime »

Cette étude cherche à décrire l'instrumentalisation du « théâtre à désertion », une vogue de pièces qui traitent de la désertion jouées en France et dans les colonies au dix-huitième siècle. Nous nous focalisons sur une version du *Déserteur* de Louis-Sébastien Mercier, remaniée par Joseph Patrat, pour un public militaire à Brest. Son effort dramaturgique et politique souligne à la fois la mobilité de l'œuvre et l'intégration du théâtre au sein du dispositif militaire de l'époque.

Stéphanie FOURNIER, « Fonctions et images du handicap dans le théâtre de la Révolution »

Le handicap a toujours été un ressort comique efficace au théâtre. Sous la Révolution, le nombre de comédies dont le titre fait référence à ce thème est important. Le handicap, outre sa fonction comique et dramatique, est porteur de nouvelles valeurs et conforte un discours moral et politique. Certaines pièces évoquent le droit au respect des personnes invalides, et donnent une portée symbolique au handicap, moyen de révéler les cœurs et signe d'une transformation de l'être ou de la société.

Laurence MARIE, « Figaro à Saint-Domingue »

Cet article enquête sur la présence de Figaro dans les *Affiches américaines*, gazette de la société coloniale francophone à Saint-Domingue. Le nom renvoie bien sûr aux représentations théâtrales données dans l'île, mais il désigne aussi de nombreux esclaves en fuite. Son usage éclaire les processus de domination et d'émancipation à l'œuvre dans la révolution haïtienne, qui éclate en août 1791 avec une insurrection de la population esclave.

Jacques Berchtold, « Le soutien à l'autre souffrant dans la tragédie. Pylade et Oreste dans *Iphigénie en Tauride*, chez Euripide et Goethe »

L'article examine la manière dont la relation entre Pylade et Oreste est représentée par Euripide et Goethe. Si la pièce antique insiste sur le prix de la *philia* et maintient les deux amis dans leur destin propre, l'approche médicale du sujet, inspirée par Aristote, modifie les données du problème. Chez Goethe, le discours de Pylade s'individualise et l'accent est mis sur la guérison, obtenue au moyen de l'attention à l'autre, et sur la perfectibilité, dont Iphigénie devient le principal agent.

Mladen Kozul, « Sade et le théâtre sous la Révolution. Éthique et politique »

Dans la foulée du mouvement social *MeToo*, la valorisation de l'auteur Sade suppose l'atténuation de ses agissements immoraux d'autant plus que ses textes mettent en scène des violences sexuelles sans nombre. Le verdict des hommes de théâtre qui rejettent les pièces de Sade au début des années 1790, comme la réaction du public à celles qui sont jouées suggèrent des analogies entre l'exigence morale qui nous est contemporaine et les tensions idéologiques qui traversent la scène révolutionnaire.

Éric Avocat, « Tribune grecque, tribune romaine. Représentation politique et action oratoire dans le théâtre de Marie-Joseph Chénier »

Les années 1792 et 1793 coïncident avec l'écriture par Marie-Joseph Chénier d'une tragédie romaine, *Caius Gracchus*, puis d'une tragédie grecque, *Timoléon*. Les vicissitudes de la réception des deux pièces reflètent les incertitudes et les tâtonnements de la trajectoire politique du dramaturge au milieu de ces profondes mutations. Et la matière antique est propice à une mise en abyme riche d'enseignements de la parole publique et du dispositif oratoire.

Vincenzo De Santis, « Autour d'une pièce perdue de Lemercier. *Le Tartuffe révolutionnaire* (1795) et sa réception sous le Directoire »

Créée au Théâtre de la République le 9 juin 1795 et vite interdite, *Le Tartuffe révolutionnaire* est une comédie politique de Lemercier dont le texte est aujourd'hui perdu. Cette pièce ouvre la réflexion de Lemercier sur le thème de l'hypocrisie, exploité dans son théâtre et surtout dans son poème

La Panhypocrisiade. À la lumière des réflexions de l'auteur sur l'œuvre de Molière, je m'intéresserai ici à la comédie perdue de Lemercier et à sa réception politique sous le Directoire.

Paola PERAZZOLO, « "Un trône est trop étroit pour être partagé". De la fraternité fratricide dans *Étéocle* (1799) de G.-M. Legouvé »

Étéocle, tragédie de Legouvé (1799), présente une réflexion sur le contexte socio-politique d'une République finissante déchirée par ses luttes intestines. La possibilité d'une lecture actualisée de l'épisode des Labdacides s'impose d'autant plus que le dramaturge, à la différence d'autres auteurs, se concentre sur la lutte fratricide en éliminant éléments et personnages secondaires pour esquisser un « tableau effrayant » amenant une « catastrophe qui surpasse les horreurs communes ».

Christophe MARTIN, « "La nature ne fait ni princes, ni riches". Politique du renversement dans les comédies insulaires de Marivaux »

On a beaucoup insisté sur ce qui limiterait la portée subversive des comédies insulaires de Marivaux (*L'Île des esclaves* ; *L'Île de la raison* et *La Colonie).* Si par bien des aspects, ces comédies font signe du côté du christianisme, le dispositif du monde renversé y est irréductible à la leçon chrétienne traditionnelle, non seulement en raison de l'absence quasi totale de référence à Dieu, mais parce que la radicalité du questionnement marivaudien procède directement de la théâtralisation qu'il met en œuvre.

Jeffrey S. RAVEL, « Une pièce non jouable et non imprimable en 1749 »

En 1749, René-Louis Voyer de Paulmy d'Argenson, récemment renvoyé du Conseil d'État de Louis XV, écrivait une pièce qui portait sur la politique contemporaine : *La Prison de Charles Edouard Stuardt.* Elle mettait en scène la décision d'exiler Charles Edward Stuart, fils aîné de la maison royale anglaise Stuart, qui habitait alors Paris. Même si cette œuvre n'a jamais paru sur la scène, son histoire méconnue nous offre des leçons sur des limites politiques et culturelles du théâtre au XVIIIe siècle.

Fabrice MOULIN, « *La Tragédie des Calas*, ou comment parler d'une pièce que Voltaire n'a jamais écrite »

Pour réconcilier le Voltaire tragédien avec le défenseur des Calas – deux figures que les Lumières elles-mêmes et la postérité ont opposées –, pourquoi ne pas les réunir au sein d'une pièce, certes fictive, mais au potentiel méthodologique intéressant ? Imaginer la tragédie des *Calas* que Voltaire aurait pu écrire pour en faire une idée régulatrice qui puisse éclairer les liens entre l'épistolier et le dramaturge, et interroger les choix esthétiques du tragédien dans la décennie cruciale de 1760.

Alain SANDRIER, « Le spectacle dans un fauteuil Voltaire. Théâtralisations critiques des Lumières irréligieuses »

Les « théatralisations critiques » – selon une dénomination proposée par Pierre Frantz – constituent une classe de pièces de théâtre originales qui mettent en scène les débats intellectuels des Lumières grâce aux pouvoirs propres du théâtre, mais sans viser nécessairement à une représentation autre que virtuelle. Dans le domaine de la critique religieuse, leur efficacité se mesure à la manière dont elles ont su articuler, de façon réflexive, la croyance imposée socialement à la crédulité consentie au spectacle.

Marc HERSANT, « Les théâtres de Saint-Simon »

L'article interroge la place du théâtre dans les *Mémoires* de Saint-Simon. Le théâtre réel occupe une place modeste dans l'œuvre, qui le juge (sur le plan des « valeurs » officielles du duc et pair) un sujet indigne d'elle : mais il y aussi le théâtre *en figure*, présent à travers deux motifs : celui, archi-topique, du théâtre du monde, celui, beaucoup plus intéressant pour comprendre le projet de Saint-Simon écrivain, de l'œuvre elle-même comme espace « quasi-théâtral » de représentation de la réalité.

Pierre SAINT-AMAND, « Au bonheur des petits-maîtres »

À travers un petit nombre d'œuvres du XVIIIe siècle, nous suivons les représentations théâtrales du petit-maître. Le jeune libertin est saisi en quelque sorte dans son milieu naturel, le théâtre, qui met tous ses traits en abyme. Il est habillé de tous les masques et propose la performance délurée d'une identité sexuelle trouble, tergiversant entre masculin et féminin. Il témoigne enfin, déployant ses parures, d'une éloquence mondaine étourdissante.

Virginie YVERNAULT, « "Comment regarderaient-ils Chérubin ?" ou le genre à vau-de-route »

Cet article s'intéresse à l'indétermination sexuelle du petit page de Beaumarchais et de Mozart. La manière dont les interprètes ont construit ou reconstruit le genre de Chérubin fait apparaître trois tendances : la sexualisation, qui érotise le page en faisant alterner des comportements fortement genrés, le modèle androgyne, qui vise à dérouter le spectateur par le trouble de l'équivoque, et la voie « réaliste », qui cherche à convaincre le public qu'il a devant les yeux un brigandeau de treize ans.

Marie-Cécile SCHANG-NORBELLY, « Mauvais goût et poésie. La réception problématique de l'opéra-comique de l'Ancien Régime »

Si la comédie mêlée d'ariettes d'Ancien Régime suscite un regain d'intérêt, elle souffre encore d'une réputation de désuétude et de mauvais goût qui tient notamment à des lectures idéologiques héritées du XIXe siècle : rejetée après la Révolution comme divertissement aristocratique, elle est décriée ensuite par les détracteurs d'un goût bourgeois pour l'artifice et la pacotille. Or l'effet de désuétude est programmé par un genre voué dès son apparition à représenter un monde disparu.

Kaori OKU, « Réception et nouvel usage de Marivaux au Japon »

Nous examinons l'adaptation libre du *Jeu de l'amour et du hasard* de Marivaux montée par le Takarazuka (une compagnie japonaise de théâtre musical composée uniquement de femmes) comme un exemple intéressant du nouvel usage de l'auteur « classique », après avoir parcouru la réception de Marivaux au Japon. La deuxième adaptation (2011), en particulier, complexifiant la structure de la mise en abyme, met en avant la question de la réalité et de la fiction, thème essentiel chez Marivaux.

TABLE DES MATIÈRES

PREMIÈRE PARTIE

SEUILS

DEUXIÈME PARTIE

DRAMATURGIES

PENSÉES DU THÉÂTRE

LA RENCONTRE DES ARTS

FIGURES

PÉPITES ET PARCOURS

TROISIÈME PARTIE

LE THÉÂTRE DES IDÉES

THÉÂTRE ET SOCIÉTÉ

LE THÉÂTRE DE LA RÉVOLUTION

LE SPECTACLE DES IDÉES

QUATRIÈME PARTIE

OUVERTURES

LE THÉÂTRE HORS DU THÉÂTRE

DES LUMIÈRES À AUJOURD'HUI

TABULA GRATULATORIA

Joël AGUET
Dimitri ALBANESE
Didier ALEXANDRE
Lise ANDRIES
Jean-Louis BESSON
Claude BLUM
Rodrigue BOULINGUI
Renaud BRET-VITOZ
Marc BUFFAT
Marie-Madeleine CASTELLANI
Sébastien CÔTÉ
Manuel COUVREUR
Bertrand DEGOTT
Michel DELON
Nicholas DION
Valentine DUSSUEIL
Juliette FABRE
Mara FAZIO
Francesco FIORENTINO
Marjolaine FOREST
Bernard FRANCO
Christine FRANTZ
Michèle FRUYT
Stéphanie Gehanne GAVOTY
Paul GEYER
Catherine GIAPPICONI
Jacques GUILHEMBET
Jeanne-Marie HOSTIOU
Jean-Christophe IGALENS
Thibaut JULIAN
Denis LABOURET
Gérard LAUDIN
Érik LEBORGNE
Marie LECA-TSIOMIS
François LECERCLE
Ilaria LEPORE
Laurent LOTY
Stéphanie LOUBÈRE
Bertrand MARCHAL
Maxime MARGOLLÉ
Christophe MARTIN
Benoît MELANÇON
Sylvain MENANT
Lise MICHEL
Ourida MOSTEFAI
Florence NAUGRETTE
Dario Maria NICOLOSI
Francis PAROT
Paola PERAZZOLO
Maria Grazia PORCELLI
Dominique QUÉRO
Jacqueline RAZGONNIKOFF
Philippe ROBICHAUD
Myriam ROMAN
Françoise RUBELLIN
Pierre SAINT-AMAND
Michèle SAJOUS D'ORIA
Alain SANDRIER
Marthe SEGRESTIN
Agnese SILVESTRI

Yoichi SUMI
Jean-Claude THOMAS
Nadine TOLLET
Angeliki TRIANTAFYLLOU
Jean-Claude VALLECALLE
Eric VAN DER SCHUEREN
Bernard VOUILLOUX
Martin WÅHLBERG
Thomas WYNN
Virginie YVERNAULT

DANS LA MÊME SÉRIE

1. *La Guerre civile des langues.* Mémoires *du duc de Saint-Simon, année 1710, « Intrigue du mariage de M. le duc de Berry »*, études réunies par Marc HERSANT, 2011
2. *Le Tournant des Lumières. Mélanges en l'honneur de Malcolm Cook*, sous la direction de Katherine ASTBURY et Catriona SETH, 2012
3. *Le corps et l'esprit en voyage. Le voyage thérapeutique*, sous la direction de Christine de BUZON et Odile RICHARD-PAUCHET, 2012
4. *Rousseau et le roman*, études réunies par Coralie BOURNONVILLE et Colas DUFLO, 2012
5. *Les* Lettres persanes *en leur temps*, sous la direction de Philip STEWART, 2013
6. *La Révolution française et le monde d'aujourd'hui. Mythologies contemporaines*, sous la direction de Martial POIRSON, 2014
7. *Le Temps des femmes. Textes mémoriels des Lumières*, sous la direction d'Anne COUDREUSE et Catriona SETH, 2014
8. *Jean-Jacques Rousseau et l'exigence d'authenticité. Une question pour notre temps*, sous la direction de Jean-François PERRIN et Yves CITTON, 2014
9. *Nouvelles lectures de* La Vie de Marianne. *Une « dangereuse petite fille »*, sous la direction de Florence MAGNOT-OGILVY, 2014
10. *Classer les mots, classer les choses. Synonymie, analogie et métaphore au XVIIIe siècle*, sous la direction de Michèle VALLENTHINI, Charles VINCENT et Rainer GODEL, 2014
11. *Saint-Simon ou le sens de l'intrigue*, sous la direction de Jacques BERCHTOLD et Marc HERSANT, avec la collaboration de Damien CRELIER, 2014
12. *L'Accident de Ménilmontant*, sous la direction d'Anouchka VASAK, 2015
13. Les Confessions. *Se dire, tout dire*, sous la direction de Jacques BERCHTOLD et Claude HABIB, 2015
14. *Le Sacré en question. Bible et mythes sur les scènes du XVIIIe siècle*, sous la direction de Béatrice FERRIER, 2015
15. *Démocratisation et diversification. Les littératures d'éducation au siècle des Lumières*, sous la direction de Rotraud von KULESSA, 2015
16. *Nouveaux regards sur la trilogie de Beaumarchais*, sous la direction de Sophie LEFAY, 2015
17. *Casanova. « Écrire à tort et à travers »*, sous la direction de Raphaëlle BRIN, 2016
18. *Rousseau, les Lumières et le monde arabo-musulman. Du XVIIIe siècle aux printemps arabes*, sous la direction de Pascale PELLERIN, 2017
19. *Kant et les Empirismes*, sous la direction d'Antoine GRANDJEAN, 2017
20. *Lumières et océan Indien. Bernardin de Saint-Pierre, Évariste Parny, Antoine de Bertin*, sous la direction de Chantale MEURE et Guilhem ARMAND, 2017
21. *Conte et Histoire (1690-1800)*, sous la direction de Marc HERSANT et Régine JOMAND-BAUDRY, 2018

22. *Femmes des Lumières. Recherches en arborescences*, sous la direction d'Huguette KRIEF, Marie-Emmanuelle PLAGNOL-DIÉVAL, Michèle CROGIEZ LABARTHE et Edith FLAMARION, 2018
23. *Littérature et voyages de santé*, sous la direction de Christine de BUZON et Odile RICHARD-PAUCHET, 2017
24. *Les Arts du spectacle et la référence antique dans le théâtre européen (1760-1830)*, sous la direction de Mara FAZIO, Pierre FRANTZ et Vincenzo DE SANTIS, 2018
25. *Les Savoirs des barbares, des primitifs et des sauvages. Lectures de l'Autre aux XVIIIe et XIXe siècles*, sous la direction de Françoise LE BORGNE, Odile PARSIS-BARUBÉ et Nathalie VUILLEMIN, 2018
26. *Raconter la douleur. La souffrance en Europe (XVIIe-XVIIIe siècles)*, sous la direction de Marilina GIANICO, avec la collaboration de Michel FAURE, 2018
27. *Diderot et l'Antiquité classique*, sous la direction d'Aude LEHMANN, 2018
28. *Diderot, le génie des Lumières. Nature, normes, transgressions*, sous la direction de Konstanze BARON et Robert FAJEN, 2019
29. *Fièvre et vie du théâtre sous la Révolution française et l'Empire*, sous la direction de Thibaut JULIAN et Vincenzo DE SANTIS, 2019
30. *Un homme, deux cultures. Charles de Villers entre France et Allemagne (1765-1815)*, sous la direction de Nicolas BRUCKER et Franziska MEIER, 2019
31. *Poétique et Politique de l'altérité. Colonialisme, esclavagisme, exotisme (XVIIIe-XXIe siècles)*, sous la direction de Karine BÉNAC-GIROUX, 2019
32. *Se promener au XVIIIe siècle. Rituels et sociabilités*, sous la direction de Sophie LEFAY, 2019
33. *Les Lumières, l'esclavage et l'idéologie coloniale. XVIIIe-XXe siècles*, sous la direction de Pascale PELLERIN, 2020
34. *Écrire l'encyclopédisme, du XVIIIe siècle à nos jours*, sous la direction de Susanne GREILICH et Hans-Jürgen LÜSEBRINK, 2020
35. *Récits de vie et pratiques de sociabilité. 1680-1850*, sous la direction de Marie-Paule de WEERDT-PILORGE et Malina STEFANOVSKA, 2020
36. *Femmes artistes à l'âge classique. Arts du dessin – peinture, sculpture, gravure*, sous la direction d'Élise PAVY-GUILBERT, Stéphane PUJOL et Patrick WALD LASOWSKI, 2021
37. *La Science des mœurs au siècle des Lumières. Conception et expérimentations*, sous la direction de Laurie BRÉBAN, Séverine DENIEUL et Élise SULTAN-VILLET, 2021
38. *Le Geste autobiographique. Écrire sa vie (XVIIe-XVIIIe siècles)*, sous la direction de Marilina GIANICO et Christine HAMMANN-DÉCOPPET, 2021
39. *Europe philosophique, Europe politique. L'héritage des Lumières*, sous la direction de Tristan COIGNARD et Céline SPECTOR, 2022

IMPRIM'VERT®

Achevé d'imprimer par Corlet,
Condé-en-Normandie (Calvados), en août 2022
N° d'impression : 22080240 - dépôt légal : août 2022
Imprimé en France